创新教育探索

李雄杰　著

内 容 提 要

本书从系统工程的角度探索创新教育。第一章是理解创新，主要是理清与创新有关的一些概念。第二章是理解创新教育，主要分析了创新教育的概念、内涵、理论基础、目标定位、基本任务、实施原则及本质特性，并对创新教育若干问题进行深入探讨。第三章以国际视野全面总结了创新教育的基本经验。第四章提出了创新人才培养的实践操作方法，包括构建学生创新的知识结构、唤醒学生的创新意识、训练学生的创新思维、完善学生的创新人格、提升学生的创新能力五部分。第五章提出了创新教育导向课程新概念、内涵及特征，给出了两种创新教育导向课程（项目课程、学习领域课程）的开发步骤与方法，从而将创新教育落实到课程中。第六章介绍了若干创新导向的课堂教学方法，并以势科学理论视野探索创新教育导向的课堂教学。

本书适合于各级各类学校教育工作者阅读。

图书在版编目（CIP）数据

创新教育探索 / 李雄杰著. -- 北京 : 中国水利水电出版社, 2014.9（2022.9重印）
ISBN 978-7-5170-2400-2

Ⅰ. ①创… Ⅱ. ①李… Ⅲ. ①创造教育－研究 Ⅳ. ①G40-05

中国版本图书馆CIP数据核字(2014)第199682号

策划编辑：雷顺加　　责任编辑：陈　洁　　封面设计：李　佳

书　　名	创新教育探索
作　　者	李雄杰　著
出版发行	中国水利水电出版社 （北京市海淀区玉渊潭南路 1 号 D 座　100038） 网址：www.waterpub.com.cn E-mail：mchannel@263.net（万水） sales@ mwr.gov.cn 电话：(010)68545888(营销中心)、82562819（万水）
经　　售	北京科水图书销售有限公司 电话：(010)63202643、68545874 全国各地新华书店和相关出版物销售网点
排　　版	北京万水电子信息有限公司
印　　刷	天津光之彩印刷有限公司
规　　格	170mm×227mm　16 开本　23.5 印张　362 千字
版　　次	2014年9月第1版　2022年9月第2次印刷
印　　数	3001-4001册
定　　价	68.00 元

序

为什么说20世纪是美国人的世纪？因为美国是世界经济强国、军事强国、科技强国，但归根结底美国是人才强国、教育强国。美国获诺贝尔奖人数最多，世界著名大学多数集中在美国。21世纪，我国要实现中华民族伟大复兴的中国梦，教育要先行。

2002年9月8日，江泽民同志在北京师范大学100周年庆祝大会上指出："当今时代，科技进步日新月异，国际竞争日趋激烈。各国之间的竞争，说到底，是人才的竞争，是民族创新能力的竞争。教育是培养人才和增强民族创新能力的基础，必须放在现代化建设的全局性战略性重要位置。"

综观当代中国教育界，实施素质教育虽然已形成共识，但至今依然步履艰难，阻力重重。究其原因，是教育理念的老化、传统教育体制的惯性以及传统教育模式的固化。当今中国教育还未走出应试教育和单纯技能教育的误区，"分数"是考核学生的"指挥捧"，"就业率"是衡量学校办学质量的重要指标。学校过分注重传承而忽视创新，学生往往成为应试的工具、复述教师讲稿的"留声机"、收获分数的"收割机"，传承成为机械的、被动的、僵化的、照搬式的"传承"，学生的创新潜力被埋没。创新教育的目的是培养创新型人才，我们所需要的创新型人才，首先要有中国灵魂、世界眼光。所谓中国灵魂，即强烈的爱国心和民族魂，有为国家为民族奉献的责任感。所谓世界眼光，即国际视野和全球意识。其次，要有创新意识、创新精神、创新能力，敢于质疑和批判，敢于探索，不墨守成规，不满足现状，不断开拓进取。

李雄杰老师在教育战线工作了35年，有着丰富的教育教学经验，本书是他近年来致力于创新教育理论探索和实践的思考，也是他长期教育教学工作实践所取得的成果之一。全书以江泽民、胡锦涛的创新教育理论、党的十八大关于建设创新型国家精神、《国家中长期教育改革和发展规划纲要（2010～2020年）》、《全面推进素质教育的决定》等教育法规和政策为指导，吸纳世界教育先进国家的创新教育理论经验和教育学、心理学等学科的理论成果，从系统工程的角度探索创新教育。第一、二两章理清了与创新及创新教育相关的概念，分析了创新教育的内涵、理论基础、目标定位、基本任务、实施原则及本质特性，并对创新教育若干问题进行了深入探讨。第三章以国际视野全面总结了世界创新教育的基本经验，从而为高校创新教育实施的学校层面工作提供参考。第四章是探索学生创新素质培养的实践操作方法，主要是为创新教育实施的教师层面工作提供参考。第五章提出了“创新教育导向课程”的新概念、内涵及特征，给出了两种便于学生自主学习、合作学习、探索学习的创新教育导向课程（项目课程、学习领域课程）开发步骤与方法，从而将创新教育落实到课程中及课堂上，以便使创新教育面向全体学生，这是全书最大的创新。如果不将创新教育落实到课程中，则创新教育面向全体学生就成为一句空话。

本书出于工作在课堂教学第一线的工科教师之手，实为难能可贵。书中的创新教育理论虽然略显幼稚，不足之处难免，但全书思路清晰、结构严谨、视野开阔、语言朴实，做到理论阐述与实践操作相结合，宏观探索与微观研究相结合，放眼世界与综观古今相结合，内容实用，可操作性强，值得教育界同行一读。

教育部高等学校自动化类专业教学指导委员会主任、清华大学教授　周东华

2014 年 4 月 20 日

目　　录

第一章　理解创新

一、创新概念与特征

科学技术从来没有像今天这样，以巨大的威力和人们难以想象的速度深刻影响着人类经济和社会的发展。当我们处于世纪之交展望21世纪美好前景的时候，一种全新的经济正在形成和发展，爆炸性地向全球扩张，把人类带进一个全新的知识经济时代。这种经济是以不断创新的知识为主要基础发展起来的，它依靠新的发现、发明、研究和创新，是一种知识密集型和智慧型的经济，其核心在于创新。它强调劳动者的创新素质是经济发展的主要增长因素，主张以创造性智慧为特征能够带来经济的可持续和稳定的发展，并带来巨大的物质财富。当前，创新能力在知识经济初见端倪的时代，已日益显露出其独特的地位和价值，这是由知识经济时代特殊的经济增长方式决定的。可以说，没有创新，知识经济的主体便失去了生命力。

（一）创新概念的起源与演变

创新（Innovation）一词已成为国内外广泛流行、使用频度很高的词语，但学术界对创新概念可谓众说纷纭，莫衷一是，对其理解尚有许多歧义，用语也显得很模糊和混乱，因此有必要加以研究与澄清。准确把握创新概念的要义，已成为世界各国制定各自的创新战略和相关政策的关键，也是实施好创新教育的关键。

1. 创新概念的起源

在西方，创新概念的起源可追溯到1912年美籍奥地利经济学家约瑟夫·熊彼特（Joseph Schumpeter）的《经济发展理论》。熊彼特在其著作中提出：创新是指把一种新的生产要素和生产条件的“新结合”引入生产体系。它包括五种情况：生产一种新产品；采用一种新技术；开辟一个新的市场；获得并利用原材料或半成品的新的供应来源；采用新的生产组织形式或管理形式①。

目前，国内学术界公认的创新概念来源于熊彼特的创新理论，虽然熊彼特的创新概念抓住了创新的一般规律，但其理论终归属于经济学的范畴。

2. 创新概念的演变——企业技术创新

到20世纪60年代，新技术革命迅猛发展。美国经济学家华尔特·罗斯托（Walt Rostow）提出了经济发展六阶段理论，把"创新"的概念发展为"技术创新"，把"技术创新"提高到"创新"的主导地位。

美国国家科学基金会（National Science Foundation of U.S.A.），也从20世纪60年代开始兴起并组织对技术的变革和技术创新的研究，迈尔斯（Myers）和马奎斯（Marquis）作为主要的倡议者和参与者，在其1969年的研究报告《成功的工业创新》中将创新定义为技术变革的集合。认为技术创新是一个复杂的活动过程，从新思想、新概念开始，通过不断地解决各种问题，最终使一个有经济价值和社会价值的新项目得到实际的成功应用②。

20世纪70～80年代开始，有关创新的研究进一步深入，开始形成系统的理论。创新动力学专家厄特巴克（Utterback）在创新研究中独树一帜，他在1974年发表的《产业创新与技术扩散》中认为："与发明或技术样品相区别，创新就是技术的实际采用或首次应用。"③美国学者缪尔赛（Mueser）在80年代中期对技术创新概念作了系统的整理分析。在整理分析的基础上，他认为："技术创新是以其构思新颖性和成功实现为特征的有意义的非连续性事件"。英国著名技术创新研究专家弗里曼（Freeman）从经济学的角度考虑创新，他在1982年的《工业创新经济学》修订本中明确指出：技术创新就是指新产品、新过程、新系统和新服务的首次商业性转化④。

我国80年代以来开展了技术创新方面的研究，清华大学傅家骥先生对技术创

① （美）约瑟夫·熊彼特著. 经济发展理论[M]. 邹建平译. 上海：中国画报出版社，2012:69-70.

② National Science Foundation of U.S.A.The Process Technological Innovation:Reviewing the Literature-productivity Improvement Research Section Decision of Industrial Science and Technological Innovation,May,1983,(12).

③ http://wiki.mbalib.com/wiki/创新.

④ （英）弗里曼等著. 工业创新经济学[M]. 华宏勋等译. 北京：北京大学出版社，2004.

新的定义是：企业家抓住市场的潜在盈利机会，以获取商业利益为目标，重新组织生产条件和要素，建立起效能更强、效率更高和费用更低的生产经营方法，从而推出新的产品、新的生产（工艺）方法、开辟新的市场，获得新的原材料或半成品供给来源或建立企业新的组织，它包括科技、组织、商业和金融等一系列活动的综合过程①。此定义是从企业的角度给出的。中国人民大学彭玉冰、白国红也从企业角度为技术创新下了定义："企业技术创新是企业家对生产要素、生产条件、生产组织进行重新组合，以建立效能更好、效率更高的新生产体系，获得更大利润的过程。"②

3. 新世纪各国对创新概念的再定义

进入21世纪，各国对创新概念的有代表性的再定义如下：

（1）2000年联合国经合组织（OECD）"在学习型经济中的城市与区域发展"报告中提出："创新的涵义比发明创造更为深刻，它必须考虑在经济上的运用，实现其潜在的经济价值。只有当发明创造引入到经济领域，它才成为创新。"③

（2）2004年美国竞争力委员会（Council on Competitiveness）向政府提交的《创新美国》计划中提出的："创新是把睿智（Insight）和技术转化为能够创造新的资本市值、驱动经济增长的提高生活标准的新产品、新的过程与方法的新的服务。"④这就确认了"创新"在社会经济发展中极其重要的地位和作用。

（3）欧盟的"欧洲创新记分板，2006（European Innovation Scoreboard 2006）"的定义："创新覆盖了一个很宽的改进企业绩效活动的范围，包括有所有产品、服务、分配方式、制造方式、营销方式和组织方法的新的重大改进。"⑤

（4）日本主管创新的国务大臣在介绍日本的"创新 25"计划时说，我们在"创新25"中使用的"创新"不是狭义的"技术创新"的概念，而是指也包括社会系统和模架在内的广泛的"创新与更新"的概念⑥。

---

① 傅家骥. 技术创新学[M]. 北京：清华大学出版社，1998:17.
② 彭玉冰，白国红. 谈企业技术创新与政府行为[J]. 经济问题，1999，第7期.
③ OECD. Cities and Regions in the New Learning Economy, 2000:12.
④ Council on Competitiveness. National Innovation Initiative, 2004:11.
⑤ European Commission. European, Innovation Scoreboard, 2006.
⑥ http://sciencelinks.jp/content/view/169/33/.

（5）中国社会科学院葛霆研究员的创新定义：创新是把睿智和创造（技术与非技术的）转化为能够具有经济和社会价值的产品（物质与非物质的）和过程方法（技术与非技术的、市场与非市场的）的过程①。

从上述创新概念的起源到创新概念的演变及再定义，其共同点是：首先，所有的定义都在熊彼特理论基础上发展的，虽然后来全面拓展了创新概念的范畴，从狭窄的技术创新扩展到包括营销、组织、体制、社会系统等广泛领域的非技术创新，但创新概念仍然局限于经济领域；其次，特别强调了创新的价值实现。

4. 创新概念在中国

我国三国时期的一部百科词典《广雅》中有："创，始也"；新，与旧相对。创新一词出现很早，如《魏书》有"革弊创新"，《周书》中有"创新改旧"。和创新含义相近的词汇有维新、鼎新等，如"咸与维新"、"革故鼎新"、"除旧布新"、"苟日新、日日新，又日新"。

人类社会从低级到高级、从简单到复杂、从原始到现代的进化历程，就是一个不断创新的过程。不同民族发展的速度有快有慢，发展的阶段有先有后，发展的水平有高有低，究其原因，民族创新能力的大小是一个主要因素。

20 世纪 80 年代，我国把"创新"概念引入了科技界，形成了"知识创新"、"科技创新"等各种提法，进而发展到社会生活的各个领域，使创新的说法几乎无处不在。在中国改革开放的 30 多个年头中，改革开放总是与创新联系在一起。因为改革就是指改变旧制度、旧事物，对旧有的生产关系、上层建筑作局部或根本性的调整变动，改革是社会发展的强大动力。开放就是指国家积极主动地扩大对外经济交往，有原则地引进新技术和其他对我国有益的东西。

今天的中国，正是由于改革开放式的创新，使我国社会主义市场经济体制逐步建立，综合国力日益增强，人民生活水平大大提高，中华民族以崭新的姿态重新屹立于世界民族之林。可以这样说，在当今中国，创新概念已不再局限于经济领域，创新概念已遍布政治、军事、经济、文化、科技到社会生活的各个领域。

① 金吾伦. 创新的哲学探索[M]. 上海：东方出版中心，2010:43.

中国共产党始终坚持把马克思主义基本原理同中国具体实际相结合，以大无畏的精神和勇气，积极推进理论、实践、科技、体制等一系列创新，探索出了发展中国特色社会主义、实现中华民族伟大复兴的必由之路。历史雄辩地证明，创新是改革开放的生命源泉。

目前，我国正逐渐成长为有影响力的创新大国，但原创能力不足，能真正引领产业发展的创新还不多。创新归根结底要靠人才，我国要加强高水平领军人才、青年科技人才的培养使用，支持优秀青年科技人才主持科研项目，同时还要发展技能型创新人才。

（二）创新概念界定

从事创新概念研究的学者普遍认为，创新的概念很难严格界定。创新通常是指人们为了发展的需要，运用已知的信息，不断突破常规，发现或产生某种新颖、独特的有经济社会价值或个人价值的新事物、新思想的活动。创新的本质是突破，即突破旧的思维定势，旧的常规戒律。创新活动的必要条件是“新”，创新的归宿是实现价值。

1. “新”是创新的起点

英语中创新一词是“innovation”，它起源于拉丁语。它原意有更新、创造和改变三层含义。第一，更新，是指原本就有一套东西，但是随着客观条件的变化或者事态的发展，需要在原来的基础上增添新的东西，深化完善之；第二，创造，是指原来没有这个东西，经过深入研究和大胆想象，创造性地产生新的东西，也即从无到有；第三，改变，是指随着认识程度的不断深入或者客观条件的逐渐完备，发现以前有些东西是错的，或者说不适应现在形势的，需要予以纠正。

中文“创新”一词大约在 1980 年才被人们广泛接受和采用，创新必须强调“新”，如新理论、新技术、新产品、新工艺、新制度、新文化等。“新”是创新的起点，是创新的必要条件，没有这一步，创新就无从淡起。

2. “价值”是创新的归宿

强调创新的价值实现尤其重要。事实上“新”并不意味着“好”，许多新事物是消极的甚至有害于社会，如新的毒品和兴奋剂、网络垃圾信息等。所以，是否具有可实现的经济和社会价值是检验创新的标准。

创新是一种活动，最终要实现价值，这是创新的归宿。创新必须形成体现为新的产品（物质与非物质的产品）、新的过程方法（技术与非技术的、市场与非市场的）等具体的成果，而且必须能够实现其经济和社会价值，否则最好的新思想、新观点也没有意义，最好的发明创造将无所施其技，人们的创造性将无所作为，进而蕴藏在社会中的巨大创造力将泯灭。

例如：科技创新，就是指科学技术的发明与应用，其价值是提高生产力，产生新的经济效益。政治理论创新，就是对原有理论体系或框架的新突破，对原有理论和方法的新修正、新发展，对理论禁区和未知领域的新探索，其价值就是指导社会实践，推动社会进步。管理创新，就是将新的管理要素（方法、手段、模式等）引入企业管理过程，其价值是有效地实现组织管理目标。教学创新，就是将新的教学手段、教学方法应用于教学过程中，其价值就是提高教学质量。

3. 创新与创造

在过去的工作与学习中，创造也是一个使用频度很高的用语。创造一词的英文是“create”，意思是“使某种新的事物得以存在，创造新事物”。现代汉语词典对创造的解释是：想出新方法，建立新理论，做出新成绩或东西。广义的创新与创造没有什么大的区别，在本质上是一致的，都是强调最先做出或想出新事物。以前运用更多的是创造，如创造发明，主要用于科技领域。创新是随着新技术革命和知识经济的出现而引起人们高度重视的，由于创新作为一个专有名词是经济学家提出的，所以，在最初运用时，比较强调创新的经济目的。

创新一般是与保守、守旧等相对的词语，诸如人们常说的“要创新，不要保守”，“要开拓创新，不要因循守旧”等。由此可见，创新是一个比创造更宽泛的概念。创造与创新的主要区别是“造”与“新”的区别，创造发明更多的是指首创前的未有的新事物，即无中生有，而创新不但无中生有，而且指对原有事物进行完善或改进，使之焕然一新。毫无疑问，“新”包含了“造”，创新包含了创造。

4. 创新与发明

发明一词的英文是“invention”，意思是“发明，创造，发明物”。发明只是一种新设想或新产品，它还要申请专利，然后被企业家引入生产，产生新的经济效益，才成为创新。创新之父熊彼特认为："只要发明没有得到实际上的应用，那么在经济上就是不发生作用的。"①

创新不是科学，也不是技术，而是价值。例如：企业中的创新始终必须以市场为中心，如果创新以产品为中心，很可能产生一些技术上的奇迹，而报酬却令人失望。如果我们将技术发明专利束之高阁，实现不了市场价值，这也就谈不上是创新。所以，创新不是以科学中的发现或技术上的发明作为其标准，而是以实现价值为其评判标准，包括社会价值、经济价值、认知价值、文化价值等。

在经济领域，人们误以外有了发明就有了创新，只有当发明专利产业化才能称得上真正意义上的创新。技术的发明固然很难，但发明专利产业化可能更难，它所付出的劳动以及所花的代价比发明要大得多，困难得多。美国硅谷之所以是创新的摇篮，不仅仅局限在技术的发明，而是把这些技术进行开发、利用并将其推向市场。

（三）创新的基本特征

不管何种类型的创新，除了前面所述的"新颖性"与"价值性"这两个基本特征外，创新过程还都具有"不确定性"、"知识密集性"、"路径依赖性"及"有争议性"四个基本特征②。

1. 创新过程是不确定的

科学发现或技术发明有不确定性，其结果并不能事先预测或保证一定成功，在这种意义上发现与发明也有风险。但这种风险与创新的不确定性与风险无法比拟，后者的风险要大得多。美国著名创新研究专家罗森伯格（Rosenberg）在谈到创新的不确定性与风险时，特别强调了创新的尝试大多数情况下以失败告终，并指出了财务风险的九大形式。

由于创新的不确定性因素非常之多，失败的可能性就很大。"即使是在能够正确预测当代95%的技术后果的3M公司里，也承认其50%的非相关产品或世界首

① （美）约瑟夫·熊彼特．经济发展理论[M]．邹建平译．北京：中国画报出版社，2012:88.
② 金吾伦．创新的哲学探索[M]．上海：东方出版中心，2010:44-50.

创型创新都失败了。吉列（Gillette）公司每三个上市产品中只有一个能取得市场成功，而这三个产品是从 100 项前期技术研究中得到的。”[①]可见，创新的风险是很大的。而且创新的不确定性和风险与创新主体的期望值成正比，即期望值越高、规模越大，风险就越大。

毫无疑问，发明有风险，要付出代价，但比起创新活动来，风险会小得多。因为创新还必须与市场相联系，而市场的风险比起实验室内的发明可能遇到的风险要大得多。所以，创新不容易，第一，创新意味着付出，因为惯性作用，没有外力是不可能有改变的，这个外力就是创新者的付出；第二，创新意味着风险，从来都说一份耕耘一份收获，而创新的付出却可能收获一份失败的回报。创新确实不容易，所以总是在创新前面加上“积极”、“勇于”、“大胆”之类的形容词。

2. 创新过程是知识密集的

知识密集型产品，是指在生产要素的投入中需要使用复杂、先进而又尖端的科学技术才能进行生产的产品，或者在作为生产要素的劳动中知识密集程度高的产品。知识密集型企业，是指在生产过程中，对技术和智力要素依赖大大超过对其他生产要素依赖的企业，知识密集型企业通常生产高、尖、精产品，有大量科技人员及先进科研设备。

创新过程也是知识密集的。在创新过程中，需要大量科技人员，需要先进的科研设备，需要密集性知识。因为创新需要应用知识，同时创新过程也需要集中地产生新的知识，它依赖于个别人的智慧的创造力，以及相互作用的学习，尤其是因为创新过程是一个知识转移和知识转换的过程。

3. 创新是路径依赖的

所谓路径依赖（path dependence）是指一个国家、一个地区、一个企业在发展它们的技术如路线技术、技术方案时，常常与它们原来的历史背景、社会条件、知识基础有密切的依赖关系。路径依赖理论是美国经济学者道格拉斯·诺斯（Nuos）提出的，是指经济发展一旦进入某一路径（不管是好的还是坏的），就可能产生对这种路径的依赖，走上了一条不归之路，惯性的力量会使这种依赖还

---

① 转引自金吾伦. 创新哲学探索[M]. 上海：东方出版中心，2010:46.

会不断自我强化，最终可能会进入阻滞持续发展的锁定状态[①]。好的路径会对企业起到正反馈的作用，通过惯性和冲力，产生飞轮效应，企业发展进入良性循环；不好的路径会对企业起到负反馈的作用，就如厄性循环，企业可能会被锁定在无效率状态而导致停滞。

为什么会产生路径依赖？因为背后都有对利益和所能付出的成本的考虑。对组织而言，一种制度形成后，会形成某个既得利益集团，他们对现在的制度有强烈的要求，只有巩固和强化现有制度才能保障他们继续获得利益，哪怕新制度对全局更有效率。对个人而言，一旦人们做出选择以后会不断地投入精力、金钱及各种物资，如果哪天发现自己选择的道路不合适也不会轻易改变，因为这样会使得自己在前期的巨大投入变得一文不值，这在经济学上叫"沉没成本"。沉没成本是路径依赖的主要原因。

路径依赖性是当代理解创新的核心。认识到创新过程的路径依赖性，对我们进行创新的路径选择具有重要意义。一方面我们要重视与历史的联系，但同时我们必须突破路径依赖的束缚，唯有如此，我们才能有超越前人的划时代的重大创新。

4. 创新过程是有争议的

首先，创新方案常伴有可选方案之间的竞争；其次，一个有潜力的创新会对既得利益构成威胁。试想，历史上任何一项改革方案或学术成果出台，民众都是有争议的。所以，创新过程一定是有争议的，没有争议的行为肯定不是创新，没有争议的人物肯定不是创新者。

著名学者余秋雨认为："创新必然是对既有成果的挑战，必然是对以往信条的否定，必然是对公众公认秩序的撼动，必然是对原定规则的触犯。因此，也必然会引来一大堆争议，而且极可能形成包围，构成围猎或者围啄。所以，可以肯定地说，没有争议的创新不是创新。"[②]

二、创新类别

创新有多种类别，目前比较重要的主要有三种创新分类方法，一是按创新内

① http://wiki.mbalib.com/wiki/路径依赖理论.
② 余秋雨. 没有争议的创新不是创新[R]. 新浪视频〈秋雨时分〉，2006.12.14.

容分类；二是按创新层次分类；三是按创新过程分类。

（一）按创新内容分类

创新涵盖众多领域，包括政治、军事、经济、社会、文化、科技等各个领域的创新。因此，按创新内容分类，可分为理论创新、科技创新、管理创新、文化创新、艺术创新、商业创新等。下面重点讨论理论、科技、管理创新。

1. 理论创新

理论创新（theory innovation）是指人们在社会实践活动中，对出现的新情况、新问题，作新的理性分析和理性解答，对认识对象或实践对象的本质、规律和发展变化的趋势作新的揭示和预见，对人类历史经验和现实经验作新的理性升华。简单地说，就是对原有理论体系或框架的新突破，对原有理论和方法的新修正新发展，以及对理论禁区和未知领域的新探索。

依据理论创新实现的方式不同，可以把理论创新分为五种，即原发性理论创新、阐释性理论创新、修正性理论创新、发掘性理论创新和方法性理论创新。依据理论创新的内容不同，有政治理论创新、经济理论创新、科技理论创新、军事理论创新、教育理论创新等。

"一个民族想要站在科学的最高峰，就一刻也不能没有理论思维。"[①]坚持用科学理论指导实践，是我们党的一贯作风。而坚持理论创新是我们党最突出也是最富有成果的特点之一。90 年来，在领导民族独立和人民解放的艰辛探索中，在领导改革开放和现代化建设的伟大实践中，我们党坚持理论创新，相继创立了毛泽东思想、邓小平理论、"三个代表"重要思想和科学发展观等一系列重要理论成果，成为指导中国革命、建设和改革取得胜利的根本保证。

2. 科技创新

科技创新（science and technology innovation）是指创造和应用新知识、新技术、新工艺，采用新的生产方式和经营管理模式，开发新产品，提高产品质量，提供新的服务的过程。简单地说，科技创新主要是指科技成果转化为生产力的过程。

20 世纪是科技创新的辉煌的世纪，1900 年，德国物理学家普朗克提出了光量

---

① 马克思恩格斯选集. 第三卷 465 页.

子假设，开启了物理学的新革命；1905 年，爱因斯坦的狭义相对论问世；1929 年，天文学家哈勃发现了宇宙膨胀现象，此后，天文学家提出了宇宙大爆炸模型；1953 年，沃森、克里克发现脱氧核糖核酸（DNA）的双螺旋结构及其对生物传信息传递的意义。20 世纪的每一项重大科学发现与技术发明，都产生了一系列的重大创新，成为创新之源，促进了人类生活方式与思维方式的深刻改变。例如，美国在过去的 50 年里，科技创新所产生的生产力对美国 GDP 增长贡献率达到 50%，创新产生了新产业的市场，推动了财富创造，并且创造了高价值、高收入的工作岗位。

科技创新使科技成果转化为生产力，从而加快经济与社会的发展。已经过去的 20 世纪，由于科技创新爆炸式增长，使世界面貌发生的巨大的变化，造成了人类的生产方式、生活方式和思维方式的深刻变革。在新的世纪里，随着科技创新进一步成为经济和社会发展的主导力量，并进一步加速，必将对全球化的竞争和综合国力的提升，对世界的发展与人类文明的进步，产生更加巨大而深刻的影响，社会生产方式和产业结构、劳动者素质等生产力要素以及人们的生活方式和思想观念，都将发生新的革命性变化。

科技创新并不是一件容易的事，科技创新要比单纯的科学发现和技术发明更加复杂。它涉及研究与开发、人才、资金、知识产权、技术管理、组织、设计、制造、营销等一系列复杂过程。我国的科技水平与发达国家相比还不高，创新能力还不强。为此，必须大力开展科技创新，增强自主创新能力，使国家更加强盛。

3. 管理创新

管理创新（management innovation）是指企业把新的管理要素（方法、手段、模式等）或要素组合引入企业管理系统以更有效地实现组织目标的创新活动。管理创新涉及方方面面，但主要包括管理观念创新、管理组织创新、管理制度创新、管理文化创新等。

（1）管理观念创新。指管理者或管理组织在一定的哲学思想支配下，由现实条件决定的经营管理的感性知识和理性知识构成的综合体。一定的管理观念必定受到一定社会的政治、经济、文化的影响，是企业战略目标的导向、价值原则，同时管理的观念又必定折射在管理的各项活动中。从 20 世纪 80 年代开始，经济发达国家的许多优秀的企业专家提出了许多新的管理思想和观念。如知识增值观念、知识管理观念、全球经济一体化观念、战略管理观念、持续学习观念等。

（2）管理组织创新。企业系统的正常运行，要求有合理的组织形式。由于企业机构设置和结构的形成要受到企业活动的内容、特点、规模和环境等因素的影响，因此，不同的企业有不同的组织形式，同一企业在不同的时期，随着经营活动的变化，也要求组织的机构和结构不断调整。组织创新的目的在于更合理地通过组织管理人员的努力，来提高管理劳动的效率。

（3）管理制度创新。制度是企业运行的主要原则。制度创新就是企业根据内外环境需求的变化和自身发展壮大的需要，对企业自身运行方式、原则规定的调整和变革。制度创新要以反映经济运行的客观规律、体现企业运作的客观要求、充分调动组织成员的劳动积极性为出发点和归宿。企业制度创新的方向是不断调整和优化企业所有者、经营者、劳动者三者之间的关系，使各个方面的权利和利益得到充分的体现，使组织的各种成员的作用得到充分发挥。

（4）管理文化创新。现代管理发展到文化管理阶段，可以说已经到达顶峰。企业文化通过员工价值观与企业价值观的高度统一，通过企业独特的管理制度体系和行为规范的建立，使得管理效率有了较大提高。如果文化创新已成为企业文化的根本特征，那么，创新价值观就能得到企业全体员工的认同，行为规范就会得以建立和完善，企业的创新动力机制就会高效运转。

（二）按创新层次分类

传统的创造概念主要是指科学家和工程师的研究和发明活动，这种创新主要是一种个人行为。20 世纪 30 年代，著名经济学家熊彼特将创新概念引入到以企业家为主要角色的企业行为。20 世纪 80 年代，一些学者提出了国家创新体系的概念，开始将创新看作一种国家行为。历史上美国、英国、德国和日本的经济发展之所以保持强劲的势头，不仅仅源于科技创新，更主要是由于国家创新体系演变的结果。因此，按创新层次（创新主导、成果先进水平、成果影响范围）分类，基本分为五个层次：世界级创新、国家级创新、产业级创新、企业级创新、个体创新，其中个体创新是基础。

1. 世界级创新

世界级创新主要是指：创新由联合国主导，或创新成果达到世界级先进水平，或创新成果影响全世界。世界级创新往往是革命性的，会给世界经济社会带来全面的影响或变革。联合国经济合作与发展组织（OECD）又称之为普遍性创新（general innovation），并认为自工业革命以来主要有 3 次普遍性创新：纺织机、电气化和当前正在发展的信息化（国际社会称 ICT，信息通信技术）。

如高温超导技术及其应用将成为 21 世纪世界科技领域的制高点，更是全球经济新一轮发展的驱动力。天津百利机电控股集团等三家企业，依托国家 863 计划课题，已成功制造出世界第一台 220kV 饱和铁芯型高温超导限流器，并于 2012 年底成功挂网运行，各项性能指标都达到了设计要求，通过了国家科技部组织的验收，这标志着我国超导限流器的研发和制造，已经达到世界领先水平，这属于世界级创新成果。

2. 国家级创新

国家级创新主要是指：创新由政府主导，或创新成果达到国家级先进水平，或创新成果影响全国。国家级创新是社会经济与可持续发展的引擎和基础，是综合国力竞争的灵魂和焦点。

"十五"计划《纲要》首次提出："建设国家创新体系"；"建立国家知识创新体系，促进知识创新工程"；实施"跨越式发展"的宏伟战略。中国国家的创新发展是和新中国的成长同步的，特别是改革开放以来，中国的创新系统在不断发展演化着。从总体上看，在中国的现代化建设中，我国的国家创新体系不断完善和加强。

国家科技创新体系主要由创新主体、创新基础设施、创新资源、创新环境、外界互动等要素组成，《国家中长期科学和技术发展规划纲要（2006～2020 年）》中指出：国家科技创新体系是以政府为主导、充分发挥市场配置资源的基础性作用、各类科技创新主体紧密联系和有效互动的社会系统。

3. 产业级创新

产业级创新主要是指：创新由行业主导，创新成果达到产业先进水平，或创新成果影响产业发展。产业创新是指某一项技术创新或形成一个新的产业，或对一个产业进行彻底改造。产业创新在许多情况下，并不是一个企业的创新行为或者结果，而是一类企业群体的创新集合。产业创新路径有：

（1）产业转移。产业转移是由于资源供给或产品需求条件发生变化后，某些产业从某一国家或地区转移到另一国家或地区的经济行为和过程。产业转移对承接地区经济发展具有重要推动作用，是产业创新途径中重要的路径之一。通过承接产业转移实现产业创新，可以利用现成的产业资源，迅速完成产业升级，实现跨越性的产业进步。

（2）产业集群。产业集群指的是在某一特定领域中，大量产业联系密切的企业及相关支撑机构在空间上集聚，并形成强劲、持续竞争优势的现象。产业集群对区域产业创新、区域经济发展，具有非常重要的实际意义。

（3）产业融合。产业融合是指由于技术进步和放松管制，发生在产业边界和交叉处的技术融合，改变了原有产业产品的特征和市场需求，导致产业的企业之间竞争合作关系发生改变，从而导致产业界限的模糊化甚至重划产业界限。产业融合是产业创新和产业发展的一个新的具有生命力和创新力的发展方式，能有效地提高产业竞争力。

4. 企业级创新

企业级创新主要是指：创新由企业主导，或创新成果达到企业先进水平，或创新成果影响企业发展。企业创新虽然最通常是指产品和技术的创新，但实际上企业创新涵盖企业的方方面面。在一个行业中，创新决定了一个企业是引领者还是模仿跟随者。企业创新最终目标是实现企业新的最佳效益。企业创新的特点有：

（1）多维性。企业创新涉及组织创新、技术创新、管理创新、战略创新等方面的问题，而且各方面的问题并不是孤立地考虑某一方面的创新，而是要全盘考虑整个企业的发展，因为各方面创新是有较强的关联度的。

（2）时效性。面对市场环境条件的迅速变化，企业创新有很强的时效性。由于企业组织结构的复杂性以及对市场反应的滞后性，企业的决策速度往往很难满足企业市场竞争的时间要求，以至于即使原来有很好的创新设想，由于掣肘不断等原因而一拖再拖，导致所做出的决策是无效决策，因为说不定市场早已失去或竞争者已先声夺人了。因此，时效性是创新的重要因素，所以也就是创新决策的一大特点。

（3）层次性。现代企业的组织结构呈多层次性，企业决策层周围往往是围绕一层至多层的组织，创新可能在企业不同层次的组织中产生，所以创新就呈现出与企业组织结构相对应的多层次性。

5. 个体创新

个体创新主要是指：创新由个体主导，或创新成果达到个体先进水平，或创新成果影响个体发展。知识经济时代虽然强调团队创新，单枪匹马的英雄已不复存在，但是，团队（企业）是由众多个体组成，团队创新也由必然由个体创新累积、组合而成。没有众多团队员工的精诚合作、共同奋斗、共同努力，团队将一事无成。因此，个体创新具有下列特点：

（1）个体创新是一种工作创新。每个人都有具体的工作，而工作又是千差万别的。不管什么工作，工作创新就是指：在工作岗位上创新自己的本职工作，产生新思路、新方法、新措施，从而产生新的工作成果、工作效益。做好本职工作是工作创新的基础。做好本职工作就是要爱岗敬业，尽职尽责，工作热情高，认真负责地做好每一项工作。做好本职工作就要有一股不服输的劲，不向困难低头，虚心学习，勤于探索，不断提高自己的业务水平。做好本职工作就是要牢记宗旨、不忘责任、任劳任怨、无私奉献。

（2）个体创新是一种超越自我的相对创新。创新可分为绝对创新和相对创新两大类，显然，绝对创新就是超越前人，相对创新就是超越自我。创新是人的本能，人人具有创新素质，只不过是创新素质有高有低，创新能力有大有小。组织管理能力强的人，可以组建一个团队从事团队创新；科研能力强的人，可以从事“发明与创造”式的个体创新；但需要更多的人从事超越自我的相对创新。超越自我就是要将自己的本职工作做得“好上加好”，不安于现状，不断总结工作的经验和教训，用新思路、新方法、新措施不断解决工作中的问题，不断提高工作效率，不断超越自我，从而实现相对创新。

（3）工作创新更多的是一种配角创新。在知识经济时代，创新需要组织一个团队去完成，中国最近的“嫦娥”奔月、“蛟龙”入海创新项目，都是创新大团队的杰作。在一个创新团队中，主角是少数，配角是多数，所以工作创新更多的是一种配角创新。不能说：主角工作是创新型工作，配角工作就不是创新型工作。在一个创新团队中，如果没有多数成员的默默无闻、甘当配角、甘当人梯的无私奉献精神，团队创新就不可能成功。

（三）按创新过程分类

根据创新的过程是量变还是质变，可分为渐进型创新、突变型创新。渐进型创新的特征是采取下一逻辑步骤，让事物越来越美好；突破型创新的特征是打破陈规，改变传统和大步跃进。

1. 渐进型创新

渐进型（incremental innovation）创新是指通过不断的、渐进的、连续的小创新，最后实现大创新的目的。例如，针对现有产品的元件作细微的改变，强化并补充现有产品设计的功能，至于产品架构及元件的连接则不作改变。

日本的企业多采用这种渐进式管理创新策略，日本政府在公务员改革过程中也采用了这种策略，通过有计划地每年逐渐减少公务员数量的办法，加以编制法定化的配套措施，使日本的公务员改革取得了成功，值得我国在制定机构改革的方案时加以学习借鉴。

虽然单个小创新所带来的变化是小的，但它的重要性不可低估。因为，一是许多大创新需要与它相关的若干小创新辅助才能发挥作用；二是小创新的渐进积累效果常常促使创新发生连锁反应，导致大的创新出现。

企业组织的管理创新就是从无数的小创新开始的，当大量的小创新不断地改善着企业的经营管理，并达到一定程度时就会产生导致质变的大创新。这种创新具有渐进性、模仿性，创新的周期一般较长，而创新的效果却不错。

2. 突变型创新

突变型创新（radical innovation）又称激变型创新或颠覆性创新。突变型创新顾名思义就是突破性的创新，不经常发生，一般是指采用全新的产品、服务、过程、方法代替原有的产品、服务、过程、方法。成功的突变型创新往往会创造新的绩效基础、新的竞争力和新的业务模式，从而导致企业的再造或产业的升级。

突破型创新通常是基于工程和科学原理上的突破性技术而产生的创新，此类创新往往导致产品性能主要指标发生跃迁，导致对市场规则、竞争态势、甚至整个产业发生变革。如晶体管取代电子管、集成电路取代分立元件、数字电视取代模拟电视等都属于突变型创新。

三、创新价值论

什么是价值呢？价值是人所追求的能满足某种需要的客观属性。例如经济价值、社会价值、文化价值、科学价值、历史价值等。创新价值论就是要说明价值观是如何影响创新的，而创新又是怎样推动价值创造的。

（一）创新的经济价值

经济价值是指任何事物对于人和社会在经济上的意义。在知识经济时代，创新的经济价值是不容置疑的，主要表现在以下两个方面：

1. 创新是知识经济时代的主要发展动力

没有创新，就没有发展，没有生产力。我们可以说，当今世界，一切经济价值、经济增长和战略实力都来自于知识和创新。

创新的意义不仅仅在于获得诺贝尔奖，其真正意义在于促进经济的发展和综合国力的增强。因此，目前许多国家都把建立国家创新体系作为政府的一项重要的战略任务来抓。如日本在农业经济和工业经济时代，一度奇迹般地迅速崛起，大有称霸世界之势，但在知识经济时代，由于其经济发展缺乏自身的创新机制，便失去了稳定的基础，以致在亚洲金融危机中遭受巨大损失。近几年来，日本大力推进科技创新立国，对科技创新投入的经费呈明显上升趋势。

我国已经开始重视创新的经济价值，推动科技与经济结合。2006 年以颁布实施中长期科技规划纲要为标志，我国进入了提高自主创新能力、建设创新型国家的阶段。党的十八大明确提出实施创新驱动发展战略，科技创新的战略地位不断提升。

创新的过程一头连着科技研究，一头连着产业经济。近年来，一批科技型企业不仅承担了航天、探月、对地观测、深海探测重大战略任务，取得了一批举世瞩目战略高技术成果，如天宫一号与神舟 9 号成功对接，嫦娥一号、二号探月成功，实验快堆成功并网发电，深海探测器成功潜入 7000 米海底等，还把高新科技成功转化为市场产品，实现了科技创新。移动互联网、智能终端、大数据、云计算、高端芯片等新一代信息技术的发展，将带动众多产业的变革和创新；3D 打印技术、人机共融的智能制造模式正成为新的热点；生命科学、生物技术方兴未艾，带动健康产业、现代农业、生物能源、生物制造、环保产业不断壮大。这一切都表明，科技创新是知识经济时代的主要发展动力。

2. 创新决定着企业的生存和发展

企业创新包括产品创新、生产工艺创新、市场营销创新、企业文化创新、企业管理创新等。在市场竞争激烈、产品生命周期短、技术突飞猛进的今天，不创新，就会灭亡。创新是企业生存的根本，是发展的动力，是成功的保障。在今天，创新能力已成了国家的核心竞争力，也是企业生存和发展的关键，是企业实现跨越式发展的第一步。

福特公司创始人亨利·福特（Henry Ford）说“不创新，就灭亡。”[①]畅销书《追求卓越》作者托马斯·彼得斯（Thomas Peters）称“要么创新，要么死亡。”[②]一点点的创新就可能让一家企业起死回生，一点点的创新就可能让企业利润大增，一点点的创新就可能让企业名声大震。

浙江吉利控股集团有限公司是中国汽车行业十强企业。1997 年进入轿车领域以来，凭借灵活的经营机制和持续的自主创新，取得了快速的发展。集团投资数亿元建立了吉利汽车研究院，目前已经形成较强的整车、发动机、变速器和汽车电子电器的开发能力，每年可以推出 4～6 款全新车型和机型；自主开发的 4G18CVVT 发动机，升功率达到 57.2kW，处于“世界先进，中国领先”水平；自主研发并产业化的 Z 系列自动变速器，填补了国内汽车领域的空白，并获得中国汽车行业科技进步一等奖；自主研发的 EPS，开创了国内汽车电子智能助力转向系统的先河；同时在 BMBS 爆胎安全控制技术、新能源汽车等高新技术应用方面取得重大突破。目前拥有各种专利 1600 多项，其中发明专利 110 多项，国际专利 20 多项。

---

① 创新的名言：http://yulu.quhua.com/mingyan/1561/.
② 同上.

（二）创新的社会价值

社会价值是指个人及社会组织通过自身的自我实践活动，对社会需求的满足和对社会进步的贡献。创新的社会价值主要在表现以下两个方面：

1. 创新是人类社会进步和发展的钥匙

纵观人类发展历史，综览当今世界现状，人类从蒙昧时代到今天的科技文明，其进步和发展的前提就是不断地创新。正是人类社会一个又一个的创新活动构成了人类从愚昧走向科学，从野蛮走向文明的辉煌发展历程。

没有创新，人类社会就难以发展，我们也就享受不到今天方便而又舒适的生活，也就不可能拥有现在这样丰富多彩的精神和物质世界。创新是一项艰难而又崇高的事业。正如马克思所说的，在科学的道路上，没有平坦的大道可走，只有那些在崎岖小路的攀登上不怕劳苦、不畏艰险的人，才有希望到达那光辉的顶点。人类正是通过技术创新、知识创新、理论创新、管理创新等多重创新，推动着历史车轮滚滚向前，以新文明取代旧文明，从而推动着人类社会进步与发展。

2. 创新是中华民族复兴的必由之路

当19世纪西方列强以大炮船舰敲开中国大门后，中国人猛然发现中华民族在世界上衰落了，痛心疾首后国人开始寻求复兴之路，路漫漫其修远兮，当经历了无数的失败后，有人甚至开始怀疑中华文明是否已经走到尽头，答案自然是否定的。中华文明是有强大生命力的文明，中华民族是善于学习、有自主创新精神的民族。经历了一系列求生存的艰苦卓绝斗争，中华民族终于迎来了的最大创新成果——新中国诞生。

新中国成立后，中华民族走上了求进步的道路，虽然取得一定成绩，但也走过弯路，搞过生产大跃进，经历十年“文化大革命”，中国发展放慢。78 年开始的改革开放以解放人的思想为标志，中华民族创新精神再次迸发出激情，经过35年改革开放，中国获得巨大发展。我们为已经取得的成就感到骄傲和自豪，同时也务必清醒地认识到中华民族现代化建设任重道远，需要创新精神的推动，中华民族的复兴呼唤创新精神。

要实现中华民族伟大复兴的“中国梦”，出路在创新。改革开放就是一种创新。它给中华民族带来希望，使我国有了千载难逢的机遇，但中国建设现代化的时间和国外发达国家相比非常短，而且我们依然受到发达国家遏制和威胁。我们的出路在创新，只有以破釜沉舟的勇气自主创新，才能打破限制，不受威胁，闯出中华民族的一片天地。中华民族要想不再落后，只能坚持不懈地走自主创新的道路。

（三）创新的认知价值

认知（cognition）也称之为认识，是指人认识外界事物的过程，或者说是对作用于人的感觉器官的外界事物进行信息加工的过程。创新的认知价值主要表现在以下两个方面：

1. 创新是知识创造与应用

创新过程本质上就是学习过程，学习过程包括新知识创造和新知识应用两个方面。

（1）创新是知识创造的过程。任何创新都有知识创造的过程，知识创造是创新的起点，没有知识的创造，也就谈不上创新。知识创造是指通过科学研究，包括基础研究和应用研究，获得新的基础科学和技术科学知识的过程，知识创造的目的是追求新发现、探索新规律、创立新学说、创造新方法。

知识创造有组合与交换两个途径，如图 1-1 所示。科学家和工程师通过对不同学科的知识、理论和技术的组合来创造新知识。根据其组合方式的不同，可以将这种知识创造途径分为渐进型和突破型两种。例如：瓦特将蒸汽机推广应用到工业领域属于渐进型知识组合创造，晶体管取代真空管属于突破型知识组合创造。

图 1-1　知识创造的两个途径

当有限的资源被不同的行为主体拥有的时候，资源的相互交换就成了资源组合的先决条件，管理人员可以充分利用科研人员、理论学家和思想家所掌握的互补性知识来加快知识创造活动。因此，可以通过这些行为主体相互交换其所拥有的资源而获得新知识。

（2）创新是知识应用的过程。创新又是新知识的应用过程，即新知识转化为价值的过程，这一过程可能更难。著名管理学家德鲁克（Drucker）曾经指出，历史上，知识的应用经历了三个阶段：第一个阶段，知识被应用于工具、工艺、产品，这创造了工业革命；第二阶段，知识在新的意义上被应用于劳动，这带来了生产力革命；第三阶段，知识被应用知识本身，这就是技术管理革命[①]。

2. 创新提高了人类的认知能力

在新知识创造和新知识应用的过程中，创新提高了人类的认知能力表现在以下四个方面：

（1）创新扩展了认知的视野。创新要求广泛的知识以及快速的知识流动和知识的传播，这样就扩大了人们的认识空间，缩短了知识传播的时间。

（2）创新深化了认知的深度。通过创新，人们对以前不认识的事物逐渐认识了，对以前认识不深刻的事物逐渐深刻了，对以前认识不清晰的事物逐渐清晰了。

（3）创新锤炼了人们认识事物的意志和毅力。创新常常会遇到风险与失败，要求人们以正确的态度予以对待。要敢冒风险，不怕失败，不断总结经验，吸取教训，直至创新成功。

（4）创新推进人们将认识与实践有效地结合。创新是一种探索性活动，为实现成功创新，人们必须将认识与实践有效地结合，并遵循认知规律，即认识、实践、再认识、再实践、……。

（四）创新的文化价值

文化价值是指客观事物所具有的能够满足一定文化需要的特殊性，或者能够反映一定文化形态的属性。创新的文化价值主要表现在以下两个方面：

1. 创新具有自身特有的文化形态

文化是民族的血脉，作为一种精神动力，没有一种力量比文化的影响更深刻、更持久。中华民族要长期自立于世界民族之林，必须在对传统文化传承的同时进行创新。创新具有自身特有的文化形态，这种文化形态既不同于单独的科学文化，又不同于单独的人文文化。它是一种适合于创新的文化，也是一种由创新而生成发展出来的新形式的文化。创新文化是创新的产物。

硅谷是美国科技产业的发祥地，也是当代高科技企业最集中的地方。硅谷的

① 转引自金吾伦. 创新哲学探索[M]. 上海：东方出版中心，2010:80.

成功不仅在于它拥有大量的风险资本，以及因毗邻著名的学府而拥有众多的高素质人才群体，更在于它在发展过程中所创立的独特、激励创新的硅谷文化。硅谷文化的基本内涵概括起来就是“繁荣学术、不断创新；鼓励冒险，宽容失败；崇尚竞争，平等开放；讲究合作，以人为本”。硅谷人在创业中营造了硅谷文化，而硅谷文化又进一步吸引、凝聚各方人才进入硅谷。

在北京中关村，一批有志向、有抱负的知识精英，以强烈的民族使命感为已任，下海创业开辟我国民营经济先河。创业者们前赴后继，不怕失败，扛起中国创新的大旗，在开放和包容的中关村这片土地上，鲜明的创业文化、持续的创新精神成了中关村的灵魂，“创业+创新”的结合与互动形成了中关村文化的本质。

2. 创新是文化发展重要引擎

历史经验证明，科技进步在给社会生产方式、全球竞争格局和国民财富获取方式带来重大变革的同时，也深刻地影响着人们的思维方式、生活方式，并从文化内容、文化的表现、传播形式等各个方面，不断推动着文化的发展与演变。

（1）科技创新不断丰富着文化的内涵。科学技术作为社会智力发展的一个方面，既是文化的重要内容，也是文化的重要体现形式和载体。一定时期科技的发展水平，不但反映和代表了该时期社会智力发展状况和人们认识客观世界的能力，也反映了其文化发展水平和特点。因此，科技创新在不断加深人们对于自然发展规律认识的同时，也不断延展着科技的知识体系，完善着人类的思维方式，扩展着人类的精神世界，从而不断丰富文化的内涵，并为文化产品的创作提供更为丰富的内容和素材。

（2）科技创新是促进新型文化发展的核心动力。科技的发展使文化内容有了不同的表现形式和传播载体，从而使文化成为可以通过多种形式和渠道获得与消费的产品，文化服务的受众大幅增长。历史上正是留声机、摄影术、电子技术、光纤通信、无线电通讯、激光照排，以及 CD、VCD 和 DVD 等技术的发明，使音响业、电影业、广播电视业等文化行业得以形成，也使出版业发生了革命性的变化。当今时代，卫星技术、网络技术、数字化技术和多媒体技术等高新技术的广泛运用，正从各个方面影响着文化产业的发展，并进一步印证了科技创新的文化价值。

四、创新方法论

创新方法论是以研究创新过程中有没有逻辑顺序、原则、技法以及有什么样的顺序、原则、技法为宗旨的哲学研究。

（一）创新原则

创新原则就是开展创新活动所依据的法则和判断创新构思所凭借的标准。在创新活动中，要注意并切实遵循创新原则，这都是根据千百年来人类创新活动成功的经验和失败的教训提炼出来的，是创新智慧和方法的结晶。它体现了创新的规律和性质，按创新原则去从事创新活动并非束缚你的思维，而是把创新活动纳入安全可靠、快速运行的大道上来。

1. 遵守科学原则

创新必须遵循科学技术原理，不得有违科学发展规律。因为任何违背科学技术原理的创新都是不能获得成功的。为了使创新活动取得成功，在进行创新构思时，必须做到以下几点：

（1）对发明创造设想进行科学原理相容性检查。创新的设想在转化为成果之前，应该先进行科学原理相容性检查。如果关于某一创新问题的初步设想，与人们已经发现并获实践检查证明的科学原理不相容，则不会获得最后的创新成果。因此与科学原理是否相容，是检查创新设想有无生命力的根本条件。例如，近百年来，许多才思卓越的人耗费心思，力图发明一种既不消耗任何能量、又可源源不断对外做功的“永动机”。但无论他们的构思如何巧妙，结果都逃不出失败的命运，其原因在于他们的创新违背了“能量守恒”的科学原理。

（2）对创新设想进行方法可行性检查。任何事物都不能离开现有的条件的制约。在设想变为成果时，还必须进行技术方法可行性检查。如果设想所需要的条件超过现有技术方法可行性范围，则在目前该设想还只能是一种空想。

（3）对创新设想进行方案合理性检查。任何创新的新设想，在功能上都有所创新或有所增强。但一项设想的功能体系是否合理，关系到该设想是否具有推广应用的价值。因此，必须对其合理性进行检查。

2. 市场评价原则

创新的最终归宿是实现价值，实现价值就要接受市场的评价。例如：在理论创新过程中，新理论要接受实践的评价；在技术创新过程中，新技术要接受市场的评价；在管理创新过程中，新管理要接受广大企业的评价；在产品创新过程中，新产品要接受广大顾客的评价；在教学创新过程中，新的教学方法要接受师生的评价。

例如：在产品创新过程中，为什么有的新产品登上商店柜台却渐渐销声匿迹了呢？创新设想要获得最后的成果，必须经受走向市场的严峻考验。爱迪生曾说："我不打算发明任何卖不出去的东西，因为不能卖出去的东西都没有达到成功的顶点。能销售出去就证明了它的实用性，而实用性就是成功。"

3. 相对创新原则

在创新过程中，创新成果（产品、技术、理论等）不可能十全十美，创新不可盲目追求绝对创新，即盲目追求最优、最佳、最美、最先进。更多的创新是一种相对创新，即只要创新后比创新前更好即可。是否属于相对创新，主要从以下三方面进行比较：

（1）从创新技术先进性上进行比较。可从创新设想或成果的技术先进性上进行各自之间的分析比较，尤其是应将创新设想同解决同样问题的已有技术手段进行比较，看谁领先和超前。

（2）从创新经济合理性上进行比较。经济的合理性也是评价判断一项创新成果的重要因素。所以对各种设想的可能经济情况要进行比较，看谁合理和节省。

（3）从创新整体效果性上进行比较。技术和经济应该相互支持、相互促进，它们的协调统一构成事物的整体效果性。任何创新的设想和成果，其使用价值和创新水平主要是通过它的整体效果体现出来。因此，对它们的整体效果要进行比较，看谁全面和优秀。

4. 机理简单原则

创新只要效果好，机理越简单越好。在现有科学水平和技术条件下，如不限制实现创新方式和手段的复杂性，创新所付出的代价可能远远超出合理程度，使得创新的设想或结果毫无使用价值。在科技竞争日趋激烈的今天，原理重叠、结构复杂、功能冗余、使用繁琐已成为技术不成熟的标志。

如电视机产品创新，一度“画中画”功能成为一种时尚，但实际上“画中画”属于一种冗余功能，人们极少观看画中画，但它使电视机电路复杂，成本提高，画中画功能“热闹”一阵子后终被厂家抛弃，因为它是失败的创新。又如智能手机的快速普及，一个重要原因是使用不繁琐。产品创新应遵循机理简单原则，其他创新也同样。

因此，在不同类型的创新过程中，尤其是产品创新，要始终贯彻机理简单原则。为使创新的设想或结果更符合机理简单的原则，可进行如下检查：①新事物所依据的原理是否重叠，超出应有范围；②新事物所拥有的结构是否复杂，超出应有程度；③新事物所具备的功能是否冗余，超出应有数量；④新事物所进行的操作是否繁琐，超出应有能力。

5. 构思独特原则

创新必须强调“新”，如新理论、新技术、新产品、新工艺、新制度、新文化等。“新”是创新的起点。构思必须独特才能有“新”，所以，创新贵在独特，创新也需要独特。“独”是指“人无我有”，“特”是指“人有我优”，产品创新尤其如此，其他创新也同样。

（二）创新技法

创新技法是指创新学家收集大量成功的创新实例后，研究其获得成功的思路和过程，经过归纳、分析、总结，找出规律和方法以供人们学习、借鉴和仿效。简言之，创新技法就是创新学家根据创新思维的发展规律而总结出来的一些原理、技巧和方法。创新技法不是治百病人的“万应灵丹”，不能指望在浅涉创新技法之后，就能解决创新的任何问题，只有在深刻理解创新技法的基础上，不断实践，才有可能成功地开展创新活动。世界各国创新技法有上百种，下面介绍常用的几种。

1. 系统分析创新技法

系统分析方法是指把要解决的问题作为一个系统，对系统要素进行综合分析，找出解决问题的可行方案。有问题列举法、缺点列举法、希望点列举法、特性列举法等。

（1）问题列举法。实践证明，能发现问题与提出问题就等于取得了成功的一半。巧妙的设问可以启发想象、开阔思路、引导创新。问题列举法实际上就是分析研究对象各个方面的问题，并予以罗列，针对所需解决的问题逐项对照检查，以期从各个角度较为系统周密地进行思考，探求解决问题的创新方案。

（2）缺点列举法。缺点列举法就是通过分析研究对象各个方面的不足之处，并予以罗列，从而有针对性地提出各种设想来加以改进和完善。有时候只要找出原有事物的一个缺点并加以改进就能产生巨大效益。缺点列举的实质是一种否定思维，唯有对事物持否定态度，才能充分挖掘事物的缺陷，然后加以改进。

（3）希望点列举法。这是一种不断的提出希望，提出“怎么样才会更好”等愿望，进而探求解决问题和改善对策的技法。此法是通过提出对该问题的事物的希望或理想，使问题和事物的本来目的聚合成焦点来加以考虑的技法。希望人人皆有，“希望点”就是指创造性强且又科学、可行的希望。例如，有一家制笔公司用希望点列举法产生出了一批改革钢笔：希望钢笔出水顺利；希望绝对不漏水；希望一支笔可以写出两种以上的颜色；希望书写流利；希望能粗能细等。

（4）特性列举法。通过对发明对象的特性进行详细分析和一一列举，激发创造思维，从而产生创造性设想，使每类特性中的具体性能得以改进或扩展。例如研究新型汽车，可按系统组成来划分，在运用特性列举法解题时，每次只考虑其中一个子系统，如对发动机进行分析，罗列其特性，然后考虑从哪些方面来改善发动机的性能。

2. 组合创新技法

组合创新技法是指利用创新思维将已知的若干事物合并成一个新的事物，使其在性能和服务功能等方面发生变化，以产生出新的价值。以产品创新为例，可根据市场需求分析比较，得到新的技术产品，包括功能组合、材料组合、原理组合等。

人类的许多创造成果来源于组合。正如一位哲学家所说：“组织得好的石头能成为建筑，组织得好的词汇能成为漂亮文章，组织得好的想象和激情能成为优美的诗篇。”同样，发明创造也离不开现有技术、材料的组合。

组合创新的机会是无穷的。有人统计了上世纪以来的 480 项重大创造发明成果，经分析发现，三四十年代是突破型成果为主而组合型成果为辅；五六十年代两者大致相当；从80年代起，则组合型成果占据主导地位。这说明组合技法已成为创新的主要方式之一。

3. 联想创新技法

从一个概念想到另一个概念，从一种方法想到另一种方法，或从一种形象想到另一种形象的心理过程叫联想。所谓联想创新技法，就是在创新过程中对不同事物运用其概念、方法、模式、形象、机理等的相似性来激活联想和想象机制，从而产生新颖构思、独特设想的一种创新技法。

（1）相似联想。不同事物间总是存在某些相似的地方，从原理、结构、性质、功能、形状、声音、颜色等方面对事物之间相似之处进行联想，从而导致新的创造发明，这就是相似联想。

（2）接近联想。从空间上或时间上由一事物联想到比较接近的另一事物，从而激发出新创意、新设计、新发明的过程为接近联想。

（3）对比联想。对比联想就是从周围事物的对立面或相反方面进行的联想。任何事物都是由许多要素组成的，其中包含着本身的对立面或反面，例如由黑暗想到光明，由温暖联想到寒冷等。

（4）因果联想。由有因果关系的事物形成的联想称为因果联想。有时为了获得某一种发明成果，须经一连串的因果联想才能实现，叫做连锁反应的因果联想。

（5）强制联想。就是强制地运用各种联想，天马行空，想尽世间所有事，把不同的事物和不同的设计联系起来，巧发奇中甚至歪打正着的创新性设计。

4. 类比创新技法

类比就是在两个事物之间进行比较，这两个事物可以是同类，也可以不是同类，甚至差别很大，通过比较，找出两个事物的类似之处，然后再据此推出他们在其他地方的类似处。类比的方法很多，著名的有：直接类比、拟人类比、象征类比、对称类比等。

（1）直接类比。直接类比是指从自然界或已有的成果中寻找与创造对象相类似的东西进行比较。例如：气球和深潜器本来是两个完全不同的东西，一个升空，一个入海，但是它们都是利用浮力原理，因此，气球的飞行原理同样可以应用到深潜器中去，瑞士科学家皮卡尔（Piccard）据此类比发明了世界上潜得最深的深潜器；古代巧匠鲁班发明锯子就是从草割破手指而得到的启发；农机师看了机枪连射发明了机枪式播种机。

（2）拟人类比。拟人类比就是将人体比作创造对象或将创造对象视为人体，由人及物、以物拟人，从不同与相似之中领悟两者相通的道理，促进创造思维的深化和创造活动的发展。例如：德国化学家克库勒（Kekule）曾梦见一条蛇咬住它自身的尾巴，醒来后立即联想到苯分子并非一个开放的结构，而是一个封闭的环，于是，全世界化学家几十年都未曾解决的苯分子结构问题，最终由拟人类比解决了。又如：挖土机可以用模拟人体手臂的动作来进行设计。

（3）象征类比。这是借助具体的事物形象和象征符号来比喻某种抽象的概念或思想感情的类比。象征类比是直觉感知的，在无意的联想中一旦作出这种类比，这就是一个完整的形象。象征类比在建筑设计中应用甚广。例如：设计桥梁要赋予“虹”的象征格调；设计纪念碑要赋予“庄严”的象征格调；而设计音乐厅要赋予“艺术”的象征格调。被誉为中国第一高楼的上海金茂大厦则是融合了多层象征含意：其外形像竹笋——象征着节节攀升；像宝塔——富有民族气息；像一枝笔——在蓝天描绘着未来。

5. 仿生创新技法

模仿生物的某些结构、功能原理、形态特征进行创造，把它用于产品设计的做法叫仿生创新法。仿生法分为功能仿生、结构仿生、形态仿生、意象仿生。模仿生物原理的发明创造层出无穷。例如，飞机是模仿鸟类飞行的原理创造；潜艇是模仿鱼敖游的原理创造；响尾蛇导弹是模仿响尾蛇跟踪红外线发射体咬人的原理创造；机器人是模仿人的活动创造出来的智能机器。

北京奥运工程主场馆是椭圆形的“鸟巢”，馆内有91000个观众座位，无论观众坐在“鸟巢”的哪个位置，到比赛场地中心点之间的视线距离都在140米左右。游泳馆“水立方”的创意来自细胞组织单元的基本排列形式以及水泡、肥皂泡的天然构造。这种在自然界常见的形态从来没有在建筑结构中出现过，作为世界上第一个敢于实现这一结构体系的建筑，“水立方”为国内外建筑界填补了一项空白。

6. 移植创新技法

所谓移植创新技法，是指把某一领域的原理、结构、方法、材料等移植到新的领域之中，得以改变和创造新事物的创新技法。移植法可以分为原理移植、结构移植、方法移植、材料移植四大类。正如我们常说的：“它山之石，可以攻玉”。现代科学技术的发展，使得学科与学科之间的概念、理论、方法等相互交叉、移植、渗透，从而产生新的学科、新的理论、新的事物和新的成果，这是现代科技突飞猛进的巨大动力之一。因而移植法就成了一种应用极其广泛的创新技法。

现代任何一项新创造或新发明，其中约90%的内容均可通过各种途径从前人或他人已有的科学成果中移植获取，而独创性发明只占10%。这一事实告诉人们，发明创造既可以纵向继承前人的智慧结晶，也可以横向借鉴他人的思维成果，从而使自己的发明创造周期缩短、成功率提高。

纵观人类科技发展史，处处闪耀着人们运用技术移植的方法进行发明创造的智慧光芒。16世纪时，意大利医学家散克托留斯（Sanctorius）把伽利略发明的温度计加以改良并移植到医疗中，用它来测量病人的体温。19世纪时，英国物理学家麦克斯韦（Maxwell）把流体力学的模型和方法移植到电磁场的研究中，完成了对电磁场的理论概括。

7. 演绎创新技法

所谓演绎就是按照一定的逻辑规则，即以若干定理、公理、定律为前提，直接推导出新的结论的推理方法。演绎推理是否正确的前提条件是已知的原理和规律是否正确。一般说来，在数学、物理学、化学、工程科学等学科领域，由于前提条件比较明确，加上附加条件也比较容易控制，所以演绎推理的结果也就比较可靠；而像医学、生物学、植物学等学科领域，由于前提条件往往模糊不清，并且变异性很大，所以演绎推理就缺乏可信度，这是我们在运用演绎发明法进行发明创造时应该注意的问题。

演绎发明法在发明创造领域中具有极为重要的作用，是构造科学理论体系最基本的方法之一；是检验科学技术理论最有效的手段之一；是探索发明创造规律最常用的途径之一。科学家牛顿（Newton）运用了演绎推理：首先，凡是自转的球，球上的物质都因受离心力的作用而沿地线方向运动位移，离心力的大小与地球的半径成正比；其次，地球是自转的球体，地球赤道附近物质受到的离心力最大。由此可以推理得出地球是呈扁圆球体的结论。后来的实测结果表明，牛顿的演绎推理是正确的。

（三）创新过程

创新涵盖各个领域，如理论创新、知识创新、科技创新、管理创新、文化创新、艺术创新、商业创新等。显然，各个领域的创新都有着各自的特点，各个领域创新的过程也是不同的，但创新过程也不是没有规律可循。以下介绍的创新过程是创新专家对大量创新过程的总结，可供参考。

1. 创新过程是一个学习过程

美国学者彼得·圣吉（Peter Senge）在《第五项修炼》一书中提出了学习型组织（Learning Organization）概念。企业应建立学习型组织，其涵义为：面临变遭剧烈的外在环境，组织应力求精简、扁平化、弹性因应、终生学习、不断自我组织再造，以维持竞争力[①]。彼得·圣吉认为：90 年代最成功的企业是学习型组织即具有近乎完美适应力的组织。同时又认为：唯一持久的竞争优势，或许是具备比你的竞争对手学习更快的能力。学习型组织的目的和任务是使组织适应复杂多变的环境，以维持企业竞争力。为什么 1970 年《财富》杂志列出的 500 家工业公司，到 1983 年已不复存在了，这是因为它们不能通过学习适应环境，从而在竞争中淘汰出局。

作为 Innovation 的创新，实际上是个过程，是实现创造发明潜在的经济和社会价值的过程。创新与学习是一个过程的两个密不可分的方面，学习型社会的建设是创新型国家的根本任务。学习不是简单的被动吸收知识的过程，而是一个主动的创新过程。学习是创新的基础，创新是学习的硕果。学习不仅仅是为了创新，但创新却始终离不开学习。

创新的核心是“新”，即开启不同寻常的思考，琢磨别出心裁的点子，采取别开生面的方法，获得新奇独特的结果。创新的本质是“创”，既不坐等其成，也不坐享其成，而是充分发挥人的聪明才智和主观能动性，创造性地思维，创造性地实践，把思维不断伸向未知、未来，把实践不断向深度和广度拓展。创新的基础是“智”，即创新必须要有知识，知识是点燃创新的火种，知识的

① （美）彼得·圣吉，郭进隆译. 第五项修练[M]. 上海：上海三联书店，1998:2-3.

火种来源于学习。

创新需要学习，学习点燃创新火花。学习，可以调动人的探索兴趣和求知欲，增强对新事物的敏感性，从而激发创新热情。创新思维要求人们具有广博的知识面，特定的知识结构，非凡的智力技巧和思维能力。博览群书在一定程度上可以解决知识面的问题。智力技巧和思维能力必须通过不断学习与实践才能提高。

创新需要想象，学习为想象力插上翅膀。想象力是人们以头脑中的表象或经验材料为基础，在大脑中经过新的变换、新的组合、新的加工，在头脑中制造出未曾感知的，甚至不曾存在的事物形象能力。想象一般具有创造性、超前性、易变性、模糊性、不确定性等特点，是人的主观能动性的表现，反映为联想、幻想、梦想和猜想，这是创新思维的萌芽。而通过学习所获得的丰富事例和感性材料，为人的想象力插上了飞翔的翅膀。

创新需要实践，学习提升实践。人的创新意识、创新思维最终要转化为创新实践。而创新实践的过程不可能一蹴而就，要经过曲折的实践过程，其中还可能遭遇各种困难、多次挫折甚至是失败。创新在本质上是探索未知的过程，因此它是勇敢者的事业。在复杂多变的创新实践中，面对纷繁复杂的诸多现象，只有不断学习、反复学习、深入学习，才能认清事物本质，决定前进方向，实现创新突破。

2. 创新过程从线性到非线性

20 世纪 70 年代前后，创新主要是企业技术创新，创新模型主要是线性模型。大致经历了三代，第一代创新模型是科技先导型的，即创新从基础科学研究作先导或以科技为起点，以市场为终点的直线式创新，其过程为：

基础科学→应用科学→设计试制→制造→销售

从此模型可知，只要增加对基础科学（上游端）的投入就将直接增加创新（下游端）的产出。第二代创新模型是市场拉动型创新，即从市场需求出发，用市场需求导致科研方向，求得科技突破并推向市场，其过程为：

市场需求→销售→发明→制造→生产

市场拉动型是指在技术创新过程中，不是技术进步的速度、规模和方向决定着技术创新的速度、规模和方向，而是市场需求决定着技术创新的资源配置，从而导致着创新的速度、规模和方向。但这种模型仍然是线性模型，只是把创新的重点从科学技术移向市场，市场成为研究开发的思想源泉。

在很长时期里，这种简单的线性模式在人们对创新过程的认识中占据了主导地位。但是后来人们对发达国家和东亚国家发展历史的研究表明，基础科学与其创新能力之间并没有直接的联系。例如日本成功地实现现代化和工业化，但日本在基础科学方面相对落后，从而证明创新的线性模式与实际创新过程不相符合。

由于创新线性模式忽视了创新过程的开放性、创新各阶段之间的复杂联系及反馈等因素，后来创新线性逐渐被更加全面的创新系统方法所取代。信息通信技术融合与发展，推动了知识社会的形成，对创新的影响也进一步被认识。科学界进一步反思对技术创新的认识，创新绝不再是从研究到应用的线性链条。技术创新被认为是各创新主体、创新要素交互复杂作用下的一种复杂涌现现象，是创新生态下技术进步与应用创新共同演进的产物。

我们知道，"蝴蝶效应"是混沌理论中最常被人引用的一个借喻：表明事物事态发展的非线性，即一只蝴蝶的翅膀一煽动，可以导致地球的另一边的一场大风暴[①]。蝴蝶效应经济学就是强调经济学要考虑各种因素相互作用和累积的非线性效应，说明经济领域中极端的不确定性和难以预测性。既然不确定性是创新的一个基本特征，那么创新过程同样也是一个多重因素相互作用的非线性过程。

创新是引入新技术、新工艺、新服务和新市场以及新组织管理形式的结果，在多数情况下是以上诸多因素相互渗透而共同作用的结果，因为各因素之间本身就存在相互依存的关系，而且整个系统也是一个螺旋式不断上升的过程。简言之，创新不是一个独立的事件，而是由许多小事件组合在一起以螺旋式不断发展的，所以，很难判断出哪一时刻产生的创新的结果或哪个个别因素造就了创新的成功。

创新是一个无法控制、事先也难以作出预测的非线性过程。

3. 沃勒斯的创新"四阶段理论"

由英国心理学家沃勒斯（Wallas）在他于1926年出版的《思考的艺术》提出的创新"四阶段理论"，是一种影响最大、传播最广，而且具有较大实用性的过程

① 魏诺. 非线性科学基础与应用[M]. 北京：科学技术出版社，2004:42.

理论，该过程理论认为，不管哪个学科门类，不管创造性成就的大小，任何创新的发展分 4 个阶段：准备期、酝酿期、明朗期和验证期[①]。

（1）准备（preparation）期。准备期是准备和提出问题阶段。一切创新是从发现问题、提出问题开始的。问题的本质是现有状况与理想状况的差距。爱因斯坦认为："形成问题通常比解决问题还要重要，因为解决问题不过牵涉数学上的或实验上的技能而已，然而明确问题并非易事，需要有创新性的想象力。"沃勒斯认为对问题的感受性是人的重要资质，为使问题概念化、形象化和具有可行性，准备期还可分为下列 3 步：①对知识和经验进行积累和整理；②搜集必要的事实和资料；③了解自己提出问题的社会价值，能满足社会的何种需要及价值前景。

（2）酝酿（incubation）期。酝酿期又称孕育期，酝酿期也称沉思和多方思维发散阶段。在酝酿期要对收集的资料、信息进行加工处理，探索解决问题的关键，因此常常需要耗费很长时间，花费巨大精力，是大脑高强度活动时期。这一时期，要从各个方面，如纵横、正反等去进行思维发散，让各种设想在头脑中反复组合、交叉、撞击、渗透，按照新的方式进行加工。加工时应主动地使用创造方法，不断选择，力求形成新的创意。

为使酝酿过程更加深刻和广泛，还应注意把思考的范围从熟悉的领域，扩大到表面上看起来没有什么联系的其他专业领域，特别是常被自己忽视的领域。这样，既有利于冲破传统思维方式和权威的束缚，打破成见，独辟蹊径，又有利于获得多方面的信息，利用多学科知识交叉优势，在一个更高层次上把握创新活动的全局，寻找创新的突破口。有时也可把思考的问题暂时搁置一下，让习惯性思维被有意识地切断，以便产生新思维；再有，灵感思维的诱发规律告诉我们，大脑长时间兴奋后有意松弛，有利于灵感的闪现。

创造性思维的酝酿期通常是漫长的、艰巨的，也很有可能归于失败。但唯有坚持下去，方法对头，才是充满希望的。

（3）明朗（illumination）期。明朗期即顿悟或突破期，寻找到了解决办法。明朗期很短促，很突然，呈猛烈爆发状态。久盼的创造性突破在瞬间实现，人们

---

① 创新—MBA 智库百科：http://wiki.mbalib.com/wiki/%E5%88%9B%E6%96%B0.

通常所说的“脱颖而出”、“豁然开朗”、“众里寻它千百度，蓦然回首，那人却在灯火阑珊处”等都是描述这种状态的。如果说:“踏破铁鞋无觅处”描绘的是酝酿期的话，“得来全不费功夫”则是明朗期的形象刻画。在明朗期灵感思维往往起决定作用，瓦特看到壶盖被蒸汽顶起而发明了蒸汽机，牛顿被下落的苹果砸了头而发现了万有引力，门捷列夫玩纸牌时想出了元素周期表。

（4）验证（verification）期。验证期是评价阶段，是完善和充分论证阶段。突然获得突破，飞跃出现在瞬间，结果难免稚嫩、粗糙甚至存在若干缺陷。验证期是把明朗期获得的结果加以整理、完善和论证，并且进一步得到充实。创新思维所取得的突破，假如不经过这个阶段，创新成果就不可能真正取得。论证一是理论上验证，二是放到实践中检验。验证期的心理状态较平静，但需耐心、周密、慎重，不急于求成和不急功近利是很关键的。

五、世界著名创新案例

（一）乔布斯与苹果公司

史蒂夫·乔布斯（Steve Jobs），是一位极具创造力的企业家。1976 年乔布斯和朋友成立苹果公司，他陪伴了苹果公司数十年的起落与复兴。乔布斯有如过山车般精彩的人生和犀利激越的性格，充满追求完美和誓不罢休的激情，乔布斯创造出个人电脑、动画电影、音乐、手机、平板电脑以及数字出版等 6 大产业的颠覆性变革。2011 年 10 月 5 日他因病逝世，享年 56 岁。乔布斯是改变世界的天才，他凭敏锐的触觉和过人的智慧，勇于变革，不断创新，引领全球资讯科技和电子产品的潮流。

1. 乔布斯的传奇经历

1955 年 2 月 24 日，史蒂夫·乔布斯出生在美国旧金山。刚刚出生，就被在美国旧金山一家餐馆打工的父亲与潇洒派的酒吧管理员的母亲遗弃了。幸运的是，一对好心的夫妻收留了他。虽然是养子，但养父母却对他很好，如同亲子。学生时代的乔布斯聪明、顽皮，肆无忌惮，常常喜欢别出心裁地搞出一些令人啼笑皆非的恶作剧。不过，他的学习成绩倒是十分出众。

1976 年 21 岁的他与 26 岁的斯蒂夫·沃兹尼亚克（Stephen Wozniak）在自家

的车房里成立了苹果电脑公司。他们制造了世界上首台个人电脑，并称为AppleI，其售价是666美元。当地的一个电子产品零售商看了他们的机器之后，便订购了50台。成功仿佛比预想得还要迅速。他们变卖了所有值钱的东西，凑齐1300美元开始了创业。乔布斯将新公司命名为苹果（Apple）。

第二年乔布斯和沃兹尼亚克设计了苹果Ⅱ，它定义了个人电脑的标准：显示器、键盘、驱动器、主板插槽、电源机箱。沃兹尼亚克花了两周时间设计的软盘驱动器精妙绝伦，只有同类产品的四分之一大小，苹果Ⅱ的所有设计完全由沃兹尼亚克一个人完成，甚至连其中的Basic解释程序也是沃兹尼亚克编的。1977年举行的西海岸电脑展示会上，苹果Ⅱ大获成功。个人电脑飞速发展的时代来临了，从1978年到1983年，苹果公司每年平均增长150%。

经历了辉煌的五年之后，苹果面临电脑业巨人IBM的挑战。后者在1981年8月推出了IBM的个人电脑，市场营销非常成功，PC（Personal Computer）很快家喻户晓。只花了两年时间，PC的销售额就超过了苹果。1985年因为内部权力斗争，约翰·斯卡利（John Sculley）接管了苹果公司，并把乔布斯赶出了苹果公司。

他离开后创立了NeXT电脑公司，并发展出NeXT电脑及NeXTstep操作系统。就像Lisa一样，NeXT拥有最先进的技术，但是不能成为最流行的电脑。1986年他花1000万美元从乔治·卢卡斯手中收购了电脑动画效果工作室，并成立独立公司Pixar。在之后十年，成为了世界上最成功的电影动画制作公司。

1996年陷入财政困难的苹果电脑以4亿美元收购了NeXT电脑公司，同时乔布斯也回到了苹果电脑。1997年，他重掌苹果电脑的大权。在同年推出着重外表的iMac电脑系列，因为在美国和日本的大卖，使苹果电脑度过财政危机。2001年推出深受大众欢迎的iPod音乐播放器和iTunes音乐软件，使公司的股票大幅上扬。2007年，乔布斯发布了iPhone智能手机。2010年4月，苹果iPad平板电脑正式在美国发售。2010年6月，乔布斯发布了iPhone 4第四代手机。

1985年获得了由里根总统授予的国家级技术勋章；1997年成为《时代周刊》的封面人物；同年被评为最成功的管理者，是声名显赫的“计算机狂人”。他是一个美国式的英雄，几经起伏，但依然屹立不倒。他创造了“苹果”，掀起了个人电脑的风潮，改变了一个时代，但却在最顶峰的时候被封杀，从高楼落到谷底，但是 12 年后，他又卷土重来，重新开始第二个“斯蒂夫·乔布斯”时代。

2. 苹果产品的创新流程及理念

（1）按照礼品的标准设计产品。苹果的设计人员认为，世上有两类人，一种是不到圣诞节的早上就打开礼品看的人，另一种是要把礼品放在圣诞树下，像孩子一样等着，不断被自己的期盼折磨，最后才在圣诞节早上打开的人。苹果的产品就是给第二种人设计的，他们的理念就是将产品的各个细节做到极致，让每个苹果的粉丝一年会有几次进苹果商店的时候都能体会到圣诞节的感觉。从设计到制作，再到营销，没有哪一家电子消费品公司把这样一种礼品的概念发挥到如此淋漓极致的。

（2）精确到像素的样品设计。每个苹果内部的设计师都要将软件的每一个界面和特征设计精确到像素，才能让高级经理来评判。这样，每次高级经理看到都是一个完整产品的样子，得到批准的东西最后看起来就会和最后产品一样而不会走形。很多公司的细节控制不会这样完善，这样最后的产品出来总会让很多人惊讶。苹果的方法消除了产品创新中任何模棱两可的细节，从而最大化减少了后面改正错误的需要。

（3）10-3-1 流程。考虑到每个样品的设计都要精确到像素，苹果要求任何样品都要先有 10 个不同的设计，从中会确定 3 个改进完善，最终选择 1 个为最终的产品。这样的方法的好处是最大限度的给创新留出了空间，让设计人员自由的去选择任何和过去不同的设计，同时又让他们知道 90%的工作可能是不被采用的。

（4）每周两次匹配的设计会议。每周工程师和设计人员都要在一起开两个不同的会议。一个是“头脑风暴会议”，大家把各种疯狂的想法说出，完全不受限制，不管是新产品特性还是对已有产品的改进，大家都畅所欲言。另一个会议是“生产会议”，与头脑风暴截然相反，这个会议要把选定的疯狂想法尽可能细化，怎么做，为什么这么做。这两种会议在整个产品研发的过程中就是这样反复切换着。

（5）定期的样品展示会。有句经典的话：“顾客不是要买钻头，顾客要买的是洞”，工程师和产品经理不了解，顾客要买的其实不是某个产品，而是他们需要运用一个产品来完成某件任务或解决某个问题。苹果会定期让工程师把自己根据用户需求及刚才描述的过程反复筛选后设计出最好的样品，给高管层展示。这样最大程度的保证用户想要的确实就是产品能提供的，也让能管理层定期确定团队工作的进度和方向。

3. 乔布斯的商业理念

乔布斯的商业理念，深深地印在了每个苹果人的心里。苹果未来能否再次成功，关键也要看后面是否能坚持苹果的这些商业理念了。

（1）创新决定了你是领袖还是跟随者。乔布斯认为创新是无极限的，有限的是想象力。他认为，如果是一个成长性行业，创新就是要让产品使人更有效率，更容易使用，更容易用来工作。如果是一个萎缩的行业，创新就是要快速地从原有模式退出来，在产品及服务变得过世、不好用之前迅速改变自己。

（2）和最优秀的人一起工作。乔布斯关于团队有很多精彩的理论，他认为，一个创业公司的前十个员工决定了这个公司的水平，因为每个人都要能负担公司十分之一的工作。他也常用甲壳虫乐队来比喻团队的力量：没有一项主要工作可以由单独的一个，或者两个、三个、四个人来完成。某些人可以出色地完成一件事，比如意大利雕塑家米开朗基罗（Michelangelo）。而其他的制造工作，例如半导体和747飞机的建造，这种类型的工作需要大批的人来完成。为了把事请办好，工作不能仅仅由一个人完成，你必须找到能力非凡的人来合作。最终把个体互动产生的力量汇总，这样整体的力量就会远远大于个体力量的总和。

（3）注重质量。乔布斯是个完美主义者。他认为，完美的质量没有捷径，你必须将优秀的质量定位给自己的承诺，并坚定不移地坚持下去。当你对自己要求更高，并关注所有的细节后，产品就会和别人不一样。

（4）找到你真正想做的事才能做成真正伟大的事。乔布斯对年轻人一直都讲，一定要找到自己最喜欢做的事，才能做伟大的事。热爱自己所做的事是唯一能使自己做成伟大事情的方法。如果你还没找到自己喜爱的事，一定要坚定不移地找下去，不要放弃。你的心会让你知道自己找到了你最喜欢做的事。

（5）保持饥渴，保持愚蠢。乔布斯特别喜欢佛教中做“beginner”的心态，碰到事情都能有一种好奇，作为初学者的心态去思考、感受。同时，不断地保持求知的欲望，对未来发展的饥渴也是非常重要的。

（二）盖茨与微软公司

比尔·盖茨（Bill Gates）是微软公司（Microsoft）主席和首席软件设计师。微软公司在个人计算和商业计算软件、服务和互联网技术方面都是全球范围内的领导者。盖茨和微软，创造了20世纪最美丽的神话，吹响了信息经济时代最嘹亮的号角，盖茨不是靠幸运取得成功的，微软也不是建立在偶然基础上的软件帝国，盖茨是电脑天才，但更是一个经营和管理天才，他在微软的创立和成长壮大中付出的心血和汗水，他非凡的事业心和进取心，他高瞻远瞩的眼光和异常敏锐的市场嗅觉，是任何一个人都无法超越的。

1. 痴迷电脑的天才少年

盖茨出生于华盛顿州西雅图市，自小家境富裕，他的父亲是一位杰出的律师，母亲是华盛顿大学校务委员及第一州际银行董事。为了让孩子接受良好的教育，少年时代盖茨的双亲便将盖茨送进管教严格的西雅图湖滨私立中学就读，也就是在这里盖茨发现了一生事业的重心——电脑，也遇见了未来的工作伙伴保罗·艾伦（Paul Allen）。

盖茨进入湖滨中学之后迷上了电脑，从此就无心上其他课，每天都泡在计算中心。从8年级开始，盖茨便利用闲暇时间和同学一起帮人设计简单的电脑程序，以此赚取零用钱。根据盖茨自己陈述："我在十三岁时就写了我的第一个软体程式，我拿它来玩井字游戏。当时我所用的电脑体积庞大、笨重、速度缓慢而且相当'不听话'。"盖茨的好朋友保罗·艾伦回忆说："我们当时经常一直干到三更半夜，我们爱死了电脑软件的工作，那时侯我们玩得真开心。"

盖茨上9年级的时候，TRW公司的工程师在架设西北输电网络时遇到了问题，一筹莫展。这时候，他们发现了湖滨中学计算中心的一份《问题报告书》，当场打电话给制作这份报告的两位"侦测错误大师"（盖茨和艾伦），希望他们两人能来帮助排除问题。但他们压根没有想到，这两位"大师"居然只是9年级和10年级的学生。

2. 艰辛的创新创业

1973年夏天，盖茨以全国资优学生的身份，进入了哈佛大学一年级，在那里他与史蒂夫·鲍尔默（Steve Ballmer）住在同一楼层，后者目前是微软公司总裁。

在哈佛，他仍然无法抵抗电脑的诱惑，于是就经常逃课，一连几天呆在电脑实验室里整晚整晚地写程序、打游戏。盖茨敏感地意识到，计算机的发展太快了，等大学毕业之后，他可能就失去了一个千载难逢的好机会，所以，他毅然决然地从哈佛三年级退学了。他们深信个人计算机将是每一部办公桌面系统以及每一家庭的非常有价值的工具，并为这一信念所指引，开始为个人计算机开发软件。

很快，盖茨与艾伦迁往阿尔它公司所在地新墨西哥州阿尔布奇市，正式创立微软公司，当时盖茨才 19 岁。1977 年，苹果等进入个人电脑市场，微软提供 BASIC 给大多数早期的个人电脑，当时 BASIC 是最重要的软体元素。在低价授权、以量致胜的方式促销下，微软 BASIC 很快成了电脑产业的软体标准，当时几乎每一家个人电脑制造商都会使用微软授权的软体。1979 年，盖茨将公司迁往西雅图，并将公司名称从“Micro-soft”改为“Microsoft”。

1980 年是微软发展史上一个重要的转折点，当时无人不知、无人不晓的 IBM 国际商业机器公司占有大型电脑百分之八十的市场，也就是在这一年 IBM 决定开始制造个人电脑，并且找上微软公司，向他们购买作业系统的授权，于是个人电脑作业系统 PC-DOS 出现了，IBM 成了微软新软件的第一个授权使用者。随着 IBM 的个人电脑独霸市场，微软的软件也如雨后春笋般不断冒出，从而稳住了 IBM 的江山，也奠定了微软在电脑软件市场上不容忽视的地位。

就这样，比尔·盖茨凭着独到的眼光，坚信个人电脑的触角将深入未来每一个家庭中，也相信结合微处理器与软件将大大改写过去以大型电脑为主的生态，更能在个人电脑革命的初期即掌握稍纵即逝的创业机会，其后又一直保持正确的发展方向，锲而不舍，加上过人的经营头脑，终于成为全球首富与 IT 业最具影响力的人士。

盖茨一直是一个以工作狂而著称的人物，即使到了 39 岁结婚的时候，他还经常加班工作到晚上 10 点以后，对于以前任何一个亿万富翁来说，这都是不可想象的事。尽管微软公司一向以员工习惯性加班拼命工作而闻名，但那些工作得眼冒金星的员工还是心悦诚服地说，他们之中几乎没有谁能比盖茨更辛苦。

3. 创业成功的秘诀

谈到如何成功创业，盖茨的思维模式、做事的方法和一般的企业家是不一样的。美国《财富》杂志和《福布斯》杂志曾访问盖茨，询问他成为世界首富的秘诀，盖茨回答说，他之所以成为世界首富，除了知识、人脉、营销之外，还有一个就是“眼光好”。盖茨所说的“眼光好”有三层含义：

（1）掌握最大的趋势。微软公司的英文名字叫做 Microsoft，事实上是由 Micro 和 Soft 两个词组成。Micro 代表的含义是 Microcomputer，是微电脑的意思；Soft 代表的是 Software，是软件的意思，是给微电脑使用的软件。当盖茨创业的时候，全世界最顶尖的公司叫 IBM，当时一台电脑有现在我们整个摄影棚这么大，但是盖茨的眼光已经看到 25 年之后，我们的桌上会摆上一台小型的电脑。IBM 则不是这样认为，这从它的名字也可看出来：I 代表 Internation 即国际，B 代表 Business 即商务，M 代表 Machine 即机器，所以 IBM 认为它的主要顾客是公司而非个人，而公司一般用大型电脑。1977 年，乔布斯创办了苹果电脑公司。苹果电脑叫做 Apple PC，PC 代表的真正含义是个人电脑，乔布斯掌握了个人电脑的趋势，但盖茨了解控制电脑硬件的是软件，软件应该是一个更大的趋势，所以盖茨成为世界首富。

（2）市场要大。正因为全世界有数目庞大的人群使用电脑，90%的人又都使用盖茨的 Windows 软件，而且人群还在不断扩大，所以盖茨能成为世界首富。

（3）从事竞争对手少的行业。世界最早最出色的软件公司叫微软公司，世界第一家可乐叫可口可乐，世界第一家最顶尖的商务用电脑叫 IBM。通常最早做的都很容易成为第一品牌。所以我们假如眼光真的好的话，要第一个从事某个行业，要第一个创立公司，要选择竞争对手少的行业来做。

（三）马云与阿里巴巴

马云，1964 年出生于浙江省杭州市，中国著名企业家，阿里巴巴集团、淘宝网、支付宝创始人。首位登上《福布斯》杂志封面人物的大陆企业家，曾当选世界经济论坛未来领袖。

1. 求学时代与教师工作

马云不仅没有上过一流的大学，而且连小学、中学都是三四流的。初中考高中考了两次，高中考大学考了三次，其中第一次高考，数学只考了 1 分。1984 年，历经辛苦的马云终于跌跌撞撞地考入杭州师范学院外语系，他的成绩是专科分数，离本科线还差 5 分，但恰好本科没招满人，马云就这样幸运地上了本科，并凭着满腔热情和一身侠气，当选学生会主席。

1988 年，马云从杭州师范学院英语专业毕业，被分配到杭州电子工学院，任教英语。马云很快成为杭州优秀青年教师，发起西湖边上第一个英语角，开始在杭州翻译界有名气。因此，很多人来请马云做翻译，马云做不过来，于 1992 年成立海博翻译社，请退休老师做翻译。海博第一个月全部收入 700 元，房租 2400 元。为生存下去，马云背着大麻袋到义乌、广州去进货，海博翻译社开始卖鲜花，卖礼品。马云还曾经销售过一年的医药，推销对象上至大医院，下至赤脚医生。1994 年海博持平，1995 年开始赚钱。海博翻译社赚钱之后，马云就没再管它。

2. 开始创业——中国黄页

1994 年底，马云首次听说互联网。1995 年初，他偶然去美国，首次接触到互联网。对电脑一窍不通的马云，在朋友的帮助和介绍下开始认识互联网。当时网上没有任何关于中国的资料，出于好奇的马云请人做了一个自己翻译社的网页，没想到，3 个小时就收到了 4 封邮件。敏感的马云意识到：互联网必将改变世界。随即，不安分的他萌生了一个想法：要做一个网站，把国内的企业资料收集起来放到网上向全世界发布。

1995 年 4 月，马云和妻子再加上一个朋友，凑了两万块钱，专门给企业做主页的“海博网络”公司就这样开张了，网站取名“中国黄页”，成为中国最早的互联网公司之一。3 个月后，临近杭州的上海正式开通互联网，马云的业务量激增。在各企业纷纷忙着建立自己主页的时候，马云的先见之明为他带来了丰厚的利润。当时，制作一张主页，中英文对照的 2000 字内容、一张彩照，开价就是 2 万元人民币。不到 3 年，马云就轻轻松松赚了 500 万元利润，并在国内打开了知名度。1997 年，在国家外经贸部的邀请下，马云带着自己的创业班子挥师北上，建立了外经贸部官方网站、网上中国商品交易市场、网上中国技术出口交易会、中国招商、网上广交会、中国外经贸等一系列国家级站点。这段经历对马云弥足珍贵。

3. 再度创业——阿里巴巴

1999 年 3 月，马云和他的团队回到杭州，以 50 万元人民币在一家民房里创办阿里巴巴网站，进行二次创业。当时全球互联网所做的电子商务，基本上是为全球顶尖的15%大企业服务。但马云生长在私营中小企业发达的浙江，从最底层的市场滚打过来，深知中小企业的困境。他毅然作出决断，放弃那15%大企业，只做85%中小企业的生意。

1999年9月，马云的阿里巴巴网站横空出世，立志成为中小企业敲开财富之门的引路人。他根据长期以来在互联网上为商人服务的经验和体会，明确阿里巴巴的发展方向是为商人建立一个全球最大的网上商业机会信息交流站点，这种为商人与商人之间实现电子商务（B2B）的服务在整个互联网界开创了一种崭新的模式，并很快引起美国硅谷和互联网风险投资者的关注，被国际媒体称为第四种互联网模式。

1999年10月和2000年1月，阿里巴巴两次共获得国际风险资金2500万美元投入，马云以“东方的智慧，西方的运作，全球的大市场”的经营管理理念，迅速招揽国际人才，全力开拓国际市场，同时培育国内电子商务市场，为中国企业尤其是中小企业迎接“入世”挑战，构建一个完善的电子商务平台。

此后，阿里巴巴网站持续为中国优秀的出口型生产企业提供在全球市场的“中国供应商”专业推广服务，帮助企业获取更多更有价值的国际订单，并两次被美国权威财经杂志《福布斯》选为全球最佳B2B站点之一。

马云为完善整个电子商务体系，自2003年开始，先后创办了淘宝网、支付宝、天猫、一淘网等国内电子商务知名品牌。马云的商业人生在此次创业过程中步入高峰。

4. 马云个人语录

（1）短暂的激情是不值钱的，只有持久的激情才是赚钱的。

（2）无论我们多么渺小、无论我们遇到多少困难，只要我们坚持梦想，就像起跑的力量、就像腾飞的力量、这是梦想的力量。

（3）在20世纪，企业规模更大意味着更好，而在本世纪企业规模越小越灵活。

（4）商人在这个时代（已经不是一个唯利是图的时代），我想，我们跟任何一个职业、任何一个艺术家、教育家一样，政治家一样，我们在尽自己最大的努力去完善这个社会。

（5）这世界谁也没把握你能红五年，谁也没有可能说你会不败，你会不老，你会不糊涂。解决你不败、不老、不糊涂的唯一办法，是相信年轻人。因为相信他们，就是相信未来。

（6）今天很残酷，明天更残酷，后天很美好，大部分人死在明天晚上看不到后天的太阳。

（7）当你成功的时候，你说的所有话都是真理。

（8）我永远相信只要永不放弃，我们还是有机会的。最后，我们还是坚信一点，这世界上只要有梦想，只要不断努力，只要不断学习，不管你长得如何，不管是这样，还是那样，男人的长相往往和他的的才华成反比。

第二章　理解创新教育

一、创新教育概述

一个国家需要创新，一个民族需要创新。创新来源于人才，人才来源于教育。2005 年温家宝总理在看望著名物理学家钱学森时，钱老曾发出这样的感慨："为什么我们的学校总是培养不出杰出人才？"钱老所说的"杰出人才"是指有创新能力的人才。培养创新人才是 21 世纪中国教育的主旋律。

（一）创新教育的缘起

1. 中国人的创新能力落后于西方

中国是有五千年文明历史的国度，曾经创造了举世瞩目的古代文明，充分显示了中华民族优秀的智慧和卓越的创新才能。明代郑和下西洋还可以证明中国的造船技术西方望尘莫及，但是不久当西方人驾着蒸汽战舰来到中国时，我们只能说西人"船坚炮利"，至此，中国科技和创新能力的落后已是不争的事实。在体现一个国家科技实力和创新实力的诺贝尔奖评选中，自 1901 年第一次评选以来，占世界人口五分之一的泱泱大国——中国籍公民只有莫言一人获奖，而杨振宁、李政道、朱棣文等美籍华人却在别国的国土上获此殊荣。为什么聪明的中国人只有在他国的环境中才显示出了他们的创新才能呢？

再看我们今天的教育，20 世纪 80 年代以来，随着我国教育新的春天的到来，教育改革取得了长足的发展。但是，当我们在教育改革的百花园中采花摘蜜的时候，欣喜之余，又不得不正视这样一个问题：20 年来，在应试教育影响下愈演愈烈的考试竞争，使教师、学生、家长身心极度疲惫，我们以如此高的代价培养出来的学生，尽管在数次的国际奥林匹克竞赛中频频夺魁，但令人遗憾的是他们毕业后除少数人外，多数人的创新能力却明显不如美国学生。正如著名物理学家杨振宁教授以其亲身体验讲到的："西南联大教会了我严谨，西方教会了我创新。"① 为什么会出现以上这些现象和问题呢？究其根源，必须深刻反思我们的教育，解决好教育改革的深层次问题，把教育改革的着眼点放在培养学生的创新精神和创新能力上，实施创新教育，以使其肩负起培养民族创新精神和创新性人才的使命。

2. 国家层面对创新教育改革的政策导向

创新教育的提出并成为教育研究的热点问题，与我国国家领导人的讲话及国家政策导向有密切关系。

1995 年 5 月 26 日，江泽民同志在全国科学技术大会上指出："创新是一个民族进步的灵魂，是国家兴旺发达的不竭动力。如果自主创新能力上不去，一味靠技术引进，就永远难以摆脱技术落后的局面。一个没有创新能力的民族，难以屹立于世界先进民族之林。"②

1999 年 6 月 15 日，江泽民同志在全国教育工作会议是指出："教育是知识创新、传播和应用的主要基地，也是培育创新精神和创新人才的摇篮。无论在培养高素质的劳动者和专业人才方面，还是在提高创新能力和提供知识、技术创新成果以及增强民族凝聚力方面，教育都具有独特的重要意义。"江泽民还指出："面对世界科技飞速发展的挑战，我们必须把增强民族创新能力提到关系中华民族兴衰存亡的高度来认识。教育在培育民族创新精神和培养创造性人才方面，肩负着特殊的使命。"③

2002 年 9 月 8 日，江泽民同志在北京师范大学 100 周年庆祝大会上指出："当今时代，科技进步日新月异，国际竞争日趋激烈。各国之间的竞争，说到底，是人才的竞争，是民族创新能力的竞争。教育是培养人才和增强民族创新能力的基础，必须放在现代化建设的全局性战略性重要位置。我们要继续坚定不移地实施科教兴国战略，不断培养大批合格的有中国特色社会主义的建设者，不断造就大批具有丰富创新能力的高素质人才，不断提高全民族的思想道德素质和科学文化素质。这是实现中华民族伟大复兴的必然要求，也是我国社会主义教育事业的历

① 阎守轩. 论创新教育——缘起关键出路[J]. 现代中小学教育，2001 年第 1 期.
② 江泽民. 江泽民文选第一卷[M]. 北京：人民出版社，2006:432.
③ 江泽民. 江泽民文选第二卷[M]. 北京：人民出版社，2006:331-334.

史任务。”①

2006 年 6 月 5 日，胡锦涛同志在中国科学院第十三次院士大会和中国工程院第八次院士大会上指出：“建设创新型国家，是党中央、国务院从全面建设小康社会、开创中国特色社会主义事业新局面的全局出发作出的一项战略决策。”胡锦涛还指出：“创新型科技人才的成长是一个综合培养的过程，不可能一蹴而就，首先要从教育这个源头抓起。要根据我国经济社会发展特别是科学技术事业发展的要求，继续深化教育改革，加强素质教育，努力建设有利于创新型科技人才生成的教育培养体系。”②

2012 年 11 月 8 日，胡锦涛在十八大报告中强调实施创新驱动发展战略。胡锦涛指出：“科技创新是提高社会生产力和综合国力的战略支撑，必须摆在国家发展全局的核心位置。要坚持走中国特色自主创新道路，以全球视野谋划和推动创新，提高原始创新、集成创新和引进消化吸收再创新能力，更加注重协同创新。深化科技体制改革，加快建设国家创新体系，着力构建以企业为主体、市场为导向、产学研相结合的技术创新体系。完善知识创新体系，实施国家科技重大专项，实施知识产权战略，把全社会智慧和力量凝聚到创新发展上来。”③

3. 对未来社会发展和人才培养的期许

众所周知，日本是一个资源极其贫乏的岛国，特别是二战之后，日本经济面临崩溃的边缘，但在教育上却舍得花钱，从 1950 年到 1972 年，日本的教育经费增长了 25 倍，同期的国民生产总值增长了 29 倍，其中科技进步对国民经济增长的贡献率达 52%。说到战后日本能在短短 20 年时间里一跃成为世界经济大国时，日本前首相佐藤荣作说：“这算不了什么奇迹，但有一句话我可以奉告给各位，我们日本拥有世界上最好的教育。”④

自称要成为美国历史上的“教育总统”的乔治·布什，在 1989 年竞选演说时

---

① 江泽民. 江泽民文选第三卷[M]. 北京：人民出版社，2006:499.

② 胡锦涛. 在中国科学院第十三次院士大会和中国工程院第八次院士大会上的讲话（单行本）[M]. 北京：人民出版社，2006.

③ 胡锦涛. 坚定不移沿着中国特色社会主义道路前进为全面建成小康社会而奋斗(单行本)[M]. 北京：人民出版社，2012.

④ 邬伯辉. 日本明治时期教育改革初探[J].南通师专学报，1994（2）.

这样表示：“当我展望未来时，我认为只有教育才是答案；以帮助人民而言，教育是答案；对于因技术革命而失去工作的人来说，教育是答案；至于说明我们与全世界进行竞争的问题，教育是答案。”①在他就职庆典的盛大游行中，打头的方阵清一色的全是教师，他就职后的第一项活动便是亲自接见来自全美 50 个州的 250 名教师代表。看美国经济一度繁荣，增长速度快，这与布什总统的远见卓识的投入付出分不开，尽管他在任时没有显现其巨大作用，但教育是一种长效应的投资。

现在，世界上公认的人才观是不仅要培养本国人才，还要竞争世界人才，广纳天下人才为我所用。美国一直通过各种手段和途径设法引进世界各地特别是发展中国家的人才。近年来，到美国留学和深造的外国留学生每年都超过 20 万人，这些人毕业后大多留在美国工作。美国政府曾在一份文件中将吸引外国留学生称为是“一本万利”的产业。美国通过对移民法的不断修正，以挑选的方式吸引众多外籍科技和专业人才，并充分利用这些人才所携带的技术、智慧和资本来加快美国经济与科技的发展，从而使美国在科技领域内始终保持其国际领先的地位。美国还在许多国家和地区设立研究机构，这些研究机构运用美国国内给予研究人员的报酬方式，如股票、期权等吸引当地人才为美国服务。此外，美国还通过国际合作、聘用外国专家学者充实科研队伍等方式吸引他国人才。

为了吸引人才，美国制定了优厚待遇留住人才。首先是高薪聘请人才。在美国，学位越高收入也越高。高科技人才在美国的收入是在发展中国家的几十倍。为提高员工的积极性，美国公司普遍设有名目繁多的奖励项目，包括：奖金、利润分成、收益分成等。其次是为人才提供签证便利，并授予非美国籍专业工作人士在美永久居留权，俗称“绿卡”。再次，为引进的外籍人士提供充足的科研经费。近几年，美国科研经费不断增长，奥巴马上台后表示，他领导的美国政府今后每年将把国内生产总值的约 3%投入到科研和技术创新领域。第四，美国拥有十分完善的社会福利制度、退休金制度和医疗保险制度，再加上比较成熟的住房市场，可确保移民美国者生活无忧。这种生活水平的差距加上工作机会的差距成为众多外国人才移居美国的主要因素。据美国国家科学基金会统计，约 25%的外国留学

① 赵圣淦，荆雅珍. 布什要当教育总统[J].世界知识，1989（7）.

生学成后定居美国，被纳入美国国家人才库；在美国科学院的院士中，外来人士约占 1/5；在美籍诺贝尔奖获得者中，有 1/3 出生在国外。

再看德国。在日趋激烈的全球人才资源竞争中，欧洲工业强国德国也面临严峻挑战。根据欧洲经济研究中心的预测，到 2014 年，德国因人口老龄化和经济结构转变造成的专业人才缺口将达到 18 万至 48 万人。为此，德国政府于 2006 年推出了包括培养和吸引创新型高级人才的“高技术战略”。当然，更重要的举措还是世界范围内引进人才。为此德国采取了三大措施。一是提高德国作为先进的科研基地的知名度和吸引力。具体包括：资助部分德国高校的科研活动，增强其国际知名度、科研新生力量培养能力和对国内外大学生及学者的吸引力；加强学术界与经济界的联系，不断开辟新研究领域；在资金管理和员工任用上赋予非高校研究机构更多自由空间等。二是加强国际交流，吸引外国学者到德国搞科研。目前，德国教育和研究部主要通过与基金会合作，向外国杰出科学家提供高额研究资助，吸引他们赴德从事科研活动。三是放宽技术移民政策，为外国高级人才“开绿灯”。

从这些国家可以看出：只要占据了人才高地，世界各地的财源就会如水走下滔滔而来，还用得着用武力去侵犯什么主权与领土？有了计算机，谁还会去用算盘？

4. 创新能力不足成为制约我国发展的瓶颈

1999 年 6 月 15 日，江泽民同志在全国教育工作会议上指出：“在当今世界上，综合国力的竞争越来越表现为经济实力、国际实力和民族凝聚力的竞争。无论就其中哪一个方面的实力的增强来说，教育都具有基础性的地位。”“改革开放二十年来，我国经济建设和科技进步都取得了巨大的成就。但是，也要清醒地看到，我国经济增长方式还没有根本转变，沉重的人口负担还没有转化为人力资源的优势。事实越来越证明，我们的劳动力素质和科技创新能力不高，已经成为制约我国经济发展和国际竞争能力增强的一个主要因素。”①教育是知识创新传播和应用的主要基地，也是培养创新精神和创新人才的重要摇篮。无论在培养高素质的劳动者和专业人才方面，还是在提高创新能力和提供知识，技术创新成果方面，教

① 江泽民. 江泽民文选第二卷[M]. 北京：人民出版社，2006:329-330.

育都具有独特的重要意义。

中国科学技术发展战略研究院2006年开展国家创新指数研究工作，并自2011年起每年发布《国家创新指数报告》，报告选取占世界研发经费总量98%、占全球GDP总量88%的40个国家作为评价对象，通过创新资源、知识创造、企业创新、创新绩效、创新环境5个一级指标及研发经费投入强度等30个二级指标的评价体系，基于2011～2012年相关统计数据，测算出40个国家创新指数，美国、日本、瑞士、韩国、以色列、瑞典、芬兰、荷兰、丹麦、德国占据前十强。

最新完成的《国家创新指数报告2013》显示，中国创新能力正稳步上升，国家创新指数排名在全球40个主要国家中居第19位，比上年提高1位。在“金砖”国家中，中国创新能力继续处于领先地位。这份官方报告称，中国创新指数排名上升主要归功于知识创造能力提高和创新环境改善：因在发明专利申请和授权等方面表现突出，知识创造排名由上年的第24位跃升至第18位；由于政府创新政策不断完善落实，以及风险投资对企业创新支持力度日益增强，创新环境排名由上年的第19位升到第14位；创新资源、企业创新分别排第30位和第15位，均与上年持平。中国部分指标表现突出，研发人员和研发经费分居世界首位和第3位；国际科学论文产出实现量、质齐升，论文数量居世界第2位，高被引论文数量居世界第4位；本国人发明专利申请量和授权量分别居世界首位和第2位；高技术产业出口占制造业出口的比重居世界首位；知识服务业增加值居世界第3位。此外，“十二五”科技发展规划关键指标进展良好，规划确定的指标大部分已提前完成或接近完成。中国企业创新也取得长足进步，企业创新指数比2000年增长2.2倍。

根据国家创新指数得分，《国家创新指数报告2013》将40个国家按照排名顺序每10个一组分成4个梯队，中国处于竞争最为激烈的第2梯队。同时，中国创新基础仍比较薄弱，中国最近20年的研发经费累计投入量，不及美国最近2年的累计量，也少于日本最近4年的总投入。因此，中国未来提升国家创新能力，仍需持续加大投入、付出长期努力。如何将科技人力资源规模的优势和潜力发挥出来，将是建设创新型国家的关键突破点。

（二）创新教育的概念

1. 创新教育的定义

创新教育（educational innovation）在我国已提出十多年，创新教育的目的是培养创新人才，这已是教育界的共识。但对于创新教育的概念，学术界有许多不同的说法。

中央教育科学研究所阎立钦教授认为："创新教育是指以培养人的创新精神和创新能力为基本价值取向的教育。"①

苏州大学朱永新教授撰文指出："创新教育也就是根据创新原理，以培养学生具有一定的创新意识、创新思维、创新能力以及创新个性为主要目标的教育理论与方法，重在学生牢固、系统地掌握学科知识的同时发展他们的创新能力。"②

山东省教育科学研究所张志勇撰文指出："创新教育是与接受教育相对而言的，以继承为基础，以发展为目的，以培养创新性人才为价值取向的新型教育。"③

付军龙等在《大学创新教育论》中指出："创新教育是相对于传统教育而言，以培养人的创新精神和创新能力为基本价值取向，以提高人的创新素质，塑造现代创新人格，以培养创新型人才为主要目标的教育活动。"④

赵希凤从教育属性上定义创新教育，认为创新教育：以现代素质教育理论为指导，运用创新学原理，以培养学生创新意识、创新精神和创新能力为特征的综合性素质教育。⑤

湖南省教育厅唐国庆等在《创新教育与教学实践》中指出："创新教育，应该说是创新素质教育，是一种关于培养人的创新能力的教育，它以激发人的创造本性为前提，以传授现代科学知识信息、训练创造性思维、学习创造技法为内容，以开发人的创新潜能、培养人的创新精神和实践能力、发展人们创造力、促进他们创新能力的发挥，并促进人的整体素质发展为目标的新型教育。"⑥

① 阎立钦．实施创新教育 培养创新人才[J]. 教育研究，1999(7).
② 朱永新，杨树兵.创新教育论纲[J]. 教育研究，1999(8).
③ 付军龙，温恒福，王守纪．大学创新教育论[M]. 北京：教学科学出版社，2012:26.
④ 张志勇．关于实施创新教育的几个问题[J].教育研究，2000(3).
⑤ 付军龙，温恒福，王守纪．大学创新教育论[M]. 北京：教学科学出版社，2012:27.
⑥ 唐国庆，周振铎. 创新教育与教学实践[M]. 长沙：湖南大学出版社，1999.

杨曼英在《创新教育导论》中指出“创新教育是依据人的个性发展，通过教育过程，以启发诱导的教育方式为手段，以激发和开拓人的创新意识为核心，以提高人的创新精神、创新能力为重点，以提高人的整体素质为目的，全面落实创新人才的培养目标。”①

综观上述学者的观点，虽然表述不完全相同，但基本意思相近。创新教育以培养创新人才为基本价值取向，持这种观点的学者较为普遍。创新教育属于素质教育范畴，持这种观点的学者也较为普遍，尤其在基础教育界（中小学）。创新意识、创新思维、创新精神和创新能力的培养，是创新教育的主要任务，这也是教育界的共识。另外，不少学者提到要处理好传承与创新的关系，人们只有在继承前人的知识成果的基础上，才能有所创新。

由此可见，将创新教育定义为：创新教育是培养创新性人才为基本价值取向的教育，属于素质教育的范畴，重在使学生牢固、系统地掌握现代科学知识的过程中，通过启发、诱导、激发、训练等方法，唤醒学生的创新意识，训练学生的创新思维，完善学生的创新人格，提升学生的创新能力。

2. 创新教育的认识定位

在对创新教育的认识上，教育界存在许多模糊认识，澄清这些模糊认识对创新教育实施有极为重要的意义。

（1）创新只是少数天才学生的事。许多教师以为创新是人的高级智慧，非一般学生所能拥有。其实，创新是人的本性，人人都具有创新的潜能与倾向。创新是人生存的需要，只要人存活一天就片刻也离不开创新。问题的关键是我们后天的教育是否尊重、保护并培育了这种潜能，激发、促进并满足了这种需要。联合国教科文组织《学会生存》曾指出：“教育既有培养创造精神的力量，也有压抑创造精神的力量。”②人的创新精神与能力不完全是由先天因素决定的，后天的教育因素也是重要的决定力量。所以，创新教育应具有全体性，应面向每一个学生。

（2）创新只是自然科学的事。许多人以为创新就是科学发现、技术发明，只

① 杨曼英. 创新教育导论[M]. 长沙：湖南师范大学出版，2009:8.

② 联合国教科文组织教育丛书. 学会生存——教育世界的今天与明天[M]. 北京：教育科学出版社，1996:188.

有科学教育才能培养人的创新精神与能力。实际上，不仅自然科学需要创新，社会科学与人文科学同样需要创新，特别是在科学技术的负效应日益显现的今天，科技创新与人文创新更应平衡发展，使未来社会既是高智力的，又是高情感的。不仅如此，即使自然科学创新也离不开社会和人文思维方式的支持。创新教育应具有全域性，面向每一门学科。

（3）创新只是课外活动的事。也有许多教师以为，课堂教学的任务就是传授知识，创新只是课外活动的事。这种区分是人为地割裂了传承与创新之间的内在联系。创新是整个教育模式、教育制度和教育观念的全局性改变，并不是局部的修改和增减，它应贯穿于课堂教学、课外活动和日常教育生活等方方面面，成为全部现代教育的精神特质，局部性的教育创新不可能是真正意义上的创新教育。其中，课堂教学是创新教育的主渠道，也是学校教育改革的着重点。

（4）创新只是智力活动的事。还有一些人认为，创新是一个人的智力表现，高智力必然会有高创新。这也是一种错误认识。创新不仅是一种智力特征，更重要的还是一种人格特征或个性特征，是一个人综合素质的凝结性表现，是一个人的自我超越和自我发展，是一个人潜能和价值的充分实现。在人的智力水平相当或恒定的情况下，非智力因素往往起着决定性的作用，许多有创新精神的人并非智力超群，而是非智力的人格特征出众。单纯的智力活动只能培养匠人，而不可能培养大师。所以，创新教育还具有综合性，是个体生命质量的全面提升。

（5）创新只有正面的效果。几乎所有的入都认为，创新是“正面的”、“好的”事情，人们可以尽情地去追求。孰不知，创新是一把双刃剑，它既可以成为天使，也可以成为魔鬼；既可以为人类造福，也可以使人类致祸。现代社会的高级犯罪有哪一宗不是创新的结果呢？创新只是工具，并不是方向本身，创新还不能单独成为目的，创新教育也不能代替现代教育的全部，它必须与道德教育整合，培养人的同情心和责任感，把人的创新精神与创新能力引向为人类造福的方向上来。所以，创新教育具有双重性，现代教育必须致力于相互整合，兴利去弊。

（三）创新教育的内涵

虽然创新教育的概念目前还没有确切和定义，但并不影响人们对创新教育的研究与实践。因为人们在创新教育内涵研究方面，还是基本达到共识的。这些共识主要表现在以下几方面：

1. 创新教育是一种价值取向

所谓价值取向就是指人们把某种价值作为行动的准则和追求的目标。因此，价值取向不同，准则与目标也不同。传统教育以传承知识为基本价值取向，其教育目标必然是使学生获得教师和教科书上的知识并积累知识，教师的教育方法必然是“传授知识”，学生的学习方法就是“接受知识”。创新教育以培养创新人才为基本价值取向，其教育目标必然要将培养学生的创新精神和创新能力作为基本教育目标之一，教师的教学方法必然是“启发、诱导、研究、提升”，学生的学习方法必然是“批判、吸收、发展、挖掘”。

创新教育的价值是：适合人的本性，提升人的生命质量，促进人类文化兴旺发达，让人性更为发扬光大，使人类社会不断创造辉煌，向着更美好的明天不断迈进。

2. 创新教育是一种教育原则

教育原则是教育教学过程中必须遵循的基本要求和准则，它贯穿于教育教学工作的各个方面。“教有法，但无定法”，这里前一个法就是指教育中的规律和原则，教育教学活动必须坚持和遵循教育规律和原则。教育原则是教育思想的浓缩和凝结，是对教育思想的归纳和概括。例如：从夸美纽斯（Comenius）的教育应适应自然的教育思想中，人们概括出直观性原则、循序渐进原则；从德国教育家第斯多惠（Diesterweg）的师范教育思想中，提炼出教育的活动性原则，与杜威（Dewey）“教育即生长”、“教育即生活”、“教育即经验的不断的改造”思想密不可分；孔子因人施教的思想凝结成因材施教原则等。在全球化过程中，为迎接知识经济的挑战，教育必须树立创新原则。

作为一种教育原则的创新教育在不同的教育层次上有不同的要求。高等教育机构既是人才培养的基地，也是知识的产生与技术创新的场所，创新教育更多地表现为培养学生的知识转化能力和创造新知的能力。但在基础教育阶段，创新教育的目的不在于使学生发明创造出多少新的事物，而在于通过有效的教育教学途径培养学生的创新意识、创新观念和创新态度，塑造他们的创造人格。因此，作为一种原则，创新教育是指学校的教育教学的工作必须以培养学生的创造素质为核心，通过积极的管理和有效的教学，更新学生的创新观念和态度，培养学生的创新精神和创新能力，归结为一点就是“为创新而教”。

人们只有在继承前人的知识成果的基础上，才能有所发明、有所创造、有所前进。因此，传授科学知识不仅仅是创新教育的主体，也是创新教育活动的载体。为了能在传授科学知识的教育教学活动中，努力唤醒学生的创新意识、训练学生创新思维、激发学生的创新精神、提升学生的创新能力，教师必须遵循创新教育的一些基本原则，如面向全体学生原则、以学生为主体原则、个性化培养原则、启发性教学原则、探索性教学原则、开放性教学原则、实践性教学原则等。如果这些原则不遵循，则创新教育就会事倍功半。

3. 创新教育是一种活动

创新教育活动不仅渗透在课堂教学活动中，还包括培养学生创新素质的专门活动，包括社会教育机构为培养学生的创新素质而开展的一系列活动。人们往往把学校作为培养学生创新能力的最重要的机构，但学校绝不是也不可能成为唯一的机构。培养学生的创新素质是一项系统工程，它需要社会各界密切配合。培养学生的创新素质既可以通过学校内的课堂教学、科技活动以及专门的校本课程来进行，还可以聘请有专门才能的学生家长、科研专家做专题讲座来开阔学生的知识面，培养创新素质；此外，学校还可以和当地的科学机构合作，创设第二课堂，培养学生的科技素养和创新精神。由此可见，开展创新教育活动应该以学校为中心，在全社会建立系统协调的运作机制，这是实施创新教育的保证。创新教育活动主要有以下几种形式：

（1）探索性活动。探索性活动是创新教育最基本的活动，是指创新教育活动要贯彻探索精神。教师的首要任务在于营造一种生动活泼的教学气氛，为学生创设探索情境，提出探索性问题，使学生形成探索创新的心理愿望和性格特征。

（2）民主性活动。师生之间首先要有民主，才能有真正的师生平等，有了师生的平等，才有师生之间的沟通和交流。有了这种和谐的氛围，学生才敢于质疑权威，表述自己的创新思维，培养学生的创新精神。

（3）互动性活动。学生的创新意识、情感、态度和创新能力通过阅读教材里陈述性知识不会得到很大的改变。教学要使学生超越自己的认识，看到那些与自己不同的理解，看到事物的另外的侧面。基于这样的认识，教师与学生、学生与学生之间的社会性互动就成为必要。互动性活动就是在具体教学实践中通过学生之间的相互交流，丰富他们的认知，以利于学习的广泛迁移。让学生在同社会、周围环境的互动中学会选择、判断，学会获取知识的方法，培养自己的创造能力。

（4）独立自主性活动。知识经济社会的一个特征是知识老化周期变短、产品换代加速，满足人们工作需求的90%的知识要在以后的工作中不断学习才能取得。早在1972年5月，联合国教科文组织国际教育委员会就出版了《学会生存——教育世界的今天和明天》，提出了终身学习的思想。因此，今后一个人如何通过有效的途径获得他所需要知识的能力成为衡量创新能力高低的一个标志。培养学生自主学习能力是开展创新教育活动的一个主要内容。

（四）创新教育的意义

1．创新教育是知识经济时代的基本职能

由农业时代发展到工业时代，再由工业时代向知识经济时代过渡，是人类社会生产力发展的必然趋势。生产力发展水平决定经济发展水平，生产力和经济发展水平决定教育发展水平。由于各个时代的生产力发展水平和条件有差异，这就决定了在不同的时代——农业时代、工业时代和知识经济时代，教育就具有不同的基本职能。

以原始农业、畜牧业的出现为标志，人类进入了农业时代。在数千年的农业经济时代，水、阳光和土地是人类利用的主要自然资源，农业、畜牧业和家庭手工业是主要生产方式，90%以上的社会成员从事农业生产。虽然人们征服自然、改造自然的能力增强了，但当时的生产力还非常低下，人类生产主要依靠个人的体力和经验，不需要更多的科学文化知识，文盲也能进行生产。所以，生产力的发展还没有向学校教育提出培养有文化劳动者的要求；而且，生产经验大部分掌握在个人手中，培养社会劳动者也只能是通过个人之间的传授进行。人类通过不断的继承、不断的积累来接受知识和经验。因此，在这个时代，虽然教育的内容日益丰富起来，但在形式上仍然是封闭式的，教育的基本职能就是对知识的继承和积累。

到了18世纪中叶，以自动纺织机和蒸汽机为标志的英国资产阶级工业革命揭开了人类工业时代的序幕。机器大生产逐渐代替了人的体力劳动，经济得到了迅速的发展。200 多年的工业经济时代虽然不算长，却创造了农业经济时代不可比拟的物质文明。工业经济的主要要素是自然资源、大机器和掌握工业生产知识和技能的人。伴随着资本主义的发展和壮大，它的经济市场迅速拓展到全球范围。与这个时代相适应，教育实现了现代化：内容丰富多彩，形式日益多样化，手段现代化。由于工业时代的产业技术革命，使得整个生产过程经常地发生根本性的变化，这对劳动者的素质及其教育不断提出新的要求。大机器生产，不仅要求扩大劳动者的数量，而更重要的是要提高劳动者的质量，由此，教育的发展也出现了新的特点。资本主义实行机器大生产以后，要求工人要有文化知识，要懂得一些生产知识，掌握一定的操作机器的技能。于是，随着现代生产的发展以及对劳动者智力因素的要求日益提高，普及教育的年限也不断向后延长。目前发达资本主义国家的教育已基本普及到高中，我国也已实施了九年制义务教育。在这个时代，教育的主要职能是对知识的普及和扩展。

以计算机的出现为标志，人类将开始一个新的时代——知识经济时代。20 世纪 80 年代以来，由于微电子光电技术、计算机技术、光纤和卫星通讯以及全球网络技术、多媒体技术的飞速发展，以信息获取、储存、传输、处理、演示的技术和装备，以及以信息服务为内容的信息产业迅速崛起，已成为发展最快、规模最大的新兴产业。信息科技对科学技术和社会各行业具有广泛的渗透力，改变了人们日常生活的方方面面，导致了整个社会的生产方式、生活方式以至文化观念的深刻变化。而这一切实际上都是人类进人知识经济时代的序幕和前奏。与这种新的经济时代相适应，教育的职能也必须作出相应的转变。在知识经济时代，知识和信息的作用越来越大，人的素质、技能特别是知识创新成为知识经济实现的先决条件，不断创新的知识就是财富，就是生产力，是经济增长的源泉和推动力量。在这个时代里，教育的职能主要就是对知识的创新和探索。

不论从国家和民族发展的角度看，还是从个人发展的角度看，实施创新教育已显得非常迫切。虽然在历史长河中，早有创造教育的呼声，如早在 30 年代我国著名教育家陶行知就曾极力倡导创造教育，他的老师美国教育家杜威（Dewey）也曾就传统教育中缺乏创造性的弊端提出过批评，提倡创造教育，开发学生的创造性思维和能力。但是由于工业社会经济发展的特点，创造教育并未真正被重视起来。如今，我们面对第三次人类文明——知识经济的到来，创新教育在经济和社会发展中的需求已日益迫切，它要求从教育体系、教育模式、教育结构、教育方法以及教育内容等方面进行改革，对教育进行创新，切实提高受教育者的创新能力，为知识经济时代的到来培养大批符合时代要求的创新人才。

创新人才的培养是知识经济对教育提出的新使命。1994 年诺贝尔奖获得者贝克尔（Becker）教授最近指出："现代经济的前途在于知识经济，而知识经济的核心是持续不断地培养创新的人才。"知识经济时代汹涌而来，一个人要想有所作为，必须努力提高自身的创新素质。一个企业乃至一个国家要想永远立于不败之地，就必须培养各种层次的创新人才。

2. 创新教育对人的发展有着极其重要的意义

创新教育对个人良好素质和人格的形成与发展具有重要作用。传统的学习是一种继承性、维持性的学习，这在农业社会和工业社会还可以解决问题。然而，在即将到来的知识经济时代，文化知识、科技以及经济发展瞬息万变，思考问题的方式也与以往大有不同。人们不仅要适应原有社会的生活规律，更需要改造和创造新的生活条件，不断完善自我，这就需要强调创新精神、创新观念、创新行为。人们也只有接受创新的教育，才能在知识经济社会中敏捷地接受新知识，才能创造世界，创新生活。

哈佛大学校长陆登庭（Rudenstine）在北京大学讲坛上有这样一段发人深省的话："在迈向新世纪的过程中，一种最好的教育就是有利于人们具有创新性，使人们变得更善于思考，更有追求的理想和洞察力，成为更完善、更成功的人。"①卓越的创新能力充分地体现了一个人发现问题、积极探索的心理取向和善于把握机会的敏锐性。创新能力绝不仅仅是一种智力特征，更是一种人格特征和精神状态以及综合素质的体现。基于创新教育对人的发展有着极其重要的意义，1996 年国际 21 世纪教育委员会的报告《教育——财富蕴藏其中》曾把它作为教育的最高目标："教育的任务是毫不例外地使所有人的创造才能和创造潜力都能结出

① 哈佛校长坦言挑战[N]. 中国教育报，1998-05-04.

丰硕的果实。”①

人的发展是个体社会化的过程。从自然的人转化为社会的人，根本途径在于教育。人的自然遗传只是为人的发展提供了潜在的基础，其个性的发展、潜质的显现、性向的确定、兴趣爱好的养成均离不开后天教育的引导和影响。什么样的教育塑造什么样的人。知识经济时代的教育是以塑造学生的创新人格和培养学生的实践能力为重点的素质教育，教育必须承担起其培养创新人才的功能。

3. 创新教育有利于发挥教育在国家创新体系中的作用

国家创新体系是由与知识创新和技术创新相关的机构和组织机构的网络系统。原科学院院长路甬祥在其主编的《创新与未来——面向知识经济时代的国家创新体系》一书中，提出了国家创新体系的行为主体包括：企业研究开发机构、科研机构、教育和培训结构、政府部门四个方面②。其中，教育是国家创新体系的支柱和基础，是国家创新体系的重要组成部分。

传授文化知识和培育人才是学校的特殊功能和主要任务，知识经济时代的到来和社会生产力的巨大发展，直接推动和强化了学校培养创新人才的功能。特别是高等学校，因其聚集了一大批一流的科学家和研究人员，所以知识创新能力越来越强，许多重大的科学发现和科技发明成果都源于学校这块沃土，很多诺贝尔奖获得者都是大学的知名教授、学者和专家。知识经济时代的到来，无疑在知识传播和人才培养方面对学校教育提出了更高的要求，同时更强烈地呼唤学校教育在知识创新和应用、科研开发、高新技术成果转化等方面发挥智力优势。显而易见，教育在知识经济时代不可替代的作用，决定了教育是国家创新体系的重要组成部分。

二、创新教育原理

（一）创新教育的基础理论

基础理论是指研究社会经济运动的一般规律或主要规律，并为应用研究提供有指导意义的理论。创新教育的基础理论主要有：教育学、教育心理学、人才学、

① 联合国教科文组织教育丛书. 教育 — 财富蕴藏其中[M]. 北京：教育科学出版社，1996:6.
② 路甬祥. 创新与未来——面向知识经济时代的国家创新体系[M]. 北京：科学出版社，1998.

创新学等。

1. 教育学

教育学是以教育现象、教育问题为研究对象，归纳总结人类教育活动的科学理论与实践，探索解决教育活动产生、发展过程中遇到的实际教育问题，从而揭示出一般教育规律的一门社会科学。

教育是一种广泛存在于人类社会生活中、有目的培养人才的活动。中国古代的思想家如孔子、孟子、荀子、墨子、朱熹等和古希腊的柏拉图（Plato）、亚里士多德（Aristotle）、古罗马的昆体良（Quintilian）等在长期教育实践中所作出的经验总结，为教育理论的产生奠定了基础。随着社会和教育实践的发展，教育经验、教育思想和教育理论日益丰富。一般认为到了 17 世纪，捷克教育家夸美纽斯（Comenius）所著《大教育学》是教育学产生的标志。而最早以“教育学”命名的专著则是 19 世纪初德国教育家赫尔巴特（Herbart）的著作《普通教育学》。19 世纪中叶以后，马克思主义的产生，近代心理学、生理学的发展，为科学化教育奠定了辩证唯物主义哲学和自然科学基础。现代生产和科学技术的发展，教育实践的广泛性、丰富性，更进一步推动了教育学的发展。

创新教育首先是教育，是一种培养创新人才的素质教育，传承人类文化知识仍然是创新教育的第一职能。既然是教育，就必须遵循教育规律。所以，创新教育必然以教育学为基础理论。

2. 教育心理学

教育心理学是心理学的一门分支学科，其研究内容是教育和教学过程中的种种心理现象及其变化，揭示在教育、教学影响下，受教育者学习和掌握知识、技能、发展智力和个性的心理规律；研究形成道德品质的心理特点，以及教育和心理发展的相互关系等。

捷克的夸美纽斯（Comenius）第一次明确提出教育必须遵循自然的思想。瑞士的裴斯泰洛奇（Pestalozzi）提出教育心理学化。德国的赫尔巴特（Herbart）第一次明确提出把教学的研究建立在心理学等学科基础上。俄罗斯著名教育家乌申斯基 1867 年出版了《教育人类学》一书。俄罗斯教育家兼心理学家卡普杰列夫的《教育心理学》于 1877 年出版。美国心理学家桑代克（Thorndike）1903 年出版的《教育心理学》，使他成为教育心理学这门学科的奠基人。

20世纪20年代到50年代，是教育心理学的发展阶段。在这一阶段，教育心理学汲取儿童心理学和心理测量方面的研究成果，扩充了自己的内容。在美国，学习理论成为这一时期的主要研究领域。20年代以后，行为主义在动物和人的学习的研究上，取得了重要的成果。杜威（Dewey）则以实用主义的“做中学”为信条，对教学实践活动进行改革，对教育产生了相当深远的影响。前苏联心理学家维果斯基（Vygotsky）强调教育与教学在儿童发展中的主导作用，并提出了“文化发展论”和“内化论”。

20世纪60年代至今，是教育心理学成熟与完善阶段。60年代初，美国教育心理学家布鲁纳（Bruner）等人重视教育心理学理论与教育教学实际结合，强调为学校教育服务，发起了课程改革运动。人本主义心理学家罗杰斯（Rogers）也提出了以学生为中心的主张。前苏联教育心理学家则注重教育心理学与发展心理学相结合的研究，最有代表性的是赞可夫（Zankov）的教学与发展的研究，它推动了前苏联的学制与课程改革。以巴甫洛夫（Pavlov）的经典条件反射理论为基础的学习理论也得到进一步的发展。70年代末，我国教育心理学们自编了多本教材，同时，许多专家、学者结合我国教育实际开展了大量的实验研究，其中有些研究的规模、水平已接近国际先进水平。

教育过程也是心理活动过程，教育与心理学是密不可分，世界上许多大教育家也是心理学家。从心理学基础来看，人的创新心理和创新实践是人脑的机能，人的创造性与人的智力水平、个性品质、心理健康有密切关系。创新教育要营造创新心理氛围，塑造创新人格，开发创新心理潜能，消除创新心理障碍，培养学生的创新心理素质。因此，教育心理学必然是创新教育的基础理论之一。

3. 人才学

人才学是以人和人才问题为研究对象，综合自然科学和社会科学而形成的一门新兴学科。它主要研究人才开发、培训、管理、使用和人才成长的规律及其在人才发展实践中的应用。据不完全统计，目前已出版的人才学著作有600多部。

人才学是一门综合性科学，综合了社会学、政治学、教育学、心理学、管理学、组织行为学、人类学、数学、信息科学等多学科的理论知识。人才培养、开发过程的复杂性，人才价值实现的时代性和滞后性，人才工作的延续性和突变性，对人才学学科自身建设提出了更高的要求。人才学作为一门理论性很强的科学体系，自身不能创造经济价值和经济效益，属于软科学范畴。但人才学又不同于一般的软科学，它的社会实用性价值更大，它影响并决定着一个国家、一个地区或一个组织的人才发展走向，决定着人才价值的实现率和投放率。

在人才教育培养过程中，学生的德识才学若能得到老师的指导、点化，可使学生在继承与创造过程中少走弯路，达到事半功倍的效果。人各有所长，也各有所短，这种差别是由人的天赋素质、后天实践和兴趣爱好所形成的，成才者大多是扬其长而避其短的结果。有学者对公元1500～1960年全世界1249名杰出自然科学家和1928项重大科学成果进行统计分析，发现自然科学发明的最佳年龄区是25～45岁，峰值为37岁。人口资源、人力资源与人才资源是三个逐层收缩的金字塔，高层次人才居于塔尖，高层次人才的生成数量取决于整个人才队伍的基数。人才的成功与发展，都离不开自身素质和社会环境两个条件，前者决定其创造能力之大小，后者决定其创造能力发挥到什么程度。

创新教育是培养创新人才的教育，创新教育要根据人才学原理，变革中国传统的那种“传授知识型”教育为“培养创新型”教育，探索创新人才的成长规律，为社会培养杰出英才。

4. 创新学

创新学是关于创新的本质和规律的科学，是关于创新的理论化、系统化的世界观和方法论。创新学研究的范畴很广，创新学作为一门新学科，在我国也取得了丰硕的成果。

20世纪20～50年代，是创新的萌芽期，主要特点是局限于创新经济学的研究，突出地以熊彼特的三部经典著作：《经济发展理论》（1912）、《商业周期》（1939）和《资本主义、社会主义与民主》（1943）为标志。[①]

20世纪60～90年代，是创新学的成长期，主要特点是创新研究视角多元，

---

① 张治河等. 创新学：一个驱动21世纪发展的新兴学科[J]. 科研管理，2011（12）.

形成了基于经济学、管理学、哲学等不同学科视角的理论成果。主要代表作有：1961 年 Burns 等的《创新管理》、1974 年 Freeman 极具影响力的《工业创新经济学》、1976 年 Rosenberg 的《技术观察》、1982 年 Nelson 的《一个进化的经济变革理论》、1987 年 Freeman 的《技术政策和经济性能》、1992 年的 Bengt 的《国家创新系统》、1993 年 Nelson 的《国家创新系统》等。

21 世纪初至今，是创新学繁荣时期，主要特点是创新管理学空前发展。主要代表作有：2000 年 Pianta 等的《创新与就业》，2004 年的 Malerba 的《产业创新系统》，2009 年 Bessend 的《管理创新》。2000 年以来，中国的创新研究也快速发展，涌现出一大批优秀成果，如：2000 年尚勇等的《区域创新系统理论与实践》、2001 年王缉慈的《创新空间——企业集群与区域发展》、2003 年梁良良主编的《创新思维训练》、2006 年向刚的《企业持续创新》、2006 年滑云龙等的《创新学》教材、2008 年陈劲的《复杂产品系统创新管理》、2008 年吴维亚等的《创新学》、2009 年吴贵生等的《技术创新管理》、2009 年池成勇的《中小企业创新网络的理论与实践》、2010 年金吾伦的《创新的哲学探索》等。

要培养创新人才，教师与学生都必须要理解好创新的基本概念、创新内涵、创新特征、创新思维、创新技法、创新过程、创新原则、创新规律、创新心理、创新动力、创新环境等。因此，创新学必然是创新教育的基础理论之一。

（二）创新教育的目标定位

创新教育是一项系统工程，必须从学前教育开始，对学前教育、义务教育、高中阶段教育、高等教育及职业教育阶段的创新教育进行系统规划。过高或过低的创新教育的目标定位，都是不适宜的，可能会起到适得其反的效果。各个教育阶段的创新教育目标定位，应该以《国家中长期教育改革和发展规划纲要（2010～2020 年）》[①]等教育政策法规为依据。

1. 学前教育的创新教育目标定位

学前教育是由家长及幼师利用各种方法、实物为开发学前儿童的智力，使他们更加聪明，有系统、有计划而且科学地对他们的大脑进行各种刺激，使大脑各

① 国家中长期教育改革和发展规划纲要（2010～2020 年）（单行本）[M]. 北京：人民出版社，2010.

部位的功能逐渐完善而进行的教育。《国家中长期教育改革和发展规划纲要（2010～2020年）》指出："学前教育对幼儿习惯养成、智力开发和身心健康具有重要意义。"

创新教育应该从学前教育开始，通过游戏、体育活动、课堂教学、劳动、娱乐活动和日常生活等7种教育手段来完成，让儿童通过自然经验、社会交往和游戏等方式自发地、自主地去学习。学前教育的创新教育目标定位是：

（1）习惯养成。好习惯是人生的财富。儿童家庭教育的重点是习惯养成教育，包括：学习习惯（听说读写、表达、耐心、专注、探究）、生活习惯（卫生、运动、整理）、品德行为习惯（有礼貌、不任性、诚实、爱护财物）、劳动习惯等。

（2）智力开发。儿童是人生智力发展的基础阶段，又是发展最快的时期，适当、正确的学前教育对幼儿智力及其日后的发展有很大的作用。智力包括：儿童注意力、儿童思维能力、儿童记忆力、儿童创造能力、儿童想象能力、儿童判断能力等。

（3）身心健康。儿童期是一个人性格、个性、思想行为方式、价值观念、道德观念形成的关键时期。身心健康包括：情绪积极稳定、性格与自我意识良好、乐于与人交往、意志健全与行为协调。现在的孩子很多都是独生子女，自我意识很强，缺乏对他人的关心，不懂得分享，因此，作为家长和幼师，应积极引导孩子学会关心他人，学会分享，乐于分享。

2. 义务教育的创新教育目标定位

义务教育必须贯彻国家的教育方针，实施素质教育，使适龄少年儿童在品德、智力、体质等方面全面发展。《国家中长期教育改革和发展规划纲要（2010～2020年）》指出："义务教育应注重品行培养，激发学习兴趣，培育健康体魄，养成良好习惯。"《中华人民共和国义务教育法》第三十四条指出："注重培养学生独立思考能力、创新能力和实践能力，促进学生全面发展。"据此，义务教育的创新教育目标定位是：

（1）品行培养。中小学生正处于生理和心理迅速发育的时期，可塑性很大，容易接受外界的影响。所以，义务教育时期是一个人道德品质形成的关键时期，也是品行培养的关键时期。品行培养应放在义务教育首位，寓品行培养于教育教学之中。

（2）学习兴趣。著名心理学家皮亚杰认为："一切有成效的工作必须以某种兴趣为先决条件。"[①]学生有了浓厚的兴趣，才能激起探究性思维，保持活跃的思维状态，从而点燃创新思维的火花。创新过程就是学习过程，学生若对学习充满兴趣，则对创新肯定也充满兴趣。

（3）良好习惯。在学习上，良好的习惯会助你在日复一日的努力中自然走向成功；而不良的习惯，则使你的智慧与能量在不知不觉中消耗殆尽。破除坏习惯，养成好习惯，是青少年取得学习与事业成功的第一步。良好的学习习惯应该是：主动自觉、惜时如金、不耻下问、精益求精、勤于思考、求异思维等。

（4）独立思考。独立思考是创新人才必须具备的特质，那些成大事者都养成了勤于独立思考的习惯。爱因斯坦认为：学会独立思考和独立判断比获得知识更重要。培养学生的独立思考能力应从义务教育开始，教师应鼓励少年儿童发表自己的见解，保护少年儿童的好奇心，给少年儿童创设一个独立思考的情境。

3. 高中阶段教育的创新教育目标定位

学生高中毕业后，主要是升大学。《国家中长期教育改革和发展规划纲要（2010～2020年）》指出："高中阶段教育是学生个性形成、自主发展的关键时期，对提高国民素质和培养创新人才具有特殊意义。注重培养学生自主学习、自强自立和适应社会的能力，克服'应试教育'倾向。"据此，在高中教育阶段，应全面提高普通高中学生综合素质，在保证学生全面完成国家规定的文理等各门课程的学习外，创造条件开设丰富多彩的选修课，提高课程的选择性，促进学生全面而有个性的发展。要积极开展研究性学习、社区服务和社会实践，高中阶段教育的创新教育目标定位是：

（1）自主学习。自主学习以学生为主体，通过学生独立的分析、探索、实践、质疑、创造等方法来实现学习目标。自主学习强调学生"学"的主动性，教师的作用体现在组织、指导、帮助和促进学生的学习，充分发挥学生的主动性、积极性和创造性，从而使学生最有效地进行学习。创新过程就是学习过程，因此，创

① 转引自张学礼，马连启. 如何培养学生的学习兴趣[J]. 现代阅读（教学版），2012(14).

新需要自主学习，尤其是创新性的自主学习。

（2）研究性学习。研究性学习是教育部2002年《全日制普通高级中学课程计划》中的一项内容。研究性学习是指学生在教师指导下，确定研究专题，主动地获取知识和应用知识。创新需要研究，创新人才一定是研究型人才，培养研究能力应从高中阶段教育抓起。

（3）自强自立。自强就是不安于现状，勤奋，进取，依靠自己的努力不断向上；自立就是靠自己的劳动生活，不依赖别人。自立自强是一种良好的品质，创新需要这样一种品质，这种品质在高中阶段就应该开始培养。爱迪生凭个人的自强自立获得巨大成功，以坚韧不拔的毅力从千万次的失败中站了起来，成为美国发明家。

（4）适应社会。一般认为适应社会能力包括以下一些方面：个人生活自理能力、基本劳动能力、选择并从事某种职业的能力、社会交往能力、用道德规范约束自己的能力。从某种意义上来说，适应社会能力就是指社交能力、处事能力、人际关系能力。同时社会适应能力是反馈一个人综合素质能力高低的间接表现，是这个个体融入社会、接纳社会能力的表现。一个人不能适应社会，也就无法从事创新工作，因此，创新人才极需要适应社会的能力。

4. 大学教育的创新教育目标定位

《国家中长期教育改革和发展规划纲要（2010～2020年）》指出："牢固确立人才培养在高校工作中的中心地位，着力培养信念执著、品德优良、知识丰富、本领过硬的高素质专门人才和拔尖创新人才。"大学生是社会新技术、新思想的前沿群体，代表着最先进的文化知识潮流。国家对大学教育寄予厚望，希望大学能培养出高素质专门人才和拔尖创新人才，创新教育目标定位是：

（1）信念执著。创新充满艰辛、挫折、风险，没有执著的信念，创新很难获得成功。懦弱者在挫折面前，丧失信心，失去勇气，最终被挫折压倒，信念执著者在挫折面前，勇敢奋起，将挫折当作动力，最终赢得了成功的喜悦。马克思说："在科学上没有平坦的大道，只有不畏劳苦，沿着陡峭山路攀登的人，才有希望达到光辉的顶点。"创新信念执著是大学创新教育主要目标之一。

（2）品德优良。大学生是国家宝贵的人才资源，是民族的希望、祖国的未来。

要使大学生成长为中国特色社会主义事业的合格建设者和可靠接班人，不仅要大力提高他们的科学文化素质，更要大力提高他们的思想政治素质。大学生品德优良，就是要坚持实现自身价值与服务祖国人民的统一，坚持树立远大理想与进行艰苦奋斗的统一，因为这是大学生个人成才获得创新成果的内在动力之一，也是中华民族的传统美德之一。

（3）知识丰富。知识越丰富，创新越容易。在知识经济时代中从事创新工作，大学生不仅要牢固、系统地掌握本学科知识，而且要熟悉跨学科知识；不仅要掌握理论知识，而且要掌握实践知识；不仅要掌握自然科学知识，而且要熟悉人文社会科学知识。大学生要学有专长，同时努力拓宽知识面，用人类社会创造的一切优秀文明成果丰富和提高自己。

（4）本领过硬。本领即能力，就是指顺利完成某一活动所必需的主观条件。能力有一般能力和特殊能力。一般能力是指观察、记忆、思维、想象等，通常也叫智力。特殊能力是指人们从事特殊职业或专业需要的能力。创新本领是本领的最高层次。要使大学生本领过硬，大学生不仅要学习书本知识，而且要向社会实践学习。艰辛知人生，实践长才干，这是古往今来许多人成就一番创新事业的经验总结。

（5）拔尖创新人才。拔尖创新人才，是指在科技领域具有巨大的创新潜力、超强的创新能力、坚定的创新精神和卓越的创新成果，成为研究领域“出乎其类拔乎其萃”、远远超过该领域一般同行研究高度的顶级人才。拔尖创新人才培养，要建设一流的学科，要借鉴先进国家的教育理念和教育经验，培养大批具有国际视野，通晓国际规则，能够参与国际竞争，产生世界级创新成果的国际人才。

5. 职业教育的创新教育目标定位

《国家中长期教育改革和发展规划纲要（2010～2020年）》指出：“职业教育要面向人人、面向社会，着力培养学生的职业道德、职业技能和就业创业能力。”高等职业教育以服务为宗旨，以就业为导向。长期以来，高职院校的创新人才培养不受重视，就是因为大家普遍认为研究需要创新，而技能只需要熟练就可以了，技能中创新的成分很少或没有。这在学习成熟技术时是可以的，但在国家自主创新的今天，先进的技能需要跟踪，需要改进，更需要创新。职业教育的创新教育目标定位是：

（1）工作创新。工作创新就是“行行出状元”的创新，就是要做好本职工作，爱岗敬业，尽职尽责，虚心学习，勤于探索，任劳任怨，无私奉献。工作创新是一种超越自我的相对创新，就是要将本职工作做得“好上加好”，用新思路、新方法、新措施不断解决本职工作中的问题，不断提高工作效率，不断超越自我，从而实现相对创新。

（2）技能创新。职业技能，即指学生将来就业所需的技术和能力。培养学生的职业能力，应以实践教学为突破口。对于高等职业教育，不光是培养熟练的高级技术工，还应该使学生具有创造性地使用所学技能的能力，诸如技术改造、生产工艺改进、服务水准提高等。要实施国家科技创新，提高国家的创新能力，技能型创新人才是人才金字塔的基础。

（3）就业创业能力。就业就是指人们所从事的为获取报酬或经营收入所进行的活动。通常毕业生职业道德高尚、职业技能过硬，其就业能力肯定强。创业通常指自主创业，是指劳动者主要依靠自己的资本、资源、信息、技术、经验以及其他因素自己创办实业。根据创新之父熊彼特的理论“企业家就是创新者”。因此，创业能力包含了创新能力，因为创新是创业的基础、本质和手段。

（三）创新教育的基本任务

2006年6月5日，胡锦涛在中国科学院第十三次院士大会和中国工程院第八次院士大会上的讲话中指出：“在当代中国，要成为一名创新型科技人才，应该具有以下主要素质和品格。一是具有高尚的人生理想，热爱祖国，热爱人民，热爱科技事业，努力做到德才兼备，坚持在为祖国、为人民勇攀科技高峰中实现自己的人生价值。二是具有追求真理的志向和勇气，坚持解放思想、实事求是、与时俱进，保持强烈的创新欲望和探索未知领域的坚定意志，对新事物新知识特别敏锐，敢于挑战权威和传统观念，为追求真理、实现创新而勇往直前。三是具有严谨的科学思维能力，掌握辩证唯物主义的思维方法，善于运用科学方法和科学手段，坚持终身学习，不断更新知识、夯实理论功底，构建广博而精深的知识结构，养成比较全面的科学文化素质。四是具有扎实的专业基础、广阔的国际视野、敏锐的专业洞察力，能够准确把握科技发展和创新的方向，善于对解决重大科技问题提出关键性对策。五是具有强烈的团结协作精神，善于组织多学科的专家、调动多方面的知识，领导创新团队在重大科技攻关和科技前沿领域取得重大成就。六是具有踏实认真的工作作风，淡泊名利，志存高远，坚忍不拔，不怕艰难困苦，不畏挫折失败，勇于在科技创新的实践中经历磨练，不断攀登科学技术高峰。”[①]

创新教育是培养创新人才为基本价值取向的素质教育，创新素质是一种综合性素质，胡锦涛讲话中提出的创新人才应具有的六方面素质，既全面又精辟，为创新素质教育指明了方向。因此，高校创新教育的基本任务是：构建学生的创新知识结构，唤醒学生的创新意识，训练学生的创新思维，完善学生的创新人格，提升学生的创新能力。

1. 创新知识结构的构建

虽然知识量少的人创新能力并不一定弱，知识量多的人创新能力并不一定强，但创新需要知识结累已是不争的事实。什么样的知识结构有利于创新？显然，创新内容不同，所需要的知识结构也不同。从创新的概念及知识经济的要求出发，总体来说，通常创新人才应具备以下知识结构：

（1）学科知识。虽然创新与知识的关系不是呈正比的线性关系，但一个没有学科知识或者学科知识贫乏的人是很难进行学科创新活动的。纵观历史，有那么多人几乎是在进行着一种简单的重复，而所有的发明都是在学科知识积累到一定程度时才得以形成。不容置疑，一个不懂管理学科的人难以创新性地管理好一个企业；一个不懂物理学科的人难以在物理学领域创新；一个不懂市场的人难以将科技成果市场化，从而转化为经济价值。因此，不同学科领域创新能力的体现要以学科知识为基础，要以学科知识为前提。学科知识是创新人才最基本的知识。

（2）哲学知识。哲学对于创新的作用在于告诉我们要站得高、看得远、瞅得清。所谓的“坐井观天”、“当局者迷、旁观者清”以及古希腊的“大圈与小圈”等，都无一不说明只有“会当凌绝顶”，才能“一览众山小”。创造性活动必须以原有的知识经验为基础，又必须要跳出原有知识经验的圈子，以俯视、审视的态

① 胡锦涛. 在中国科学院第十三次院士大会和中国工程院第八次院士大会上的讲话（单行本）[M]. 北京：人民出版社，2006.

度来看待已有的知识经验，就会发现他们之间的似断实连的内在联系，从而产生独特新颖的新产品。试看所有对历史的发展起过推动作用的大科学家、大发明家，几乎都将学问做到了哲学层次上，这不是偶然。

（3）数学知识。人类认识自然界的一个重要方面就是认识自然界的各种数量关系和形状、空间概念，并通过利用这些数量关系和形状、空间概念改造自然。一个不具备数学修养的人是无法进入未来的高科技社会，是无法完成复杂的创新工作。数学能力是人类智能结构中最重要的基础能力之一。数学可以训练人的想象能力，数学可以训练人们定量认识事物的能力，数学可以锻炼人的思维的严密性和逻辑性，数学修养可以使人的思维具有高度的抽象性和简明性，数学修养可以使人的思维具有辩证性。

（4）外语知识。创新离不开科学研究，而科学研究离不开查阅科技文献，而大部分科技文献是英语。如果一个科技人员英语水平不高，那么他只能查阅国内科技文献，而不能查阅国外科技发达国家的科技文献，则其创新水平最高也是国家级的，难以达到世界级水平。创新需要交流，如果一个创新者英语水平不好，则难以参加国际交流。事实上，英语已经成为国际科技合作的语言，最先进的研究成果都使用英语发表的。一位能用英语说和写的科学家跟其他国家的科学家的联系要紧密得多，而不能用英语说和写的科学家做不到。

（5）跨学科知识。20 世纪以来，科学技术的发展越来越呈现出多学科相互交叉、相互渗透以及系统化、整体化的趋势。学科交叉已经成为当代科学发展的时代特征，现有的单一学科培养模式已经不能满足创新教育的需要。跨学科知识可有助于创新人员利用学科之间相关性、相融性、互补性，使不同学科知识相互结合，在多学科的融合、互动和多向交流中成交叉思维能力，这是创造性思维能力的重要组成部分。

2. 创新意识的唤醒

创新意识是指人们根据社会和个体生活发展的需要，引起创造前所未有的事物或观念的动机，并在创造活动中表现出的意向、愿望和设想。它是人类意识活动中的一种积极的、富有成果性的表现形式，是人们进行创新活动的出发点，是创造性思维和创造力的前提。

一个人水平很高，能力很强，但没有创新意识，就不会将自己的水平、能力发挥出来。例如，一个学生若学习成绩很好，毕业后走上工作岗位，如果创新意识不强，则在工作中很可能因循守旧，不会去观察工作中还有哪些不足或存在的问题，不会去思考如何将工作做得更好，就不可能取创新性的成果，就不可能有事业上的成功。例如：一个教师专业知识深厚，实践经验也很丰富，但如果没有意识到对学生创新能力的培养，那么在教学中必然是以满堂灌为主。创新意识应渗透于个体的工作、学习、生活和一切社会事务中，使创新成为我们的自觉行动和永恒主题，树立凡事争先的赶超意识。只有注意从小培养创新意识，才能为创造人才的成长打下良好的基础。教育部门应以此为教学改革的重点之一，一个具有创新意识的民族才有希望成为知识经济时代的科技强国。

要培养学生的创新意识，首先要从培养学生的问题意识抓起。问题意识在思维过程和科学创新活动中占有非常重要的地位，对创新教育教学活动来说，问题意识是培养学生创新意识的切入点。在弘扬创新精神的今天，培养学生的问题意识比任何时候都显得尤为重要，它对于学生掌握较好的学习方法、发挥学生的主体作用、激发学生探究社会现象的本质、培养学生创造意识具有重要意义。

3. 创新思维的训练

创新思维是指以新颖独创的方法解决问题的思维过程，通过这种思维能突破常规思维的界限，以超常规甚至反常规的方法、视角去思考问题，提出与众不同的解决方案，从而产生新颖的、独到的、有经济社会价值的思维成果。创新思维的几种表现形式有：逆向思维、发散思维、联想思维、非线性思维等。创新思维是所有人都有的，但是不是所有的人都能够用它，大量的创新思维被埋没了。因此，创新思维训练是创新教育的基本任务之一。

创新思维是一种高超的艺术，创新思维的获得依赖于人们对历史和现状的深刻了解，依赖于敏锐的观察能力和分析问题能力，依赖于平时知识的积累和知识面的拓展。每一次创新思维过程就是一次锻炼思维能力的过程，因为要想获得对未知世界的认识，人们就要不断地探索前人没有采用过的思维方法、思考角度去进行思维，从而极大地提高人类认识未知事物的能力。

创新思维的独创性与风险性特征赋予了它敢于探索和创新的精神，在这种精神的支配下，人们不满于现状，不满于已有的知识和经验，总是力图探索客观世界中还未被认识的本质和规律，并以此为指导，进行开拓性的实践，开辟出人类实践活动的新领域。在中国，正是邓小平创造性的思维，提出了有中国特色的社会主义理论，才有了中国翻天覆地的变化，才有了今天的轰轰烈烈的改革开放实践。相反，若没有创造性的思维，人类躺在已有的知识和经验上，坐享其成，那么，人类的实践活动只能留在原有的水平上，实践活动的领域也非常狭小。

培养学生的创新思维，必须破除“思维定势”，扩展“思维视角”。在长期的思维实践中，每个人都形成了自己所惯用的、格式化的思考模型，当面临外界事物或现实问题的时候，我们能够不假思索地把它们纳入特定的思维框架，并沿着特定的思维路径对它们进行思考和处理。这就是思维定势。视角就是思考问题的角度、层面、路线或立场。应该尽量多地增加头脑中的思维视角，学会从多种角度观察同一个问题。

4. 创新精神的培养或创新人格的完善

众多学者认为：创新教育是指以培养人的创新精神和创新能力为基本价值取向的教育。为什么创新精神培养如此重要？因为创新有风险，创新需要付出，创新光有知识、技术、智慧还不够，如果没有冒险精神和献身精神的勇气、决心及意志，创新活动是难以进行下去的。所以，培养学生的创新精神是培养创新人才的重要环节之一。

（1）冒险精神。探索未知领域，充满关隘、凶险和迷茫。一切伟大文明都是民族活力推动的想象力的冒险所成就的，也唯有喜欢冒险的人，才能理解探索者的伟大之处。只有超越过去的、为冒险的活力所鼓舞的民族，才能维系其原创力，而丧失冒险精神的民族必将导致文明的衰败。

（2）献身精神。我国古代思想家孟子曰：“天将降大任于斯人也，必先苦其心智，劳其筋骨，饿其体肤，空乏其身，行拂乱其所为。”[①]诺贝尔当年实验炸药，不知失败了多少次，有5人被炸得血肉横飞，他的弟弟也被炸死。但他百折不挠，坚韧不拔，终于实验成功了炸药。无数创新者的实践表明，创新付出的不仅仅是

① （战国）孟轲撰，张修方编著. 孟子[M]. 北京：北京燕山出版社，2009:130.

心血、智慧和汗水，有时是生命的代价，没有献身精神是难以成功的。

也有不少学者提出创新人格的培养是创新教育的重要环节。人格一词在生活中有多种含义，如道德上的人格，它是指一个人的品德和操守，我们经常说“人格卑下”或“高尚的人格”。人格实际上是人的稳定的心理品质，包括人的理想、信念、精神、情感、道德等非智力素质的总和，是人的“稳定”、“持久”的心理品质。显然，创新人格包含了创新精神，创新人格塑造或完善是高层次的创新教育。

创新人格一旦形成，创新将成为人的一种习惯，人格对创新活动的成功和创新成果的产生能起到内在动力、长期坚持的作用。具有创新人格的人，必然有坚定的创新理想和信念、坚强的创新意志，献身于创新事业的精神。在科学和艺术上，有一类重大成果，需要创新者数十年的奋斗才能够获得，在这一类长时间的创新过程中，持之以恒、坚持到底的创新人格，对于创新活动起到了促使它最终成功的作用。

5. 创新能力的提升

一个人具有创新意识、创新思维及创新精神，不一定具有创新能力，因为创新能力是一种综合性能力，如个体的学习能力、信息能力、团队能力、实践能力、分析能力、综合能力、观察能力、想象能力、批判能力、创造能力如何，都将影响到个体的创新能力强弱，其中前四种能力对于创新人才来说，是最重要的。

（1）学习能力。创新的过程是一个充满风险、充满艰辛的复杂过程，单凭个体在学校中获得的知识与经验是远远不够的，还需要个体在创新过程中不断学习、不断总结经验、不断探索。因此，创新过程也是一个复杂的学习过程，培养学生的终身学习能力尤为重要，其主要途征是：将学生的自主学习、探索学习贯彻到课堂教学中。

（2）信息能力。信息能力包括：了解信息、识别信息、检索信息资源、分析评价信息、有效利用信息、遵守信息道德规范等。培养学生的信息能力是知识经济时代要求，是互联网时代要求。西安交通大学李德昌在《信息人教育学》中讲到：“消息有序是信息、信息有序是知识、知识有序是方法，方法有序是智慧并产生创新。”[①]信息能力决定学习能力，培养学生的信息能力就是要将消息有序为信息，信息有序为知识，知识有序为方法，方法有序为智慧。

（3）团队能力。在知识经济时代，一项创新，一项成果，很多时候已经不是一个人的力量可以完成的了，而是一个团队搞出来的。个体“单打独斗”只能开一家小卖部。中国的海尔从 1984 年开始创业，20 年后已成为中国企业的一面旗帜，成功原因是什么呢？是因为它有一个创新的企业文化和一个创新的团队。中国最近的“嫦娥”奔月、“蛟龙”入海，都是创新大团队的杰作。学生毕业后，团队能力的大小决定其事业的大小。

（4）实践能力。实践能力是个体在生活和工作中解决实际问题所显现的综合性能力，是个体生活、工作所必不可少的，它不是由书本传授而得到的，而是由生活经验和实践活动磨练习得的。实践出真知，脱离了具体的实践活动，人的各种能力是无法提高和发展的。实践能力培养对于大学生、中小学生都是十分重要的。培养学生实践能力的主要途径是通过主课堂及第二课堂，如开展丰富多彩的业余科技活动、社团活动及社会实践活动，让学生参加教师的科研活动等。

（四）创新教育的基本原则

1. 全面性原则

全面性原则是指：一是创新教育要面向全体学生；二是创新教育要系统设计。

（1）面向全体学生。一谈到“创新”，人们很快就会与天才联系起来，似乎创新对一般学生来说是望尘莫及的事。因此，一些学校领导和教师自然地认为，创新教育只要开展一些业余“小制作、小发明、小创造”活动，或积极参加各类各级的科技竞赛就可以了。众所周知，这类活动或竞赛，不是全体学生都能参加的，只有尖子生能参加，这种创新教育没有体现面向全体学生原则。创新教育的提出，要求我们以欣赏的眼光来看待学生，使每个儿童的潜能都能得到发挥。教育者应坚信每个学生都是可以造就的，尤其是不可低估“后进生”的创造潜能。可以肯定地讲，每一个学生都是一片有待开发或进一步开垦的土地。教育者应视之为教育的资源和财富，加以挖掘和利用，通过创新教育，把学生存在着的多种

① 李德昌. 信息人教育学[M]. 北京：科学出版社，2011:137.

潜能变成现实。只有将创新教育落实到人才培养计划中或教学计划中，落实到各门课程中，落实到每一次课堂教学中，才能说创新教育体现了全面性原则。

（2）系统设计。全面性原则也是指在开展创新教育的过程中要把构成创新素质的各方面要素看成是一个有机的、相辅相成的整体，全面促进各创新要素品质的健康发展，从而实现创新素质的整体提高。创新素质主要由创新意识、创新思维、创新人格和创新能力四维要素组成。其中创新意识是一切创新活动的认识基础和实践出发点，是创新的前提和条件；创新思维是创新活动开展的“操作系统”，是创新的途径与方法，它使人们得以创新并巧于创新；创新人格是创新性发展的动力和方向性保证；创新能力是创新素质的核心和最终体现，它把一切潜在的创新变成客观的现实，它是创新过程中的完成系统。创新教育就是要对学生的创新意识、创新思维、创新人格和创新能力进行全面培养的系统工程。

2. 个性化原则

个性是指一个人独特的、稳定的、本质的心理倾向和心理特征的总和。简单的说，个性就是一个人的整体精神面貌。创新需要个性自由。人类发展的历史长河中，富于创新的人无不有着独特的个性。德国著名的哲学家、教育家尼采（Nietzsche）说：“个性弱的人没有超越自己的能力。”[①]不能超越自己，则无创造可言。综观古今中外，李白斗酒诗百篇，达尔文（Darwin）口含昆虫采标本，这些杰出人物哪一个不是独特的自我。如果因循守旧，千人一面，则无创造可言，也无杰出可言。

从一定意义上说，创新是人的自由意志和个性的体现。所谓个性，从哲学上讲是指矛盾的特殊性，矛盾着的事物及其每一个侧面各有其特点。从心理学上讲是指个人在性格、情绪、兴趣、能力、意志、品质等方面的心理特征。每个学生的智力因素和非智力因素都具有各自的特点并有自己独特的表现形式。追求个性和自由的人往往具有很强的创新意识的创新能力。

创新教育应该注重塑造具有个性的创新人格，要求把学生的一切创新潜能都解放出来，培养具有丰富创新能力的高素质人才。为此，课堂教学必须变封闭式

① 尼采哲学对当今创新教育的启示：http://www.jydoc.com/article/163266.html.

为开放式，变以教师传授为以学生自主学习，着重坚持个性化原则。教师要善于发现并利用每个学生的心理特征优势，使学生借助于自己在能力、性格、情绪、兴趣、动机、意志等方面的心理优势，不断获得成功的体验，认识和塑造自我，促进其独立人格与创新人格的协调发展。

3. 主体性原则

主体性原则，是指在教学过程中，学生要充分发挥其主观能动性，主动积极而不是消极被动地学，真正理解和善于运用所学的知识，而不是生吞活剥、呆读死记。传统的教学论，强调教师的主导作用，忽视学生在学习中的主体作用。与此相适应，提倡教学时采用讲授法。如前苏联著名教育家凯洛夫（Kaiipob）主编的《教育学》中明确地说，“在教学过程中，讲授起主导的作用。”现代的教学论强调学生是学习的主体。例如，美国心理学家和教育家布鲁纳（Brune）把儿童看作“主动参加知识获得过程的人”。

创新教育更要坚持学生主体性原则，一是因为学生是发展的人、独特的人、独立的人，而不是教师可以任意注入知识的“容器”，也不是可以任意描绘的“白板”。二是因为创新教育不仅是向学生传承创新的相关知识结构，还要培养学生的创新意识、训练学生的创新精神、完善学生的创新人格，提升学生的创新能力。只有坚持学生主体性原则，创新教育才有成效。

坚持主体性原则就是要求落实学生主体地位，尊重学生、信任学生，让学生主动活泼地发展。坚持主体性原则，教师就要讲民主，变课堂为学堂与讲堂结合；变只传授知识为既传授知识又培养创新素质结合；让学生从沉重的学习负担中解放出来，让学生有充足的想象与创造的时间。坚持主体性原则，就是要坚持个性与共性一起抓，既注意对共性的全体的培养，又要注意对个性的发展，特别是要重视对创造个性的培养。

4. 探索性原则

探索性原则，是指教育教学活动要贯彻探索精神，为学生创设探索情境，提出探索性问题。教师要引导学生在教育教学活动中不断地探索，得出科学的结论，让学生养成勇于探索的精神。

探索性训练是培养学生创新思维的基本方法之一。美国中小学老师，为了让学生开动脑筋，采用了创设探索情境、提出探索性问题的教学方法，把所要传授的基本内容归纳成几个问题，用提问和讨论方式让学生发表个人想法，即使学生发表了错误的见解，也热情引导，决不批评、嘲讽，教师在讨论中循循善诱地启发引导，并作出总结，肯定学生的正确方面。无论是课堂讨论，还是课外作业或考试，都鼓励学生创造性思维，发表自己见解，并不要求学生死记硬背。在美国，除一般知识外，诸如世界和平、粮食问题、动物保护及人类生存环境等在许多国家被认为只有专家和高级官员才有资格和能力发表看法的问题，也经常在美国中小学生的课堂上讨论。活跃、激烈而自由的争论甚至天方夜谭式的幻想尽管可能没什么实际意义，但对开阔学生眼界、解放思想，以及培养学生提出、分析、解决问题的思维方法是非常必要和有效的。

探索性原则在创新教育教学活动中的贯彻实施，有利于促进学生积极进取、自由探索、有所创新精神的发展。在这个原则的指导下，教师的首要任务在于营造一种生动活泼的教学气氛，为学生创设探索情境，提出探索性问题，使学生形成探索创新的心理愿望和性格特征，形成一种以创新的精神吸取知识、运用知识的性格。

5. 开放性原则

开放性原则，开放性教育是相对于封闭式教育而言的，开放性有着十分丰富的内涵。开放性教育要求教育要走出课本、走出课堂、走出学校，开放性教育要求贴近生活、贴近自然、贴近生产、贴近高科技、贴近企业行业。

（1）教学理论开放。要博采众家之长，开放性地面对国内外一切最新的教育理论和经验。只有掌握国内外先进的教育理论和成功的教育经验，用先进的理论和成功的经验开阔我们的视野，解放我们的思想，并大胆地把理论运用到创新教育实践中去，使我们的创新教育教学活动充满活力，使我们的创新教育教学活动跟上时代的步伐。

（2）办学方式开放。胡锦涛指出："在世界科技水平总体领先于我国的形势下，不采用开放式培养，难以尽快培养造就大批创新型科技人才。"[①]目前国内许

---

① 胡锦涛. 在中国科学院第十三次院士大会和中国工程院第八次院士大会上的讲话（单行本）[M]. 北京：人民出版社，2006.

多高校与澳大利亚、韩国、台湾等高校合作办学，互送交流生，共同培养人才。如宁波的诺丁汉大学，由浙江万里教育集团出资建设，英国诺丁汉大学负责教学，学校实行全英文教学，教材及课程设置、师资、教学资源、教学质量保障体系、校园管理条例均采用英制，颁发英国诺丁汉大学相同的文凭，为中国教育走向世界创造了一种全新的模式。在职业教育界，校企合作办学，订单式培养已相当普遍，也取得了很好效果。

（3）师资队伍开放。创新教育的师资应该是开放的，应大力聘请校外优秀、杰出专家来校兼职。香港科技大学成立于 1991 年，短短 20 多年时间，一跃成为世界著名大学，2011 年成为权威的国际大学排名榜“QS 亚洲大学排名”上的第一名，堪称世界高等教育史上的奇迹。香港科技大学的成功得益于想方设法聘请世界一流人才来校任教，组建了一支高水平的教师队伍。

（4）教学内容开放。教学内容不仅仅是课本中的本学科内容，也可能是课本外的跨学科内容。美国斯坦福大学的授课内容与方式是很开放的，很多课主要不是靠老师讲授，而是学生自己阅读大量的学术刊物，学习本领域的学科知识，上课时由一位学生做专门发言，老师不断提问，以促使学生的潜能得以充分发挥。

（5）教学场所开放。传统教学以教师课堂讲授为主，教学场所当然以教室为主。创新教育以学生自主学习、合作学习、探索学习为主，其教学场所不仅仅局限于教学楼与教室，也可以在实验实训室，也可以在企业或自然界，应让学生多接触生活、接触社会、接触大自然。

（6）教学资源开放。学校的教育资源总是有限的，可以充分利用社会上的教育资源。在职业教育界，引厂入校、进厂建室等校企共建实训实验室的模式已相当普遍。

开放式教育是过程、是途径、是手段，培养创新型人才是目的、是结果、是要求。实施开放式教育是培养创新人才的有效途径和根本保证。从我国高等教育现状和世界发达国家经验来看，实施开放式教育有利于创新人才培养，创新人才培养需要开放式教育来实现。实施开放式教育，培养创新人才，成为我国高等教育迫切需要破解的课题，这也是我国高等教育今后改革突破的重点、难点、切入点和突破点。

6. 民主性原则

民主性原则，是指在教学活动过程中，教师与学生、学生与学生之间应该形成的一种民主、平等氛围。这种氛围更有利于教学活动的开展，有利于教学效果的提高。

教师的民主作风是建立良好师生关系的主要因素，也与创新素质的培养息息相关。有些教师不研究教育学、心理学、教学法，不从提高教育教学质量方面努力，而是盲目地追求个人权威。他们在教育教学过程中，不顾自己的要求是否符合教育原则，是否妨碍学生的身心发展，而一味要求学生听从。他们任意奖惩学生，只注意表面的秩序和高分，使学生心理上受到压抑，不敢反映意见，对教师表面尊敬而内心怨恨。这是很不好的师生关系。在这样的师生关系下，不要说学生的创新素质不可能得到良好的发展，甚至正常的人格也难以养成。有的心理学家进行过调查，学生们公认给人印象最深刻的是有民主作风的教师。教师在教育教学中发扬民主作风，不仅会得到学生的赞许，也会促进学生自觉地学习。同样，学生之间民主关系的培养，也有利于学生个性的发展和创造力的培养。

反对专制，但不等于就要抹杀教师的威信。重视教师威信的作用还是非常重要的，有威信的教师，他们的教育教学效果自然就好。学生对那些没有威信的教师持轻蔑的态度和抵触情绪，不愿向他们学习，所以，教育教学效果就自然难以提高。教师威信的形成取决于多种因素：社会、教育机构、家长对教师的态度自然有影响，但教师本身具备应有的条件，才是建立教师威信的决定因素。高尚的道德品质、渊博的专业知识、高超的教育教学艺术，民主的教风是教师获得威信的基本条件。教师的仪表、生活作风和习惯，热爱和关心学生等，对教师获得威信也有一定影响。

7. 实践性原则

我国古代思想家荀子非常重视实践的作用，他在《儒效》中指出：“不闻不若闻之，闻之不若见之，见之不若知之，知之不若行之，学至于行而止矣。行之，明也。”[①]意思是：不去听不如去听，去听不如去看，去看不如去了解，去了解不

① 荀况，蒋南华等注译. 荀子全译[M]. 贵阳：贵州人民出版社，2009：113.

如去实践，学习到了实践就终止了。实践，是明智的事情。在西方，古希腊智者派发表过这样的见解："没有实践的理论和没有理论的实践都没有意义。"

为什么要坚持实践原则？一是因为人类思维能力产生于实践；二是因为人类的思维能力随实践的发展而提高；三是因为创新成果要在实践中接受检验；四是因为实践教学是巩固理论知识和加深对理论认识的有效途径。

创新从哲学上说是人的实践行为，是对于物质世界的矛盾再创造，实践才是创新的根本所在。实践性原则是指人们在进行创造性思维的过程中，必须参与实践，必须在实践中促进思维能力的进一步发展，在实践中检验思维成果的正确性。没有实践，思维的发展就失去了动力，就不会有创造性的思维。

对于创新教育而言，坚持实践性原则，就是指教师在教学活动中要引导学生将所学知识运用于实践，学会基本技能，养成分析问题和解决问题的能力，包括手脑并用的操作能力。坚持实践性原则，要做到教、学、做结合，让学生在实践中学习，在实践中创新；坚持实践性原则，就是要坚持理论与实践的有机结合；坚持实践性原则，就要开展丰富多彩的创造性实践活动，让学生自己设计、亲自体验、自我评价，体味创造的乐趣。

三、创新教育的本质特性

本质特性即反映事物发展规律的稳定的、普遍的特性。教育的本质特性，即贯穿于一切教育之中，从古至今乃至未来，只要教育活动存在就有永久起作用的特性。不管社会发展、时代变迁还是教育自身的逐渐完善，都无法使其有所改变。创新教育的本质特性主要有：发展性、层次性、多元性及渗透性。

（一）创新教育的发展性

1. 创新是人类生存发展的需要

创新是人的本质属性，是人类本性和本质力量的最高表现。人与动物的本质区别就在于人能充分利用已有的条件，创造出新的产品。因此，从某种意义上来说，人的价值就在于对社会所作创新性贡献的大小。人类的历史是一部创新的历史，通过创新，人类社会得以前进和发展；通过创新，人类不断改造着外部环境，同时也改造着人类自身，从而人类的创新能力也就不断得到发展。没有生产工具的创新与发明，人类就不可能由猿变成人；没有冶铁技术的耕作技术的创新，人类就不可能进入农业经济时代；没有蒸汽机的发明与创新，人类也不可能进入工业经济时代；没有计算机的发明，人类也就不可能进入信息时代。因此，创新是人类本质的充分体现。

美国福特汽车公司创始人亨利·福特（H.Ford）说："不创新，就灭亡。"这说明在市场竞争激烈、产品生命周期短、技术突飞猛进的今天，创新是企业生存的根本，是发展的动力，是成功的保障。"不创新，就灭亡"这句话对人来说也同样重要，在知识经济时代，一个人不学习不创新，则就要落后，落后就要被社会淘汰，这相当于死亡。因此，创新是人类生存发展的需要。

2. 创新教育是教育自身发展的需要

西方国家教育理论界并没有创新教育这一提法，但是西方国家在培养创新人才，激发人的创新精神，培养人的创新能力方面却做得很好，这其实恰恰证明了创新教育原本就是教育的内在特质。西方国家的教育是自觉地按照教育规律办事，激发人的创新精神，培养人的创新能力是天经地义的事，因此，没有格外再提创新教育的必要。而对于我国的教育实践来说，教育在一定程度上已经偏离了培养人的轨道，已经异化为升学、考试的工具。在信息时代，探讨创新教育，实际上是使教育回归其本质属性的一种努力。

创新教育是教育的本质属性决定了创新教育的发展性。创新教育的发展性主要表现如下：首先，创新教育是与人的创造本质相一致的教育，它是增进人的智慧，有效地促进人的发展与创造，最大限度地开发人的创造潜能，使人更好地发展的教育。简言之，创新教育是人发展的需要。其次，创新教育是与教育自身的进步和发展相一致的教育，它是促进教育自身的完善，提高教育的品味与质量，进而改善和提高人类的整体素质，使之更好地为人类服务的教育。

创新教育的价值取向是它的发展性，即创新教育是一种发展性教育，是持续不断的教育革新，使教育不断提高自身，不断完善自身，向着更高一级不断迈进。创新教育的根本性变革主要指它的全面性、结构性、功能性和质量方面的革新，以及带来的教育的根本性变化。创新教育是一种新型的教育，它与传统教育，尤其是传统教育中的应试教育、接受教育有本质的区别。简言之，创新教育是教育自身生存发展的需要。

（二）创新教育的层次性

1. 创新的相对性和层次性

创新是相对于守旧而言的，创新与守旧又是一对继承和发展的辩证的概念，没有创新就不存在守旧，没有守旧更谈不上创新。还需指出，旧并不一定代表落后，旧和落后是两个不同的概念，有的事物就是“旧”而不“陈”，“旧”可能是属于经典的“旧”。“新”也不一定代表先进，有的“新”仅仅是表面的繁荣或花样翻新。

例如：某高校学生毕业后，艰苦创业，成功创办一个餐饮企业，为社会作出贡献，实现了人生价值。虽然这样的餐饮企业，社会上已有多家，这好像算不上创新，但对于这个学生而言，企业从无到有，而且创造了价值，这应该是一种相对创新。

例如：某企业引进ISO9000企业认证，强化产品质量管理，提高了企业效益，增强了客户信心，扩大了市场份额，这算不算创新？ISO9000 标准是国际标准化组织（ISO）在1994年制定的企业管理标准，被很多企业采用，所以这算不上创新。但对于这个企业而言，通过ISO9000认证，企业面貌发生变化，产品质量提高，效益增加，因此，这应该是一种相对创新。

由此可见，大多数创新活动都是相对的，创新是一个相对的概念，创新的相对性决定了创新的层次性。例如，国家可将创新分为三个层次：基础性创新、支撑性创新、应用性创新。基础性创新是指文化创新、社会制度创新、重大科学理论创新；支撑性创新是指技术创新、产业创新、组织创新；应用性创新是指产品创新、市场创新、商业模式创新、管理创新等。基础性创新是最根本的，例如就中国的改革开放而言，没有思想观念的转变和社会基本制度的转变，其他的创新都不可能产生。

根据创新的相对性，也可以将学校创新人才培养分为个体级创新、集体级创新、社会级创新三个层次。第一层次是个体级创新，即相对个体自己而言的创新，它是指个体在解决某一问题时，采用了自己以前从未采用过的途径与方法等，但是其他个体或社会上早已采用过此方法与途径，这个层次的创新虽然对于整个社会而言并无经济社会价值，但对于个体自身而言具有认知价值；第二层次是集体级创新，即相对于班集体而言的创新，它是指个体在解决某一问题时，采用了班级同学以前从未采用过的途径与方法等，但是社会上已经采用过此方法与途径，这个层次的创新对于整个社会而言仍无经济社会价值，但对于个体及集体自身而言具有认知价值；第三层次是社会级创新，即相对整个社会而言的创新，它是指个体解决某一问题时采用了整个社会尚未采用过的途径与方法，而且成效显著，显然，这个层次的创新可产生经济社会价值。

2. 创新教育的层次性

创新的层次性决定了创新人才需求的层次性。科学的人才观认为：人才具有多样性、层次性和相对性，人人都有可以成为不同层次、不同领域具有创新潜质的人。高等教育由“精英教育”转向“大众教育”后，使受高等教育的人数成倍增加，学校为社会培养多层次、多领域的创新人才，是义不容辞的历史使命。人才结构应该是“金字塔”型，创新型人才也不例外，如图 2-1 所示，底座是技能型创新人才，中间是复合型创新人才，顶尖是精英型创新人才。创新人才的层次性决定了创新教育的层次性。技能型创新人才主要由职业教育培养，复合型创新人才主要由本科教育培养，精英型创新人才主要由研究生教育培养。

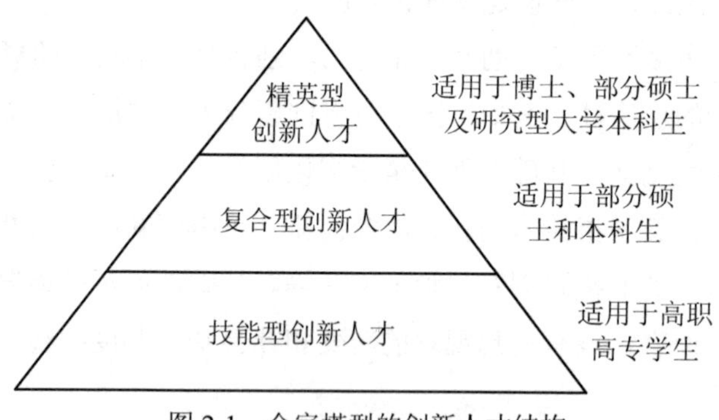

图 2-1 金字塔型的创新人才结构

2010 年 7 月，在清华大学举办的首届“创新人才培养国际研讨会”上，来自国内外的百名教育专家、大中学校校长共同分享了国内外先进的创新教育理念和教育实践，深入探讨了国外创新人才培养先进经验。与会者认为，培养创新人才既需要大学，也需要中学乃至小学共同参与，大中小学有机协调，在不同年龄层次发挥特有的作用，形成有机而完整的培养链，才能更好地实现创新人才的培养。

对于不同年龄段的学生，由于学生的身心发展水平和各方面的知识、经验、能力的不同，创新教育的内容、目标、方法、手段都是有区别的。根据创新的相对性，创新教育目标是否可分为个体级创新人才、集体级创新人才、社会级创新人才三个层次。对于义务教育，创新教育目标应以个体级创新人才培养为核心，以集体级创新人才培养为奋斗目标；对于高中阶段教育，创新教育目标应以集体级创新人才培养为核心，以社会级创新人才培养为奋斗目标；对于高等教育，创新教育目标应以社会级创新人才培养为核心，以拔尖（精英）创新人才培养为奋斗目标。

（三）创新教育的多元性

创新是一个使用范围极广的概念，由于观察的视角和维度不同，由于使用的范围和领域不同，因而它具有不同的内容。创新又是一个多义的概念，创新首先同义于创造、发明、革新，创新还有开拓、更新、进取之意。创新的这些特点，决定了创新教育的多元性。

1. 创新教育渠道的多元性

多元性是指事物的发展，到了一个很丰富的境界，有多种渠道、多种方式、多种方法、多种内容等。从创新教育的渠道看，我们可采用不同的渠道实施创新教育。如社会创新教育渠道、学校创新教育渠道、家庭创新教育渠道等，其中学校为主渠道，社会、家庭为辅助渠道。

（1）社会创新教育渠道。人是社会中的人，人在社会中如何接受创新教育？毋容置疑，让人处于一个创新型社会中，是接受创新教育的最好途径。什么是创新型社会？创新型社会应该是创新文化浓厚的社会，是鼓励创新的社会，是人人以创新为荣的社会，是人人都有创新的权利和义务的社会。创新文化浓厚是创新型社会最主要特征。文化是人创造的，文化又影响着每一个人，文化影响人们的实践活动、认识活动和思维方式。人若处于创新文化十分浓厚的创新社会中，则人将潜移默化地接受着创新教育，这种创新教育具有深远持久的特点。我们当然应该提倡构建创新文化十分浓厚的创新型社会，只有在一个创新型社会中，中国人民的创造力才能真正被激发出来，中国的科学技术、思想文化才能真正在世界大放异彩。

（2）家庭创新教育渠道。人是家庭中的人，人在家庭中如何接受创新教育？我国的家庭教育历来具有浓厚的权威主义色彩，父母不仅是知识的化身，也是真理的化身。在父母看来孩子是不懂事的，孩子天性是逃避学习的，他们的行为是不合成人规范的，父母乐意用强制的态度实施教育。家庭中的创新教育要求家长尊重孩子的意见，在教育过程中充分考虑他们的想法，允许他们表达不同于父母的观点和意见，鼓励他们好奇心和探索行为，给予他们自由探索的机会，引导他们打破事物的固有模式，鼓励他们从不同的角度寻找问题的解决办法，提倡标新日异。尊重他们通过犯错误习得的经验，给他们留下展现自身想象力的空间。这是促进孩子创新精神和发展孩子创新能力所必须的文化心理氛围。

3. 学校创新教育教学的多元性

学校是创新教育的主渠道，这是社会各界的共识。学校创新教育的多元性体现在教育渠道、教育内容、教育评价等诸多方面。

（1）教育渠道多元性。学校应以课堂教学为主渠道进行创新教育，主要是将创新教育渗透到专业知识的传承中。除此之处，学校可以开设专门的创造思维训练课，对学生进行创新教育；学校可以营造浓厚的校园创新文化，让学生接受潜移默化的创新教育；学校还可以组织优秀学生开展课外科技竞赛活动，对部分尖子生进行创新教育，以培养拔尖创新人才。

（2）教育任务多元性。由于人的创新素质是一种综合性素质，因此，创新教育是一种综合性教育，这决定了创新教育的任务是多元性的。创新教育不但要构建学生创新所需要的知识，还要唤醒学生的创新意识，训练学生的创新思维，塑造学生的创新人格，提升学生的创新能力。又如创新能力又是多元性的综合性能力，有学习能力、信息能力、团队能力、实践能力等。

（3）教学内容多元性。从创新教育的内容看，我们可开展不同内容的创新教育，如：经典与前沿结合，理论与实践结合，单一与综合结合，简单与复杂结合，本学科与跨学科结合，传统与现代结合，专业与基础结合，成熟与探索结合，封闭与开放结合等创新教学内容。

（4）教学方法多元性。创新教育的教学方法是多元的，有启发式教学、探索式教学、问题式教学、讨论式教学、角色扮演式教学、项目教学、引导文教学、张贴板教学、头脑风暴法教学、思维导图法教学、案例教学等。

（5）教育评价多元性。创新教育的评价是多元的，不仅要评价学生的科学文化知识的掌握程度，还要评价学生的实践操作能力，更要评价学生的创新意识是否增强，创新思维是否活跃，创新人格是否形成，创新能力是否提高。创新教育的评价可采用学生自评、教师评价、社会评价。创新教育成效如何，最终还是由社会来评价，也就是学校培养的毕业生为社会作出了多大的贡献。

（四）创新教育的渗透性

1. 什么是渗透性教育

什么是渗透性教育？究其根本，关键就在于“渗透”二字，“渗”的本意是指液体慢慢地透入或漏出，引申为其他事物慢慢地、不知不觉地侵入。“透”作为动词，指的是通过、穿通；“透”作为形容词，指的是达到充分的程度，透彻、完全。由此，“渗透”可以比喻一种事物或势力逐渐进入到其他方面，达到一种通透的效果。

唯物辩证法也告诉我们，世界事物是普遍联系的，联系中包括相互影响、相互作用、相互渗透。所以，教育者在进行教育活动时，要运用渗透思维，通过借助一定的载体和营造一定的氛围，有意识地引导学生去感受、体会、接受教育内容，而不是去教会学生，也就是说要进行渗透性教育。

2. 创新教育的渗透性

在创新素质教育中，学生的创新能力形成并不是一蹴而就的事情，它与思想政治教育类似，传统的说教及填鸭式的灌输起不到良好的创新教育效果，组织一些专门的创新活动也不是就能解决问题，创新教育必须采用潜移默化、持久的教育方式，让学生自觉接收并内化，并形成一种习惯。渗透性创新教育就是一种潜移默化、民主平等、循序渐进、间接多样、完整持久的教育。

（1）社会创新文化中的渗透性创新教育。一旦社会创新文化形成，就能达到一种“随风潜入夜，润物细无声”的效果，人的创新素质在不知不觉中得到了提高，创新人格在潜移默化中养成。美国硅谷成功的奥秘，是因为硅谷有一个创新文化生态系统，在这个创新文化生态系统下，大大有利于创新人才的成长，世界各国优秀的年轻科技人员把技术和产品带到硅谷播种、生根、开花结果。硅谷不仅是使泥土变成黄金，变成资本，更使它变成智能。北京中关村秉承中华民族传统文化中的精髓，融合世界各国的先进文化，创造并推进具有鲜明时化特色的创新文化。在这种创新文化影响下，“万般皆下品，唯有读书高”的传统观念就此被打破，一批有志向、有抱负的知识精英，通过顽强努力，艰苦奋斗，白手起家，发挥想象力和创造力，以智慧将技术变成商品，创造利润，实现价值。

（2）学校中的渗透性创新教育。学校是创新教育的主渠道，学校的创新教育可分为第一课堂和第二课堂。第一课堂是指依据教材及教学大纲，在规定的教学时间里进行的课堂教学活动。第一课堂是学校创新教育的主课堂，可以单独开设创新思维训练课程，但更主要的是教师应将创新教育渗透到各门课程的课堂教学中，如中小学的语文、数学、物理等课程中，职校或高校的专业基础、专业等课程中。这就要求教师要采用启发式、问题式、讨论式、探索式、行动导向等有利于创新能力培养的教学法，让学生在接受科学文化知识的同时，使学生的创新素质获得提升。第二课堂就是指在第一课堂外的时间进行的与第一课堂相关的教学活动，如学生课余科技竞赛活动、学生社团活动、学生假期社会实践活动等，第二课堂活动生动活泼，丰富多彩，它的学习空间范围非常广大，可以在教室，也可以在操场，可以在学校，也可以在社会。第二课堂虽然无需考试，但又是创新素质教育不可缺少的部分，创新所需要的组织协调能力、团队合作能力、实践能力等主要是通过第二课堂来培养。

四、创新教育若干问题探讨

（一）创新教育与素质教育

21 世纪的中国教育进入了以深化教育改革全面推进素质教育为标志，以培养学生的创新精神和实践能力为核心的新的发展阶段。创新教育与素质教育既有联系又有区别。搞创新教育，还搞不搞素质教育？素质教育与创新教育，到底是什么关系？

1. 素质与素质教育

（1）素质概念。素质一词本是生理学概念，指人的先天生理解剖特点，主要指神经系统、脑的特性及感觉器官和运动器官的特点，素质是心理活动发展的前提，离开这个物质基础谈不上心理发展。随着我国教育界理论工作者将素质这个概念引入教育界后，素质的内涵发生了变化，外延也更加宽泛。素质这个词已经由原来狭义的仅指人的先天的生理解剖特点，变成了广义的后天社会性特点概念。素质通常被定义为：素质是个体在先天生理基础上，通过后天的环境影响和教育训练而形成起来的顺利从事某种活动的相对稳定的身心发展的基本品质。

（2）素质的结构。前苏联心理学家洛莫夫认为："无论是对人类起源和发展问题的研究，还是对个体问题的研究，都可以分出三个主要的层次：生物层次、心理层次、社会层次。"①这一原则符合辩证唯物主义把人看成自然、心理和社会统一体的观点。因此，人的素质结构可划分为三个层面：一是生理层面，即生理素质，是指在先天遗传性和后天获得性基础上表现出来的人体形态结构的生理机能相对稳定的结合状况与特征；二是心理层面，即心理素质，主要由记忆力、观察力、注意力、思维力、想象力等智力因素和情感意志等因素构成；三是社会层面，即社会文化素质，主要由科学素质、道德素质、审美素质等构成。生理素质是物质基础和先天条件，心理素质是先天的生物因素和后天的社会因素的统一，社会文化素质是人的素质结构中的最高层次。人与人之间的差别，主要是素质结构上的差别，具体表现在各种素质的有与无、多与少、强与弱。素质结构决定一个人的思想、情感、能力和行为。培养人的素质就是帮助人通过自己的努力，使优良素质从无到有，从少到多，从弱到强，并形成最佳的素质结构。

（3）素质教育。素质教育针对应试教育而被提出以来，现已成统领整个教育全局的教育指导思想。素质教育要求面向全体学生，促进学生各方面在各自基础上都得到生动活泼主动的发展，以形成丰富而独特的综合素质。素质教育的内涵应包括学会做人、培养各种基本能力、培养创新能力三个层面。指导学生学会做人，这是学校素质教育的基本内涵，在学会做人方面要求学生应做到如下几点：

① 转引自：班华．素质结构·教育结构·素质教育[J]．教育研究，1998（5）．

高尚的理想，优良的道德，和谐完美的精神个性，求真的科学精神，文明的人文素养；培养各种基本能力，这是高校素质教育的主要内容，主要有以下几方面：独立适应社会生活的生存能力，人际沟通与合作能力，语言表达与基本写作能力，审美能力，各种相关的专业技能，职业迁移与可持续发展的能力，解决冲突的能力；培养创新能力，是高校素质教育的核心和关键，创新是人类社会发展进步的内在动力，也是人类区别于其他动物的根本特性之一，它包括创新意识、创新思维、创新人格和创新能力四大要素。总之，从素质教育的内涵来看，它的三个层次构成了一个“宝塔型”结构：“学会做人”是最基本的，处于塔的最底部，也是素质教育的基础；“各种基本能力”是素质教育的中间层面，处于塔的中间位置；“创新能力”是素质教育的核心和关键，处于塔的最顶端。

2. 创新教育与素质教育的关系

创新教育是培养创新性人才为基本价值取向的教育，属于素质教育的范畴。因此，说得简单一些，创新教育就是创新素质教育。创新素质与人的一般素质一样，也是在环境和教育的双重影响下形成并发展的，创新素质只有在创新实践活动中才能表现出来并发挥作用。理论界将创新素质划分为四大要素，即创新意识、创新思维、创新人格（或精神）、创新能力。这四大要素在创新实践活动中均有独立的地位和功能，其作用和价值无法由其他要素替代。假如有一个要素残缺不全，都将影响其他要素的形成与发展，以及其他要素功能和作用的发挥，最终影响创新实践活动的进行。这四大要素又是相互联系、相互依存、密不可分的整体。

创新素质全面影响和制约着创新实践活动，它们之间的关系是正相关的关系。在创新实践活动的起始阶段，有无创新意识（问题、动机等）决定了创新实践活动能不能立项起步；在创新实践活动初期，创新思维（多角度、多侧面、多方向等）可以为创新实践活动提供方案与决策，创新思维是突破原有框架、开辟新局面的利器；在创新实践活动的过程中，当遇到困难和挫折的时候，创新人格（理想、信念、意志、精神、勇气等）为创新实践活动提供动力，确保创新实践活动能够不折不挠地按照既定目标运行；创新能力（学习能力、信息能力、团队能力、实践能力等）是决定创新取得成功的保证，并决定创新实践活动的效率。

1999 年，《中共中央、国务院关于深化教育改革全面推进素质教育的决定》

是我国关于实施素质教育的一个重要文件。文件第一条明确规定“以培养学生的创新精神和实践能力为重点”实施素质教育。素质教育与创新教育之间，既有紧密联系，又有明显区别，两者之间是包容与被包容的关系，是“面”与“点”的关系。创新教育是素质教育的重要组成部分，是素质教育的核心和灵魂，是素质教育的突破口，是素质教育的主旋律，是素质教育的深化和具体化。因此，实施创新教育不是另搞一套，另起炉灶，更不是要凌驾于素质教育之上，实施创新教育有助于我们站在时代的高度把握素质教育的精神，明确推行素质教育的方向，使素质教育的实施落到实处。

（二）创新教育与创业教育

2010年，教育部在《关于大力推进高等学校创新创业教育和大学生自主创业工作的意见》中指出：“在高等学校开展创新创业教育，积极鼓励高校学生自主创业，是教育系统深入学习实践科学发展观，服务于创新型国家建设的重大战略举措；是深化高等教育教学改革，培养学生创新精神和实践能力的重要途径；是落实以创业带动就业，促进高校毕业生充分就业的重要措施。”

1. 创业及创业人才特点

在英文中“创业”有两种表述方式，一是“venture”，另一个“entrepreneurship”。“venture”一词的最初意义是“冒险”，但在企业创业领域，它的实际意义并不是单纯的“冒险”，而是被赋予了“冒险创建企业”，即“创业”这一新的特定内涵。“entrepreneurship”则主要用于表示静态的“创业状态”或“创业活动”，是从“创业家”、“创业者”角度来理解“创业”。随着科技进步和企业兴衰更替的加速，创业活动正日益发挥着越来越重要的作用。

（1）创业。创业就是握商机，通过创建企业或企业创新，筹集并配置各种资源，将新颖的产品或服务推向市场，从而最终实现企业经济价值和社会价值的过程。当然，从更广阔的意义上说，创业就是创造事业，是最高层次的就业。创业者进入市场、创建实业，是生活态度和生活方式的巨大转折，是为自己创建一个发挥才华、施展抱负、奉献社会、报效国家的舞台。

（2）自主创业。所谓自主创业，是指劳动者主要依靠自己的资本、资源、信息、技术、经验以及其他因素自己创办实业，解决就业问题。中国经历了三次自主创业高潮，第一次自主创业高潮，是在改革开放初期（1978～1985年）间，以无业人员为主，通过小商品贸易，获得了改革开放的第一批领头人；第二次自主创业高潮是1990～1996年，以国家公务人员离职创业为主，以科技等高素质人才为主，即俗称“下海”；第三次自主创业高潮是1999～2005年，以互联网行业的兴起为标志，互联网技术的兴起与普及，是互联网行业创业的基础，阿里巴巴、百度、搜狐等著名网站都在这一时间创业成功。近年来，中国迎来第四次自主创业潮，由于学生过多进入劳动市场而导致就业岗位紧缺，使高校毕业生成为这一阶段自主创业者主体。

（3）创新与创业的区别。通常，人们总喜欢将“创新”与“创业”两个词捆绑在一起使用，即“创新创业”，这说明“创业”离不开“创新”，创新是创业的基础，创业是创新的载体和表现形式。创新涵盖众多领域，包括政治、军事、经济、社会、文化、科技等各个领域的创新。因此，按创新内容分类，可分为理论创新、科技创新、管理创新、文化创新、艺术创新、商业创新等。而创业局限于经济领域，主要是指创建企业、创建实业或企业创新。因此，创业属于创新的范畴，是经济领域中的企业创新，或创建新的企业，或通过创新使企业不断发展壮大。

（4）创业人才特点。创业难，需要有百折不挠的勇气去开创，创业过程都充满了激情、艰辛、挫折、忧虑、痛苦和徘徊，需要付出坚定、坚持不懈的努力。所以，创业人才需要具有强烈的事业心、坚定的信念、坚强的意志、开拓精神以及克服困难的勇气。由于创业主要面向经济领域（企业），要求创业者应具备的特殊能力有：捕捉市场机遇的能力；分析与决策能力；申办企业的能力；确定企业布局的能力；发现和使用人才的能力；理财能力；企业管理能力。

3. 创新教育与创业教育的关系

创业教育并不是要求学生毕业后都去创建自己的企业，而是要传授创业知识，让学生知道创业活动过程的内在规律以及所涉及的关键问题，可能遇到的问题和风险，帮助他们理性地规划职业发展路径。创业教育，就是通过教育教学活动来培养学生创业能力的教育，即在加强基本理论和基础教育的同时，以培养学生创业精神和创业能力为基本价值取向的教育。通过创业教育，让学生增强创业信心，懂得处处有创业渠道，时时有创业机会，人人有创业才干，从而更好地服务于社会实践，实现个人价值，提升社会效益。

创新是创业的基础，学校的创新教育成效，可通过其培养的学生未来的创业实践来检验。创业是创新的载体和表现形式，创业的成败根本依仗创新教育的根基扎实程度。创新教育注重的是对人的发展总体的把握，创业教育注重的是对人的价值具体的体现，二者相互促进又相互制约，是密不可分的辩证统一体。创业教育就离不开创新教育，因为创业教育本来就属于创新教育的范畴。开展创新创业教育，就是开展以创业为载体的创新教育，一方面是创新型国家建设的重大战略举措，另一方面也是落实以创业带动就业，促进高校毕业生充分就业的重要举措。创新教育与创业教育的主要关系如下：

（1）创业教育属于创新教育的范畴。创业就是经济领域的一种创新，需要有智慧，视野开阔，知识面广泛，既懂专业知识，又了解市场需求，需要有组织管理能力和良好的人际关系与合作精神的人来实现。具有创业能力的人应当具备创新者、管理者、企业家、社会活动家等角色的多种综合能力。因此，创业教育属于创新教育的范畴，是创新教育的深入和具体化。

（2）人才培养目标一致。培养未来人才的创业能力，也是我国顺应时代要求和世界竞争、发展趋势的必然选择。创业有风险，从某种意义上说，创新素质不强的人是很难创业的。创业能力强弱，反映了一个人的创新素质的强弱，因此说创新教育与创业教育在人才培养目标上是高度一致的。

（3）教育内容相辅相成。创新创业是当代青年的历史使命。高校创新教育主要包括创新意识、创新思维、创新人格和创新能力培养四个方面。创业教育也包括创业意识、创业规划、创业精神和创业能力培养四个方面。因此，创新教育与创业教育内容结构相互融合，相辅相成。

（4）重视学生终身发展能力培养。创新教育是为了迎接知识经济时代到来而提出的，创新教育不仅是方法的改革或教育内容的增减，而且是教育功能的重新定位，是带有全局性、结构性的教育革新和教育发展的价值追求，它能够揭示人类的最高本质即创造性的教育功能。创业教育落脚点是社会实践性，要求学生有较强的实际工作能力，使之成为未来社会的强者和创造者。所以，创新创业教育的功能又是培养人的终身发展能力，使其学会学习、学会做事、学会合作、学会生存。

科学研究是一项创新性工作，创业也是一项创新性工作，是一项将科学研究成果产业化的创新性工作。高校的创新教育可以以创业教育为载体、为抓手、为突破口，使对学生的创新素质培养符合创业人才素质的要求，从而形成了高校具有独特功能的创新创业教育体系，做到开发和提高学生创新素质和创业素质并举。

（三）创新教育与教育创新

创新教育与教育创新并非“创新”与“教育”两个字眼的前后颠倒，更不是作文字游戏，而是两个紧密联系而又截然不同的概念。创新教育与教育创新是一个有机的整体，只有正确把握二者之间的内在联系，才能以创新教育的要求促进教育创新工程，并以教育创新的成果保障创新教育的顺利实施。

1. 教育创新概述

教育创新是指一个国家和民族的教育在实施过程中，不断地创造、运用先进的思想、科学的方法、新颖的手段和技术，革除传统教育观念和模式中陈腐落后的东西，建立和形成具有生机和活力的教育运作机制和模式，实现教育的改造过程。2002 年，江泽民同志在北京师范大学 100 周年校庆上的讲话发表以后，全国掀起了教育创新热。为实现中华民族伟大复兴，江泽民认为：“必须不断推进教育创新。教育创新与理论创新、制度创新、科技创新一样，是非常重要的。”[①]教育创新的内容十分广泛，包括教育思想、教育体制、教育目的、教育手段、课程与教材、教学方法等，几乎涉及教育领域的方方面面。

（1）教育思想创新。首先要坚持和发展适应国家和社会发展要求的教育思想。要坚持党的教育方针，坚持教育为社会主义事业服务，坚持教育与社会实践相结合，同时要十分注意研究和解决教育面临的新情况新问题，深入探索新形势下教育发展的规律，更新教育观念，确立与二十一世纪我国经济和社会发展需要相适应的教育观和人才观。

（2）教育体制创新。通过深化改革，不断健全和完善与社会主义现代化建设

---

① 江泽民. 江泽民文选第三卷[M]. 北京：人民出版社，2006:499.

要求相适应的教育体制。要扫除制约教育发展的体制性障碍，努力提高教育资源的利用效益，优化教育结构，扩大教育资源。进一步转变政府管理教育的职能和模式，增强学校依法自主办学的能力。推动教育体制的创新，逐步形成适应终身学习需要的学习型社会，满足人民群众多样化的学习需求。推动学校教育、社会教育和家庭教育紧密结合、相互促进，加强各级各类教育的衔接和沟通。

（3）教育模式创新。要改革教学的内容、方法和手段，完善人才培养模式，充分吸纳当代自然科学和人文社会科学的最新成果，建立符合受教育者全面发展规律、激发受教育者创造性的新型教育教学模式，形成相互激励、教学相长的师生关系，努力创造有利于创新人才成长的良好教育环境和社会环境，使每一个受教育者都能充分发挥自身潜能，激发学习成长的主动性，实现全面发展。

（4）教育手段创新。充分利用现代科学技术手段，大力提高教育的现代化水平。要积极利用现代信息和传播技术，大力推动教育信息化，促进教育现代化。进一步完善学校的计算机网络，加快数字图书馆等教育公共服务体系建设。加强中小学校的信息技术教育，推动信息技术课程和教材建设。采用音像录放等设施，尽快把优质教育资源传输到广大农村，提高农村中小学教学质量。

（5）教育队伍创新。高素质的师资队伍是高质量教育的一个基本条件。要建设一支学科创新能力强、创新教育能力也强的“双强”师资队伍。教师要率先垂范，做先进生产力和先进文化发展的弘扬者和推动者，做青少年学生健康成长的指导者和引路人，努力成为无愧于党和人民的人类灵魂的工程师。要进一步建立和完善适应我国教育发展需要的、开放灵活的教师教育体系，努力造就一支献身教育事业的高水平的教师队伍。

进行教育创新，必须面向现代化、面向世界、面向未来，加大教育对外开放的力度。要密切关注世界教育发展的大趋势，在继承中华民族优秀教育传统的基础上，积极吸收人类文明的一切优秀成果，借鉴世界上先进的办学经验和管理经验，提高我国教育的国际竞争力。

2. 创新教育与教育创新的关系

创新教育，中心词是教育，它强调培养学生的创新素质（创新意识、创新思维、创新人格和创新能力），强调为学生的怀疑、提问、发言、创造营造一个宽松的环境，倡导学术面前无权威，真理面前人人平等。创新教育是一种新的教育理念，一种新的改革指导思想。它是随着素质教育的深化和近年来我国对创新问题研究的不断深入，由专家和群众共同创造的一种新型教育范式，它不是其他教育改革的一种，而是在我国众多教育改革的基础上形成的一种教育范式的根本变革。创新教育不仅仅是教育方法的改革或教育内容的增减，而是教育功能上的重新定位，是带有全面性、结构性的教育革新和教育发展的价值追求。

教育创新，中心词是创新，价值是创新的归宿，教育创新的价值是什么？就是提高人才培养质量，尤其是提高创新性人才的培养质量。江泽民同志指出："教育创新的目的是要推进素质教育，全面提高教育质量。"[①]由此可见，创新教育与教育创新的关系是：教育创新的目的是为了推进创新教育，实现创新教育的途径和方法是教育创新。

学校的首要任务是人才培养，创新教育就是以培养创新人才为价值取向的教育，为什么美国籍公民获诺贝尔奖人数超过 320 人，而中国籍公民获诺贝尔奖只有 1 人，这说明现行中国教育落后了，很难培养出杰出的创新性人才，这极需要进行教育创新，即在教育思想、教育体制、教育模式、教育手段、教育方法等诸方面进行改革与创新。因此，教育创新是实施创新教育的途径和方法。反之，创新教育也为教育创新指明方向，有些学校教育改革与创新口号喊得很响，措施也很多，但教学质量没有提高，学生的创新素质照旧，教育创新的价值没有体现出来，这说明教育创新的目标不明确，教育创新偏离了方向。

（四）创新教育与传承教育

教育的根本宗旨是：传承已知、探索未知、服务社会、造福人类。学校在实施创新教育的同时，要处理好传承已知与探索未知和关系，即处理好创新教育与传承教育的关系。

1. 传承与创新的关系

传承即是取舍，创新即是扬弃。所谓传承也就是指对原有事物中合理部分的接续，是否定中的肯定，克服中的保留，是"取舍"。所谓创新也就是旧事物向新

① 江泽民. 江泽民文选第三卷[M]. 北京：人民出版社，2006:500.

事物的转变，是“旧质”向“新质”的飞跃，是“扬弃”。两者之间是内在的既对立又统一的辩证关系。它们相互依存、相互影响、相互作用、相互渗透，并在一定的条件下相互转化。表现为传承－创新－再传承的循环往复，构成了事物由肯定到否定再到否定之否定的辩证发展和永恒运动的前进过程。传承与创新是一个问题的两个方面，传承是创新的基础，创新是传承的发展，两者紧密联系，既对立又统一。

传承不是照搬照抄，而是加以合理的取舍；创新不是离开传统另搞一套，而是对原有事物合理部分的发扬光大。只创新不传承，认为以前的经验和传统已经完全过时，所以不用传承；或者只传承不创新，认为传承就是“原封不动”，完全照搬老经验，对新观念、新事物、新办法不愿接受和尝试，这两者都是极端的表现。在实践过程中，任何对原有事物只传承不创新的，最终必定是原有事物的难以为续；而任何完全抛开传统搞创新的，也必定是以失败告终。

没有“不变”，没有传承，发展就失去了基础；没有“变”，没有创新，发展就失去了活力。因此，正确处理“传承”与“创新”的关系，应立足于“传承”，着力于“创新”。传承难在如何合理取舍，对凡是被后人所认可的，被实践证明是可行的，必须毫不动摇地予以取，反之则舍。但创新是绝对的，发展是无止境的，创新是生生不息的动力。创新的实质就是发展，即新事物代替旧事物。这种“代替”并不是对旧事物的全盘否定，而是对旧事物中合理的、积极的成分加以吸收，同时增添旧事物根本没有的、富有生命力的新内容。因此，既要对传统的经验批判传承，又要根据新的实践要求不断发展创新，使批判传承与发展创新有机统一起来。在工作和学习中要勇于面对现实，研究探索，想别人所未想，做前人所未做，解决前人解决不了的问题。

传承不是泥古不化，生搬硬套，机械模仿。传承要取其精华，弃其糟粕。因为中国各个时代传统的特点不等于优点，传统内也有优劣之分。我们传承的是优良传统，劣的就要摒弃。创新不能割断历史，创新首先要传承。传承不能丢掉传统，不能把传统看作是老一套陈腐的东西。

传统与创新是皮与毛的关系，皮之不存，毛将焉附。没有传承就没有创新，要在传承传统的基础上来推陈出新。

2. 教育是创新教育与传承教育有机统一

（1）传承是高等教育的重要功能。中华传统文化源远流长，在几千年的历史长河中，中华民族逐步形成了以爱国主义为核心的民族精神和博大精深、丰富灿烂的传统文化。几千年来中华民族饱尝艰辛、历经磨难而生生不息、绵延不绝，其生存之根、力量之源就是那不朽的传统文化精神。任何一个民族文化的延续发展，都是在既有文化传统基础上进行的，否定传统，割断历史，就会迷失方向、丧失根本。人类对本国历史文化的传承，主要是靠教育来实现和完成的。2011年4月24日，胡锦涛同志在庆祝清华大学建校100周年大会上的讲话中指出："高等教育是优秀文化传承的重要载体和思想文化创新的重要源泉。"[①]从某种意义上说，教育是人类在长期的社会实践中传承文化知识和经验等的一种方式和手段，它将已有的文化知识和经验不断传授给下一代，并通过这种传授活动使人类已有的文化科学成果逐渐为多数人掌握，从而使社会整体文化水平和文明程度得以提高。

（2）创新是高等教育的重要使命。创新是中华民族不断进步的灵魂，是中华民族兴旺发达的不竭动力，也是中华民族永葆生机的源泉。高等教育除了承担传承人类文明的任务外，还承担着不断创新优秀文化的历史重任。没有文化的创新就根本谈不上文化的永续发展，更谈不上人类文明的不断进步。为此，我们必须通过提高高等教育质量，大力推进中国特色社会主义文化创新，大力推进中国特色社会主义理论创新，不断赋予中国特色社会主义先进文化和中国特色社会主义理论体系鲜明的实践特色、民族特色和时代特色，从而使社会主义先进文化思想和观念成为引领中华文化发展的主流。

（3）教育是传承与创新的辩证统一。传承即是继承前人的知识成果，传承人类文明成果。当然传承不是照搬照抄，而是加以合理的取舍、传承精华剔除糟粕。人们只有在继承前人的知识成果的基础上，才能有所发明、有所创造、有所前进。传承是创新的基础，学生到学校是学知识的，教育的传承功能当然不容忽视。然而，传承的目的是为了创新，没有创新，传承只能是机械重复，不会有生命力。

---

① 胡锦涛. 在庆祝清华大学建校 100 周年大会上的讲话中(单行本)[M]. 北京：人民出版社，2011.

当今教育的突出问题是过分注重传承而忽视创新。其主要原因是传承易、创新难。正确处理“传承”与“创新”的关系，应立足于教育传承，着力于创新教育，使教育传承与创新教育有机统一起来。

（五）创新教育与知识经济

人类已进入了一个全新的知识经济时代，科技革命迅猛发展，国际竞争日益激烈，以至于对于人才的渴求越来越强烈。知识经济时代的创新教育有何特点呢？

1. 知识经济概念

知识经济是指建立在知识的生产、分配和使用之上的经济，是以知识为基础的经济，特征就是知识不断创新，高新技术迅速产业化。知识经济是以高新技术为支柱，以智力资源为依托的可持续性发展经济。在激烈的经济竞争中，世界各国都越来越认识到知识的重要性，科技知识在经济发展中已上升到绝对的优势位置。在知识经济时代，掌握知识越多的人，获得的工资报酬也越多；拥有更多知识的企业，在市场竞争中获胜的机遇也越大；拥有更多知识和信息的国家，其社会经济发展速度也越快。实践证明，哪个国家知识生产水平信息传播快，科技成果运用广，这个国家的综合实力就强。知识经济正是西方发达国家充分认识到知识在经济发展中的重要作用而提出来的。它是和农业经济、工业经济对应的一种经济形态，其最重要的特征是可以把知识作为资本来发展经济。

在知识经济中，知识是成功致富的最重要资源。在农业经济时代，人们致富的资料主要靠对土地面积的控制；在工业经济时代，人们致富的资源主要靠对自然资源和人力资源等的控制；到了知识经济时代，致富的资源是知识和信息的生产、存储、使用和消费，知识和信息成为全球经济发展的直接资源和内驱动力。美国微软公司总裁比尔·盖茨就是当今靠知识致富的全球首富，微软公司没有高大的厂房、没有堆积如山的原料和产品储备，只有软盘和软盘中储存的知识。该公司自1975年创立以来，在短短的二十余年间创造了世界奇迹，比尔·盖茨的成功启示我们，知识是创造财富的一种更为重要的资源，谁掌握了知识和信息，谁就能拥有整个世界。

2. 知识经济时代需要创新

创新是知识经济时代国家经济发展的主要动力，而科技创新则是创新最重要的基石。据统计，全球每年投入研发（R&D）的资金是 1.3 万亿美元，它撬动了 60 万亿美元的 GDP，这是接近 1:50 的回报，没有什么比如此高的回报更吸引市场的了[①]。目前中国的 GDP 在世界的排名是第二位，离美国还有一段距离。21 世纪是知识经济的时代，要通过知识来创新、创业，将知识的生产力价值发掘出来，最终提高生产力，达到经济增长的目的。

在过去一、二十年中，相当大一部分产业都是通过创新成长而来的，新的公司不断超越从前看似不可逾越的公司，这就是创新的力量、知识的力量。据不完全统计，美国 2010 年注册了 61900 家科技创新公司，分布在教育、医疗、生物科技、文化、工业等不同领域，即使成功率只有 10%，也会有 6190 家新的公司继续在各自的领域从事创新性活动[②]。

创新是经济增长的主要贡献者，是全球经济成功的关键。由康奈尔大学、欧洲工商管理学院和世界知识产权组织共同撰写《2013 全球创新指数》表明，2013 年创新指数排行榜瑞士全球第 1 位，中国第 35 位，瑞典、英国、荷兰和美国分列第 2～5 位，其中美国由去年的第 10 位上升 5 位，主要原因是雄厚的教育基础和知识密集行业的强劲增长。创新指数显示，全球范围内存在创新能力的差异。中国位列第 35 位，较 2012 年的第 34 位下降一位，说明中国创新能力不强，突破创新中存在的障碍、鼓励制定创新政策是中国目前急需解决的问题。在过去的 20 多年，中国成为世界上最大的制造国家——引进技术装备、流水线、工艺，中国不仅能制造中国人需要的产品，也能制造国际市场需要的产品。这种经济模式导致了企业利润十分微薄，没有更多能力进行新产品研发、创新，多数企业几乎没有先进的研发中心。这是中国目前遇到的问题，再下一步该怎么办？必须依靠自主创新。

3. 知识经济时代需要创新教育

知识经济和依赖于土地的农业经济及依赖于自然资源和资本的工业经济不同，它是以知识为基础的经济。知识经济的这种特征决定了知识创新的水平和速度是经济增长的关键因素。从当今的国际经济形势看，知识已成为经济发展的主

① 陈东敏. 知识经济与创新[J]. 中国科学报，2010.10.29B3.

② 同上.

要动力，21 世纪将是知识经济占国际经济主导地位的世纪。而以知识为基础发展经济，就必须依靠知识创新，因此，创新是知识经济的内核。“创新”将成为进入 21 世纪国际经济竞技场的“入场券”，谁能抢占创新的制高点，谁就是 21 世纪的主角。

原科学院院长路甬祥在《建设面向知识经济时代的国家创新体系》一文中指出[①]：国家创新体系可分为知识创新系统、技术创新系统、知识传播系统和知识应用系统。其中知识创新系统的核心部分是国家科研机构和教学科研型大学；技术创新系统的核心是企业；知识传播系统主要指高等教育系统和职业培训系统；知识应用系统的主体是社会和企业。由此可见，高校在面向知识经济时代的国家创新体系建设中，肩负着知识创新与传播的重要使命。知识创新与传播需要创新人才，创新人才的培养离不开创新教育。在知识经济时代，国家综合国力和国际竞争能力将越来越取决于教育，这就要求中国教育必须要以崭新的姿态迎接 21 世纪的挑战，走创新教育之路。创新教育的出现是时代的需要，是知识经济的需要，是提升个体生命质量的需要，也是教育自身变革的需要。

① 路甬祥. 建设面向知识经济时代的国家创新体系[J]. 光明日报，1998.2.6.

第三章　创新教育的基本经验

随着科技进步的日新月异和知识经济时代的来临，创新素质已成为21世纪合格人才的最重要的素质，创新教育也随之成为新世纪教育的主流。世界著名大学在维护大学传统的保守性的同时，与时代发展紧密结合，大胆改革，采取多种措施，促进大学的发展。世界著名大学在创新性人才培养方面的经验既有共性的地方，也有个性的地方，在此，把具有代表性的做法和经验加以总结和呈现，以期对我国大学创新教育有所启示。

一、创新办学的理念

办学理念是大学的灵魂，从世界一流大学的创新教育经验中不难发现，追求真理，崇尚学术自由，崇尚创新和创造等一直是大学办学理念的核心。

（一）美国大学的创新办学理念

美国是高等教育最发达的国家，世界著名大学主要集中在美国。美国拥有较为完善的教育体系，公立大学与私立大学并存，研究型大学、本科大学、社区学院、开放大学并存。研究型大学以基础性、学术性研究著称，设有庞大的研究生院，能授予博士学位，有450所以上，其中最著名的有哈佛、普林斯顿、斯坦福、麻省理工、加州理工等20多所。本科大学以4年制为主的综合大学及学院，如文理、理工、工商管理、林业、矿业、农业、新闻、建筑、家政等学院，多为州立大学，这类大学超过1600所。社区学院包括2年制的普及学院和技术专科学院，招收高中毕业生中成绩较低和同等学历的学生，全美有1400所以上。开放大学包括广播函授大学、暑期大学、夜间或业余大学等。这四类大学组成一个完整的高等教育体系，缺一不可。

1. 哈佛大学

哈佛大学（Harvard University）是一所位于美国马萨诸塞州的私立研究型大

学，最初于 1636 年由马萨诸塞州殖民地立法机关立案成立。该机构在 1639 年 3 月 13 日为感谢一名牧师约翰·哈佛（John Harvard）的捐赠而命名为哈佛学院，1780 年哈佛学院更名为哈佛大学。至今，哈佛大学是一所在世界上享有顶尖学术地位、声誉、财富和影响力的教育机构，被誉为美国政府的思想库。哈佛大学共出过 8 位美国总统和 30 名普利策奖获得者。此外，还出了一大批知名的学术创始人、世界级的学术带头人、文学家、思想家。哈佛的杰出成就，还表现在校史上和今天还在校任教的教师中，曾出过许多诺贝尔奖获得者。

哈佛大学校徽上面，用拉丁文写着“VERITAS”字样，意为“真理”。哈佛大学校训的原文，也是用拉丁文写的，意为“以柏拉图为友，以亚里士多德为友，更要以真理为友”。校徽和校训的文字，都昭示着哈佛大学立校兴学的宗旨：求是崇真。哈佛大学在追求真理的理念指导下，淋漓尽致地体现出创新教育思想，其核心内容是：崇尚自由竞争和个人奋斗，崇尚冒险和创业，崇尚对事业的追求与高度负责的工作态度。正是凭借具有创新精神的校风，哈佛大学毕业生在激烈的竞争中成就非凡，也使得学校的办学宗旨“让所有的金子在这里都发光”得以实现。

担任了 40 年哈佛大学校长的艾略特（Eliot）认为：“大学是教师的集合体，是知识的仓库，是真理的寻求者。”[①]哈佛大学认为个人的判断和个人的风格是一个人成功的真正关键所在，洞察力、想象力、灵活应变能力是个人处理好问题的基本要求。在哈佛大学的教学过程中，决不设立唯一正确的答案。哈佛大学一直认为，问题的正确答案决不是唯一的，问题分析的结果往往是一个中间产物，最后总会留下很多悬而未决的问题。教师在教学中应重视培养学生如何适应形势和形势变化，去寻找更好的方法，而不重视解决结果。这种重视“方法”不重视“结果”的教学方法，鼓励学生在分析问题中充分表现自己，增强自信，发挥自己的创造性思维。

为了增强学生解决问题的能力，哈佛经常把学生置于实践的环境中，使他们不得不硬着头皮，绞尽脑汁用他们以往学过的理论及积累的经验，回答和解决他

① 刘宝存. 哈佛大学办学理念探析[J]. 外国教育研究，2003(1):48.

们不熟悉或不明白的问题，强迫他们不断向自己的智力和能力的极限挑战，最后经过讨论、总结要点，从而获得宝贵知识和亲身体验，久而久之形成一种面向实战的思维定势，使学生们经常将课上所学与现实融到一起去思考和行动。这种教学方法密切联系实践，有利于学以致用，实用性突出，锻炼他们思维的敏锐性。

2. 耶鲁大学

耶鲁大学（Yale University）是一所坐落于美国康涅狄格州纽黑文的私立大学，创于1701年。耶鲁大学是美国历史上建立的第三所大学，该校教授阵容、学术创新、课程设置和场馆设施等方面堪称一流，与哈佛大学、普林斯顿大学齐名，历年来共同角逐美国大学和研究生院前三的位置。哈佛大学注重闻名于研究生教育，威廉玛丽学院闻名于本科生教育，耶鲁则是双脚走路，都非常著名，在世界大学排名中名列前茅。耶鲁拥有众多杰出的校友：共有5位美国总统毕业于耶鲁，有13位学者曾荣获诺贝尔奖，耶鲁曾培养出一大批杰出的中国留学生，担任美国企业领导的耶鲁人，数量也远远超过其他大学，耶鲁也为美国演艺圈输送了大批光彩照人的文艺明星。

耶鲁大学最重要的管理特色是“教授治校”，这一特色对美国高等教育产生了巨大影响。建校初期，经过3代校长的努力，耶鲁逐渐形成了董事会不具体参与校务管理、而由教授会治校的法规。在当时的美国流传着这样一句话：“普林斯顿董事掌权、哈佛校长当家、耶鲁教授做主。”[①]

耶鲁大学是世界上最早设立人文和艺术学科的大学之一，耶鲁大学最强的学科是社会科学、人文学以及生命科学。耶鲁特别强调自由的思想和自由的学术空气，这种“自由教育”的创新理念，使耶鲁能够包容各种思想流派，保持勃勃生机。耶鲁永远强调对社会的责任感、蔑视权威、追求自由和崇尚独立人格被认为是“耶鲁精神”的精髓，它是耶鲁人奉献给世人的一份宝贵财富。耶鲁为什么盛产领袖人物？因为它有关心社会和强调“领导者教育”的传统。耶鲁的使命就是教育学生大有作为，并通过最丰富的思想训练、社会体验发展他们的智慧、道德、公民责任和创造能力，以便用人类的丰富遗产陶冶学生，使之服务于美国价值。

---

① 王思铭. 美国名校风采[M]. 上海：上海外语教育出版社，2000.

3. 斯坦福大学

斯坦福大学（Stanford University）是美国的一所私立大学，被公认为世界上最杰出的大学之一。斯坦福大学于1891年由利兰·斯坦福（Leland Stanford）建立，位于加利福尼亚州的斯坦福市，临近旧金山。斯坦福大学的毕业生为人类文明、科学技术进步、世界政治经济和现代商业发展做出了极其卓越的贡献。他们中有美国总统胡佛、世界科技领袖和诺贝尔奖金获得者。斯坦福大学奠基并创建了著名的美国硅谷，孕育了享誉世界的现代科技文化。斯坦福大学的毕业生们创造了世界众多一流企业以及数以百计的美国知名上市公司。如果说，哈佛大学与耶鲁大学代表着美国传统的人文精神，那么，斯坦福大学则是21世纪科技精神的象征。

斯坦福之所以能够在美国高等教育界称霸，与他独特的校园生态息息相关。斯坦福的校训是“Die luft der Freiheit weht”，这句话传自16世纪的德国人类学家修顿（Hutten），中译为：自由之风永远吹拂。

斯坦福商学院是美国顶尖商学院之一。斯坦福商学院的使命是：钻研拓展工商管理理论，培养敢于创新、坚持原则、善于洞察的改造世界的领袖。斯坦福商学院的口号是：改造人生，改造组织，改造世界。斯坦福商学院则更强调开创新科技新企业的“小企业精神”，培养的是“穿T-恤衫”的新一代小企业家。斯坦福大学的崛起为硅谷微电子工业创造了条件，硅谷是世界最先进人才和最尖端技术的聚集地，在这里，共有40多个诺贝尔奖获得者，有上千个科学院和工程院院士。硅谷取得的这些骄人业绩，都离不开斯坦福大学这个孵化器，同时，硅谷的发展也帮助了斯坦福大学，使它得以有今天的成就。

（二）欧洲大学的创新办学理念

欧洲名牌大学很多，如牛津大学、剑桥大学是英语国家中最古老的大学，也是世界上历史最悠久、影响最大的大学之一，历经800多年而不衰。瑞士有苏黎世联邦理工大学、洛桑联邦理工学院等。荷兰有莱顿大学、乌得勒支大学、瓦赫宁根大学等。德国有慕尼黑大学、哥廷根大学、海德堡大学、柏林洪堡大学等。法国有巴黎高等师范学校、综合理工学校、杜伦大学等。瑞典卡罗林斯卡学院、隆德大学等，芬兰有赫尔辛基大学，丹麦有奥尔胡斯大学。在我国把创建世界一流大学作为高等教育改革的重要目标时，深入研究欧洲大学的办学理念具有积极的意义。

1. 剑桥大学

剑桥大学（University of Cambridge）成立于1209年，最早是由一批为躲避殴斗而从牛津大学逃离出来的老师建立的。剑桥大学和牛津大学齐名为英国的两所最优秀的大学。剑桥大学以其卓越的自然科学成就闻名于世，与近邻牛津大学一样，是世界上最好的大学城之一。剑桥大学800余年的历史，涌现出牛顿(Newton)、达尔文（Darwin）等一批引领时代的科学巨匠；造就了培根（Bacon）、凯恩斯（Keynes）等贡献突出的文史学者；培养了弥尔顿（Milton）、拜伦（Byron）等开创纪元的艺术大师，从这里走出了7位英国首相以及70多位诺贝尔奖获得者，这些都为剑桥大学奠定了世界近现代学术文化中心的伟大地位。[①]

剑桥最大的特色是学院制。大学由三十五座学院组成，上至行政财务，下至招生教学，学院都有很大的自主权。大学中央不过担当一个像联邦政府的角色，掌管一些宏观的事情。在毕业礼上，最能看到剑桥如何重视学院。学生要由学院院长牵手引到校长面前跪下，接受祝福，象征他是由学院教导成材。

剑桥大学的办学理念是:“以自由教育造就绅士”。19世纪，以纽曼（Newman）为代表的人文学者为捍卫自由教育在大学的重要地位而做出了重要贡献。纽曼认为:“自由教育和自由探究就是心智、理智和反思的操作活动。”“自由教育造就的不是基督教徒，也不是天主教徒，而是是绅士。”剑桥大学一贯重视人的理性训练和人格的塑造，在教学目标上，相对于知识的获得，更重视理性思维的训练、智力的发展、创造性能力的培养；在教学内容上，它注重博才而非专业人才的培养，重视知识的内在价值。“我的眼是康桥教我睁的，我的求知欲是康桥给我拨动的，我的自我意识是康桥给我胚胎的。”徐志摩的《再别康桥》令无数中国人对剑桥大学充满遐想和向往。

剑桥大学的另一办学理念是“大学因培养学生而存在”，这体现了以学生为本的办学理念。剑桥大学给予学生足够的学习自由和学习空间，教学以自学为主，

---

① 齐伟钧等. 英国名校风采[M]. 上海：上海外语教育出版社，2003.

为学生营造优良的学习环境，鼓励学生主动探求未知的领域，让学生早期就介入学术研究。剑桥大学对学生关怀备至，导师制是剑桥一直保持的一大特色，新生一旦入学报到，学院就给他指定一位导师。本科生导师称“Tutor”，研究生导师称“Supervisor”。导师是学生所选科目的学者，他负责指导学生的品行，并协助安排学生的学习计划，指导他如何取得进步。学生在开学期间每周必须到导师那里去至少谈话一次。这种谈话叫“Tutorial”（个人辅导）。导师负责指定学生阅读的书目，要求其写出心得报告。学生按时去见导师时，要把心得报告读给导师听，导师作一些评论，两人进行讨论。导师不仅在学业上给学生以指导，而且在品行、心理等方面给学生以指导，成为学生的良师益友。因此，许多学生在毕业后还与导师和同学保持着十分密切的联系。

2. 巴黎高等师范学院

法国巴黎高等师范学院（Ecole Normale Superieure）创办于1795年，简称巴黎高师，是世界最著名的综合性大学之一，直接隶属于法国教育部和科学技术研究部，有着一流的研究机构和辉煌的学术成就，大批优秀的顶级人才从这里走出，曾为法国培养了几任总统与总理，在自然科学方面巴黎高师有 11 位诺贝尔奖得主、10 位菲尔兹奖得主、4 位沃夫奖得主和 1 位阿贝尔奖得主。巴黎高师的学生总数不到 900 人，所以，从相对值看巴黎高师是诺贝尔奖单产最高的大学，从绝对值看，巴黎高师是获得菲尔兹奖最多的大学。经过 200 多年的发展，巴黎高等师范学院在法国可算是家喻户晓，尤其是对于那些求知若渴的人们，这里既是知识的海洋，又是科技发展的温床。①

巴黎高师的创新办学理念是：创造性，少而精，学科交叉。巴黎高师校长加伯利埃尔·于杰（Gabriel Ruget）2004 年在北京大学演讲时，指出巴黎高等师范学院成功的秘诀就是具有创造性。于杰说：“创造性是前进的重要动力”。巴黎高等师范学院不仅具有很高的威望，而且具有强烈的进取心和事业心。

巴黎高师差不多是世界著名大学里规模最小的高校，由于每年只招收 200 来名学生，而报名的却有几万人，巴黎高师的入学竞争非常激烈，所以有资格进入

① 曹德明. 法国名校风采[M]. 上海：上海外语教育出版社，2001.

巴黎高师的学生，质量非常高。很多国家研究机构看中了巴黎高师的优质人才资源，纷纷将研究室建在巴黎高师。大量一流的研究室带来了大量先进的研究设备，并且更新很快。而不同领域的科学研究为巴黎高师建设不同的学科创造了得天独厚的条件，为学科的发展提供了不尽的滋养。由于学生少，学生有大量接触最杰出研究人员、参与最前沿科学研究的机会。同时由于人少，不同学科的研究人员、教师和学生接触频繁。在巴黎高师，跨学科的报告会、讨论会题材丰富，数量众多，有力地促进了学科的交叉和融合。

学科交叉是培养高素质创新型人才的重要基础，也是产生高水平原创性科研成果的重要途径，因此无论国内还是国外，学科综合与交叉都是很多高水平大学追求的目标。巴黎高师的学科交叉，少而精办学，为中国高校开启了一条崭新的思路，非常值得我们借鉴。

3. 德国柏林洪堡大学

柏林洪堡大学（Humboldt-Universität zu Berlin）的前身是柏林大学，二战结束后改名为洪堡大学。洪堡大学是德国最著名的大学之一，成立于1810年，迄今已有 200 年的历史。它由普鲁士教育大臣、德国著名学者、教育改革家威廉·冯·洪堡（Wilhem von Humboldt）创办。当时被誉为“现代大学之母”。柏林大学从一成立起，就确定了教学与科研为一体，全面人文教育的办学宗旨。①

洪堡大学是依据创校者洪堡“研究教学合一”的创校理念而创立的新学校，他也希望洪堡大学能成为“现代大学之母”。根据洪堡的理念，现代的大学应该是“知识的总和”，教学与研究同时在大学内进行，而且学术自由，大学完全以知识及学术为最终的目的，而非实务的人才培育。在此之前，不论欧洲或美国的大学，都还是研习修道院教育的传统，以培养教师、公职人员或贵族为主，较不重视研究。此后洪堡大学的“知识传授和知识创新”的双重功能办学理念传递至欧、美各地，也成为许多大学仿效的对象，德国大学逐渐在科学研究与高水平人才培养上走在世界前列。

柏林洪堡大学在二次世界大战之前，可以说是世界学术的中心。许多知名学

① 卫茂平等. 德国名校风采[M]. 上海：上海外语教育出版社，2000.

者、政治家都在这里留下了他们的身影，产生过29位在化学、医学、物理和文学等领域的诺贝尔奖得主，成就惊人。第一个诺贝尔化学奖获得者就出自柏林洪堡大学即当时的柏林大学，包括物理学家爱因斯坦（Einstein）、普朗克（Planck），哲学家费希特（Fichte）、谢林（Schelling）、黑格尔（Hegel）、叔本华（Schopenhauer），神学家施莱马赫（Schleiermacher），法学家萨维尼（Savigny）都曾在此任教。与此同时，共产党理论的创始者马克思（Marx）、恩格斯（Engels）都曾就读过柏林洪堡大学，其他曾在此就读过的还包括欧洲议会主席舒曼（Schuman）、著名诗人海涅（Heine）、哲学家费尔巴哈（Feuerbach）、铁血宰相俾斯麦（Bismarck）等。

（三）国内大学的创新办学理念

1. 北京大学

北京大学（Peking University）简称北大，创办于1898年，初名京师大学堂，是中国第一所国立大学，也是中国近代第一个以“大学”身份和名称建立的学校，其成立标志着中国近代高等教育的开端。作为中国近代唯一以最高学府身份创立的学校，北大最初也是国家最高教育行政机关，行使教育部职能，并开创了中国高校中最早的文科、理科、政科、商科、农科、医科等学科的大学教育，是近代以来中国高等教育的奠基者。北大传承着中国数千年来国家最高学府——太学（国子学、国子监）的学统，既继承了中国古代最高学府正统，又开创了中国近代高等教育先河，可谓“上承太学正统，下立大学祖庭”。自建校以来，一直享有崇高的声誉和地位。在中国近现代史上，北大始终与国家民族的命运紧密相连，深刻的影响了中国百年来的历史进程。

北京大学校徽由鲁迅先生于1917年8月设计完成（图3-1），突出一个办学理念，即大学要“以人为本”。大学，因大师而大，更因大学生而大。也有人说，校徽上面的是学生，下面的是老师，教师就是要甘为人梯；学生站在巨人的肩膀上，就是要青出于蓝胜于蓝。蔡元培在北大倡导了一种“思想自由、兼容并包”的学术传统和宽松活跃的思想氛围，这在当时旧思想占统治地位的半殖民地半封建的情况下，具有特别重要的进步意义。北大的这种传统和氛围孕育了一种代代相传的精神，即北大人在五四新文化运动时期突出表现出来的伟大的启蒙理想、强烈的爱国情怀、以天下为己任的社会责任感与历史使命感和对真理的庄严无畏的追求。李大钊研究和宣传马克思主义，面对敌人的绞刑架，从容就义；马寅初提出新人口论，面对举国上下的批判，单枪匹马出来迎战也决不后退半步；……，这就是北大精神的突出体现。

图 3-1 鲁迅设计的北京大学校徽

办学理念有一个不断发展完善的过程，是与时俱进的，而不是僵化的。在中国特色社会主义发展道路上，北大的办学理念不断被赋予新的时代内涵。在新时期新阶段，北大以科学发展观为指导，发扬追求真理的精神，在自然科学和人文社会科学领域不断进行新的研究探索，产生了一系列重大创造性成果，促进科学和文化的繁荣，为落实科教兴国和人才强国战略做出了重大贡献。北大以追求卓越的精神率先提出创建世界一流大学的宏伟目标，并在创建世界一流大学的道路上取得了巨大进展。

2. 清华大学

清华大学（Tsinghua University）简称清华，始建于 1911 年，初名清华学堂，是当时清朝建立的留美预备学校，1912 年更名为清华学校。为尝试人才的本地培养，1925 年设立大学部，同年开办清华国学研究院。1928 年更名为“国立清华大学”。清华大学是一所多科性的工科大学，重点为国家培养工程技术人才，清华被誉为“红色工程师的摇篮”。

清华精神：爱国奉献，追求卓越；清华校训：自强不息，厚德载物；清华校风：行胜于言；清华学风：严谨、勤奋、求实、创新；清华教育理念：中西融会，古今贯通，文理渗透，又红又专，全面发展。

清华大学是中国近现代史上的一个神话和传奇。清华的大学理念在中国和世界大学中独树一帜，焕发出动人心魂的魅力和华彩。清华的大学理念既有理想的成分，也是实际的体现，既有超越的目标和精神，也具经验的形式和行为，其最核心的思想和精神当包括：学术独立、以人为本、追求卓越、服务社会、均衡和谐。

（1）学术独立。梁启超认为："凡一独立国家，其学问皆有独立之可能与必要。"[①]清华大学百年来秉持学术自由的理念，以理性和专业精神，发现知识，发展学术。梅贻琦校长说："大学应追随蔡孑民先生兼容并包之态度，以克尽学术自由之使命。"[②]陈寅恪先生将清华的学术自由思想作了最精粹的阐述："独立之精神，自由之思想。"[③]

（2）以人为本。在清华的理念中，以人为本就是以教师和学生为本、以人才培养为本、以人民为本。在中国大学中，清华一直以良好的人际关系和情谊而著称。在清华，教师和学生的地位很高，师生关系融洽，教师对学生如家人，学生之间互助互爱。

（3）追求卓越。追求卓越是清华大学百年来念兹在兹的办学理念，并已内化为清华大学和清华人固有的品格和气质。清华大学的校训是"自强不息，厚德载物"，校歌更是反复咏唱"行健不息须自强。自强，自强，行健不息须自强"。自梁启超为清华学子阐发君子之义后，清华人莫不坚忍强毅，进取奋发，以为国家之中流砥柱。

（4）服务社会。清华大学社会服务的理念，在汲取中国传统教育思想的精髓后，远远超出美国社会服务思想之上。中国传统教育讲君子要修身和自我完善，教育机构要成为文化道德的高地，而且要教化民众，影响和改造社会。梅贻琦对《大学》中的"新民"作了现代阐述和发挥，认为"大学新民之效，厥有二端。一为大学生新民工作之准备；二为大学校对社会秩序与民族文化所能建树之风气。"[④]

① 参见清华大学新闻网——清华史苑，http://news.tsinghua.edu.cn.
② 同上.
③ 陈寅恪集·金明馆丛稿二编[M]. 北京：生活·读书·新知三联书店，2001:246.
④ 梅贻琦，潘光旦. 大学一解[J]. 清华学报，第十三卷第一期（1941 年 4 月）.

（5）均衡和谐。清华大学虽没有从字面上清晰地表达均衡和谐的理念，但以不同的方式、论述和话语阐述了这一思想，更在办学实践中充分展现了这一思想。如清华人的精神是自强不息与厚德载物的均衡和谐，清华的教育是智育、德育与体育的均衡和谐。而为大家所熟知的则是清华中西融会、古今贯通、文理结合、教学与科研统一的思想。冯友兰曾说“会通古今、会通中西、会通文理”[①]是清华人共同的情趣和风貌。

近年来，清华大学在创建世界一流大学的努力中，逐步确立了“综合性、研究型、开放式”的办学模式，在大力调整学科专业结构的同时，学校把人才培养的目标定位于培养适应社会主义建设和发展的“高素质、高层次、多样化、创造性”的骨干人才，核心就是创造性。

3. 香港科技大学

香港科技大学（The Hong Kong University of Science and Technology）简称香港科大，是一所成立于1991年10月的研究型大学。香港科技大学创校20多年，已在国际学术界崭露头角。香港科大的迅速崛起，在世界高等教育发展史上演绎了一段颇为独特的传奇。香港科技大学是一所高度国际化的研究型大学，由理、工、工商管理及人文社会科学四所学院组成。理、工、商学院提供本科生及研究生课程；人文社科学院主要开办研究生课程，同时亦为本科生提供通识教育，以利全面发展。

（1）高度国际化。香港科技大学拥有一支享誉国际的优秀教研队伍。教授、副教授及助理教授人数共约450名，来自全球35个国家，各级教授全部拥有博士学位，其中75%的教授是从北美62所一流研究型学府取得博士学位。香港科技大学的科研，处于世界先进水平，个别成果更达世界领先水平，屡获殊荣。

（2）本科生研究计划。本科生研究计划是香港科大一个特别计划，旨在培养本科生对研究的兴趣。参与计划的本科生会在教授的指导下，进行研究活动。在这计划下，本科生须与教授订立研究范畴，并在计划完结时提交学术报告。本科生研究计划造就了很多本科生与教授共同研究的机会，使香港科大每年有几十位

---

① 参见清华大学新闻网——媒体清华，http://news.tsinghua.edu.cn.

学生获得全奖学金，前往世界顶级大学，如普林斯顿大学、麻省理工学院、史丹福大学、耶鲁大学、加州大学柏克莱分校、加州大学洛杉矶分校、卡内基梅隆大学、杜克大学等，攻读博士课程。

（3）全面素质培养。香港科大提供多元化节目及活动，让学生增进知识及体验丰盛人生。艺术中心定期举办各项艺术及文化活动，并通过驻校艺术家计划，让学生有机会接触各样艺术和文化活动。积极开展学生体育及康乐活动，并特别开办“活力生活”课程，令学生全面发展。导师计划及实习机会可指导学生自我设计未来的发展方向，为就业做准备。讲座、论坛、卓贤汇（香港科大一种文化），学生们可拓宽视野，提升各项技能，以助个人发展。国际学术交流活动及各类学生文化交流计划充分增强学生的国际经验。

香港科技大学从建校到发展成为亚洲顶尖、国际一流院校用了不到二十年时间，是世界高等教育发展史上的一个奇迹。国际视野、战略创新是促使香港科技大学实现跨越式发展的根本，这为我国高校实现世界一流大学的目标提供了一个典型的借鉴和启示。

二、崇尚自由教育

2000 年，世界银行、联合国教科文组织高等教育与社会特别工作组在《发展中国家的高等教育：危机与出路》一书中对一个受过自由教育的人应具备的特征进行了系统地阐述：一个受过自由教育的人“能清楚地、有效地和批判地思考和写作，并能精确、中肯和有魄力地交流；对我们已获得的知识和理解宇宙、社会和我们自身的方式有批判性的鉴别；具有广泛的其他文化和时代的知识，并且能够以更广泛的世界和已经形成的历史约束力为依据做出决定；在系统地思考道德和伦理问题方面有一定的理解和经验；在某一知识领域达到一定的深度。”[①]

（一）自由教育内涵及发展

作为一种教育思想，自由教育（Liberal Education）对世界范围内的教育理论与实践意义重大，影响深远。一方面，随着人类对其自身、社会以及教育内在本

① 世界银行，联合国教科文组织高等教育与社会特别工作组编. 发展中国家的高等教育：危机与出路[R]. 蒋凯主译. 北京：教育科学出版社，2001:72.

质的认识的加深，自由教育的内涵在不断发展；另一方面，伴随着功利主义和实用主义的不断挑战，自由教育思想也在不断完善。

自由教育产生于古希腊，最早由亚里士多德（Aristotle）提出，其中文还有文雅教育、博雅教育、普通教育、通才教育、通识教育等不同的译名。亚里士多德的自由教育的基本含义是[①]：自由教育是适合自由人（特殊阶层）的教育；它的根本目的一方面是要促进人的身体、道德和智慧的和谐发展，另一方面是要促进人的理性的充分发展，从而使人从愚昧和偏狭的束缚中解放出来。为了达到这样的目的，教育的内容必须以自由学科为核心，应避免狭隘的专门教育。亚里士多德自由教育思想的提出，标志着西方教育的一个重要思想传统的形成。这是自由教育的最初意义。

到文艺复兴时期，自由教育的传统得到了复兴。人们将“自由”视为天性的自发实现，自由教育的内涵也就随之发生了变化，自由教育被赋予了“人文教育的内涵”，这时的自由教育不再是指某一特殊阶层所享有的教育，而是指“（遵循）自然的教育”，即指那种能够遵循自然，特别是儿童内在自然规律的教育。这一转变有着十分重大的意义，为现代自由教育的形成和发展奠定了坚实的基础。

到了18世纪，特别是19世纪初，人们对“自由”有了新的认识。人们认为“自由”就是“理性的自由”，“意志的自由”，因此，“自由教育”又从“自然的教育”变为“理智的教育”或“理智的训练”，区别于以掌握经验知识为主的“实质教育”。英国著名教育家纽曼：“自由教育从它自身看，就是智慧的培养，它的目标就是提高心智能力。这样说显然是明智的。”[②]

到了19世纪中叶，随着近代自然科学的发展，科学知识迅猛增加，从而导致了分工和专业的无限细化，人类已开始意识到在思想、理智和知识上都有日趋狭隘和陷入“专业主义”的可能。如何应对这种形势？那就是对学生实施广泛的文化修养的教育，而不是狭隘的“专业教育”。此时便出现了自由教育的变体，即“普通教育”或“通识教育”。这时的自由教育已把人的教育同自然与社会的各种因素

---

① 转引自涂艳国. 走向自由一教育与人的全面发展问题研究[M]. 武汉：华中师范大学出版社，1999：141.

② John Henry Newman. The Ideal of a University. 1982：80.

结合了起来，内容更为广泛与丰富。

到20世纪，随着科学的进步和科技的发展，人类对其自身、社会以及教育内在本质的认识不断深化，伴随着功利主义和实用主义的不断挑战，自由教育思想也不断发展和完善。自由教育乃是一种理智的训练，而这种训练将使人在新的问题出现时有能力解决他们，在新的情况出现时能够掌握它们，在新的需要出现时能够满足它们，并能改造环境，使它符合人类精神的抱负。

（二）自由教育与创新人才培养

通过以上对自由教育的内涵及特征的历史考察，我们发现自由教育是一个不断发展变化的概念，但“自由”、“民主”的精神贯穿于自由教育的始终，这就是统领整个自由教育思想的灵魂。

1. 自由是人类的本性，自由教育是发展学生个性的教育

首先，人天生热爱自由，向往自由，自由是人类的本性。因此，任何对自由的不合理限制都是违反人性的，从伦理角度上来讲都是不人道的。作为教育，既然其对象是人，教育是为了培养人、发展人，是为了人这个个体的利益，那么教育首先要尊重人，尊重人的自由天性，不能强迫人，不能违背人的意志而行事。自由教育作为一种充分尊重学生自由和尽可能减少外在控制或强迫的教育，体现了对人的本质天性的尊重。其次，尊重了人的自由，同时也尊重了人的个性，承认了人的个体差异。自由教育是以尊重学生的个别差异为前提的，反对标准化和均质化，因而能鼓励和帮助学生成为他自己。这恰恰是对那种按照所谓的某种标准来塑造、培养学生的看似正确实际是违背人性的理论的有力批判。再次，自由是尊重他人的自由，享受自己的自由的统一。自由教育尊重人的个性或个体独特性，提倡、发展人的个性。可以说，在自由教育中，学生才能真正地表现为一个人。文艺复兴以来，自由教育一个主要的目的就是反对外在的强制，主张给学生更多的自由，主张教育以人为本。自由主义教育，充分体现了人道主义精神和人本主义精神。

2. 自由与民主密不可分，民主性是创新教育的重要原则

首先，民主与专制或独裁相对立，如民主选举，政府保证公民的言论、集会、出版等自由，这是民主最基本的含义。其次，民主是一种公开讨论与自由交流、

批评的方法。民主和自由是不可分的，个人自由是民主的首要原则之一。民主就是每个人都参与共同的政治生活和社会生活，如果没有个人自由，如果每个人说什么、做什么都由别人规定，那就没有民主。民主，就是要创造一种社会条件，使每个人把自己的潜力发挥出来。发挥自己的积极性和创造性，这样社会作为整体的创造性才能发挥出来。

自由教育是一种民主教育，民主性原则将贯穿于整个自由教育之中。民主性原则更有利于创新教学活动的开展，有利于创新教学效果的提高。首先，在教育教学活动中，要营造民主的创新氛围，鼓励学生凭借理性和智慧的力量行事，学生具有表达思想、发表意见的平等的权利，学生都享有质疑权和被质疑权。其次，在教学活动过程中，教师与学生、学生与学生之间应该形成的一种民主、平等、合作的和谐关系。教师与学生、学生与学生之间的多向交流，不同观点的碰撞，才能磨擦出创新的火花。再次，自由教育培养的是民主的公民，专制教育培养的是专制的暴君和忠顺的奴隶。一个具有自由人格的人，才不去奴役别人，也不被别人奴役；一个民主的公民，才是民主社会的合格公民，才是人类文明的推动者。

3. 创新与自由成正比

美国是当代世界发明创造最多的国家。从美国的情况看，他们为创新提供的基本条件，一是向基础性研究进行巨额投资，这类研究主要由专业研究机构和大学承担；二是将应用型研究与产业紧密结合，主要由跨国公司和企业根据市场需要自行组织；三是广泛招揽各国杰出人才，充实科研队伍并丰富研究方法。实际上，美国最有利于创新的环境条件并不是资金，而是思想、言论的相对自由，这一点在民间研究领域体现得尤为明显。

美国政府财政部门，私人慈善机构如卡内基、福特、洛克菲勒基金会等，每年都为民间研究提供经费、设施、讨论场所和有关的旅行资金。资助对象包括兰德公司、研究分析公司、赫德森研究所、本迪克斯公司、阿瑟·特利尔公司，以及哈佛、耶鲁、麻省理工学院的研究机构等。这些民间研究机构不承担实际责任，不受官僚约束，研究人员有充分的行动与言论自由；他们处于体制之外，地位超脱，视野开阔，具有“旁观者清”的优势；他们没有捍卫、支持、适应官方政策的义务，容易激发出奔放的想象力，导致创造性的发挥。民间研究机构不承担繁琐的行政事务，可以给研究人员以充分的时间去深入冷静地思考问题，这十分有利于使研究成果更加深入和系统化。他们还鼓励学术争鸣，研究人员可以不受拘束地充分交流不同意见，各种不同的概念与观点激发了想象力，并且迫使那些持怀疑态度的人把自己不同意的道理想透，这对于借鉴吸收不同观点丰富完善自己的研究是相当重要的。

相比之下，美国官方的研究机构同许多国家的官方研究机构一样，组织层次繁多，束缚严格；官僚随意篡改或否定研究人员的成果；循规蹈矩的坐班和过多的行政工作量浪费时间、浪费精力，使人身心疲惫、智力迟钝；过多接触政府观点容易先入为主，扼杀想象力；从政为官的诱惑也使官方研究人员难以聚精会神地从事长期研究。条件优劣的最终影响是，官方研究机构的研究明显落后于民间研究机构，很多具有启发性、创造性的观点和方案都是出自民间研究机构之手。从两者的对比中，我们可以得出一个根本性认识：自由是发挥创造性的前提。

对于创新来说，没有什么环境因素比自由更加重要。自由乃创新之襁褓，没有了自由，创新就难以发育。甚至可以这样说，没有自由就不会有国家的强盛、人民的幸福和社会的进步。当然，自由是相对的，世上没有绝对的自由。对自由的限制有一个高限，有一个低限，高限是道德，低限是法律。在道德与法律的框架内，创新与自由成正比，而国家强盛、人民幸福和社会进步又与创新成正比。

（三）著名大学崇尚自由教育

世界著名大学都十分崇尚自由教育，如哈佛大学、耶鲁大学、斯坦福大学、牛津大学、剑桥大学、北京大学、清华大学等。

耶鲁大学几百年来孜孜以求的就是自由教育。在耶鲁大学众多校长的思想中可以看出他们对自由教育的推崇与重视。18 世纪中叶，托马斯 • 克莱普（Thomas Clap）任院长期间，坚持耶鲁是私立学校，并十分强调大学的自由，他采取一切可能的方式对地方政府的干涉进行抵制，直至诉诸法律。施密特德（Schmidt）校长认为：“我们热爱知识，认为它本身有价值；我们信奉自由的学术空气，认为它追求真理的基础。”[①]吉亚迈蒂（Giamatti）校长认为：“自由教育就是自由地探究

① 转引自：付军龙，温恒福，王守纪. 大学创新教育论[M]. 北京：教学科学出版社，2012:118.

思想，自由地表达思想，在探究真理的过程中将自己的思想与其他思想和精神进行联系的教育。”[①]在全球化浪潮蜂拥而来、高等教育面向社会开放办学的今天，耶鲁大学的自由教育理念显得既保守而特立独行，又难能可贵。在其300多年的发展历程中，虽然外界环境发生了天翻地覆的变革，耶鲁大学却始终如一、毫不动摇地坚守自己的办学理念，而不为外界的诱惑所动，这种执著的精神值得我们好好思考。

牛津大学也把自由教育作为自己重要的传统，英国教育家纽曼（Newman）是牛津大学办学理念“自由教育”的奠基人，他的教育代表作《大学的理想》对自由教育等问题作了比较系统而深入的论述，对英国的古典人文主义教育和高等教育产生了重要的影响。纽曼强调说：“从本质上来讲，自由教育仅仅是理智的训练，因此，它的目的不是别的，恰恰就是培养卓越的智力。”[②]长久以来，英国大学享有较高的自治权，它们从来不是政府的组织机构，而是学者自治的团体，政府只提供经费，政府不能加以干涉学校的内部事务。享有自治权的牛津大学把“自由”作为办学理念，强调学术自由，以培养知识面宽的博学家而不是某一领域的专门人才作为确定的教育内容，重视学术性的专业与课程，重视人文科学和基础理论研究。牛津大学鼓励学生独立思考、大胆质疑，重视批判性和创造性的思考能力。

北京大学的“思想自由、兼容并包”是蔡元培任北京大学校长时提出的办学方针，也是自由教育在中国的具体化。蔡元培以为大学的性质在于研究高深学问。大学是“囊括大典，网罗众家”的学府，应该广集人才，容纳各种学术和思想流派，让其互相争鸣，自由发展。墨守成规，抱残守阙，持一孔之见，守一家之言，实行思想专制，是不可能使学术得到发展的。他说：“对于学说，仿世界各大学通例，循“思想自由”原则，取兼容并包主义。”[③]他鼓励学生兼听不同学派的课，进行独立评判，并大力支持学生成立各种学会和研究会，培养学生自由思考和独

① A.Bartlett Giamatti.A Free and Ordered Space:the Real World of the University[M].New York:W.W.Norton&Company，1988:109-110.

② （英）约翰·亨利·纽曼. 高师宁等译. 大学的理念[M]. 贵州：贵州教育出版社，2003.

③ 蔡元培全集第3卷[M]. 杭州：浙江教育出版社，1997:576

立研究学术的能力。蔡元培的"兼容并包"办学方针，使一批具有新文化、新思想的代表人物进入北大，北大因此而成为中国思想活跃、学术兴盛的最高学府，"兼容并包"思想在接纳新文化、反对封建文化方面起到了积极作用。"学术自由、兼容并包"是北大的精神和灵魂之所在，北大一直都在变，唯有创新的精神、兼容并包的胸怀一直没有变。

三、重视通识教育课程

通识教育本身源于19世纪，当时有不少欧美学者有感于现代大学的学术分科太过于专门，知识被严重割裂，于是创造出通识教育，目的是培养学生能独立思考、且对不同的学科有所认识，以至能将不同的知识融会贯通，最终目的是培养出完全、完整的人。自从20世纪初，通识教育已广泛成为欧美大学的必修科目，我国大学关注通识教育课程源于20世纪80年代初期，加强通识教育是全世界高等教育发展的大趋势。

（一）通识教育的概念

通识教育是英文"General Education"的译名，也有学者把它译为"普通教育"、"一般教育"、"通才教育"等。自16世纪初美国博德学院（Bowdoin College）的帕卡德（Parkard）教授第一次将它与大学教育联系起来之后，有越来越多的人热衷于对它进行研究和讨论。

什么是通识教育？从性质看，通识教育是高等教育的组成部分，是所有大学生都应该接受的非专业性教育；从目的看，通识教育旨在培养积极参与社会生活的、有社会责任感的、全面发展的社会的人和国家的公民；从内容看，通识教育是一种广泛的、非专业性的、非功利性的基本知识、技能和态度的教育。因此，通识教育具有普遍性、共同性、基础性、广博性等特征。

通识教育课程在我国大学的关注源于20世纪80年代初期，高等教育过分专业化弊端逐渐显露，培养出来的人才综合素质较低，因此提出要进行"通才教育、文理渗透"。1995 年开始在部分高校进行了文化素质教育试点，如北京大学"文理双学位制"；清华大学成立了"人文社会科学学院"，并面向全校学生开设人文社会科学类课程；南京大学成立了人文艺术中心；浙江大学文科专业坚持从理科高中毕业生中招收，并且还鼓励理科的大学毕业生报考文科专业的研究生；华中理工大学的“文化素质教育模式”。1998 年，进入全面推广阶段，文化素质教育成为高等教育改革和研究的热点。

加强通识教育是高等教育发展的大趋势，大学既要重视学生的成才教育，更要重视学生的成人教育。通识教育是通过对构成人类知识体系的自然科学、社会科学和人文科学的学习，弥补或减少学生因专业学习可能带来的在知识、能力、思维和方法等方面的局限性，扩展学生视野、形成合理的知识结构与思维结构，利于学生全面发展。通识教育最能展现各校学生专门教育之外的才华和个性，一个大学的象征，经常来自通识教育。校风特色的形成，不是刻意去雕琢或模仿的，更不是短期内用行政要求或规范就能成功，应从通识教育上着眼，进行长远系统地规划。应从课程的规划与设置入手，在有限的学分内精心设计课程体系，形成以通识教育为基础、专业教育为主导、结构合理、体系完整的人才培养方案。同时加快校园文化、图书馆咨询服务、学生社团、新生研习等非正式课程和隐性课程的配套，不断提高大学生的文化品位。

（二）通识教育与创新人才培养

通识教育不单单是一种课程设置模式，它是一种教育思想、一种教育理念、一种教育境界，其目的是培养人的自由、和谐、全面发展。大学提出通识教育目标，就是要纠正高校普遍存在的过窄的专业教育、过弱的文化陶冶、过重的功利导向、过强的共性制约的弊病，是十分必要的。

长期以来，受苏联教育模式的影响，中国大学过分强化专业教育，忽视通识教育；强化如何做事的知识学习，忽视如何做人、如何生活的人格教育。大学教育的功利性太强，特别是市场经济条件下，大学教育目标纷纷向市场需求方向调整，过于看重人的工具性价值，而忽视人的主体性价值。这导致了许多负面的影响，如过弱的文化陶冶，使学生的人文素质和思想修养不够；过窄的专业教育，使学生的学术视野和专业领域受到局限；过重的功利导向，使学生的基础训练和全面发展受到影响；过强的共性制约，使学生的个性发展受到抑制。可以说，我们提出大学通识教育的目标，是对过去过分强调专业教育的反正，就是要让学生学会做人、学会学习、学会做事、学会生活、学会发展，做和谐发展全面发展的人。

随着人们对大学教育理念认识的深化，现在对“general education”的译法已经基本取得共识，认为通识教育比普通教育、一般教育更贴近其本意。顾名思义，通识教育的“通”，即通晓、明白；“识”即智慧、见识。通识教育是高等教育阶段的一种素质教育或普通教育，即对全体学生所进行的基础性的语言、历史、文化、科学知识的传授，个性品质的训练，公民意识的陶冶；用一种适应时代的文化内容来充实自己，扩大自己的知识范围，增强社会责任感和使命感，使生活的意义及价值变得丰富起来，从而使自己在专业教育中保持自由，在精神上不致成为受专业束缚的奴隶。

17 世纪以来，科学技术迅猛发展给人类生活带来空前的繁荣，但也给人们带来一种错误的认识，认为科学技术可以解决人类面对的一切问题。科学知识的教育成为整个教育活动的中心，因而让学生用最短的时间掌握最多的知识成为教育活动的追求，在这种教育活动中，人被当成了学习的机器和承载知识的工具。我国著名学者杨叔子曾指出：“我们的教育失去了人，忘记人有思想、有感情、有个性、有精神世界，就失去了一切。”“大学的主旋律应是‘育人’，而非‘制器’，是培养高级人才，而非制造高档器材。”[①]人是有感情的，有思维能力的，有精神的，教育活动如果不能引起学生感情的升华，不能激发学生的创新性思维，不能对学生进行个性的培育、精神的培养，只向学生灌输死的知识，只给学生一些死的教条，那么所培养出来的学生就不能成为完整的人。进行通识教育不只是让学生掌握更多的知识，而是要让学生获得更加全面和谐的发展。爱因斯坦曾说过：“我力求让自己拥有艺术家的素养，这样能充分激发我的想象力。”[②]

通识教育有利于多元文化整合，为大学文化创新奠定了理论和思维的基础。通识教育有利于促进大学文化均衡发展，弥补大学文化片面发展的不足。通识教育有利于国际文化交流，为大学文化创新创设了共同的语境。通识教育有利于形成人才的创新文化属性，为大学文化创新提供能力支撑。

---

① 杨叔子. 现代高等教育：绿色·科学·人文[J]. 高等教育研究，2002（8）.
② 张文青编译. 爱因斯坦箴言[M]. 北京：中国长安出版社，2010:120.

（三）美国大学的通识教育

从1636年哈佛大学创立至今，美国高等教育已具有370多年的历史。在这期间，美国高等教育经历了学习英国、法国和德国，直到最后形成自己的独特风格，成为世界上高等教育最发达的国家。在美国发达的高等教育体系中，通识教育尤其引人关注。

1. 美国通识教育发展历程

1642年，毕业于剑桥大学的哈佛第一任校长亨利·邓斯特（Henry Dunster）完全遵循英国牛津、剑桥等大学的惯例，把欧洲教育发展的三种倾向归结在一起：即中世纪的七艺，文艺复兴时期人文主义对希腊和拉丁古典作品的兴趣，以及体现宗教改革思想的宗教教育，设计了哈佛大学课程。1828年，针对许多大学开设自然科学、工艺、法律政治等实用性职业课程的趋势，以坚持正统博雅教育而著称的耶鲁大学发表了耶鲁报告，该报告驳斥实用的职业技术课程，坚持认为共同学科的深入广泛研习对学生形成良好的教养大有裨益，从而开启了第一次“通识教育运动”。

南北战争以后美国高等教育迅速发展，建立了以约翰·霍普金斯（Johns Hopkins）大学为代表的研究型大学，同时引入选修课。哈佛大学校长查理斯·艾略特（Charles Eliot）于1886年建立了自由选修课制度。1909年，哈佛法人团选聘劳威尔（Lowell）为校长，取消了艾略特的自由选修制度，建立主修和分类选修制度，开启了“第二次通识教育运动”。

谈到美国大学的现代通识教育，一定会谈到芝加哥大学校长哈钦斯（Hutchins）。哈钦斯于1929年入主芝加哥大学，他批判美国的高等教育已经完全走入歧途，充满了功利主义、实用主义、专业主义、唯科学主义、唯技术主义、唯市场取向的庸俗化方向。哈钦斯1936年发表的《高等教育在美国》，他一开头就指出，美国教育从中学到大学全都已经混乱之极，完全失去教育的自主方向，例如中学完全只为大学考试服务，却完全不顾当时大多数中学生并无机会继续上大学，同样，大学本科完全只为考研究院服务，却完全不顾大多数学生并不继续入读研究院；同时，各种以适应市场需要的新兴科系在大学内不断增生，导致大学日益成为就业培训所。[①]哈钦斯大声疾呼，大学这样下去将根本丧失“大学之道”，只能成为乱七八糟的大杂烩。哈钦斯强调，大学之道首先在于所有不同科系不同专业之间必须具有共同的精神文化基础，这就要求所有学生应该接受一种共同的教育，这就是他提出的通识教育主张。

1943 年哈佛大学校长康能（Connant）成立“自由社会中通识教育目标委员会”，历经两年研究，于 1945 年提出报告《哈佛通识教育红皮书》，即通识教育的圣经或哈佛《红皮书》。该书明确阐述通识教育的目标是培养学生的四种能力：有效思考的能力、沟通的能力、判断的能力、对价值的认知能力，并认为通识教育课程应包括三个领域：人文科学、社会科学、自然科学。

1971 年，哈佛大学校长德里克·博克（Derek Bok）任命极力主张对大学通识教育进行全面改革的亨利·罗索夫斯基（Hery Rosovsky）为哈佛文理学院院长，主持改革规划。经多年研讨，罗索夫斯基于 1978 年发表《哈佛大学核心课程报告》，把通识课程的领域确定为六大类：文学与艺术、科学与数学、历史研究、社会与哲学分析、外国语和文化、道德思考。哈佛大学的核心课程是美国大学本科教育课程的典型代表。

2006 年 10 月，哈佛大学出台了《通识教育工作小组初步报告》，强调国际化的时代背景，重视通识教育的生活化。倡导的通识教育目标有四个：其一，通识教育应使学生成为全球社会民主制度下的公民；其二，通识教育应教会学生理解自己是传统艺术、思想和价值观的产物和参与者；其三，通识教育应使学生学会适应变化；其四，通识教育应使学生对自身语言行为在道德方面的理解得以发展。

2. 美国通识教育课程实施情况

美国大学大体上实行四种校历制度[②]：学期制（每学年分两个学期和三个学期 2 种）、学季制（每学年分四个学季）、校历制（每学年分 4-1-4，即二个长学期，一个短学期；长学期为四个月，短学期为一个月）。学期制和学季制的通识课程占毕业总学分比例为 34%～35%。在通识课程的科目中，各校所提供的数量不一，最少为 25 门，最多将近 600 门，以 160 门占多数。可以看出，美国通识教育课程

① 甘阳. 哈钦斯的大学理念与芝大转型[J]. 现代教育科学，2006（3）.
② 王恩铭编著. 美国名校风采[M]. 上海：上海外语教育出版社，2000:11.

琳琅满目，各异其趣。就通识课程的必修与选修比例而言，以必修占 36%、选修占 64%最为普遍。学生修读通识课程的时间，以大一最多，占 100%；大二修读的占 93%；24%的学生在大三、大四仍修读通识科目。美国大学通识课程科目大多包含人文及社会科学、英文与写作、自然科学和文化研究。哈佛大学通识课程 32 门，其中必修课程 12 门。耶鲁大学通识课程 36 门，其中必修课程 16 门。

四、跨学科教育

跨学科又称交叉学科，多学科，综合学科或复杂性学科。跨学科性的研究是近来科学界讨论的热点之一。跨学科的目的主要在于通过超越以往分门别类的研究方式，实现对问题的整合性研究。目前国际上比较有前景的新兴学科大多具有跨学科性质。有跨学科研究就必然有相应的跨学科教育，跨学科教育是创新人才培养的重要途径。

（一）跨学科研究概述

人类进行跨学科性的研究已有较长历史，但真正称得上跨学科的，还是在近代有了分门别类的学科建制后才逐渐成形的。例如：法国数学家笛卡儿（Descartes）将代数学与几何学交叉而发明的解析几何，它不仅一改两千年来这两门学科彼此分离的局面，而且为微积分的发明创造了条件。又如：中、西医都经历了长期发展，中医立足于人体的整体辩证论治，而西医着重于病变部位的微观研究，两者相互渗透与结合，创新出中西医结合的体系。临床证明，不少疾病采用中西医结合的治疗效果比单一治疗为好。几乎可以说，现实中的一切重大课题不通过跨学科研究都是不可能完成的。譬如，寻找 SARS 病毒和禽流感的病源，对艾滋病的有效防治，人类基因组测序、航天探索、印度洋海啸灾难的救治研究等，都不是任何一门学科或技术甚至一地一国所能承担的，而这些问题之间有时又是相互联系着的，从而必须综合多学科多方面社会力量开展集成性的研究。这种学科的多对象化和对象的多学科化趋势，必然导致跨学科研究成为必然，使人类的研究范围从以往的无学科阶段、学科研究为主导阶段、学科间交叉渗透阶段进而发展到跨学科整合研究阶段。

跨学科研究根据视角的不同可概要地分为方法交叉、理论借鉴、问题拉动、文化交融四个大的层次。其中，方法交叉又有方法比较、移植、辐射、聚合等，这些通常发生在各学科之间，其中每一方面和环节都包含着非常丰富细致的内容。理论借鉴主要指知识层次的互动，通常表现为新兴学科向已经成熟学科的求借和靠近，或成熟学科向新兴学科的渗透与扩张。问题拉动是以较大的问题为中心所展开的多元综合过程，有纯粹为研究客观现象而实现的多领域综合，也有探讨重大理论问题而实现的多学科综合，更有为解决重大现实疑难而实现的各个方面的综合。

跨学科研究是对单一学科研究的挑战与革命，是人类认识自然、改造自然的实质性突破。这是科学发展与技术进步的必然趋势，必将对未来科学与技术产生深远的影响。

（二）跨学科教育与创新人才培养

1. 跨学科教育有助于优化学生的知识结构

知识是形成创造力的基础，没有知识的积累就不可能在广阔的领域中思考问题，也就不可能进行创造性思维活动。拔尖创新人才的显著特征就是具有扎实的理论功底和合理的知识结构，同时也要求多学科的综合性知识，单一学科的知识结构已经难以解决日益复杂的科技和实践难题，而只有具备多学科的相关知识并具有整合、分析、重建知识结构的能力，才谈得上创新。

跨学科教育就是通过不同学科的知识相互融合、相互渗透、相互作用，形成某一新兴学科或以解决某一问题为中心的知识体系，有利于培养学生具有多学科的知识背景，克服原有知识的狭隘性、单一性，建构具有相对整体性、综合性、交叉性的知识结构，从而促使学生挖掘发展潜能，提升综合素质和创新能力。

实际上，自20世纪80年代以来，在世界高等教育改革实践中，不少国家都实行了不同学科分段培养或不同学科课程交叉配合的改革，改变过去单纯以科目为本位或以经验为本位的专业模式和课程模式，强调知识体系的集约化和结构化，加强课程内容的综合性、整体性和探究性，使学生的知识结构由“深井型”转变为厚基础、宽口径的“金字塔型”。

2. 跨学科教育有助于培养学生的创新能力

20世纪以来，科学技术的发展越来越呈现出多学科相互交叉、相互渗透以及系统化、整体化的趋势。学科交叉已经成为当代科学发展的时代特征，现有的单一学科培养模式已经不能满足创新教育的需要。构建交叉学科的培养环境与机制，实施跨学科教育，造就未来能够解决综合性社会问题的复合型创新人才，已经成为教育界的共识，也是我国创新教育的必然选择。

没有创造性思维能力就不能产生创新。学生创新能力培养的关键就是创造性思维能力的不断提高和科学研究方法的不断创新。跨学科研究就是不同学科背景的研究人员利用学科之间相关性、相融性、互补性，使不同学科知识相互结合，在多学科的融合、互动和多向交流中共同推动知识创新的过程。跨学科教育有助于培养学生形成交叉思维能力，这是创造性思维能力的重要组成部分。同时，通过引导学生从事跨学科研究，可以使学生摆脱固定的单一学科思维模式的束缚，吸收其他学科思维方式的营养，将两种或多种学科的特定思维模式有机地融合，产生具有新思想的思维活动，进而实现思维方式的创新。跨学科教育不仅可以使学生掌握相关学科领域的原理和方法，还可以改进和完善传统科技创新方法，推动创新人才的培养。

（三）美国大学的跨学科教育

跨学科教育是培养创新性人才的重要途径，美国大学十分重视跨学科教育，许多大学都设立跨学科专业、跨学科课程模块的跨学科课程。美国马里兰大学从1996年开始设置的6门课程为：尼罗河、创造力、血统、通信、世界变革、中国美国。

美国斯坦福大学非常重视跨学科教育，打破学科之间障碍，进行跨学科和交叉学科教育的创新，实现“优异与广博”的结合。斯坦福大学的工程师培养计划充分体现了“优异和广博”的办学理念，强调工程师必须在语言、社会科学、书写以及技术方面接受广泛的教育，工程师的事业必须超越专业而及整个社会的需要。斯坦福大学各个院系都能站在学科的前沿，从一个更广阔的视角审视学科的发展。法学院院长认为法学教授的研究已经超越了传统的专业界限，他一针见血地指出，你若不懂经济学，你就不可能懂反托拉斯法，你若不懂政治制度，你就不可能懂行政法，你若不懂历史，你就不可能懂宪法。斯坦福大学的医学教授与其他学科的教授密切合作，催生了许多跨学科的研究项目。斯坦福大学的跨学科发展还体现在聘任制度方面，要求教育学科所有的聘任决定都要与另一个学科领域一道做出，这促进了教育学科与其他学科的交叉融合。由于斯坦福大学在跨学科方面的大胆创新，使学校跻身于世界一流之列。

加州理工学院是美国的一所久负盛名的大学，创建于1891年，是世界顶尖的理工类学府。这所学校规模不算大，只有1000余名研究生和900余名本科生，然而在2011年世界大学排名中位列全球第1位，在物理、行星科学、地理学领域公认为世界第一。学校只有学科交叉的六大学系：生物学、化学及化学工程系、工程与应用科学、地质学及行星学、人类学和社会科学、物理数学和天文学，各系均出类拔萃。加州理工学院主张科学研究应该打破并超越旧的学科界限，非常重视基础学科建设和学科之间的交流，化学家定期参加物理研讨会，物理学家通过观察宇宙来检验化学演化的理论，天文学家和物理学家、化学家一起破解星球的奥秘。著名物理学家爱因斯坦（Einstein）、费曼（Feynman）、密立根（Millikan）、盖尔曼（Geli-Mann），著名的天文学家哈雷（Halle）、遗传学的鼻祖摩尔根（Morgan）、火箭专家冯·卡门（Von Karman）都曾执教于此。中国导弹专家钱学森、中国力学之父钱伟长都毕业于加州理工学院。

五、教学与科研相结合

教学与科研相结合，是高校培养创新人才的重要途征。一方面，教学为科研明确了方向，提出了问题，也成为科研成果交流和讨论的平台；另一方面，科研则是教学的基础，如果教师没有扎实的科研功底和深厚的科研底蕴，教学内容没有来自长期科研工作所形成的科研成果作支撑，教学的质量是无法保证的，创新人才培养就无从谈起。

（一）科研职能在大学中的演变

关于教学与科研之间的关系这一问题，理论上历来存在争议。在实践中，也存在着重科研忽视教学，或者重教学忽视科研问题。

英国教育家纽曼（Newman）在其《大学的理想》一书中明言大学不应该进行科学研究，纽曼反对把“通过研究推进知识“和“通过教学推广知识”结合起来，纽曼在序言中有过经典论述：“发现和教学是不同的功能；是不同的才能，很少并存于同一个人身上。终日把时间花费在向前来者传授自己现有知识的人，是不太可能有闲暇与精力去获取新知识的。人类的常识把对于真理的追求和隐居与宁静联系起来。最伟大的思想家一向专注于研究专题而容不得任何打扰；他们往往神游天外，我行我素，或多或少地躲避教室和公共学校。”[①]

现代研究型大学兴起于19世纪初的德国，在此之前，大学是储存和传播既有知识的场所，而不是创造新知识的基地。柏林大学创办于1810年，德国著名教育改革家洪堡（Humboldt）认为大学兼有知识传授与知识创新双重功能，教学与科研结合成为新型的大学模式。此后，洪堡的“研究教学合一”理念传递至欧、美各地，也成为许多大学仿效的对象。19世纪二、三十年代开始，大学里的研究取得独立地位，它的意义与洪堡的本意已经相差甚远。19世纪中叶开始，教学与科研的矛盾开始显现，到末期矛盾已经相当尖锐。19世纪70年代美国创立研究生教育，使得教学与科研在更广阔的大学教育的背景下重新得到统一。二战使得大学科学研究有了一个新的转折点，大学通过科研与政府开展合作的观念为越来越多的人接受。20世纪最后的三、四十年里，随着大学科研越来越受到重视，教学与科研的矛盾再一次激化，在大部分国家的大学里，教学不再受到教师的重视，科研成为教师获得地位、荣誉的有效途径。

从大学的功能来说，大学必须有科研，才是具有活力的大学，它可以发展知识，而且对创新性人才的培养也起到直接或间接的作用，所以，大学兼有教学与科研活动是必要的。从活动的主体来说，大学教师是教学和科研的活动主体，教师的精力与时间是有限的，当过分强调科研时，势必会影响大学的教学质量，所以，从活动主体看，大学教学与科研是相互制约、相互矛盾的，合理安排教学与科研是十分必要的。从大学层次、结构来说，层次越高，研究的比重越大，越是以从事高级教育为主的大学，研究的能力越强，承担的研究任务就越重；从大学的专业结构来说，教学引发科研，科研成果能丰富教学内容，但是，教学内容与科研内容并非一一对应，教学与科研完全统一只是一种理想，二者的协调也应视大学的情况而定。

① （美）帕利坎著. 大学理念重审：与纽曼对话[M]. 杨德友译. 北京：北京大学出版社，2008:84-85.

（二）科研与创新人才培养

1. 科研与创新的关系

科学研究一般是指利用科研手段和装备，为了认识客观事物的内在本质和运动规律而进行的调查研究、实验、试制等一系列的活动。科学研究的基本任务就是探索、认识未知。科学研究通常划分为基础研究、应用研究、开发研究三大类型，是整个科学研究系统三个互相联系的环节，它们在一个国家、一个专业领域的科学研究体系中协调一致地发展。科学研究应具备一定的条件，如需有一支合理的科技队伍，必要的科研经费，完善的科研技术装备，以及科技试验场所等。

科学研究不是以改造世界为直接目的，科学研究的直接目的是认识世界。它要求认识和掌握研究对象的新特点和新规律，发现新对象和新领域，科学研究过程终了的时侯，不是要求重复已有的理论，而是要求提供新信息、新知识、新理论，将现有的理论和知识推向前进，丰富和发展现有的知识理论宝库。

"科学研究"与"创新"是不同的概念，只有当科研成果（新理论、新技术、发明创造等）产生一定价值（经济价值、社会价值等）后，才谈得上是创新。当然，使科研成果产生价值并不是一件容易的事，可能比科研成果的获得更难。科学研究追求的是"新"，而"新"是创新的必要条件。因此，科研与创新的关系是：科研是创新的基础，科学研究的本质是创新，创新是科学研究的真谛。

2. 科研与创新人才培养

高校对本科生能力的培养是多方面的，科研能力的培养是其重要的组成部分，科研的本质是创新，科研能力的培养就是创新能力的培养。当前，随着知识经济和全球一体化的快速发展，高校加强本科生的科研能力培养工作既是时代提出的任务，也是高等教育改革的内在逻辑要求和本质需要，更是培养创新人才的客观要求。

原中国教育学会会长、北京师范大学顾明远教授认为：教学和科研是大学的两大支柱，是大学永远追求的两大理想，大学就是教学和科研的存在物，两者在大学里互相依存，互相促进。创新是学科发展的动力，是人才成长的摇篮。世界级的一流大学无不都是研究型大学，牛津大学、剑桥大学、哈佛大学、耶鲁大学莫不如此。所谓研究型，即重学术研究决不轻于教学，提倡教研相长，以教学激发科学研究，以科学研究提高教学。

哈佛大学非常重视教师的科研能力，教师的任务不仅仅是知识的传授，还应该担负起生产新知识并把新知识传授给学生的任务。没有参与知识创造和发现过程的人是不能信任大学教学的，只有真正的研究者才能做好教师。总之，能达到培养创新人才的教学一定是建立在科学研究的基础上。

牛津大学非常重视教学与科研的结合，教授也就是研究员。每学期牛津大学都要求教师通过多种形式汇报自己的科研成果。教师要通过大量的科学研究为学科内容增添新的理论与方法。教师只有在系统掌握、熟练运用本学科的基本知识、基本理论及相应的方法技术基础上，亲自进行科学研究，站在学科领域的最前沿，才能不断获取新的知识，提出新的理论和科学思想，促进学科的发展，最终使得牛津大学的人才培养获得高质量的成效。

随着知识经济时代的来临和经济全球一体化的趋势越来越明显，增加高校本科生科研活动的比重，提高其科研能力就显得尤为重要。从提高本科生科研能力角度看，通过实际的科研活动，学生可以学会查阅资料，掌握科学研究的基本方法和相应的技能，增加科学实践的经验，为学生学业的完成和今后的科学研究奠定了坚实的基础。从高校培养目标角度看，通过吸引本科生参与科学研究，学校在完成科研任务并取得高水平研究成果的同时，能够有利于全面推进素质教育，有助于实现其培养目标中创新素质的培养。从教学相长的角度看，通过吸引本科生参与科学研究，教师可以发现学生在基础理论、专业知识及相关技能方面的不足，从而为基础课和专业课教学改革提供参考。

（三）本科生参与科研

加强本科生的科研能力培养工作是知识经济时代培养创新人才提出的要求，新形势下如何激发本科生的科研意识和培养学生的科研能力，应当引起高校、尤其是研究型大学的高度重视。

1. 世界著名大学本科生参与科研情况

1998 年，美国研究型大学本科生教育委员会在《重建本科生教育；美国研究型大学发展蓝图》报告中提出 10 条改革本科生教育的建议，其中第一条就是“以研究为本”，强调教育转变到重视学生科研能力上。学生大一尽可能多地在科研项目中参与科研活动。为了确保本科生科研的顺利开展，美国大学一般都把本科生科研纳入课程计划，并鼓励学生参加科研项目。

哈佛大学十分注重学生的科研能力，本科生既可以跟随老师，加入教师的研究小组，担任教师的助理，又可以自己提出项目方案或独自承担校方提供出学生的科研项目。

麻省理工学院为了加强本科生科研，提出教学、科研与校园社区相结合的原则，重新评估和更新本科教学计划，删除和压缩不重要的材料。为了实现所有本科生都参与研究，在教师聘任和晋升过程中，把参加大学生研究机会计划和新生研究指导等项目看作教学任务的一部分，要求各系鼓励教师积极参与这些活动。

加州大学伯克利分校本科生科研是教学计划的一部分，学生可以通过“指导下的小组研究”、“指导下的独立研究”、“实地研究”、“四年级论文”、“荣誉毕业四年级论文”等研究性课程，获得20以上学分，占总学分的20%以上。

加州理工学院仅有2100多名学生，但平均每一千个毕业学生中就有一个诺贝尔奖得主，比例为世界大学之冠，这主要得益于加州理工学院特别重视学生的科研能力，提倡包括本科层次在内的所有层次从事创新的研究。该校认为：培养具有创新能力的科学家和工程师的任务，是通过在研究气氛中实施教育来实现的。加州理工学院有一个“大学生研究奖学金计划”，为本科生提供从事科研的机会。

巴黎高等师范学院在校生只有900多人，但专职教师及研究人员近500人，由于学校采用精英教育，学生人数少，并且实行导师制，使学生能够获得接触最杰出研究人员和参加科学技术前沿研究的机会，使巴黎高等师范学院成为诺贝尔奖单产最高的大学。

2. 我国高校本科生参与科研活动情况

近年来，我国高校本科生参与科研活动的工作已经在一定程度和范围内引起了重视，例如参与科研的气氛日趋浓厚，但从教学改革和教学模式方面来说，并没有发生根本的、质的转变。由于受传统教育方式和高校现实条件的限制，高校本科生参加科研活动的形势并不乐观，主要存在问题是：由于中国高校扩招后，有的学校师生比高达1:40，超过合理比例两三倍，出现了几百个学生同时上课、几十个人一起做实验等场面。中国高等教育以令人吃惊的速度进入了大众化阶段的同时，许多高校因盲目扩张而患上了“消化不良症”，主要表现在：

（1）参与科研的学生比例少。由于缺乏足够的鼓励性政策和现实条件的限制，学校多把科研的重点放在研究生层次上，本科生的科研就是几周的毕业论文和毕业设计，没有把本科生科研的纳入正常的教学计划中。

（2）科研活动往往具有自发性和盲目性。由于缺乏管理体制上的保障，本科生的科研活动往往具有浓厚的自发性与盲目性，科研方向和目标不明确，缺乏统一规划和系统性的训练、培养。

（3）科研经费短缺。中国高校教学科研经费短缺是不争的事实，相当一部分教师也处于无经费搞科研的状态，更别提学校拨付专款提供给本科生从事科研活动了，经费问题仍然是限制高校科研上档次、上水平的制约因素。

（4）科研条件不足。各高校适应国家大众化教育的形势，几年来的连续扩招使在校学生人数急剧上升，科研条件也随之急剧紧张，实验室建设投入资金严重不足，维持常规的教学实验支出已经相当困难，所以实验室很少对搞科研的本科生开放。

中国高校加强本科生科技创新能力的培养工作，必须投入大量的人力和物力，需要严格的管理和积极引导，只有得到学校领导从科研政策、教学、设备和经费的支持，本科生的科研活动才会有深度有广度。同时必须注意建立本科生科研管理新机制，包括制定对本科生参与科研的鼓励性政策，建立对本科生学术成果进行表彰的激励机制，出台对本科生初步的科研经历如毕业论文和毕业设计的指导考核政策，出台本科生科研导师制以及本科生科研申报立项制度等，从而营造出本科生广泛参与科学研究的学术氛围。

中国高校应该学一学欧美的“少而精”办学。法国巴黎高师只有900多名学生，美国加州理工学院只有2000多名学生，这两所学校的师生比接近1:2，从而使学生在本科阶段就能参与科研，享受到研究生的待遇，这两所世界著名高校已有40多位诺贝尔奖获得者。

六、产学研合作

产学研合作是指企业、科研院所和高校之间的合作，通常指以企业为技术需求方，与以科研院所或高校为技术供给方之间的合作，其实质是促进技术创新所需各种生产要素的有效组合。产学研合作是高校培养创新型人才的重要途径。随着高校功能从人才培养、科学研究到社会服务的延伸，高等教育、科技、经济一体化的趋势越来越强。尤其是在知识经济社会中，大学将被推向社会发展的中心，成为社会经济发展的重要动力。以信息技术为标志的第三次科技革命对产学研合作起到了推波助澜的作用，其中，美国斯坦福大学创造了“硅谷”的经济奇迹，使产学研合作在高新技术飞速发展的当今世界，成为推动经济和整个社会发展的一种最强劲的动力。

（一）产学研与创新

1. 产学研与技术创新

众所周知，技术创新的实质就是科技成果产业化，产学研合作是技术创新的主要模式。近年来，企业联合高校及专业研究机构一同从事产品研究与开发的产学研合作形式已在全国急速展开，对于这种产学研合作间所能产生的互补优越性及振兴区域经济发展和社会意义是无可质疑的。

人们知道以教学为中心、育人为本的大学是传授知识与研究学问的场所。尽管高校具备教学与科研的两个基本功能，但在过去，由于高校对人才的评价标准一般出自论文的数量。因此，高校中的研究方向更热心于个人兴趣或边缘学问上，结果多数研究成果远离企业与社会的需求。从 20 世纪 80 年代开始，高校的研究方向也逐渐发生了变化，其原因在于随着近代经济高速发展的同时，市场竞争也日趋显得激烈，对此，社会与企业对高校研究成果是否可以进行产业性转化也充满期待，产学研的必要性和社会意义也被人们所关注。

产学研合作是推动我国科技进步与自主创新的重要手段和必由途径，在自主创新战略中发挥着重要的作用。首先，有效调动各种创新资源，增强国家创新能力。加强产学研之间的相互作用，促使整体协同进步。学研机构在发挥教学、科研的同时，要强调直接为经济服务的功能。比如，美国科学基金会于 1971 年开始，陆续制定了“大学工业合作研究计划”、“工程研究中心计划”等 7 个产学研合作计划，有效调动各方资源，增强了国家创新能力。其次，可以解决研发与市场需求脱节的问题。计划经济体制下相互分离的产学研形成了各自的价值观和业绩评价标准，造成研发成果产业化困难，即一方面，高校、科研机构因缺乏技术开发资金和中试条件，致使部分成果转化困难，停留在样品、展品、论文阶段；另一方面，企业的科技问题难以解决，学、研的科研工作与市场脱节。加强产学研合作，可以在研发起始阶段就展开合作，在研发中落实以企业为主的合作模式，这样就可以有效规避研发与市场需求脱节的问题。再次，可以解决中小企业创新能力不足的问题。科技型中小企业是孕育大企业的摇篮。据统计，中小企业是我国企业创新活动的重要生力军。但是，中小企业由于自身资金有限，研发投入和技术人才规模均处于劣势，同时，承担研发周期长的科技项目的能力较差，因此，在研发活动中需要高校、科研院所的大力协作。

2. *产学研合作的模式*

从实践的角度来看，我国现有的产学研合作模式中基本已囊括了国外发达国家较为成功的合作模式，主要有以下四种模式：

（1）科技园区模式。以著名的研究型高校为依托，利用高校的科研与人才优势，发挥高新技术的辐射作用。通过在园区内设立创业服务中心，一方面扶持高校创办各种高技术开发公司，加快高校科研成果向产品的转化过程；另一方面鼓励企业对那些有应用前景并能在较短时间内开发出高技术产品的科研项目进行研究。复旦科技园是科技园区模式的典型。

（2）联合实验中心模式。高校、科研院所与企业合作设立科研开发机构、工程研究中心等相对独立的研发机构，其主要任务是向产业界输送技术，并通过同企业的联合开发、实验，使技术和产品迅速转化为商品和生产力。例如：华东理工大学生物工程学院与山东鲁南制药有限公司合作建立的联合研究所。

（3）企业附属研究院模式。指企业根据自身的需要在内部成立的附属研究院，是产学研联合的一种特殊形式。例如：上海广电集团中央研究院。

（4）项目联合模式。是指高校、科研院所承担大中型企业工程项目，从技术创新、设备改造、难题攻关等角度进行的产学研合作，这是目前我国产学研合作的一种常见形式。例如：中通客车与清华大学、北京理工大学、武汉理工大学合作的混合动力公交车项目。

产学研合作，按合作主体的关系来看，又可以分为以下四种模式：

（1）校内产学研合作模式。高校为促进教学与科研结合，促进科研成果转化为生产力，筹措教育经费，利用校内自身的有形资产和无形资产，利用自己研究出的科技成果和人才优势，创办自主经营、自负盈亏的经济实体，并将经营实体与教学实习基地合二为一，以达到人才培养、科研发展与经营效益并举的目的。该模式的优势在于，便于学校统一有效地管理和规划，能更好更快地把学校的科技成果转化为产品，能快速地获得收益，为学校创造新的就业岗位。但该模式由于学校既是企业的创办者，又是企业的经营者，因而自己的优势不在商品的生产与经营，而是人才、科研与技术，把精力花在经营上，就势必偏离教学与科研的中心。

（2）双向联合体合作模式。高校的主要任务是培养人才，市场化的经营与生产不是高校的优势，学校市场开发能力弱，校内企业资产薄弱。在这种情况下，高校的产学研有必要与校外企业结合。通过与高校合作，校外企业获得了人才、成果与技术的有力支撑，提高了企业开发新产品的能力，促进了企业的不断发展。该模式的特点是优势互补，主要侧重于一次性操作，技术转让、项目转让、服务咨询、人员培训是其主要形式，项目转让完成，合作终止，学校无须再投资，不承担什么风险。然而，这种合作模式由于是限于直接利益双方，因行业差异导致各自不同的出发点，经费与政策上等的分歧难以调和，致使合作成功率不高。

（3）多向联合体合作模式。市场是有风险的，谁都想把风险化解到最低程度。有的成果特别是大型项目，尽管有市场，因投资大，是双方合作无法解决的，于是就出现以三主体为主要形式的多向合作模式。三向包括：技术成果方（高校）、出资方（金融机构或个体资本投资者）与生产经营方（企业）。其特点是：合作紧凑规范，风险低，合作期限长潜力大，收益明显。由于投资需求大，出资方非常谨慎，合作前期的谈判颇费周折，有的技术成果方涉及多所高校，几方同样存在着权益与利益的问题，故成功率较低。该模式追求的是规模效益，大市场。

（4）中介协调型合作模式。由于前几种合作主体都是直接利益方，在合作的整个过程中，有的分歧难以消除，如技术成果的成熟度问题、资金投入是否到位、产品开发与市场进入是否有效、权益与利益的拥有与分配标准等。另外，经常因为信息交流渠道不畅导致校方成果价值与企业方的市场机会流失。于是，近年来出现了以中介机构为纽带的合作模式。中介机构有政府的生产力促进中心、高校产业推广服务中心、社会科技推广服务机构以及一些媒体附属的科技成果传播机构等。其特点是：广泛收集产学研合作的供需信息，多形式传播信息，主动牵线搭桥，以中介人的身份协调各方分歧，并提供某种形式的担保，负责信息真实性的调查与利益分割等，可潜意识地降低供需多方的风险程度，促进合作成功。

（二）产学研与创新人才培养

产学研就是企业、高校、科研院所合作进行的将科技成果转化的为产业的创新活动。毫无疑问，产学研是提升高校自身创新能力的重要途径。高校要培养好创新人才，首先高校自身的创新能力要提高，即教师自身的创新能力要提高。试想：高校教师自身的创新能力很低，培养出来的学生不可能创新能力很强。

1. 产学研可提升大学高层次创新人才的培养能力

市场经济大潮和政府的强力推动为企业技术创新创造了良好的环境，企业自主创新迫切需要高层次人才，强烈呼唤高校研究生的参与。北京大学、清华大学、浙江大学、上海交大等中国著名研究型大学，在校生均达到3～5万名，研究生和本科生比例超过1:1。这样一支庞大的、不断流动的高层次人才队伍，是企业所渴望的一支创新生力军。推动研究生参与产学研合作，不仅是培育企业自主创新能力的紧迫需要，是增强企业人才队伍建设的紧迫需要，也是提升企业国际竞争力的紧迫需要。

充分利用社会资源增加对高层次创新人才培养的投入，实现大学和社会更好的结合，这始终是大学探索的课题。把研究生培养放到教育、科技、经济相结合的大循环中考虑，把产学研结合作为研究生培养的一个切入点。把高层次人才联合培养作为推进产学研结合的一个有效载体，推动研究生走出象牙塔，进入到企业创新的主战场，在研究生培养中努力融合社会的资源。在校的研究生思维活跃，具有很强的创新潜力，让他们在最富有创造力的年龄阶段进行面向市场的最高创新的实践，将有效提高他们的综合素质、实践能力和解决问题的能力。同时，研究生直接面对丰富多样的实践需求，参与自主创新活动，用学到的理论学以致用，推动了大学教育对接国家发展战略，提高了教育的整体效益。

上海交大在产学研结合，培养高层次创新人才方面有选择地做了一些积极的探索，得到了社会的关注和好评，从而走出一条学校、企业和社会共赢的新路。[①]

（1）引进行业界著名专家。上海交大聘请了上百位兼职博士生导师，其中有30多位是院士。这些专家的研究领域遍及航天、船海、汽车、电力、信息、材料、能源、生物、医药等各个行业。他们把各行业研究的前沿问题、影响行业发展的关键技术难题以及国民经济发展迫切需求的科研项目直接带进学校，使研究生能近距离地接触技术前沿，参与到国家重大科研项目之中，极大地拓宽了学生的眼界。

（2）把研究生输送到企业基地培养。上海交大与宝钢、上海电气、上汽股份等签订了联合培养研究生的协议，陆续选派研究生到这些企业进行学习研究。这些研究生在课程学习结束后就被输送到宝钢等企业的研究生基地进行培养，把企业导师作为主导师，学校导师作为副导师，从事的课题和论文也都是企业急需解决的最关键技术问题。这些研究生在企业学习研究期间，不仅直接受到企业独特的企业文化熏陶，适应了企业团队式从事研究的工作方式，增进了团队协作的意识和精神，而且在企业研发的实践中，真正学会运用前沿性的理论研究成果来解决企业生产实践中的难题。

（3）在“群－群”对接中培养高层次创新人才。过去，高校和企业的合作大多以“点对点”的方式进行，难以发挥群体优势和产生重大成果。上海交大打破院系行政壁垒，组织精兵强将，整合师资和研究生资源，组建具有核心竞争优势的学科群，对接上海支柱行业的产业群。例如，上海交大分别和上汽股份、上海电气、上海华普、沪东造船等共同申请承担了“引逼”工程项目。同时，以此作为相关学科研究生培养的平台和载体，努力让学生参与对产业核心竞争力具有牵“牛鼻子”的科技创新。

（4）与企业共建创新平台。上海交大不仅重点建设船舶与海洋工程、系统生物医学、新能源、空天科学与技术等十多个学科交叉的重大科技创新平台，还和企业共建创新平台。例如，核电和燃气轮机是国家中长期电力发展规划的重要方向，也是上海先进制造业近期急需发展的两大重点，上海交大和上海电气集团以

① 参见上海交通大学党委书记马德秀.产学研结合培养高层次创新人才[R].上海交通大学研究生院网-创新计划: http://www.gs.sjtu.edu.cn/ige/igeShow.ahtml?id=292.

核电和燃气轮机为突破口，联合建设了两个工程研究中心，并签订了18个科研项目，已有一大批研究生在导师的带领下进入了本领域的科研实践。

（5）在国际化合作中开拓产学研结合培养人才的新途径。上海交大除了对接国家经济发展中的一些支柱产业外，还充分利用全球的科技资源，形成开放式自主创新体系。上海交大目前已和世界知名的跨国公司一起开展产学研结合，培养高层次创新人才。例如，和微软亚洲研究院、英特尔、西门子、通用电气、通用汽车、福特等跨国公司的研发机构进行合作，为高层次创新人才培养开拓了国际产学研结合的新途径。

2. *产学研是高职院校培养创新型高技能人才的重要途径*

原教育部部长周济指出“产学研结合是发展高等职业教育的必由之路”，“高职教育要走以就业为导向，产学研结合，大力培养高素质的技能型、应用型人才的发展之路。”[①]

在职业教育产学研人才培养方面，国外经过多年实践，创建了符合自己国情的模式，最有名的是德国的“双元制”。所谓双元，是指职业培训要求参加培训的人员必须经过两个场所的培训，一元是指职业学校，另一元是企业。“双元制”职业教育是战后德国经济腾飞的秘密武器，它所解决的问题是普通高等教育无法解决的。它不同于一般的大学教育，大学教育重视理论学习，是学科体系，而双元制职业教育更加具有针对性，重视学生的实践能力。“双元制”是由企业和相应的职业技术学校共同完成的职业教育。在“双元制”教学中，学生分别在企业和学校接受教育。30%～40%的课程在企业中进行，60%～70%的课程在学校进行。在不同的教学地点，教学形式与内容就有所不同。

我国目前的高等职业教育基本上仿效德国“双元制”的校企合作模式，是一种以市场和社会需求为导向的运行机制，学校和企业双方共同参与人才培养过程，它以学生的全面素质、综合能力和就业竞争力为重点，利用学校和企业两种不同的教育环境和教育资源，采用课堂教学与学生参加企业实际工作（顶岗实习）的有机结合，来培养适合不同用人单位需求的应用型人才。目前产学研合作在职业

① 周济在第一次全国高等职业教育产学研结合经验交流会上的讲话：产学研结合是高等职业教育发展的必由之路，2002.10.

教育界的具体做法有：订单式培养，校企共建实训基地（引厂入校，进厂建室），聘请企业专家共同制定人才培养计划、共同编写教材、共同指导学生实训。

（三）国外产学研合作模式

西方发达国家产学研合作的思想由来已久。产学研合作的发展是随着大学理念的转变和社会的发展，尤其是自然科学的进步而引发的产业革命的发生不断演进和发展。在美、英、德、日等发达国家，产学研一体化建设皆是通过政府行为加以扶持和引导，从而有效促进了这些国家的高新技术产业化进程，推动了国民经济的发展。

1. 美国的产学研模式

美国作为最早实现产学研合作的国家，它的工业化和现代化的发展举世瞩目，可以说正是产学研合作的兴起带来国家的兴盛，这在今天已经是个世界现象，成功的例证比比皆是，科教兴国已成共识。

20 世纪 50 年代，美国斯坦福大学工程系主任和工程学院院长，人称“硅谷之父”的特曼（Terman）首先提出学术界和产业界应当结成伙伴关系，首创“硅谷模式”。依靠斯坦福大学强大的科研实力和校方对产学研合作的大力支持，硅谷模式有力地推动了地区经济发展，同时与工业界的密切联系也推动了斯坦福大学的科研与教学。硅谷模式标志着产学研合作这一形式的正式形成，美国是产学研合作的发祥地，在其发展过程中出现过不同的模式，其中最具代表性并产生了广泛影响的主要有：

（1）科技工业园区。大致可以分为三种类型：第一，由大学组建，如以斯坦福大学为依托的著名的“硅谷”；第二，由企业组建，如“波士顿 128 号公路的高技术园区”；第三，由州政府主持组建，如北卡罗来那金三角科技园。

（2）企业孵化器。美国的企业孵化器可分为四种类型：第一类由地方政府或非盈利性组织主办，主要目的是为了创造就业机会，推动地方经济发展；第二类由大学和研究机构主办，主要目的是为了增强高新技术产品开发的竞争力；第三类由风险投资公司、种子基金等私营企业主办；第四类是公私合营。

（3）高技术企业。高技术企业往往从大学和研究机构中衍生出来，主要有四种类型：一是风险创业型；二是产学合作型；三是技术植入型；四是外力嫁接型。

（4）工业、大学合作研究中心和工程研究中心。主要有三种形式：一是由一个大学与几个企业联合形成研究中心；二是由多个学校与多个企业进行合作；三是由工业、大学合作研究中心与企业、大学签订合同进行合作。

2. 日本的产学研模式

20 世纪 80 年代以来，由于科学技术的尖端化、复杂化和综合化，许多重大科研课题难以独自攻破，所以日本政府更加强调产、学、研一体化，加强三者的合作研究。大学主要通过从民间企业招聘教师、学生到企业实习、企业通过派遣科技人员到大学进修、聘请大学老师讲学等途径实现大学与企业的合作。日本的产学研合作是在政府鼓励下，通过加强国立大学与企业的合作开展的。经过多年的探索，在学习借鉴美国经验的基础上，逐步形成了具有自身特色的产学研合作模式。

（1）形式各异的研究制度。根据日本国立大学与产业界在联合合作中双方权利义务、合作目的的不同，可分为以下几种形式：①共同研究。该项制度的目的是通过国立大学和民间企业的研究人员对同一课题的共同研究，促进优秀成果的产生。研究时间一年至数年。一般在大学的研究机构里进行，取得的研究成果为双方共有；②委托研究。该项制度是指大学的研究人员在接受民间企业、各部门研究机构、地方公共团体等委托进行的科学研究，是大学在研究方面与民间企业合作的主要形式之一；③委托研究员。这实际上是一种研究生代培制度，指民间企业的技术人员和研究人员到国立大学接受研究生水平的研究指导；④共同研究中心。它既是大学与产业界合作的窗口，又是共同研究的场所，还是企业技术人员接受培训的课堂。

（2）尖端科学技术孵化中心。主要从事大学技术转让业务，包括搜集发明、申请专利、转让交涉等，由大学教师担任股东，有经验的企业经营者负责经营，以会员制方式进行。

（3）科学城。所谓“科学城”，指在中等城市附近开辟的高技术企业、科研机构和大学密集的新城区，类似于美国的科技工业园区。其中，“筑波科学城”最负盛名。

（4）人才培养与交流。通过人才培养和交流实现产学研合作，也是日本加强产学研联合的一条行之有效的途径。一方面鼓励大学通过各类培训为企业培养人才：另一方面企业也为大学培养教师、培训学生提供实践场所，并鼓励大学从民间招聘符合条件的老师。日本还鼓励大学教师脱产到国内大学、研究所、大公司进行“内地留学”，大大提高了大学老师服务产业界的能力和水平。

3. 英国的产学研模式

英国的产学研主要特点也是政府推动产学研，与日本的产学研类似，英国的产学研合作具有极浓的官方色彩。20 世纪 90 年代，英国工业和贸易部发表了《英国的国家创新系统》报告，有力推动了产学研合作过程中知识的储存、转移和流动。这种产学研合作模式的特点是：第一，政府鼓励企业在高新技术方面的投资。第二，政府重点支持中小型企业，并使之通过与高等教育之间的合作来提高经济竞争力。在科技园区通过政策倾斜对中小企业进行扶植，哺育出一大批富有活力的小型科技企业，它们活跃在前沿科技的各个领域。第三，完善政府对科学研究的政策。近年来英国的经济发展形势不容乐观，其产学研合作存在严重弱点是一个重要原因。为此，英国政府于 1993 年 5 月发表了科技白皮书，这是英国政府在推进产学研合作方面的一个重要举措。英国大学产学研结合的主要形式是：

（1）学生培训计划和联合聘请教授。此计划由大学与企业联合实施，主要培训已在公司就职的大学毕业生。企业界为学生提供各种资助及工作实习的机会。大学和企业共同设立“联合教授”的职位，联合教授在行政上向大学和有关公司双方负责。

（2）大学科技园。英国大学科技园是以附近大学的科研发明为基础，依托大学的人才和资源优势而建立的研发和孵化生产园区。据不完全统计，目前全英约有 100 多个科技园，其中大学园约占 25%，各具特色，模式不尽相同。牛津大学的科技园始终围绕促进专利成果转化这一重要发展战略和指导思想，采取了一系列有力措施，强化孵化器功能。牛津科技园的成功运作，有力地促进了牛津大学产学研结合和科研水平的提升，以及大学科技产业和地域经济的发展，同时园区自身也得到了长足发展，实现了多方面的互动和共赢。

七、国际化与师资队伍建设

大学国际化就是大学办学理念、要素和行为跨越国界进行互动的过程和现象。

是将“国际的维度”整合到高校的教学、研究和服务等各项功能中的过程。大学国际化离不开国际交流与合作，这是跨国界、跨民族、跨文化的高等教育交流，是先进科学技术、高水平人才的交流。大学国际化是大学快速发展、高水平师资队伍建设、创新人才培养的重要途径与手段。

（一）大学国际化

1. 大学国际化及内涵

随着知识经济、网络时代以及全球经济一体化趋势的出现，大学国际化时代已经到来。要使我国若干所大学达到一流水平或者接近一流水平，要建设一流的学科，培养一流的人才，这必然要我们去研究世界的教育，向先进的国家学习，特别是世界高水平大学的发展动态。

（1）国际视野，中国特色。大学国际化首先是一个视野，一个国际的视野，提高大学国际化的水平首先要有国际视野，站在世界的高度上，面向世界来观察大学发展，来制定教育改革发展的目标和规划。任何一个国家的教育离不开这个国家的历史背景、文化背景、民族背景，离不开这个国家的社会制度、意识形态，更离不开教育的传统、文化的传统、经济社会发展的状况，美国、德国、日本等都是如此。因此，大学国际化的内涵是：我们的大学既是国际化的，又是中国化的，既要有国际视野，又要有中国特色。

（2）世界民族文化融合。大学国际化的精髓是以本民族文化为背景，促进世界各民族文化的融合。由于世界各国的大学有着共同的人类文明渊源，又深深植根于各自所处的社会、历史和文化土壤之中，形成各具特色的办学传统和风格。要想尽快缩短各方面差距，必须积极主动地与世界著名大学广泛建立国际交流与合作，吸取世界先进的办学理念，尽快缩短我国高校与世界著名高校之间的办学差距。

（3）人才培养目标的国际化。要提升教育的国际地位，影响力和竞争力，就要经常重视和研究经济全球化的动向，世界科学技术、教育改革发展的动向，要借鉴先进国家的教育理念和教育经验，培养在国际上有竞争能力的专家学者，培养大批具有国际视野、通晓国际规则、能够参与国际事务、与国际竞争的国际人才。

2. 大学国际化的主要形式

大学国际化的主要形式包括：学生的国际化、教师的国际化、课程的国际化、国际交流与合作（学生互换、学者互访、国际合作办学、国际合作研究、参加和举办国际学术会议、国际间教育资源的互补及援助等）。

（1）学生的国际化。学生来自世界各地，美国国际化程度最高的大学留学生比例在16%～20%之间。清华大学留学生规模约3000人，来自100多个国家，约占全校学生数的9%。

（2）教师的国际化。大学国际化，首先是师资队伍的国际化，有一定比例的教师是来自于全球各地的优秀学者，例如耶鲁大学有53%的教师来自美国之外。大学师资要"请进来、走出去"，不仅要引进国外一流大学的师资，还要大胆鼓励本校优秀教师走向国际舞台，参加国际交流，逐渐成为世界知名的学者。

（3）课程的国际化。在课程中加入国际内容，将课程的视角扩展到全球范围。例如开设国际金融、国际贸易等课程，亦如课程体制与国外接轨。要借鉴国外知名大学的教学模式与成功经验，积极引进国外先进课程体系、教学方式、教材及课件等，鼓励双语教学等方式来培养具有国际竞争力的学生。

（4）学生互换。学生互换是指有合作关系的两所大学或者多所大学之间，互相选派学生到对方大学学习一段时间，学校承认学生在外校所修学分。如香港科大工学院积极发展海外及内地交换生计划，学生可以透过该计划到40多所著名学府进行为期一至两个学期的学习，海外合作伙伴包括加州大学伯克利分校、伦敦大学、华盛顿大学、北京大学、清华大学、复旦大学等。

（5）学者互访。高校访问学者项目是充分利用国内外优质教育资源培养青年骨干教师的重要途径。教育部有青年骨干教师国内外高校访学计划，我国著名高校教师大部分有国外访问学者进修的经历。

（6）国际合作办学。具有独立法人资格的国际合作办学有：宁波诺丁汉大学、西交利物浦大学、长江商学院、北京师范大学－香港浸会大学联合国际学院。另外，中外导师联合培养研究生，一是培养了具有世界视野和国际竞争力的高层次创新人才，二是把优秀的博士生和科研成果推向世界，从而展示出中国的国际影响力。

（7）国际合作研究。本国大学与境外大学、研究机构、企业进行合作，就某项课题进行共同研究。

（8）国际学术会议。国际学术会议是学校开展国际合作与交流的一个重要渠道。学校通过举办高水平的国际及双边学术会议，使全校师生迅速了解国际前沿学术信息和最新学术成果，促进了学科建设和发展，积极推进高层次学术研究领域的国际交流与合作。

（9）国际间教育资源的互补及援助。在全球范围内整合教育资源，实现资源的优化配置、互补及援助。发展中国家可以学习发达国家的先进经验和实践，发达国家则可以在教育输出中获利。

（二）大学师资队伍建设的基本经验

曾任美国哈佛大学校长的科南特（Conant）曾经这样说过："大学的荣誉不在于它的校舍与人数，而在于它的一代一代教师的质量，一所学校要站得住脚，教师一定要有特色。"①由此可见，学校的教师是培养高质量人才的关键因素，纵观国外名牌大学的办学经验，我们不难发现，他们总是想方设法努力建设一支高水平的队伍。

1. 吸收世界一流专家到校任教，不惜重金高薪聘请学术权威

国外名牌大学能培养出世界一流水平的学生，这与他们具有一支高水平的师资队伍有直接的关系。为了网罗高才到校任职，名牌大学往往高薪聘请学术权威到校任教。

（1）斯坦福大学。斯坦福大学是靠利兰·斯坦福（Leland Stanford）捐赠的8800英亩的牧场建立起来的，从1951年起，斯坦福大学开始出租这块土地建立高技术工业区，到1981年，土地出租的年收入大约为600万美元，另外又建立一个商业中心，年租金收入300万美元。该校用这笔收入重金聘请学术名流来校任教。

（2）香港科技大学。香港科技大学创校二十年，已在国际学术界崭露头角，至今已成为亚州区内首屈一指的大学，与世界各地最领先的研究学府并驾齐躯。香港科大的迅速崛起，得益于拥有强盛的优秀师资队伍、国际一流的先进实验设

① 陶爱珠. 世界一流大学研究[M]. 上海：上海交通大学出版社，1993.

施、电脑网络设备，以及网络全球化的学术图书资料查询系统。来自全球 24 个国家的 490 多名教授，全部拥有博士学位，其中 80%来自世界顶尖研究型学府，包括：哈佛、斯坦福、耶鲁、剑桥、牛津、多伦多大学、麻省理工、加州理工等。教授们多在欧美著名学府取得丰富的教研经验。

在科学技术发展史上，一些有过重大贡献的最著名的学者，往往是名牌大学的教授，如经典力学创立者牛顿（Newton）是剑桥大学教授；人工放射能之父费米（Fermi）执教于芝加哥大学；著名物理学家劳伦斯（Lawrence）和奥本海默（Oppenheimer）受聘于加州大学伯克利分校；相对论的创立者爱因斯坦（Einstein）曾多年在普林斯顿大学高级研究工作；领导世界上第一台电子计算机的冯·诺依曼（Von Neumann）在普林斯顿大学任教；控制论之父维纳（Wiener）是麻省理工学院教授；著名英国数学家、逻辑学家、哲学家罗素（Russell）曾任哈佛大学教授；钋和镭的发现者居里夫妇是巴黎大学教授；波动力学的创建人薛定谔（Schrodinger）曾在牛津大学任教。这些世界一流的学术权威到校任教，无疑可以让学生迅速接近学术发展前沿，加速成才过程。例如，发明人工放射能之父的费米，曾培养了 6 名诺贝尔奖获得者，其中包括美籍华人杨振宁博士。

2. 重视人才流动，广泛吸收众家之长

高校教师是培养专门人才的人才，这自然要求教师们要有较高的学术水平。而在现代社会中，高水平的人才往往需要吸收多种知识，吸收众家之长，由于科学技术的发展已出现了不同学科纵横交错、相互渗透的新趋势，不少重大科研成果是依靠了不同学科的研究人员和从事同一课题研究的不同学派的互相讨论、共同研究才得以成功的。纵观历史，我们不难发现，当代国内杰出的人物往往要吸取各方之长，他们很少固定在一所大学或研究所学习或工作。

例如，发现原子核并指导培养 9 名诺贝尔奖获得者的杰出科学家卢瑟福（Rutherford），在领导著名的英国剑桥大学开文迪实验室时期，就非常善于吸收大量不同学历、不同国籍、不同职业的学者。不论来自何方，何国的学者，不论其导师是谁，他都一视同仁，并充分调动其中一切积极因素，协同工作。对于自己培养的学生，即使优秀者也很少留在身边工作，而是输送出去在校外作出成就以后，再聘请回来任教。这种注重人才流动的做法使这个实验室取得了不少成就，成为同类研究机构之冠。可见，人才流动有利于提高教师的学术水平，有利于开阔教师的视野。

现在各名牌大学在都十分重视人才的流动，英国剑桥大学规定，本校毕业生只有先到外校或社会上其他部门工作若干年后，才有资格被招聘为本校的教师。美国名牌大学聘任教师时有一个重要的原则，就是不在本校刚毕业的学生中雇用教师。在原联邦德国，助教任期 6 年，最多不超过 8 年，期满后必须离校，不得在任教的大学晋升教授，以防止近亲繁殖，防止在教授晋升上掺杂私人感情。日本有些大学在聘用了教授或副教授后，间隔三四年进行一次业务审查，通过了业务审查，继续聘用，通不过的则往往劝其另投门户。

3. 注重学术交流，促使教师接触各种新的学术思想

在国外名牌大学的师资队伍建设工作中，总是十分重视各种学术交流。他们认为，通过学术交流，可以使教师扩大视野，开拓学术领域，活跃学术思想，从而不断提高学术水平和教学水平，这些学术交流主要表现在：

（1）校际和校内之间的学术交流。为增进各高等院校间的交流，促进院校间的合作，国外各牌大学经常各自或共同举办各种形式的学术讨论会，同时还举办学术讲座、科研讲座，来自各校的教师聚在一起各抒已见，共同探讨各种学术问题，互相之间取长补短，相互学习，共同提高。校内各系往往定期举行学术报告研讨会，报告会上有时是本系教授介绍他们的科研新发现，有时是从外系或国外邀请专家。他们的报告一般都代表了当前某一领域的最新进展，听后能开阔自己的思路，得到启发。

（2）国际间的学术交流。科学技术的国际化已成为现代科学技术的一个时代特征，广泛的国际学术交流可以使各门学科在开放环境中不断从外界吸取知识和能量，从而促进科学技术的快速进步。因而，国外各牌大学的师资队伍建设中也十分重视国际性交流，他们通过互派访问学者、科研合作、互开讲座等多种形式开展国际间的联合与协作。

（3）跨学科交流。国外名牌大学往往重视在多学科中开展跨学科交流，如理工结合、文理渗透等。例如，麻省理工学院提出，没有第一流的理学院，就没有第一流的工学院。建立独立的理学院，延聘著名科学家任教，加强理科本身的研

究工作，从此结束了理科只为工科开课的配角地位。后来，该校又进一步重视人文科学和社会科学。建立起与理学院和工学院地位相当的人文与社会科学院，配备以第一流的教授。现在，它的管理学院和经济系，语言系等已闻名世界，在学科评比中有的曾名列全美第一。

（4）学术研究假。实行学术休假和研究假，使教师有一定的时间到其他院校进行教学、进修和科研活动。原联邦德国的教授每 4 年里有一学期的研究假，在研究假期间，他们往往到其他院校或社会上的科研机构进行科研交流活动，从而更新自己的知识，开拓自己的研究领域。美国大学的教授在一所学校连续工作 6 年，可享受学术休假一年，在这一年拿半薪或学术休假半年而拿全薪，教师们可利用这一年到其他院校进行教学、学习或开展科研工作。在美国，高等学校一般都乐于接受其他学校的教师作访问学者，为他们提供办公室，图书馆的实验设备等便利条件，并且鼓励他们开讲座，参加学术讨论会和合作研究。这种做法可使学校不断获得新的学术思想，活跃学术气氛，提高本校教师的教学、科研水平。

（三）澳大利亚大学师资队伍建设

澳大利亚高等教育不仅普及化程度高，而且其大学在世界高等教育领域中享有重要地位和良好声誉，2013 年有 8 所澳大利亚大学已跻身泰晤士高等教育全球大学排名 200 强之列。造就澳大利亚高水平大学的因素有很多，高度重视并切实抓好师资队伍建设是其关键所在。澳大利亚高水平大学的师资队伍建设特色鲜明、富有成效，主要体现在：坚持严格准入制度，教师入职培训与职中培训，细致的教师教学考核评价，宽严有度的教师兼职兼薪管理。

1. 教师聘任的严格准入制度

有严格的教师准入制度、规范的招聘程序，是澳大利亚高水平大学高起点建设师资队伍的共同特征。其基本条件和做法是：一般应具有博士学位；有在欧美一流大学接受过教育的背景；出色的教学、研究能力和良好的发展潜质；岗位出现缺额时在世界范围内公开招聘；招聘工作方案全面完整，招聘过程细致周到，强调招聘工作的连续性，视招聘工作为展示大学形象的窗口，对招聘工作人员有严格的要求，等等。

其招聘工作的基本环节及特点有：①准备充分细致。招聘的准备有：审视院系的发展目标和规划；确定聘任岗位的薪金和等级；明确聘任岗位的经费来源；确定公开竞聘的方式和时间；对聘任岗位的要求作出恰如其分的描述；组成遴选委员会；发布招聘广告。②条件客观具体。对学术人员的聘任除要求具备一般的门槛条件外，还应具备以下条件和标准：教学或研究岗位所要求的专业特长；广博的学科专业知识；必备的技能和经验，如教学创新能力、对学生示范的能力、与学生沟通的能力、对所在单位的奉献精神等；参与学术团体的经历，商学、管理学等相关学科还要求有在企业界、政府组织中工作或兼职的经历；具备相应的成果，如论文、著作、研究报告等。③过程严谨周到。遵循和恪守机会均等原则；对所有岗位申请人确认收到申请材料；筛选确定一个小的候选名单；公布落选者名单；举行面试，包括目测、答辩、试讲、工作能力考核等，由各评审委员独立打分；联系鉴定人；作出录用决定；发出聘任邀请；将遴选结果通报给所有申请者；准备聘任仪式。

2. 教师入职培训与职中培训

澳大利亚大学高度重视师资队伍的素质能力建设，具有先进的教师培训和教师发展理念，实施规范的入职教育与丰富的职中培训。①入职培训：须获得专门培训证书才能上岗；培训内容丰富综合，除教师职业基本所需要求外，还包括大学发展战略目标、学校定位和学校历史文化等。②职中培训：针对教学中出现的问题，进行教学方法、教学技能的培训；对青年教师进行科研方法的培训；如何获得基金资助的培训；如何将自己的研究与社会经济发展相联系的培训；进行新知识和新仪器设备使用的培训，使教师及时了解和掌握各种现代教育技术手段的应用方法和最新发展动态，并鼓励教师在日常教学中使用这些手段；进行与人相处、对外交往能力及其行为准则的培训等。

3. 细致的教师工作考核评价

在重视教师综合素质、能力发展的同时，持续关注对教师教学工作的考核评价，是澳大利亚大学教师管理的一个重要特色。

莫纳什大学（Monash University）对教师的教学考核评估主要包括以下三部分：①教学系列调查问卷。共有 11 个独立的问卷，包括讲演、语言教学、在线教学、讨论教学、课堂主持艺术、个别辅导、实践指导等方面，每个问卷都侧重不同的教学活动。根据问卷调查而形成的报告，教师可将其作为自己教学档案的一部分，并以此作为申请终身教职、职称晋升或其他教师发展和评价的支持材料。②自我评估。主要是教师审视自身在教学中哪些方面实现了教学目标、哪些方面没有实现以及对哪些方面需要进一步提高进行反思。③同行评议。主要是检查教学和教学准备的各个方面，包括课程大纲、教科书、参考书目、学习指南、预设问题和作业、考试试卷和研究论文、教师对学生作业的反馈、学生成绩分布及对学生学习情况的描述、教师的新课程设计、为改善教学而开展的活动等。同行评议的程序包括预备会议、实施评估、分析结果、总结会。

通过对教师进行合理细致的考核评价，向教师提出中肯和富于价值的反馈意见，有效引导教师努力提高教学学术水平，从而保证学校教学和人才培养质量。

4. 宽严有度的教师兼职兼薪管理

澳大利亚大学高度重视科研成果的转化应用推广，以自身的知识和科技优势服务社会，同时又注重切实加强教师在外兼职兼薪的规范管理，其规范有序、宽严有度的做法值得借鉴。

澳大利亚各大学对专业技术人员在外兼职兼薪均有详细的管理规定。其一般原则是：鼓励并支持本校专业技术人员以学校的名义（即签约方为学校而非个人）申请外部的研究课题经费或开展学术咨询活动；从事与该校名声相符且与专业技术人员本人特长一致的专业性工作；增加学校的收入和提高学校在当地社区、政府、产业界和国际上的影响力和知名度。

对于纯属个人行为的校外兼职特别是专业技术类兼职，则采取有条件许可的严格监督管理。例如澳大利亚国立大学，专业技术人员每年以个人名义从事校外专业技术咨询活动时间最多为 52 天，即 52 天规则（52-day Rule）；如有可能超过 52 天，则需要事先与其学院院长或系主任商量，以停薪休假、借调（部分借调或完全借调）或其他适当的方式延长其校外兼职时间，从而可减少学校、有关院系的财政负担。

八、大学创新文化

近代以来，世界高等教育经历了几次深刻变革，第一次是从宗教教育机构转变成通识教育机构；第二次是从教育机构发展成教育与科研相结合的机构，标志是洪堡大学理念的提出和实践；第三次是走向产学研相结合，标志是美国斯坦福大学等大学的崛起；现在，世界高等教育，正在经历着第四次重大变革，就是回归大学的文化本质，重新以文化统领大学的建设和发展，防止大学变成单纯的科研工具和商业场所，以文化确立大学在社会体系中的核心价值。

（一）文化的内涵

1. 文化的概念

词源“文化”一词在西方来源于拉丁文“cultura”，原义是指农耕及对植物的培育。自15世纪以后，逐渐引申使用，把对人的品德和能力的培养也称之为文化。在中国的古籍中，“文”既指文字、文章、文采，又指礼乐制度、法律条文等。“化”是“教化”、“教行”的意思。从社会治理的角度而言，“文化”是指以礼乐制度教化百姓。

在近代，给文化一词下明确定义的，首推英国文化人类学之父泰勒（Tylor）。他于1871年出版了《原始文化》一书，他指出：“文化或文明，就其广泛的民族学意义来说，是包括全部的知识、信仰、艺术、道德、法律、风俗以及作为社会成员的人所掌握和接受的任何其他的才能和习惯的复合体。”[①]美国文化人类学家克罗伯（Krceber）和科拉克洪（Kluckhohn）在1952年发表的《文化：一个概念定义的考评》中，分析考察了100多种文化定义，然后他们对文化下了一个综合定义：“文化存在于各种内隐的和外显的模式之中，借助符号的运用得以学习与传播，并构成人类群体的特殊成就，这些成就包括他们制造物品的各种具体式样，文化的基本要素是传统思想观念和价值，其中尤以价值观最为重要。”[②]克罗伯和科拉克洪的文化定义为现代西方许多学者所接受。

文化是一个非常广泛的概念，给它下一个严格和精确的定义是一件非常困难的事情。不少哲学家、社会学家、人类学家、历史学家和语言学家一直努力，试图从各自学科的角度来界定文化的概念。然而，迄今为止仍没有获得一个公认的、

---

① 泰勒. 原始文化[M]. 上海：上海文艺出版社，1992:1.

② A. L. Kroeber, Clyde Kluckhohn. Culture:a Critical Review of Concepts and Refinitions[M]. University of California:The Museum,1952.

令人满意的定义。据统计，有关“文化”的各种不同的定义至少有200多种。笼统地说，文化是一种社会现象，文化是多元化的，是人们长期创造形成的产物。文化又是一种历史现象，是社会历史的积淀物。确切地说，文化是指一个地域、国家或民族的历史地理、风土人情、传统习俗、行为方式、思考习惯、价值观念、文学艺术等包罗万象。

2. 文化的特征

（1）文化是由人类进化过程中衍生出来或创造出来的。自然存在物不是文化，只有经过人类有意无意加工制作出来的东西才是文化。例如，吐痰不是文化，吐痰入盂才是文化；水不是文化，水库才是文化；石头不是文化，石器才是文化等。

（2）文化是后天习得的。文化不是先天的遗传本能，而是后天习得的经验和知识。例如，男男女女不是文化，“男女授受不亲”或男女恋爱才是文化；前者是遗传的，后者是习得的。文化的一切方面，从语言、习惯、风俗、道德一直到科学知识、技术等都是后天学习得到的。

（3）文化是共有的。文化是人类共同创造的社会性产物，它必须为一个社会或群体的全体成员共同接受和遵循，才能成为文化。纯属个人私有的东西，如个人的怪癖等，不为社会成员所理解和接受，则不是文化。

（4）文化是一个连续不断的动态过程。文化既是一定社会、一定时代的产物，是一份社会遗产，又是一个连续不断的积累过程。每一代人都出生在一定的文化环境之中，并且自然地从上一代人那里继承了传统文化。同时，每一代人都根据自己的经验和需要对传统文化加以改造，在传统文化中注入新的内容，抛弃那些过时的不合需要的部分。

（5）文化具有时代性、地区性、民族性和阶级性。一般文化是从抽象意义上讲的，现实社会只有具体的文化，如古希腊文化、罗马文化、中国古代文化、中国现代文化等。文化具有地域性，如我国黄土高原文化、中原文化、齐鲁文化等。自从民族形成以后，文化往往是以民族的形式出现的。一个民族使用共同的语言，遵守共同的风俗习惯，养成共同的心理素质和性格，此即民族文化的表现，如东方文化、西方文化、藏族文化、客家文化等。在分裂为阶级的社会中，由于各阶级所处的物质生活条件不同，社会地位不同，因而他们的价值观、信仰、习惯和生活方式也不同，出现了各阶级之间的文化差异。

（二）大学文化与创新人才培养

1. 文化对人的影响

一个人小到饮食起居、待人接物，大到世界观、人生观、价值观，无不是一定文化影响的结果。文化影响人们的行为方式、交往方式、思维方式、价值观念，影响人们的认识活动和实践活动。在一定的意义上可以说，人是文化的产物。

文化普遍渗透在风俗习惯、伦理道德、规章制度、法律政策之中，常常表现为某种“隐形”的因素，却对人产生深远的影响。因为祖祖辈辈代代相传，家家户户耳濡目染，即使一个不识字的人也自然浸润其中，受其影响而变化气质。俗话说：“近朱者赤，近墨者黑。”可见，文化对人的影响是一个“水滴石穿”的过程，是个“润物细无声”的过程。

文化对人的影响是具有潜移默化、深远持久的特点。但一旦内化为人们的态度和信念，就会形成惯性和定式，指导人们的行为选择并逐渐形成相对稳定的心理和行为。文化转化为人们的思想观念、心理素质、行为方式、生活习惯、思维方式之后，就具有相对稳定性和持久性。在各种影响人类的因素中，最深刻、最持久的是文化。人们的世界观、人生观和价值观，既是各种文化因素交互作用的产物，又是人们文化素养的核心和标志，它们对人们的实践和认识活动具有根本性的影响。人们的世界观、人生观和价值观，往往以极强的辐射力和穿透力影响人们的行为动机和行为的全过程。

人类创造了文化，享受着文化带来的乐趣，文化反过来熏陶人、塑造人。优秀的文化能够丰富人的精神世界。积极参加健康有益的文化活动，不断丰富自身的精神世界，是培养健全人格的重要途径。优秀的文化能增强人的精神力量。优秀的文化作品，总能以其特有的感染力和感召力，使人深受震撼、力量倍增，成为照亮人们心灵的火炬、引领人们前进的旗帜。优秀文化为人们的健康成长提供不可缺少的精神食粮，对促进人的全面发展起着不可替代的作用。

2. 文化对创新的影响

既然文化对人有潜移默化的影响，而创新是人类的一种实践活动，因此文化必影响创新。

近代科学起源于意大利的文艺复兴运动，文艺复兴运动是人类历史上一次最伟大的、最进步的变革，文艺复兴是文化的新生，是新的精神力量的形成，文化复兴为意大利带来了科学的春天，出现了伽利略（Galileo）、布鲁诺（Bruno）等一批伟大的科学家，科学从此大踏步地前进。17 世纪，世界的科学中心由意大利转到英国，英国出现了牛顿（Newton）这样的科学巨星，技术上有了蒸汽机这样伟大的发明，用美国著名社会学家默顿（Merton）的话说，是因为“17 世纪英格兰的文化土壤对科学的成长与传播是特别肥沃的”。18 世纪后期到 19 世纪，科学中心转到法国，是因为法国大革命破坏了路易十四以来的专政制度，启蒙哲学和理性精神打破了世界观的桎梏，法国出现了创新的高潮，成为世界科学的中心。19 世纪，科学中心从法国转向德国，这要归功于德国哲学思想的活跃以及宗教改革以后的一系列政治、经济、社会方面政策措施的实施。20 世纪科学中心转移到美国，硅谷是美国成功创新的缩影，硅谷成为 20 世纪下半叶影响世界经济、技术、社会发展的“火车头”，硅谷的成功奥秘是什么？关键在于它有适宜于创新的组织结构和良好的创新文化氛围。美国微软公司蒸蒸日上，用公司总裁比尔·盖茨（Bill Gates）的话说是：“我们营造了一种鼓励创造性思维和发挥员工最大潜能的氛围”。

从我国的历史来看，有了先秦诸子思想自由和学术争鸣，才有两汉农业文明的成熟；先有魏晋时代的思想解放与自由，才有唐宋明经济的繁荣；有了宋明理学和人性学说的矛盾冲撞所曝发的巨大思想力量，才产生康乾盛世。历史告诉我们，任何一个技术创新、经济繁荣的时代，都会有重大的文化创新引导。

大学的主要任务是人才培养、科学研究和社会服务，大学要营造一种有利于创新或创新人才成长的文化，这就是在大学创新文化。创新文化是指与创新或创新人才成长相关的文化形态，创新文化是先进文化的重要内涵。大学文化是多方面的，但大学创新文化主要包括大学精神文化、大学环境文化、大学校园活动文化。

3. 大学精神文化与创新人才培养

大学精神文化是指大学的办学理念、内在灵魂和价值取向。首先，大学要把培养创新人才视为最重要的办学理念，这就要求大学文化做到“三个有利”，即有利于激发大学生的社会责任感，有利于促进大学生的心理健康，有利于促进创新性学习。

在大学精神文化中，海纳百川、求真创新是大学的内在灵魂。海纳百川，故能成其大；求真创新，才能提高大学生的创新能力。海纳百川是指大学教育应该具有开放性、综合性、包容性与融合性。高等教育国际化大潮波澜壮阔，尤其需要我们具有海纳百川的精神。海纳百川，既是指心胸的宽广和思维视野的宽广，也是指知识结构与能力结构在海纳百川中实现新的优化组合。海纳百川，还要鼓励学生个性发展的多元化和各种能力的多元化。只有敞开胸襟，广采博取，中西合璧，古今融通，高瞻远瞩，极目天下，才能海阔天空，容天下难容之事，才能真正有利于学生的个性与能力的全面发展。

大学需要有探索真理的精神。为了探索真理，教师要甘于潜心治学，青灯黄卷犹未悔，皓首穷经甘寂寞；学生要倾心读书，勤于思考，不断点燃创新思维的火花。师生都要有"路漫漫其修远兮，吾将上下而求索"的叩问精神，要踏遍漫漫求索路，不惜付出青春、智慧和汗水，体验探索真理的快乐，把探索真理作为人生最高的价值取向。

晚清一代宗师王国维在《人间词话》中说，古往今来，凡是能成就大事业、大学问的人，无不经过读书的三种境界："昨夜西风凋碧树，独上高楼，望尽天涯路。""衣带渐宽终不悔，为伊消得人憔悴。""众里寻他千百度，蓦然回首，那人却在灯火阑珊处。"①三种境界非常形象地概括了大学精神文化的重要内涵：高瞻远瞩，视野开阔，海纳百川；努力拼搏，潜心治学，衣带渐宽；反复探索，蓦然回首，创新思维油然而生。

4. 大学环境文化与创新人才培养

大学环境文化是创新人才成长的土壤，它主要包括学习环境、学术环境和物质环境。

一流的学习环境不仅仅要求大学有一流办学设施，更要求大学具有一流的教风学风，融洽的师生关系是学习环境好的基本要求和关键所在。环境文化建设旨在营造一个健康向上的求学与做人的环境，而在求学与做人的过程中教师对学生

① 王国维著，徐调孚校注.人间词话[M].北京:中华书局，2012:17.

的影响最大，是学生的主要模仿对象。教师的政治思想、道德品质、文明修养、治学态度、生活方式以及人生观、价值观都会对学生产生潜移默化的影响，甚至是终身的影响。

大学学术环境要坚持中央提出的“学术探索无禁区，课堂讲授有纪律”的原则①，在学术研究、学术探索、学术思考上不设定任何框框，不禁止任何实事求是的独立的正常的学术研究，

提倡一切认真负责、言之有据、理性平和的学术表达，保护正常的学术争论和争鸣。当然，学校也会坚决制止和反对不负责任、不计社会影响的公开言论，这并不是违背学术自由和学术民主，恰恰是从根本上维护学术自由和学术民主。

校园里的一尊雕塑、一幅壁画、一株花草，只要安置得合理，就可以收到很好的艺术熏陶效果。例如：静置于校园内的鲁迅塑像，表现了伟大思想家心系国家事天下事的浩然正气。在学生心中树起了一座振奋民族精神的丰碑。学生们生活其中，有意无意地在思想观念、心理素质、行为方式、价值取向诸方面都受到熏陶、感染，而这种心灵的塑造，完全不同于知识技能的培养，它只能靠校园物质文化环境的营造形成心灵的感应，精神的升华，观念的更新，从而实现学生时代良好性格的塑造。世界著名大学的校园环境都十分优美，一个共同点就是均保留一定的历史建筑，以体现名牌大学的悠久辉煌历史，给人以厚重感，以熏陶感染学生。念及北大，人们会想到未名湖、博雅塔；说到清华，自然要提大礼堂等四大建筑。一中一西，一个飘逸雅致，一个厚重严谨。

5. 课余活动文化与创新人才培养

课余文化活动是创新人才成长的必需的营养添加剂。课余生活状况在当代大学生的精神生活中占据着非常重要的地位，对他们的世界观、人生观、价值观的形成及成长具有举足轻重的作用。大学课余活动文化应从素质教育的高度认识其积极意义，坚持走高雅、健康、向上的校园课余活动文化之路，要强调活动的思想性、突出时代性、注重层次性、倡导主体开明、内涵深刻、格调高雅的活动，如迎新晚会、合唱团、英语角、辨论会、学术讲座等。

---

① 中共中央组织部、宣传部、教育部党组《关于加强和改进高校青年教师思想政治工作的若干意见》，教党[2013]12 号文件.

世界著名大学无不重视课余活动文化建设。哈佛大学的校园文化活动丰富多彩，如拉德克利夫管弦乐队、巴赫管弦乐队、爵士乐队、哈佛大学乐队、哈佛合唱俱乐部等学生社团组织的文娱活动。耶鲁大学广泛开展音乐、戏剧、体育和各种宗教活动，每年要举行1000多场音乐会。牛津大学有200多个俱乐部的学生社团组织，牛津大学与剑桥大学一年一度的泰晤士河上划船赛闻名于世。芝加哥大学的电影社团是全美历史最悠久的电影社团，学校的两个剧场每年上演约35场戏剧，学生可以自编、自导、自演。悉尼大学有运动协会42个，悉尼大学的学生代表澳大利亚参加多次的世界性的运动竞赛，悉尼大学也是一所重视学生思辨能力的学府，学生参加世界大学辩论比赛已五次获得世界冠军。瑞士苏黎世联邦理工学院诞生了包括爱因斯坦在内的30位诺贝尔奖得主，学院的年度舞会是面向公众开放的欧洲最大的舞会，学院与相邻的苏黎世大学每年在市中心的利马特河上举行师生划艇比赛，吸引全市公众观看。

（三）世界著名大学的大学文化

大学文化，是大学思想、制度和精神层面的一种过程和氛围。大学应该让大学外的人神往，让大学内的人心情激动。大学是一个让我们永远怀念的场所，盘点国外几所著名大学的大学文化，或许对大学的创新型人才培养有所启示。

1. 哈佛大学的大学文化

美国的波士顿有条查尔斯河，蜿蜒六英里，城市因此而妩媚生动起来。沿着查尔斯河漫步，便可以经过哈佛大学。哈佛大学所在的堪布里奇镇有着古色古香和幽静典雅的气氛，校园里古树参天，楼房林立，近四百栋建筑物错落有致地掩映在一片绿树之中，哈佛广场、魏登纳纪念馆、图书馆、博物馆、教学建筑等风格迥异，处处反映着古典美与现代美相结合的学府气氛。哈佛大学图书馆是世界上最大的大学图书馆。几个世纪以来，哈佛人在校训“以柏拉图为友，以亚里士多德为友，但更要以真理为友”的指导下求实崇真，设立开明的行政管理制度，创造了辉煌的教学科研业绩。哈佛大学实行学校自治、校友会选举校长的管理制度，在所有大学中率先实行选修课制度，推行通识教育，营造宽松而又浓厚的学术氛围。哈佛大学校园活动丰富多彩，文艺表演和体育活动十分活跃，哈佛最古老的剧团“速成布丁俱乐部”各季都演出新颖独特的音乐喜剧。

2. 耶鲁大学的大学文化

耶鲁大学有着极具吸引力的教育环境，一座座以巨大石块砌成、尖顶直刺蓝天的钟楼和高塔带有深深的宗教色彩烙印，加上从教堂里飘来的钟声，给行走在校园中的人一种神圣、高雅和宁静的感觉；它拥有全美大学中最早的博物馆、最古老的艺术馆。在校训“真理和光明”的引导下，耶鲁大学积淀而成了独立自由、知识至上、以书立校的三大传统。耶鲁大学在唯科技马首是瞻的国度和时代始终坚持着人文主义方向，历史、经济和政治是最受本科生欢迎的三个学科，而它的本科教育是全世界最好的。耶鲁大学强调对社会的责任感，倡导师生从人文精神出发多方面地服务社会。耶鲁大学非常开放，能容纳各种思想，校园生活丰富多彩，力求尽善尽美，尤其注重人文艺术氛围的营造。

3. 牛津大学的大学文化

牛津大学是英国最古老的大学，也是世界上历史最悠久、影响最大的大学之一。牛津大学没有围墙，圆拱屋顶的建筑、巍峨尖塔和别致角楼的宫殿式校舍隐没于林荫中，嵌入在牛津城甚浓的历史和文化氛围中。“独立自治”和学院制是牛津大学最为鲜明的传统。其导师制非常值得称道，学院给入校后的每一位学生指定一位导师，旨在授予他们一种生活和思维的方式，自学、独立思考、触类旁通、全面发展是牛津所倡导并践行的人才培养之道。牛津人注重全面发展，业余生活丰富多彩，其中体育运动十分突出；泰晤士河上的划船赛是传统项目。大学城里的小酒馆独具特色，学生们常常汇集在这里交流思想。

4. 剑桥大学的大学文化

剑桥大学的校训是“剑桥——求职求学的理想之地”，强调文化融合和学术自由。剑桥非常重视传统，同时又具有很强的开放性，世界一流大学的学者经常到剑桥授课或进行科学研究。剑桥的下午茶制度别具一格，每日下午有两个小时的时间，有组织、有计划地常年安排不同学科的权威教授在校区内的咖啡屋或茶园共进下午茶，在轻松的氛围中自由沟通和交流。剑桥大学的课外活动很丰富，其中与牛津大学的赛艇比赛最受关注，一年一度的大学辩论赛也是学校盛事，讲座报告会丰富多彩，俱乐部和社团十分发达。

5. 北京大学的大学文化

北大本部校园又称燕园，是明清两代是著名的皇家园林，数百年来，其基本格局与神韵依然存在。北大充分利用了这一难得的历史遗产，营建了风景如画的校园环境，使之既有皇家园林的宏伟气度，又有江南山水的秀丽特色。北京大学作为新文化运动的中心和五四运动的发祥地、中国最早的马克思主义和民主科学思想的源头之一，以及中国共产党最早的活动根据地之一，北大为民族的振兴和解放、国家的建设和发展、社会的文明和进步做出了不可替代的贡献，在中国走向现代化的进程中起到了重要的先锋作用。北大以优良的治学校风，齐全的学科门类，雄厚的师资力量，显著的科研成果而著称，爱国、进步、民主、科学的传统精神和勤奋、严谨、求实、创新的学风，在这里生生不息、代代相传。“思想自由、兼容并包”的传统在北大薪火相传，构成一种恒远而不具形的存在。“科学与民主”早已成为这圣地不朽的灵魂。在北大学会的不仅仅是单纯的知识，感受更多的却是北大对一个人人格的熏陶，从这里走出的代代骄子无不都具备“北大”特有的精神气质。

第四章　创新教育的实践操作

创新教育是培养创新性人才为基本价值取向的教育，属于素质教育的范畴，重在使学生牢固、系统地掌握现代科学知识的过程中，通过启发、诱导、激发、训练等方法，唤醒学生的创新意识，训练学生的创新思维，完善学生的创新人格，提升学生的创新能力。本章将探索这些创新素质教育的实践操作方法。

一、构建创新的知识结构

构建有利于学生创新的知识结构是高校的首要任务。创新需要知识，离开知识，创新就成为无源之水、无木之本。但在教育实践中，人们常会面临这样的困惑，随着一个人知识的增长，并不一定伴随着创新能力的提高。那么，究竟什么样的知识结构最有利于学生创新能力的提高呢？本节就此问题展开讨论。

（一）知识与创新

1. 创新需要知识结累

一个没有知识或者知识贫乏的人是很难进行创新活动的，纵观历史，有那么多人几乎是在进行着一种简单的重复，而所有的发明都是在知识特别是相关知识积累到一定程度时才得以形成，因此学生掌握知识的质与量影响着学生的创新能力，创新能力的体现要以知识为基础，要以知识为前提。

Hayes 研究了在音乐、绘画、诗歌创作等领域，要达到大师级水平的表现所需要的时间[①]。结果表明，在所有被调查的领域中，即使那些最有名的“最具天赋的”人在创作出成名作之前都需要多年的准备。例如，他们考察了 76 个作曲家从入门到创作出第一首成名作之前所花费的时间，分析了这些作曲家一生中创作的 500 多部名作。结果发现，这些作品中只有 3 部是在作曲家创作生涯的第 10 年以

---

① 王竹立. 知识与创新的关系:http://blog.sina.com.cn/s/blog_4bff4c090100mijf.html.

前创作的，且这3部作品都是在创作生涯的第8年或第9年创作的。他描述作曲家创作生涯的一般发展模式是：始于他称之为“默默无闻的十年”；其后才出现第一部杰作；接着创作生涯的10～25年间杰作迅速增加；在第25～49年间是创作力稳定的时期；最后逐渐减弱。据此，Hayes认为，准备期（从某种意义上说专心致志于某一学科）对于创新性成果来说是必需的。作曲家、画家、诗人需要一定的时间在他们从事的研究中获得充分的知识和技能，才能在该领域里达到世界级水平，这就是所谓创新的“十年法则”。Bloom及其合作者通过对不同的领域如雕塑、数学、网球等达到世界水平成就的人的访谈调查研究，也证明了“十年规则”的正确性，即每个人创新出第一部重要作品之前，其事业都必须经历长期的发展阶段。

创新需要知识积累，这是肯定的。对于创新而言，知识要积累到什么程度才刚好？但不同领域不同类型的创新所需要的知识是不同的，很难一概而论。

2. 知识量少的人，创新能力并不一定弱

科学史发现，很多科学家、艺术家、发明家都是在年龄还不怎么大、知识还并不十分丰富的时候就做出了重大的创新发明？这方面的事例是不胜枚举的。德国数学家高斯(Gauss)17岁就提出了最小二乘法；意大利物理学家伽利略(Galileo)20岁发表了关于自由落体运动的论述；英国科学家牛顿（Newton）23岁发现了万有引力定律；德国物理学家海森堡（Heisenberg）24岁建立了大量子力学；美国发明家爱迪生（Edison）16岁发明了自动定时发报机；爱因斯坦（Einstein）创立相对论时也不过是知识相对较少的26岁的青年人；英国数学家图灵（Turing）发表了奠定整个计算机和人工智能基础的论文《论数字计算在决断难题中的应用》时年仅24岁。据英国《星期日泰晤士报》报道：研究人员在对数千名发明者的成就进行调查之后发现，人生中的第一次重大灵感的出现时间最有可能是在29岁①。

还有不少例子证明创新并不是博学者的专利，有时某个领域的“外行”反而比“内行”更容易有所发明有所创造。美国伟大的民主诗人惠特曼（Whitman），完全打破通常的诗歌规范，创造出一种极富革命意义的自由体诗歌，他创作的独

① 王竹立. 知识与创新的关系：http://blog.sina.com.cn/s/blog_4bff4c090100mijf.html.

具一格的《草叶集》成为美国文学登上世界文学殿堂的开山之作。但惠特曼并不是学富五车的学者，而是一个曾经做过木匠、排字工人、小报编辑的“粗人”；地质学中著名的大陆漂移说，是由德国气象学家魏格纳（Wegener）提出并论证的；被恩格斯誉为“近代化学之父”的英国道尔顿（Dalton），他在提出化学原子论时，还是一个化学知识很少的气象学家。

以上例子有力地说明：知识量少的人，创新能力并不一定弱。

3. 知识量多的人，创新能力并不一定强

不少人在年龄增长、知识越来越丰富之后，反而江郎才尽、再也做不出年轻时那样的贡献了，这又是为什么呢？无可否认，没有一定的知识，要想做出有实际价值的发明创造是不大可能的。要做出创新性成果，没有知识是万万不能的，这一点在今天这个时代尤其如此。但有了知识，而且有了很丰富的知识，也不一定就能创新。有时知识多了，反而有可能会束缚创新。

科学家曾对此做过一些实证研究。Simonton 曾对正规教育水平与卓越创造性成就之间关系进行了研究。他研究了300多名出生于1450～1850年间的卓越人物，其中包括达芬奇、伽俐略、莫扎特、伦希朗特、贝多芬等。先确定每个人达到的正规教育水平，然后通过档案法给每人的成就记分。结果发现：正规教育水平与创造性成就之间是一种倒“U”型曲线，成就的高峰出现在大学本科教育的阶段，高水平的知识对创新有负面影响。

知识量多的人，创新能力并不一定强，其原因是存在着一种“知识经验定势”，即随着知识经验具有不断增加，虽然有可能使我们开阔眼界，但知识经验又是相对稳定的，又有可能导致对它们的崇拜，形成固定的思维模式，由此削弱想象力，造成创新能力的下降，这就是知识经验定势。因此，生活中常常有这样的现象：有经验者往往不能解决的新问题，毫无经验的新手却能毫不费力地加以解决。

4. 知识结构与创新

什么样的知识结构对创新是有帮助的，而什么样的知识结构对创新有妨碍作用？对创新真正有用的，不是知识的总量，而是知识在个人头脑里是如何形成、如何组织以及如何利用的。而这取决于一个人的思维方式。一味强调知识的学习，只会使人思维僵化，成为名副其实的书呆子。很难想象，一个脑袋里堆满了按照前人的条条框框组织起来的知识的书呆子，能够有新的发明创造。那种认为先学知识后谈创新的观点是错误的。因为最重要的不是掌握知识，而是掌握创新思维方式，此外还有强烈的创新意识、充沛的体力、精力和智力，以及千载难逢的机会等，所有这些因素的结合才有创新。

我国著名学术大师季羡林先生说过："我觉得，一个真正的某一门学问的专家，对他这一门学问钻得太深，钻得太透，想问题反而缩手缩脚，临深履薄，战战兢兢。一个外行人，或者半外行人，宛如初生的犊子不怕虎，他往往能看到真正专家、真正内行所看不到或者说不敢看到的东西。从人类文化发展史看，如果没有极少数不肯受钳制、不肯走老路、不肯故步自封的初生犊子敢于发石破天惊的议论的话，则人类进步必将缓慢得多。"①

由此可见，人的个体创新能力强弱不是取决于拥有知识量的多少，而是取决于知识的质量、知识的系统性、知识的科学性、知识的专业性。

5. 知识与创新的互动关系

人们的实践活动就是运用知识的过程，而这种实践活动基本可以分为两种形式：机械性的和创造性的。机械性实践活动：即通过掌握一定的知识后，只是简单地使用，而没有新知产生，以重复、简单、证实为其主要特点。创新性实践活动：即通过掌握一定的知识后，通过对原有多种知识的组合、结合、融合而转化为新的知识，或一种知识通过实践又增加新的内容而形成新的知识，并将这种新知识运用于实际工作或新的学习活动中。

从任何一门学科知识的发展来看，它们都是从简单知识通过不断地创新而形成的，而这里的创新通过了几代甚至几十代人的努力。而后人正是通过对前人所形成的知识的掌握以后再创新形成新的知识。如此循环往复而形成了目前的学科知识体系。而知识传授和知识掌握的意义就是为了知识的不断发展。

由此可见，从知识本身来看：知识为创新提供基础，而创新结果又产生新的知识，知识的不断和充实为创新提供了一个很大的背景，所以会出现新知识呈几何级数增长的现象，才会出现知识爆炸的时代。知识与创新互为前提：由于知识

---

① 季羡林. 我的义理[J].中国教育报网络版(2001-1-4):http://www.jyb.cn/gb/2001/01/04/zy/8-dsq/1.htm.

而产生创新，又由于创新而产生新的知识，如此循环往复向前发展。重视知识、重视教育的民族，其创新的潜力会更大，创新的机会会更多，也会更重视创新活动，因而具有更好的创新可能性。

6. 知识流动是创新的关键

影响创新不足的原因是多种多样的，其中知识的流动不畅，企业、研究院校、高校之间交流太少，社会知识网络远未建立是影响创新的一个重要原因。

学术交流不光是定期或不定期的学术研讨会，更重要的是经常性的、及时的研讨、争论、分辨。因为一个人的新想法、新观念、新点子，很希望能与有关人员交流、讨论，但往往找不到机会，结果就放弃了或淡忘了。如果有一个方便交流的网络，及时交流，反复争论或辨驳，就有可能形成一种有价值的思想，甚至成为创新的契机。

在工业革命时期，生产要素的流动是工业革命成功的关键，也是世界经济增长的关键。在知识经济时代，信息、知识成为经济增长的内生因素，它们必须在全球范围内流动和相互作用，才能加速创新，加速发展，否则知识就会很快老化。知识流动与相互作用是创新的熔炉。只在这样在熔炉里才能练就新思想、新观念、新技术，才能实现有效创新。

（二）哲学修养与创新

1. 创新具有哲学蕴意

哲学，社会意识形态之一，是关于世界观的学说，是理论化、系统化的世界观，是自然知识、社会知识、思维知识的概括和总结，是世界观和方法论的统一，是研究自然界和人类社会发展中的一切普遍规律的科学。创新具有哲学的蕴意，主要表现在创新具有世界观、认识论、方法论的蕴意。

（1）创新具有世界观蕴意。首先，创新的根本问题是正确处理好主观世界与客观世界的关系。这不仅要正确认识客观事物，把握其变化、发展规律，遵循其规律办事，而且还得清楚创新的基础、条件、方式，懂得怎样创新。其次，创新作用具有最大的普遍性，没有创新，民族、国家、政党的生存与发展就成问题。创新的作用贯穿社会生活的各个领域，社会的各项发展都不能缺少创新因素。再次，人类世界与自然界、主观世界与客观世界也正因为有了创新，才有机地连接起来，成为不可分割的统一世界。因此，我们观察与认识世界，特别是怎样看待事物的发展问题，自然也就不能缺少创新的观点。

（2）创新具有认识论蕴意。首先，发现某种事物及其发展变化的本质规律，获得新认识，这是发现式认识创新，也称原始性创新。其次，是把获得的认识或知识运用于实践，发明创造出新的产品、技术、方法，建立某种新规范、新体制等，这是发明式知识创新，也叫继发性创新。这两种创新虽然有着显著的区别，但都是新认识和新知识的获得与运用，属于一定意义的认识论范畴。人们的创新过程，不仅改变着自己的主观世界，更为重要的是改变着客观世界。

（3）创新具有方法论蕴意。首先，创新是一种反思与批判。创新以反思与批判现实为前提，追求比现实更美好、更理想的东西，从而改造现实、变革现实。其次，创新既是动力，也是方法。创新是推动理论发展、科技进步、制度更新的有效手段。在现实社会生活中，无论是工业、农业、科教、国防等等事业的进步与发展，都不能缺乏“创新”这种动力与方法。再次，创新具有价值导向功能。在现实生活中，人们都希望自己有所作为、有所发展，因此，追求创新，既是人的能动性表现，又体现为一种积极的价值目标或价值原则。

总之，“创新”是一种积极的科学的哲学理念，它必将对中国特色社会主义建设事业产生巨大的推动作用，也必将对人的全面发展与素质提高产生深远的影响。

2. 哲学修养与创新

纵观人类文明史，哲学与科学有着特殊密切的关系。从西方学术史看，科学是哲学的衍生物。后来，科学独立为与哲学并行的学科。科学与哲学有互动关系。科学产生知识，哲学产生思想。爱因斯坦说过：哲学可以被认为是全部科学研究之母。有些自然科学的重要理论、假说或成就，首先是哲学家从哲学角度提出来或加以解决的。原子论的萌芽思想是2400年前，由古希腊的朴素唯物主义哲学家留基伯提出来的。历史还证明，凡有重大成就的科学家无一不是自觉或不自觉重视哲学修养的。哥白尼创立太阳系学说，得益于古希腊哲学中关于地球运动的思想。

李瑞环同志说：“哲学是明白学、智慧学，学懂了哲学，脑子就灵，眼睛就亮，办法就多；不管什么时候、干什么工作都会给你方向、给你思路、给你办法”，而且，“哲学这门学问说来也神，你的工作越变化、越新，它越显得有用；你的地位越高、场面越大，它的作用越大；你碰到的问题越困难、越复杂，它的效力越神奇；面对的问题越关键，它发挥的作用越关键”。原因在哪里呢？他说，因为哲学“讲的是事物最根本、最普遍的规律。”①物理学家玻思认为：“每一个现代科学家，特别是每一个理论物理科学家，都深刻地意识到自己的工作是同哲学思维错综地交织在一起的，要是对哲学文献没有充分的知识，他的工作就会是无效的。”②

创新是一个复杂的非线性过程，极需要以辨证唯物主义哲学思想为指导。由此可见，哲学修养是现代人的必备修养，更是创新型人才的必备修养。

（三）外语修养与创新

1. *熟练掌握英语是现代人必备的素质*

（1）英语是世界上最广泛使用的语言。据统计，世界上以英语为母语的人近4 亿，差不多每十个人中就有一个人讲英语。英国、美国、加拿大、澳大利亚、新西兰等国家的人都讲英语。世界上约有 20 国家把英语作为官方语言或第二语言使用，共计约有 8 亿人，如日本、印度、巴基斯坦、尼日利亚、新加坡和菲律宾等。也就是说，世界上差不多每五个人中有一个人至少在一定程度上懂英语。若加上世界各国中小学生学习英语的人数，懂英语的人就更多了。

（2）英语的使用范围非常广泛。世界上 70%以上的邮件是用英文写或用英文写地址的。全世界的广播节目中，有 60%是用英语进行的。国际上的资料绝大部分是用英语发表的。绝大部分的国际会议是以英语为第一通用语言，它也是联合国的正式工作语言之一。总之，在国际政治、军事、经济、科技、文化、贸易、交通运输等领域，英语是一个重要的交际工具。据统计，目前世界纸质出版物使用英语的占大多数，公开发表的世界一流科学论文几乎都使用英语，国际互联网内容中使用英语的占总量的 80%。

（3）学习别国的先进技术需要英语。中国在近几十年的确发生了翻天覆地的变化，各方面都发展得很快。但是，不容置疑的是，我们在很多技术方面仍然落后于西方先进国家。要发展，要进步，要在较短的时间内掌握各种技术，我们不

① 李瑞环. 学哲学用哲学(上)[M]. 北京：中国人民大学出版社，2005:16.
② （德）玻恩. 我的一生和我的观点[M]. 李宝恒译. 北京：商务印书馆，1979:20.

可能单靠自己搞研究，必须学习别人先进的技术。而学习的必要前提便是要掌握世界通用技术交流语言——英语。就计算机程序开发为例：虽然目前的计算机操作系统已经有中文版，但要进行应用程序开发，程序还是用英语编写的。高新技术资料大部分都是以英语编写。印度虽然在很多方面的发展比不上中国，但印度的软件开发业却比中国发达很多。造成这种差距，其中一个重要原因就是印度程序员普遍英语应用水平比中国程序员高。

（4）与世界各国合作需要英语。我们在学习别人先进技术、经验的同时，也需要与世界各国展开各种技术上和经济上的合作。如果不懂英语，便无法与合作方沟通交流，也更谈不上合作了。譬如某公司开发了一个具有世界水平的产品，如果能打开国际市场，前途将是一片光明。但偏偏公司人员不懂英语，无法很好地与国外客户沟通，无法将产品的优良性能展示出来，这将是一个惨重的损失。

因此，母语非英语的人在掌握本民族语言的同时，熟练掌握英语便成为现代人必备的素质。而且对英语语言的掌握程度，很大程度地决定了一个人一生的命运。

2. 创新与英语修养

创新离不开科学研究，而科学研究离不开查阅科技文献，而大部分科技文献是英语。如果一个科技人员英语水平不高，那么他只能查阅国内科技文献，而不能查阅国外科技发达国家的科技文献，则其创新水平只能是国家级的，难以达到世界级水平。掌握的外文语种越多，获取世界信息的空间就越大，速度就越快，越有利于创新性见解走在别人前头。

创新需要交流，如果一个创新者英语水平不好，则难以参加国际交流。事实上，英语已经成为国际科技合作的语言。宇宙空间、原子和计算机研究的最先进的研究成果都使用英语发表的。一位能用英语说和写的科学家跟其他国家的科学家的联系要紧密得多，而不能用英语说和写的科学家做不到。

（四）数学修养与创新

数学在人类文明的发展中起着非常重要的作用，数学推动了重大的科学技术进步。但在历史上，限于技术条件，依据数学推理和推算所作的预见，往往要多年之后才能实现。数学为人类生产和生活带来的效益容易被忽视。进入 20 世纪，尤其是到了二十世纪中叶以后，数学理论研究与实际应用之间的时间差已大大缩短，数学技术将是一种应用最广泛、最直接、最及时、最富创造力和重要的实用技术。

1. 数学与科学技术进步

20 世纪科学技术进步给人类生产和生活带来的巨大变化确实令人赞叹不已。从远古时代起一直是人们幻想的“顺风耳”，“千里眼”，“空中飞行”和“飞向太空”都在这一世纪成为现实。回顾 20 世纪的重大科学技术进步，以下几个项目元疑是影响最大的，而数学的预见和推动作用是非常关键。

（1）先有了麦克斯韦方程，人们从数学上论证了电磁波，其后赫兹（Hertz）才有可能做发射电磁波的实验，接着才会有电磁波声光信息传递技术的发展。

（2）爱因斯坦（Einstein）相对论的质能公式，首先从数学上论证了原子反应将释放出的巨大能量，预示了原子能时代的来临。随后人们才在技术上实现了这一预见，到了今天，原子能已成为发达国家电力能源的主要组成部分。

（3）牛顿（Newton）当年已经通过数学计算预见了发射人造天体的可能性，差不多过了将近三个世纪，人们才实现了这一预见。

（4）电子数字计算机的诞生和发展完全是在数学理论的指导下进行的。数学家图灵（Turing）和冯·诺依曼（Von Neumann）的研究对这一重大科学技术进步起了关键性的推动作用。

（5）遗传与变异现象虽然早就为人们所注意，但遗传的机制却很长时间得不到合理解释。19 世纪 60 年代，孟德尔（Mendel）以组合数学模型来解释他通过长达 8 年的实验观察得到的遗传统计资料，从而预见了遗传基因的存在性。

数学是人类理性思维的重要方式，数学模型、数学研究和数学推断往往能作出先于具体经验的预见。这种预见并非出于幻想，而是出于对以数学方式表现出来的自然规律和必然性的认识。随着科学技术的发展，信息的数字化和信息的数学处理已经成为几乎所有高科技项目共同的核心技术，从事先设计、制定方案，到试验探索、不断改进，到指挥控制、具体操作，处处倚重于数学技术。

2. 数学修养与创新

数学素养属于认识论和方法论的综合性思维形式，它具有概念化、抽象化、模式化的认识特征。具有数学素养的人善于把数学中的概念结论和处理方法推广应用于认识一切客观事物，具有这样的哲学高度和认识特征。具体说，一个具有数学素养的人，在他的认识世界和改造世界的活动中，常常表现出对于创新来说非常重要的三个特点：首先，在讨论问题时，习惯于强调定义（界定概念），强调问题存在的条件；其次，在观察问题时，习惯于抓住其中的（函数）关系，在微观（局部）认识基础上进一步做出多因素的全局性（全空间）考虑；再次，在认识问题时，习惯于将已有的严格的数学概念（如对偶、相关、随机、泛涵、非线性、周期性、混沌等）广义化，用于认识现实中的问题。

人类认识自然界的一个重要方面就是认识自然界的各种数量关系和形状、空间概念，并通过利用这些数量关系和形状、空间概念改造自然。一个不具备数学修养的人是无法进入未来的高科技社会，是无法完成复杂的创新工作。

数学能力是人类智能结构中最重要的基础能力之一。数学可以训练人的想象能力，数学可以训练人们定量认识事物的能力，数学可以锻炼人的思维的严密性和逻辑性，数学修养可以使人的思维具有高度的抽象性和简明性，数学修养可以使人的思维具有辨证性。

（五）艺术修养与创新

大量事实证明，许多有重大发现的科学家在探索真理的过程中都怀有某种审美情感，而这大都与他们青少年时代所受过的艺术熏陶有很大关系。哈佛、耶鲁等美国顶级名校具有世界一流的招生眼光，对学生录取的要求非常高，除学习成绩优秀外，要求申请者在下述至少两个方面“能力超凡”：音乐、艺术、社会服务、领导才能及体育运动。

1. 音乐修养与创新人才成长

我国古代伟大教育家孔子培养弟子的“六艺”（礼、乐、射、御、书、数）里，“乐”置于第二位。古代中国文人把“琴棋书画”作为基本修养，“琴”就是音乐，摆在第一位，可见位置之崇高。良好的音乐可以净化心灵、美化情操，促进学生身心健康成长，调节紧张的学习气氛，培养学生高尚的人格。音乐对于创新人才成长的作用是多方面的，表现以下几个方面：

（1）注意力的集中与分配。大家都知道演奏乐器的过程必然是要集中注意力，因而能够得到注意力集中的锻炼。但是演奏乐器时注意力不但要集中，尤其要分配，再简单的乐曲，也有旋律、低音、音高、节奏、音量、音色、演奏方法等不同因素的配合，更不用说复调性质的多声部乐曲了。只要比较完整地弹奏一首乐曲，就必然已经进行了注意力的集中与分配的心理素质训练。

（2）知觉与动作的配合与协调。演奏音乐靠的是感觉，有音乐的听觉，有手指、手臂以至整个身体动作的感觉，还有内心的节奏感、位置感，以及更高层次的情感、意境等等，良好的音乐演奏是这些不同的知觉与动作的巧妙的、天衣无缝的配合与协调。这不是单纯的“智力”，也不是单纯的“体力”或“灵敏”，在单纯的阅读、计算、体育活动中得不到这样的训练，舞蹈可获得这种训练，但是舞蹈离不开音乐。

（3）空间、时间观念的拓展。再也没有哪一种艺术像音乐那样重视时间上的精妙配合了。雕塑和建筑是现实空间的三维艺术，音乐是虚拟空间（声音的想象空间）的三维艺术：音的节奏运动是横坐标，音的音高变化是纵坐标，在乐器与人声的合奏、合唱中，音的“远近”所造成的效果则构成了第三维——深度的座标。经常置身于音乐中的人，也就是经常置身于精妙的音乐时间“流”和音乐三维空间的人，空间、时间观念很自然地得到加强。而空间、时间观念，在高深的物理、数学、化学、天文学等学科研究中，是一种不可缺少的基本素质。

（4）毅力与耐力的锻炼。大家都知道在练琴的过程中，为了一个技术细节重复练习几十次甚至上百次，是很平常的事。为了将一首乐曲的速度由每分钟 120 拍提高到 124 拍，更不知道要花费几小时、几天的功夫。除了体操和芭蕾以外，真想不出还有什么能使人们得到那么好的毅力和耐力的锻炼。毅力和耐力，是一个人在世界上生存和发展的最基本的素质。

（5）分辨能力和记忆能力的锻炼。分辨和记忆可以说是人的智力发展的“细胞”，在分辨的基础上才能认识，在记忆的基础上才能比较、分析、思考。音乐的各个要素（音高、音强、音色、节奏、速度等）在音乐进行的过程中呈现出动态的无穷无尽的千姿百态，远远超过语言的描述能力，经过听觉直接作用于人的心灵。指挥家能够听出演奏中的瞬间失误，钢琴家能够感觉到指触间的细微差别，提琴家能够把握住音色上的准确控制，作曲家能够体察到和声里的点滴新意：音乐随时调动着人的反应、锤炼着人的分辨和记忆的能力。

（6）形象思维与逻辑思维的协调与发展。要有把握地实现背谱演奏，至少要同时用到四种记忆，第一是音乐（声音）的记忆，第二是乐谱（图像）的记忆，第三是手指动作（运动）的记忆，第四是音乐结构（逻辑）的记忆，这四种记忆，既有形象思维，又有逻辑思维，音乐使得这两种思维你中有我，我中有你，水乳交融，浑然一体。这种思维方式，正是21世纪的创新人才最需要的思维方式，也是以往许多大科学家、大政治家和具有综合性巨大成就的人所具有的思维方式。

（7）增强想象力和创造力。贝多芬的田园交响乐，只对那些内心向往大自然景色（暴风雨、蜿蜒的小溪、鸟鸣、树林、野草、闲花、…）的灵魂才是倍感亲切的，或者说，只有那些多少懂得自然具有内在精神价值的人，才能在田园交响乐的旋律中获得慰籍的精神力量。有研究表明，音乐对于开发人的右脑，是非常有帮助的，音乐能够有效激发人的想象力和创造力。人的左右脑是有分工的，左脑控制逻辑思维，右脑控制形象思维，人的右脑得不到开发，想象力会大打拆扣。

（8）丰富人的情感。随着新世纪的来临，情感对于一个完备的、健康的人的作用，对于一个正常的、持续发展的社会的作用，越来越被学者、官员和公众所认识。音乐是情感的艺术，音乐中包含的情感因素，永远不能被语言所复述，永远不能被其他艺术形式所替代。音乐对于人的情感需求、情感发展方面的独特的、独到的作用，主要还是根源于音乐“直指人心”的本性。因此古代哲人历来重视音乐对于人性的影响。

（9）培养团队协作能力。音乐形式中有很多集体合作的项目，例如重唱、合唱、重奏、合奏，除了钢琴等少数乐器有真正意义上的独奏而外，其他乐器的独奏经常需要有另外一件或多件乐器进行伴奏。我们只要和美术、文学稍加比较，就很容易理解音乐的团队合作性。人们参与团队合作性的音乐活动中，可体会到个人与团队、个人与个人的协调、均衡的感觉，这是非常独特、非常珍贵的体验，对于创新人格的成长有着积极的作用。

2. 科学家的艺术修养

钱学森认为：一个有科学创新能力的人不但要有科学知识，还要有文化艺术修养。钱学森学理科，父亲同时送他去学绘画和音乐，这样把科学和文化艺术结合起来，能开拓创新思维，对从事科学工作很重要。钱老不仅是科学大师，在音乐、绘画、摄影等方面都有较深的造诣。钱学森夫人蒋英是女高音歌唱家，专唱深奥的德国古典歌曲。钱学森受到艺术熏陶，避免了机械唯物论，思路更开阔，思维更敏捷。

无独有偶，科学大师爱因斯坦（Einstein）自小就迷恋音乐。据《爱因斯坦传》介绍，他 3 岁练习拉小提琴，唯一的消遣就是音乐，他吮吸着人类文化最甘甜的乳汁，营造了一个安宁的精神家园。不管走到哪里，总是身不离提琴。爱因斯坦自己说过：音乐是他生命的一部分。他和量子力学创始人普朗克进行过一次著名的小提琴、钢琴二重奏，用音乐展示了相对论与量子力学构筑的 20 世纪物理学的辉煌，被称为世纪合奏。①

科学家大多有极高的艺术素养。水稻专家袁隆平能拉小提琴，建筑学家梁思成酷爱中国古典文学，地质学家李四光学过作曲，数学家苏步青、华罗庚、谷超豪均爱古典诗词，多有诗集问世。数学家陈省身不仅喜下围棋，还是个武侠小说迷，与金庸交好，还以九旬高龄聆听金庸的报告，李远哲说陈省身像个老顽童。须知，武侠小说丰富的想象力对科学家是十分有益的。中国近代地理学和气象学的奠基人，卓越的大学教育家竺可桢是位文史大家，不仅西学渊博，国学功底也极深厚，对经、史、子、集及诗词，笔记、方志等广征博引，用于科学研究，成果丰硕。数学家丘成桐酷爱古典文学，《史记》中许多篇章能够背诵，可见下了多少工夫……。这样的事例确实不胜枚举。

古今中外众多科学巨匠、大师既是“通才”，又是“专才”。在他们所孜孜以求的专业方面，达到了当时的科学高峰，且勇于在原来的基础上，开辟出新天地，向更高的目标迈进。在他们身上，博促进了专，专又激发博，专与博相互作用，相互激励，从而创出新的成果。当然他们特异的天赋，他们有别于常人的勤奋刻苦，他们深厚的知识功底和积淀，他们浓厚的兴趣爱好，都在发挥着作用。

二、唤醒学生的创新意识

创新意识是当代人必备的素质，是创新活动的起点，是求新求异意识、求真

① 鄂华著. 爱因斯坦传[M]. 长春：长春出版社，2003:4-7.

求实意识、求变意识、问题意识。青少年学生是最少保守思想、最容易接受新生事物、最富创新精神的一个群体，要建设创新型国家，必须从培养青少年学生的创新意识着手。

（一）创新意识概述

1. 意识的起源、本质和作用

（1）意识的起源。意识是自然界长期发展的产物，意识的产生，经历了一个长期的、复杂的物质运动过程。意识也是社会劳动的产物，劳动，特别是工具的制造，促进了人脑的进一步发达和健全。劳动造成了人与人之间的交流与沟通的必要，从而促进了语言的产生。语言的产生，提供了思维的工具，促进了抽象思维的发展，使人脑具备了能动反映客观世界的能力，大大促进了意识的发展。首先是劳动，然后是语言与劳动一起，成为意识产生的决定力量。意识起源的自然性和社会性，进一步证明了世界的物质统一性。

（2）意识的本质。从本质上看，意识是人脑的机能，是人脑对客观存在的主观反映。人脑是意识的物质载体，意识是人脑的特有机能。现代科学对意识活动的生理机制的研究证明：意识的产生过程不仅与生物电的传递过程一致，而且也与脑化学物质变化的过程相一致。这些都说明，人脑的生理活动是人的意识活动的物质基础，如果人脑受到损害，就会阻碍脑生理过程的正常进行，人的意识活动也将受到影响，甚至失去机能。这些都说明意识是高度发达的物质——人脑的机能。人脑有产生意识的机能，但人脑不能自动产生意识，只有客观事物作用于大脑，使人脑对客观事物作出反应，才会产生意识。人脑只是一个加工厂，没有原材料，大脑就不能加工出任何产品，不能进行意识活动，不能产生出意识。所以，意识来源于客观存在，其内容是客观的。

（3）意识对物质的反作用。马克思主义哲学坚持物质第一性、意识第二性，承认物质对意识的决定作用；也承认意识对物质的能动的反作用。所谓能动的反作用，是指意识对人在实践基础上能动地认识世界和改造世界的指导作用。意识对物质的反作用即意识的能动性主要表现在以下几个方面：第一，意识活动是一种主动的创造过程；第二，意识活动具有目的性、计划性；第三，意识的能动性突出表现在对客观世界的改造上，反映客观世界并不是最终的目的，意识活动的最终目的是和实践结合在一起，实现对客观世界的改造；第四，意识能反作用于主体，影响主体的生理过程和活动。

2. 创新意识及内容

创新意识就是在一定价值观的指导下所表现出来的创新愿望、企图与动机，它是人类意识活动中的一种积极的、富有成果性的表现形式，是人们进行创新活动的出发点和内在动力。没有创新意识，就不会有创新活动。

创新意识是一种与时俱进、勇于探索、开拓进取的思想状态和精神风貌，体现在实际工作的方方面面。超越前人是创新，推陈出新是创新，创造性地解决难题狠抓落实也是创新。一个创新意识强烈的人，敢为天下先，不满足于现状，没有最好只有更好，时时刻刻想着创新。若创新意识不浓，创新劲头不足，则精神萎靡不振，因循守旧守摊子，当一天和尚撞一天钟，碰到矛盾向外推，遇到问题绕道走。

创新意识包括哪些内容，仁者见仁，智者见智。根据创新意识在创新实践中的自觉程度的高低，指导力量的大小和持续时间的长短，可以将创新意识依次划分为：创新动机、问题意识、创新兴趣和超越意识。

(1)创新动机。创新动机又称为创新动力或创新需要。人们为什么渴求创新？为什么会忘我的致力于创新？总有一种推动的力量，这就是创新的动机问题。创新动机起源于创新需要，创新动机在创新意识中处于关键性的地位，思想根本上没有想到要创新或者把创新看成可有可无，当然不会有创新行动或者不会有强烈的创新行动。

（2）问题意识。问题意识又称质疑意识。若对某一事物认为没有问题，就不需要去改进，就不需要去创新。发现问题需要求异与质疑，谁不敢或不善于求异与质疑，谁就无法发现问题。没有对常规的挑战，就没有创新。而对常规的挑战的第一步就是质疑，它是发现真理、发展真理的必经环节和必经过程。

（3）创新兴趣。创新兴趣是指人们对创新活动的积极情绪和态度定向。创新兴趣也起源于创新需要，是创新动机的进一步发展。产生创新动机并不一定有创新兴趣，但一旦形成了创新兴趣就必然伴随着创新动机。对创新的强烈兴趣，是进行创新活动最重要的心理条件之一。

（4）超越意识。超越意识又称开拓意识、领先意识，这也是创新信念或创新理想。超越就是超越前人或他人甚至自己已有的成绩。任何开拓、任何创新，都是一种超越。一部人类发展史就是不断开拓不断创新的历史，也是一部不断超越的历史。

创新意识是创新人才所必需具备的。创新意识的培养和开发是培养创新人才的起点。只有注意从小培养创新意识，才能为成长为创新人才打下良好的基础。教育工作者应以此为教学改革的重点之一，一个具有创新意识的民族才有希望成为知识经济时代的科技强国。

（二）激发创新动机

1. 动机与创新动机

恩格斯曾指出“就个别人说，他的行为的一切动力，都一定要通过他的头脑，一定要转变为他的愿望和动机，才能使他行动起来……”[①]。从心理学上讲，人的行为是由动机支配的，而动机是由需要引起的，没有需要就不可能产生动机。但是，并不是任何需要都能成为动机，只有需要指向一定的目标，并且展现出达到目标的可能性时，才能形成动机，才会对行为有推动力。由此可见，形成动机的条件有两个：一是内在条件，即需要、欲望；二是外在条件，即诱因、刺激。因此，动机的概念可以概括为：动机是指推动人行动的内在力量，它是引起和维持个体行为并将此行为导向某一目标的愿望和意念。

在中国与大多数国家，通常认为犯罪动机是任何直接犯罪活动的内驱力，犯罪动机类型有：政治动机、经济动机、报复动机、妒忌动机等。根据动机理论，不是行为的结果决定动机，而是动机决定行为的结果。

创新不是一件容易的事情，创新有风险，创新意味着付出。创新既然这么难，为什么还有人热衷于创新，这就是创新动机。创新动机是指引起和维持主体创新活动的内部心理过程，是形成和推动创新行为的内驱力，是产生创新行为的前提。创新主体的创新动机并不是单一的，而是多元的，这既与创新主体的价值取向有关，也与组织的文化背景、创新者的素质相关。

---

① 马克斯恩格斯选集，第4卷. 北京：人民出版社，1972:243.

2. 创新动机的产生

既然动机是由需要及可能性引发的，则创新动机就是由创新需要及创新可能性引发的。创新需要通常有心理需要、成就感需要、经济性需要、责任性需要等。因此，一般而言，创新动机的产生有以下几点：

（1）创新心理需要。创新心理需要是指创新主体对某种创新目标的渴求或欲望。根据美国心理学家马斯洛（Maslow）的需求层次理论，人的需求可以分为生理需要、安全需要、社交需要、尊重需要、自我实现需要五个层次[①]。按照他的理论，自我实现需要是指人们希望完成与自己能力相称的工作，使自己的潜在能力得到充分的发挥，成为自己所期望的人物。创新的心理需要作为创新主体对某种创新目标实现的欲望，实际上是创新主体希望自己的创新能力能够在创新过程中得以发挥，因此，创新心理需要可以认为是人的需求的最高层次之一。创新主体的创新心理需要是由自己对个人成就、自我价值、社会责任、企业责任等的某种追求而产生的，具体来说则是在各种创新刺激的作用下产生的。创新刺激可以分为内部刺激和外部刺激两大类。内部刺激来源于创新主体内在因素变动的影响；外部刺激来源于外部环境各种因素的变动对创新主体的影响。内部刺激通常受到一定的年龄、生理等特点的制约；外部刺激则受到环境的制约。当内外刺激和谐时会产生共振，使创新心理需要程度加大，推动创新主体积极进行创新。创新心理需要可反复产生，按照心理学规律，需要产生动机，动机支配着人们的行动。

（2）成就感需要。成就感是成功者取得成就而产生的一种心理满足。许多创新主体进行创新的直接动机就是追求成就和成就感，因为他们把自己的成就看得比金钱更重要。对某些人来说，创新工作取得的成功或者解决了难题，从中所得到的乐趣和心理满足，超过了物质上的激励。正因为如此，具有成就感的创新主体更容易在艰苦的创新过程中保持顽强的进取心，推动自己不达目标誓不罢休。成就感通常只有成功的创新主体才会具备，因为如果创新总是不成功，创新主体的成就感就不会存在，原有的那么一点成就感也会慢慢地消失。但创新主体追求成就仍然是维持创新行动的动机。尽管这种成功可能未必给他带来多少经济利益，

---

① （美）马斯洛.人类激励理论，载《世界经济管理著作精选》.北京：企业管理出版社，1995:274.

却能为其带来尊重，这就足够了。在日本那种自尊性很强的组织中，员工们的创新行动除了因为把企业看做是自己的家之外，还有就是希望创新成功能使其他人对自己刮目相看，受到他人的尊重。

（3）经济性需要。在现实的经济社会中，劳动依然是谋生的手段，创新主体也要首先解决衣食住行等基本生存问题，因此不能排除创新主体因对收入报酬的追求和需要而产生创新的行动。创新主体在创新时的经济性动机，可以分为两大类：第一类是为了组织的经济效益提高；第二类是为了自己个人利益的增加。虽然第一类动机表面上只与组织效益有关，但组织效益良好最终还会以各种方式回报给为此作出贡献的创新主体。因此，创新主体的经济性动机是明确的，这就是各种创新的成功在增进资源配置效率从而导致企业效益的增加，提高资源配置效率的同时也能增加自己的经济收入。

（4）责任心需要。责任心是创新主体的另一重要创新动机，因为创新主体在其工作范围内是一个责任人，要对其所做的工作负责。只有具备高度责任心的人才会去寻找当前工作中的毛病和缺陷，希望从中找到改进和提高的方向，进行创新，使自己的工作做得更好。责任心有两种：一是对社会的责任心，这是宏观的；二是对企业的责任心，这是微观的。这两种责任心会使创新主体在思想意识中产生一种使命意识，促使自己坚持不懈地努力，最终获得创新成功。

（5）可能性。并不是任何需要都能成为动机，只有需要指向一定的目标，并且展现出达到目标的可能性时，才能形成动机，才会对行为有推动力。例如：经济性需要几乎人人都有，要想获得巨大的经济收入，必须自己去创业，但是创业并不是一件容易的事情，因而大多数人认为自己能力有限、资金有限，几乎没有成功可能性，于是也就不会产生创业动机。也有个别胆大者认为，只要自己艰苦奋斗，资金可以积累，企业就会越做越大，成功创业的可能性是存在的，于是创业动机就产生了。

3. 如何激发学生的创新动机

学生的主要任务是学习，应该是创新性学习。因此，激发学生的创新动机，首先要激发学生的创新性学习的动机。根据需要理论，动机是由需要引发的。因此，激发学生的创新动机应该从学生的需要着手。

（1）让创新成为学生的心理需要。目标远大是产生创新动机的源泉。要让学生懂得创新的重要意义：创新是时代的呼唤；创新是我国实现社会主义现代化建设的现实需要；创新也是个人自我发展的必备素质和未来竞争的前提。21世纪的人才标准不但要求知识渊博，而且需具备创新精神和创新能力。一个国家拥有创新人才多少，将决定经济发展的快慢和科技进步的大小。当学生明白了创新的意义后，他们就会产生强烈的创造动机和责任意识，自觉地为中华民族的全面振兴和为美好的人生去创造。

（2）通过创新性学习，使学生产生成就感。成就感和好成绩是互相促进的。首先，好成绩使他们追求更好的成绩，而这种追求真的使他们的成绩越来越好。反之，如果学生一开始就没有能够在学习上取得好成绩，他们将失去追求学习成就的动机，而同时把兴趣转移到其他方面去。如果一个学生学习成绩很好，并因此得到老师同学的赞扬，就会逐渐形成一种热爱学习的个人品质；反之，就会形成一种不喜欢甚至厌恶学习的品质。教师的责任是尽力为学生创设积极正面的学习环境，使之形成积极正面的学习态度与习惯。

（3）升学需要。在现实社会中，大多数创新动机是由经济性需要引发的，但学生在学习过程中，没有经济性需要，但有升学需要，如初中升高中、高中升大学，然后考研。在当今中国，升学需要是引发学生创新性学习的最大动机。

（4）学习责任心需要。在现实工作中，工作责任心是个体的重要创新动机。学生在学校中主要是学习，通常只有对社会、对家长的学习责任心。这两种责任心会使学生在思想意识中产生一种使命意识，促使自己坚持不懈地努力学习，最终获得创新性学习的成功。

（5）创新性学习的可能性。创新性学习的难度要适中，学习难度太大，学生会没信心；学习难度太小，学生会觉得没有意思。只有学习难度适中，使学生感到成功的可能性存在，才会激发起学生的创新性学习动机。

（三）启迪问题意识

问题意识是指个体在认识活动中意识到一些难以解决的、疑惑的实际问题或理论问题时产生的一种怀疑、困惑、焦虑、探究的心理状态。这种心理驱使个体积极思维，不断提出问题和寻求解决问题的方法，从而开启创新活动之门。

1. 问题是启动创新的内驱力

心理学研究表明，意识到问题的存在是思维的起点，没有问题的思维是肤浅的思维、被动的思维。学生没有问题本身就是大问题。早在2000多年前，孔子就要求自己和学生“每事问”，他高度评价问题的价值及意义，认为“疑是思之始，学之端”。理学大师朱熹也说过：“读书无疑者，须教有疑，有疑者却要无疑，到这里方是长进。”宋代的著名学者陆九渊的观点则更精辟，他说：“为学患无疑，疑则有进，小疑则小进，大疑则大进。”爱因斯坦曾指出：“提出一个问题往往比解决一个问题更重要，因为解决一个问题也许仅是一个数学上的或是实验上的技能而已，而提出新的问题、新的可能性，从新的角度去看旧的问题，却需要有创造性的想象力，而且标志着科学的真正进步。”①

学生如果有问题意识，就会产生解决问题的需要和强烈的内驱力，他们的思维就会为解决某一具体的局部的实际问题而启动，不同层次水平的学生就会采用查找资料、请教师长等手段，在有意或无意之中大大扩充了知识量。所以，培养学生的问题意识，有利于发挥学生的主体作用，有利于激发学生学习的动机，学生只有在不断地试图提出问题、克服一切困难、努力解决问题的过程中，才会具有科学的探索精神和创造品质。

问题意识在思维过程和科学创新活动中占有非常重要的地位，对创新教育教学活动来说，问题意识是培养学生创新精神的切入点。在弘扬创新精神的今天，培养学生的问题意识比任何时候都显得尤为重要，它对于学生掌握较好的学习方法、发挥学生的主体作用、激发学生探究社会现象的本质、培养学生创新意识具有重要意义。

2. 如何培养学生的问题意识

学生的问题意识薄弱，主要表现为：不敢提出问题；不愿提出问题；不能提出问题；不善于提出问题。教学中学生经常会出现无疑可问、不知怎样问、没机会问、不敢问的局面。那么如何改变这种局面，如何培养学生的意识呢？培养学生的问题意识，要注意以下几点：

---

① 名人名言，爱因斯坦：http://tool.ckd.cc/mingyan/3799.html.

（1）创设学生质疑的环境。创设良好的教育环境与气氛，激发学生的问题意识，发扬民主，让学生有问题敢问。受传统师生关系的影响，师道尊严、教师权威，使学生的问题意识受到抑制。传统的教学，往往抑制了处于萌芽中的学生问题意识的表露，具有问题意识的学生或者没有时间或者没有机会，或者不敢提出胸中的一些问题，而这些问题往往是影响以后学习的重要因素。要激发学生的问题意识，就必须创设良好的教育教学环境，构筑师生间进行交流和对话的平台，鼓励学生向教师的知识和见解进行挑战和质疑，树立学生敢于怀疑权威和经典的信心，使学生问题意识的显现与发展获得环境的肯定与支持。

（2）激发学生探究的兴趣。激发学生的探究学习兴趣，恰当地评价学生提出的问题，使他们在获得新知的过程中感受成功的喜悦，让学生有问题愿问。从心理学的角度看，兴趣是人的一种个性心理特征，是在一定的情感体验影响下产生的一种积极探究某种事物或从事某种活动的意识倾向，这种意识倾向是人的思想、精神的一种集中指向。学生一旦对学习发生兴趣，必然产生获取科学知识的强烈欲望，以至专心致志地学习，问题意识油然而生，促进学生能不断地发现问题，解决问题。学生通过对问题主动思考、探究，他们会自己找到某些答案，会产生一种满足感和成功感，会对学习产生更大的兴趣。对学生提出的问题进行恰当的评价，以进一步解放学生、进一步释放学生的思维潜能、进一步保护学生的思维火花，鼓励他们表达自己的想法，促使教学相长。即使学生提出的问题很简单，也要认真对待，这样学生会感觉自己是被重视的，积极性会大大高涨。对学生大胆的发问、质疑不予重视或视为刁难、捣乱、钻牛角尖，并加以批评、训斥甚至讽刺和挖苦，这无疑会扼杀学生的问题意识，也会降低学生学习的兴趣，会使他们再也不愿提问题。

（3）采用启发式教学。采用启发式教学，精心设置问题环境，引导探究，让学生有问题能问。教师习惯于把教学过程看作是自己设计的教学内容有条不紊地传授给学生，并让学生接受知识的一道程序。由此，学生的思维产生了惰性，变得不会发现问题，不能提出问题。在教学中，不能把问题强加给学生，而把通过启发式教学精心设置问题，来培养学生的问题意识，让他们自己主动提出问题，并在教师的引导下解决问题。教师要以问题为中心，巧妙地设疑、布疑、激疑和质疑，让学生去释疑、解疑，以促进问题意识的发展。

（4）引导学生思考与联想。引导学生积极思考、联想，激发学生的问题意识，让学生有问题善问。世界上任何事物都是相互关联的，相互影响、联系的诸多事物反映到人们头脑中，会形成各种不同的联想，如接近联想、类似联想、对比联想、因果联想等。这种联想思维能根据事物之间普遍联系的特点，进行由此及彼、由近及远、由表及里的思考，它是创造性思维的重要组成部分。课堂教学中，教师要善于启发学生联想、思考、转化。只有学生能够从不同的角度进行对事物的研究与探索，从不同的层次进行联想与思考，问题意识才能形成。所以说，教师要引导学生对眼前事物进行联想与思考，联想得越广泛，思考得越细致，问题意识越强烈，发现问题越深刻，提出问题也就越多，教学效果更为显著。

应该明白，强化问题观念，强化问题意识，不能简单等同于提问。应该是让学生自己探究，积极思考，大胆联想，其目的不在于能够寻求正确答案，而在于激发学生对事物保持一种好奇心和敏感性，自觉形成问题意识的良好习惯，能够对问题形成自己的独立见解。

（四）培养创新兴趣

对创新的强烈兴趣，是进行创新活动最重要的心理条件之一。对一项创新活动只要有了兴趣，就能钻进去，不知疲倦、不畏艰险去闯。培养兴趣－创新入迷－获得成功，这往往是创新成功的三部曲。历史上许许多多的发明创新者，都是沿着这三部曲走向成功的。

1. 兴趣产生根源及发展

兴趣是指以特定活动事物以及人的特性为对象，个人在积极的、选择的爱好倾向上所产生的情绪兴奋态度。兴趣表现为一个人积极去探究某种事物或从事某种活动的认识或意识倾向，这种倾向是和一定的情感体验联系着的。兴趣不是天生的，它是在人的社会实践过程培养起来的。兴趣是在需要的基础上产生和发展的。一个人的社会实践要求反映在头脑中，变成个人的已有需要，并在它的推动下进行积极活动中所产生的兴趣才成为具有个性倾向的兴趣。

（1）“美”产生兴趣。首先，科学本身、大自然本身和创新本身都有客观的内在美。爱美之心，人皆有之。所以，而凡是美的东西，都容易引起人们的兴趣和追求。

（2）好奇产生兴趣。由好奇心产生兴趣，这是兴趣产生的另一个内在原因。好奇心不仅是产生兴趣的最初根源，还是创新设想的催化剂。爱因斯坦（Einstein）说过："我没什么特殊才能，只不过好奇心强一些而已。"[①]人在婴幼儿时期，好奇心特别强烈，凡有新奇事物出现，都想探个究竟。但儿童的好奇心常常受到遏制。扼杀儿童的好奇心，无异于扼杀创新的动力。

（3）理解产生兴趣。兴趣形成的规律，即：好奇+理解+引导性再好奇+再理解……形成兴趣。通常孩子出生后，对什么都充满好奇，并会主动尝试对抽象标识的最初理解，如果父母在此时对其好奇报以漠视态度，就会导致孩子因为对抽象标识的不理解而无法产生兴趣，最后把一开始充满好奇的直观表现和抽象标识一起捆绑丢进了垃圾堆，这也就是绝大多数孩子在受到不合理培育后，无法对学习产生兴趣，甚至厌弃的最主要原因之一。学生学习也是如此，对教师讲授的内容理解得较好，学习兴趣就会提高。

（4）成就产生兴趣。英国生物学家华莱士（wallace）用自己的亲身体验，真切地道出了当他作出一个发现时的狂喜心情："只有一个博物学者才能理解我最终捕获一种从未发现过的蝴蝶时体验到的强烈兴奋感情。我的心狂跳不止，热血冲到头部，有一种要晕厥的感觉，甚至在担心马上要死的时候产生的那种感觉。那天我头痛了一整天，一件大多数人看来不足为怪的事竟使我兴奋到极点。"[②]当一个人由于作出了某种创造性贡献，得到了别人的赞许和尊重，就会因这种需要得到满足而感到快乐，这种快乐又会促使他开始新的创新，在这种良性循环中，产生了对创新的兴趣。

（5）有趣→乐趣→志趣。兴趣的发展一般要经历这样一个过程：有趣→乐趣→志趣。有趣是兴趣过程的第一个阶段，也是兴趣发展的低级阶段，它往往短暂易逝，非常不稳定，处于这一阶段的兴趣常常与你对某一事物的新奇感相联系，随着这种新奇感的消失，兴趣也会自然地逝去；乐趣是兴趣过程的第二个阶段，它是在有趣定向发展的基础上形成的，是兴趣发展的中级阶段，在这一阶段中，

---

① 张文青编译. 爱因斯坦箴言[M]. 北京：北京长安出版社，2010:90.

② （英）贝弗里奇，科学研究的艺术[M]. 陈捷译. 北京：科学出版社，1984:147

你的兴趣变得专一而深入，如喜爱网络文学的你很可能会成天沉溺于网络文学作品中；志趣是兴趣发展过程的第三个阶段，当乐趣同你的社会责任感、理想、奋斗目标结合起来时，乐趣便变成了志趣，志趣具有稳定性、社会性、自觉性和方向性，是取得成功的根本动力。

2. 兴趣与创新

爱因斯坦（Einstein）说过："兴趣是最好的老师[①]"。我们的先师孔子也曾说过："知之者不如好之者，好之者不如乐之者。"[②]兴趣在创新活动中的作用是巨大的，兴趣在创新中的作用主要有以下几个方面：

（1）兴趣使人对创新充满热情。兴趣可以使人善于创造条件、适应环境，对创新活动充满热情。兴趣可以扩展一个人的眼界，丰富人的心理活动内容，并推动人去积极活动，表现出人的个性积极性，为创新活动去创造条件。有多方面的兴趣就能在创新中应付多变，甚至与己不利的环境。如环境有变，由于有广泛的兴趣，可以随之变换创新的性质内容，并很快熟悉新的领域的创新，获得创新的内心满足。

（2）兴趣对人的成长有催化作用。人的早期兴趣对他的未来成才有催化作用，这种最初步的兴趣往往为他的进一步学习打下基础，为他的智力发展确立方向。爱迪生（Edison）从小爱思考问题，对新奇的事物有浓厚兴趣；达尔文（Darwin）从小就有在园子里挖地、栽培、播种的兴趣和爱好；德国数学家高斯（Gauss）、我国数学家华罗庚从小就对数学产生兴趣。这些都是很有说服力的事例，兴趣可以使人集中精力去获得知识，并开始创造活动。

（3）兴趣使人进入忘我的创造发明境界。兴趣可以化苦为乐，使人进入忘我的创造发明境界。一个真正的科学家，在从事他所感兴趣的工作时，是没有什么苦的感觉的，相反，会对工作产生极大的乐趣。如爱迪生、牛顿、爱因斯坦、居里夫人等，做起实验来废寝忘食，有时甚至几个月不离开实验室。

（4）兴趣广泛对创新有利。创新不仅需要有强烈的创新兴趣，还需要广泛的多样兴趣。因为多样化的兴趣会使人观点鲜明，能产生创意。如果长时间局限

① 《爱因斯坦文集》第三卷，商务印书馆，1979:144.
② 杨伯峻译注. 论语译注[M]. 北京：中华书局，1980:61.

一个狭窄的领域，会造成思想闭塞，视界狭小，思维迟钝。大科学家们的兴趣都是比较广泛的，在文艺复兴时期，多才多艺的达•芬奇（Da Vinci）不仅潜心钻研艺术，还研究光学、解剖学、物理学、植物学、动物学和数学，他很注意将自然科学的某些心得用在绘画上，开创了欧州绘画艺术史上一个新时代。

3. 创新兴趣的培养

兴趣不是天生的，它是在人的社会实践过程培养起来的。创新的过程就是学习的过程，学生的主要任务是学习，因此，培养学生的创新兴趣，首先要培养学生的创新性学习的兴趣。

（1）建立良好的师生关系。教师在学生眼中树立起良好的自身形象，使学生喜欢，这是学生产生学习兴趣的前提条件。第一，建立师生平等关系。教师切忌认为自己是老师，高人一等，凌驾于学生之上，动不动就无端训斥、冷嘲热讽，而是要走近学生。同时，也要让学生走近教师，因为学生与教师在人格上是平等的。第二，建立朋友关系。在课余时间，老师不妨当当学生的朋友，听听他们的心声，投其所好，关注一下他们的世界，和他们聊聊感兴趣的话题。这样，你会发现你和学生的关系一下子拉近了许多，他们对你的接受和喜爱就会逐渐迁移到课堂学习之中。第三，亲其师，信其道。师爱的力量是神奇的。你对学生一个鼓励的眼神，一个会心的微笑，一句体贴的话语，都可能产生意想不到的效果。学生很可能因此而喜欢你，喜欢你教的学科，爱上你的课。

（2）因势利导，营造环境。教师一定要利用好每一个 45 分钟，善于抓住契机，引导学生进入学习的快乐殿堂。第一，注重导入，创设氛围。良好的开端是成功的一半，教师精心设计导语，为课堂创设浓郁的感情氛围，是引发情感的重要艺术手段。好的导语可以导引和控制学生课堂学习活动的顺向心理定势，形成和谐的课堂气氛，产生良好的教学准备状态，使学生迅速进入预定的教学轨道。第二，营造环境，主体参与。作为教师，在课堂教学中营造良好的课堂氛围，把学习的主动权交给学生，这就需要教师发扬教学民主的精神，鼓励学生独立思考，消化知识，勇于提出问题，发表自己的看法见解，使学生的思维迸发出绚烂的火花，尤其是调动学生主体参与的积极性，培养他们的学习兴趣，使他们逐渐养成良好的学习品质。

（3）体验成功，产生兴趣。第一，教师应创造机会，让学生体验成功的快乐。在课堂教学过程中，当学生答题正确时，要加以鼓励，出现错误时，应给予指导，思维受阻时，应善于启发诱导，促使学生获得成功，使之体验到学习成功后的喜悦。在学习中，如果学生获得成功，就会产生愉快的情绪，若反复多次，学习和愉快的情绪则会建立固定的联系，也就会形成越学越有兴趣，越有兴趣就越想学的良性循环。第二，鼓励学生独立思考，独立解决问题。在实际教学中，教师要根据学生的学习情况，设计出一些经过努力便能解决的问题，并让学生自己去解决。当学生遇到困难时，教师再给予适当的帮助。当学生解决了面临的问题后，便获得成功的喜悦，此时，就需要教师抓住学生的成功之处给予适当的语言激励。

（4）采用步步高的策略，激发、引起、巩固兴趣。第一，激发兴趣，教学相长。我们一旦激发了学生的学习兴趣，学生就会对所学内容产生一种热爱之情，就会不由自主地去学习，去钻研，去体验，去创造，而这些活动又必然会反过来促进教学的进一步发展和教学质量的提高。这种相互促进，将会形成一种教学相长的良性循环。第二，唤醒自信，引起兴趣。教师对学生的信任是一种巨大的鼓舞力量，信任度越大，成就越高。陶行知先生说过："你的教鞭下有瓦特，你的冷眼里有牛顿，你的讥笑中有爱迪生。"[①]作为一名教师，应该相信每个学生都具备成功的潜能，都有成功的可能，都有成功的希望。教师最重要的作用是唤醒学生的自信，引起他们的学习兴趣。第三，多次成功，巩固兴趣。如果教师总是对学生提出过高的要求，而学生又总是无法完成任务，那么他们就会逐渐失去学习兴趣。因此，我总是采用小台阶、步步高的策略，提出一些切合学生实际的目标，让他们一次次成功，于是，他们便有了信心，有了兴趣。再继续下去，形成良性循环，最终完成任务。

（5）教师利用自身魅力，引起学生的好奇心，激起他们的求知欲。第一，展现师者的魅力。课堂上，教师的表情、姿态、手势都直接影响着学生的兴趣。课堂应该是乐园，教师应该是愉快、积极、热情、真挚的。教师用富有激情的教态、语言激发学生的情趣，让学生在生动的课堂中积极参与，这是教师自身魅力的作

---

① 陶行知教育教学名言：http://www.douban.com/group/topic/3250638/.

用。第二，引起学生好奇心。教育的全部艺术就是唤醒学生天然好奇心的艺术，并让这种好奇心在学习中得到满足。在教学中，如果我们能够不断地制造悬念，使学生对新知识产生一种急于探究的心情，那么就会引起学生对新知识的兴趣。第三，激起学生求知欲。心理学的研究表明，如果学习者已有的知识经验与新的学习内容之间具有中等程度的差距时，就会引起他们的认识需要，激发他们的学习兴趣。教师通过设置科学精妙的问题，激起学生强烈的求知欲望，激发学生探索问题的热情，让学生在兴趣盎然的情景和环境中学习，可以达到事半功倍、高效学习的目的。

三、训练学生的创新思维

思维方式对创新影响最为直接。在学习上，谁善于创新思维，谁的脑子就灵；在工作上，谁善于创新思维，谁的办法就多；在事业上，谁善于创新思维，谁的天地就宽。一般说来，思维方式决定一个人的命运与前景。如：善于逻辑思维、应变思维的人，可以搞外交；善于灵感思维、顿悟思维的人，可以搞创作；善于比较思维、批判思维的人，可以做学问；善于宏观思维、战略思维的人，可以做领导；善于风险思维、竞争思维的人，可以做企业家。

（一）创新思维概述

创新思维是指：以新颖独创的方法解决问题的思维过程，通过这种思维能突破常规思维的界限，以超常规甚至反常规的方法、视角去思考问题，提出与众不同的解决方案，从而产生新颖的、独到的、有社会意义的思维成果。

创新思维它是相对于传统性思维而言的，创新思维是所有人都有的，但不是所有的人都能够用它，大量的创新思维被埋没了。平常人是传统性思维、常规性思维占主导，所以它的创造力发挥不出来。如具有创新思维的人可以想别人所未想、见别人所未见、做别人所未做的事，敢于突破原有的框架，或是从多种原有规范的交叉处着手，或是反向思考问题，从而取得创造性、突破性的成就。

创新思维需要人们付出艰苦的脑力劳动。一项创新思维成果的取得，往往需要经过长期的探索、刻苦的钻研，甚至多次的挫折之后才能取得，而创新思维能力也要经过长期的知识积累、智能训练、素质磨砺才能具备。创新思维过程，还离不开推理、想象、联想、直觉等思维活动。

1. 创新思维的特征

（1）独创性或新颖性。创新思维贵在创新，它或者在思路的选择上，或者在思考的技巧上，或者在思维的结论上，具有着“前无古人”的独到之处，具有着一定范围内的首创性、开拓性。具有创新思维的人，对事物必须具有浓厚的创新兴趣，在实际活动中善于超出思维常规，对“完善”的事物、平稳有序发展的事物进行重新认识，以求新的发现，这种发现就是一种独创、一种新的见解、新的发明和新的突破。

（2）灵活性。创新思维并无现成的思维方法和程序可循，所以它的方式、方法、程序、途径等都没有固定的框架。进行创新思维活动的人在考虑问题时可以迅速地从一个思路转向另一个思路，从一种意境进入另一种意境，多方位地试探解决问题的办法，这样，创新性思维活动就表现出不同的结果或不同的方法、技巧。创新思维的灵活性还表现为人们在一定的原则界限内的自由选择、发挥等。

（3）艺术性。创新思维活动是一种开放的、灵活多变的思维活动，它的发生伴随有“想象”、“直觉”、“灵感”之类的非逻辑、非规范思维活动，而“想象”、“灵感”、“直觉”等往往因人而异、因时而异、因问题和对象而异，所以创新思维活动具有极大随机性，他人不可以完全模仿、模拟。创新思维活动的上述特点同艺术活动有相似之处，艺术活动就是每个人充分发挥自己才能，包括利用直觉、灵感、想象等非理性的活动。

（4）潜在性。创新思维活动从现实的活动和客体出发，但它的指向不是现存的客体，而是一个潜在的、尚未被认识和实践的对象。例如，在改革浪潮席卷全球的今天，无论是发达国家，还是发展中国家，都在寻求适合本国国情的改革之路，那么，这条路究竟怎么走，各国正在探索，即各国分别依据本国所面临的各种现实情况，进行创造性的思索，大胆试验，所以，这条路至今还不太清晰，还是潜在的，或处于由潜在向现实的不断转变之中。

（5）风险性。由于创新思维活动是一种探索未知的活动，因此要受着多种因素的限制和影响，如事物发展及其本质暴露的程度、实践的条件与水平、认识的水平与能力等，这就决定了创新思维并不能每次都能取得成功，甚至有可能毫无成效或者作出错误的结论。创新思维活动的风险性还表现在它对传统势力、偏见等的冲击上，传统势力、现有权威都会竭力维护自己的存在，对创新思维活动的成果抱有抵抗的心理，甚至仇视的心理。

2. 影响创新思维的障碍

培养学生的创新思维，必须破除“思维定势”，扩展“思维视觉”。在长期的思维实践中，每个人都形成了自己所惯用的、格式化的思考模型，当面临外界事物或现实问题的时候，我们能够不假思索地把它们纳入特定的思维框架，并沿着特定的思维路径对它们进行思考和处理，这就是思维定势。“视角”就是思考问题的角度、层面、路线或立场。应该尽量多地增加头脑中的思维视角，学会从多种角度观察同一个问题。

（1）权威定势。有人群的地方总有权威，权威是任何社会都实际存在的现象，对权威的尊崇常常演变为神化和迷信。在思维领域，人们习惯于引证权威的观点，不加思考地以权威的是非为是非，这就是权威定势。思维中权威定势的形成主要通过两条途径，第一条途径是，在从儿童长到成年过程中所接受的“教育权威”。第二条途径是“专业权威”，即由深厚的专门知识所形成的权威。权威定势的强化往往是由于统治集团的有意识的培植，而且权威确立之后常会产生“泛化现象”，即把个别专业领域内的权威扩展到社会生活的其他领域内。权威定势有利于惯常思维，却有害于创新思维。在需要推陈出新的时候，它使人们很难突破旧权威的束缚。历史上的创新常常是从打倒权威开始的。

（2）从众定势。从众定势的根源在于，人是一种群居性的动物，为了维持群体生活，每个人都必须在行动上奉行“个人服从群体，少数服从多数”的准则。然而这个准则不久便会成为普遍的思维原则而成为“从众定势”。从众定势使得个人有归宿感和安全感，以众人之是非为是非，人云亦云随大流，即使错了，也无须独自承担责任。人们大部分的行为选择其实都是从众的结果，而很少经过自己独立的深思熟虑。在传统社会中，统治阶级不断强化人们的从众定势，因而排斥那些惊世骇俗的言行和特立独行的人物。

（3）知识经验定势。知识经验与创新思维的关系，是个较为复杂的问题。知识经验具有不断增长、不断更新的特点，进而有可能使我们开阔眼界，增强创新能力。知识经验又是相对稳定的，而且知识是以严密的逻辑形式表现出来的，因而又有可能导致对它们的崇拜，形成固定的思维模式，由此削弱想象力，造成创新能力的下降，这就是知识经验定势。为弱化知识经验定势，或从根本上阻止其形成，人们应该经常进行创新思维训练，以便灵活地运用已有的知识和经验，让它们与自己的智慧同步增长。

（二）扩展创新思维视角

“视角”就是思考问题的角度、层面、路线或立场。应该尽量多地增加头脑中的思维视角，学会从多角度、多侧面、多方向观察思考同一个问题①。

1. “肯定－否定－存疑”视角

肯定视角是指，当头脑思考一种具体的事物或者观念的时候，首先设定它是正确的、好的、有价值的，然后沿着这种视角，寻找这种事物或观念的优点和正面价值。肯定视觉并不新奇，我们的头脑天天都在使用，但是，我们往往只对那些公认的“好的”、“对的”、“有价值的”事物采用肯定视觉。应该对所有的事物都先来一番肯定视觉，因为“不好的”、“错的”、“没有价值的”事物，只要我们用心，都能找出正面积极的意义。否定视角正相反，“否定”也可以理解为“反向”，就是从反面和对立面来思考一个事物，并在这种视角的支配下寻找这个事物或者观念的错误、危害、失败、缺点之类的负面价值。把事情反过来考虑，会促使我们产生意想不到的创意，有否定才有进步。存疑视角是指，对于某些事物、观念或者问题，我们一时也许难以判定，那就不应该勉强地“肯定”或者“否定”，不妨放下问题，让头脑冷却一下，过一段时间再进行判定。科学家们大都在遇到困难时，暂时把工作停下来，让头脑获得休息，再用触发因素，将创造性火花点燃。

2. “自我－他人－群体”视角

自我视角是指，我们观察和思考外界的事物，总是习惯以自我为中心，用我的目的、我的需要、我的态度、我的价值观念、情感偏好、审美情趣等，作为“标准尺度”去衡量外来的事物和观念。他人视角要求我们，在思维过程中尽力摆脱“自我”的狭小天地，走出“围城”，从别人的角度，站在“城外”，对同一事物

① 梁良良. 创新思维训练[M]. 北京：中央编译出版社，2003:138-178.

和观念进行一番思考，发现创意的苗头。从他人视觉思考问题，往往十分困难，因为他人视觉是打破自我视觉的结果。群体视角是指，任何群体总是由个人组成的，但是，对于同一个事物，从个人的视角和从群体的视角，往往会得出不同的结论。摆脱自我视觉，站在群体甚至整个人类的角度来思考，使我们的视野更加开阔，对当前的事物产生更加深入的理解。

3. “无序－有序－可行”视角

无序视角的意思是说，我们在创新思维的时候，特别是在思维的初期阶段，应该尽可能地打破头脑中的所有条条框框，包括那些“法则”、“规律”、“定理”、“守则”、“常识”之类的东西，进行一番“混沌型”的无序思考，以便充分激发想象力，达到更好的创意效果。因为在许多情况下，混乱更容易刺激人们的联想能力，从而产生更强的创造力，这一点已被科学实验所证实。有序视角的含义是，我们的头脑在思考某种事物或者观念的时候，按照严格的逻辑来进行，透过现象，看到本质，排除偶然性，认识必然性，从而保证头脑中的新创意，能够在实践中获得成功。采用无序视角之后，条条框框被打破，还必须进行一番“有序化”的工作。可行视角是指，创新的生命在于实施，我们必须实事求是地对方案进行可行性论证，从而保证能够在实践中获得成功。因为，某种创新方案可能逻辑上很完美，但由于现实社会千变万化，十分复杂，方案在实施中并一定能成功，应该反复论证，小范围试验，大面积推广。

4. “今日－往日－来日”视角

所谓往日视角，就是考察事物和观念的起源、历史和以往的发展，把握了事物的过去，才能更好地思索事物的当今，这是历史主义的基本原则。今天的事物总是从以往的事物发展而来的，当我们用往日视觉来思考事物、观念和人生的时候，肯定会别有一番感受，有可能获新的创意。所谓来日视角，就是思索事物或观念和未来发展，预测它的发展方向和发展道路，并用预测的结果来指导我们的今天，指导当今对待它们的态度。古语说：“预则立，不预则废”。目光只盯着眼前，缺少来日视角，就无法把握事物发展的未来。要跟上时代步伐，必须从现在、过去和未来三个时间点上思考问题，这就需要一种战略思维。

5. “求同－求异－求合”视角

所谓求同视角，是指任何两种事物或者观念之间，都有或多或少的相同点。我们在思维中抓往了这些相同点，便能够把千差万别的事物联系起来，从而发现新创意。所谓求异思维，是指任何事物都不可能完全相同，都有或多或少的差异点。在多数场合，单用求同视角，或者单用求异视角，都会产生一定的片面性，只有把两者结合起来，才能获得满意的效果，这也可以称为求合视角。

6. “情感－理智－理想”视角

所谓情感视角，是指人是一种感情型的生物，不但人与人之间可以产生感情，而且人对外界事物也会产生感情，一定的感情影响着人们思考的倾向和范围。情感视角是一种非理性视觉，它使我们对当下事物的判断产生一定的偏差。情感与创新的关系非常密切，创新常常意味着放弃，而放弃则包含着感情上的割舍，这对于多数人来说是极为困难的。理智是人的头脑认识世界的最主要的武器，理智包括很多内容，其中一个重要内容就是对具体与抽象的把握。面对具体的事物，人们的思维往往受到各种各样的束缚。如果能够进入抽象的领域，思维束缚反而会少一些，更容易打开思路，发挥思维的创新能力。现实的事物并没有理想的，但这种情况并不妨碍我们在思维中从“理想”的角度考察世界，从“理想”或“应该”的角度看待问题，便能够跳出真实事物的限制，容易产生出许多创新的想法。全面地说，人在思维的时候，有理性的一面，也有情感的一面，还有理想的一面。我们在进行阶新的时候应该把握三者的关系，而不能只从一个角度去思考问题。

（三）创新思维的重要形式

思维形式很多，有顺向思维、逆向思维、求同思维、求异思维、收敛思维、发散思维、横向思维、纵向思维、形象思维、抽象思维、灵感思维、直觉思维、逻辑思维、非逻辑思维、线性思维、非线性思维等。如果这些思维有助于你创新，则就是创新思维。所以，创新思维就是有助于成功创新的新思维，是一种想别人没有想到的思维。创新思维的重要诀窍在于多角度、多侧面、多方向地看待和处理事物、问题和过程。下面介绍几种重要的创新思维形式。

1. 逆向思维

逆向思维（converse thinking）也叫求异思维，它是对司空见惯的似乎已成定论的事物或观点反过来思考的一种思维方式。敢于“反其道而思之”，让思维向对立面的方向发展，从问题的相反面深入地进行探索，树立新思想，创立新形象。当大家都朝着一个固定的思维方向思考问题时，而你却独自朝相反的方向思索，这样的思维方式就叫逆向思维。人们习惯于沿着事物发展的正方向去思考问题并寻求解决办法。其实，对于某些问题，尤其是一些特殊问题，从结论往回推，倒过来思考，从求解回到已知条件，反过去想或许会使问题简单化。

例：司马光砸缸的故事就是运用了逆向思维。有人落水，常规的思维模式是“救人离水”，而司马光面对紧急险情，运用了逆向思维，果断地用石头把缸砸破，“让水离人”，救了小伙伴性命。

例：电磁感应定律的产生于逆向思维。1820 年丹麦哥本哈根大学物理教授奥斯特，通过多次实验证明了电流的磁效应。英国物理学家法拉第认为：既然电能产生磁场，那么磁场也能产生电。法拉第从 1821 年开始做磁产生电的实验，无数次实验都失败了，但他坚信从反向思考问题的方法是正确的，十年后，法拉第设计了一种新的实验，他把一块条形磁铁插入一只缠着导线的空心圆筒里，结果导线两端连接的电流计上的指针发生了微弱的转动，电流产生了。法拉第十年不懈的努力并没有白费，1831 年他提出了著名的电磁感应定律，这是运用逆向思维方法的一次重大胜利。

2. 发散思维

发散思维（divergent thinking）又称辐射思维、扩散思维，是指大脑在思维时呈现的一种扩散状态的思维模式，它表现为思维视野广阔，思维呈现出多维发散状。如“一题多解”、“一事多写”、“一物多用”等方式，可培养发散思维能力。美国心理学家吉尔福特（Guilford）认为，创造性思维的基础是发散思维，他指出，由发散思维表现出来的行为，代表一个人的创造力，这种能力具备变通性、独特性和流畅性三个特征。所谓思维的变通性，是指具有创造能力人的思维变化多端、举一反三、一题多解、触类旁通。所谓思维的独特性，是指对问题能够提出不同寻常的独特、新颖的见解。所谓思维的流畅性，是指思维的敏捷性或速度，也就是说，创造能力高的人，思维活动则多流畅、少阻滞，能在短时间内表达众多的观念。

发散思维就是要从不同方向、不同角度的思考问题。人的发散思维能力是可以通过锻炼而提高的，其要点是：首先，遇事要大胆地敞开思路，不要仅仅考虑实际不实际，可行不可行，这正如一个著名的科学家所说："你考虑的可能性越多，也就越容易找到真正的诀窍。"其次，要努力提高发散思维的质量，单向发散只能说是低水平的发散。其三，坚持思维的独特性是提高发散思维质量的前提，重复自己脑子里传统的或定型的东西是不会发散出独特性的思维的。只有在思维时尽可能多地为自己提出一些"假如……"、"假设……"、"假定……"等，才能从新的角度想自己或他人从未想到过的东西。

例：鱼的吃法？有煎、蒸、油炸、烧鱼汤、醋熘、生鱼片、腌咸鱼、晒鱼干、鱼头烧汤鱼身煎等，这就是发散性思维。

3. 收敛思维

收敛思维（convergent thinking）又称聚合思维、集中思维。收敛思维也是创新思维的一种形式，与发散思维不同，发散思维是为了解决某个问题，从这一问题出发，想的办法、途径越多越好，总是追求还有没有更多的办法。而收敛思维也是为了解决某一问题，在众多的现象、线索、信息中，向着问题一个方向思考，根据已有的经验、知识或发散思维中针对问题的最好办法，去得出最好的结论和最好的解决办法。

例："过河"这个问题如何解决呢?一般先进行发散思考：架桥、筑坝、打隧道、摆渡、泅水、绕道上游、乘直升飞机、乘气球漂过去等等。然后进行收敛思考，选择最合适的方案，比如说架桥。至此，问题并没有解决，还要进行第二次发散思考：架什么样的桥?木桥、铁桥、水泥桥还是石桥?再进行第二次收敛思考，选择适合于当时当地的方案，比如说架水泥桥。此时，问题仍没有解决，还要进行第三次发散思考：这水泥桥架在什么地方最合适?在乡政府门口、集市附近，还是靠近中心小学?再进行第三次收敛。接着进行第四次发散：桥的跨度、高度、式样等应该如何?然后在多种设计图纸中选择最佳方案。但这只是纸上的东西，要把桥造好，还有各种材料的购取、施工队伍、建桥期跟、建桥费用等。所有这些无不采用发散－收敛－再发散－再收敛的多次循环，才能解决。

在创新活动中，我们既要充分重视思维的发散性，又要善于进行思维的收敛性，做到发散度高，收敛性好，才能提高我们的创新思维水平。

4. 横向思维

横向思维（lateral thinking），顾名思义，是指人的思维有其横向、往宽处发展的特点。具有这种思维特点的人，思维面都不会太窄，且善于举一反三。有一个形象的比喻，这种思维就像河流一样，遇到宽广处，很自然的就会蔓延开来，但欠缺的是深度不够。横向思维是指突破问题的结构范围，从其他领域的事物、事实中得到启示而产生新设想的思维方式。由于改变了解决问题的一般思路，试图从别的方面、方向入手，其思维广度大大增加，有可能从其他领域中得到解决问题的启示，因此，横向思维常常在创新活动中起到巨大的作用。

例：挖一口水井，费了很大的力气，挖得很深，仍不见出水，怎么办？对于大部分人来说，放弃太可惜，于是继续挖，挖得更深后仍不见出水，但更加不愿意放弃，他们总是用这样的话鼓励自己："快了快了，马上就会出水，坚持就是胜利！"这就是纵向思维。而横向思维认为，首先要找准井的正确位置，一旦发现位置选错而不出水时，应该果断放弃，另寻新址。

眼睛只盯着一个问题领域，这往往会阻碍自己发现更新鲜的领域，很多富有创造性的设想都缘于广泛涉猎多个领域。我们还可以将多种多样的或不相关的要素捏合在一起，以期获得对问题的不同创见。我们还可以将两个或多个并列的事物交叉起来思考，从而将两者的特点结合起来，使之造成一个新事物。

5. 纵向思维

所谓纵向思维（vertical thinking），是指在一种结构范围内，按照有顺序的、可预测的、程式化的方向进行的思维形式，这是一种符合事物发展方向和人类认识习惯的思维方式，遵循由低到高、由浅到深、由始到终等线索，因而清晰明了，合乎逻辑。我们平常的生活、学习中大都采用这种思维方式。将思考对象从纵的发展方向上，依照各个发展阶段进行思考，从而设想、推断出进一步的发展趋向的思维，叫做纵向思维法。纵向思维的特点为，从现象入手，从一般定论入手，作纵深发展式的剖析。如果将纵向思维放到时间的维度上，便可产生"由昨天看到今天或明天"的效果，也就是说纵向思维可以使我们具有某种程度的预见性。

简单地说，纵向思维是利用逻辑推理直上直下地思考，而横向思维是当纵向思维思维受阻时大脑急转弯，在横向思维中去发现富有创新性的目标或答案。横向指的是“全面思考”，纵向指的是“深入分析”。

例：我们每天都要用到电灯开关，如果我们不去思考，它只不过也就是那么一个简单的电源开关，起着开关灯的作用。但如果你对电灯开关作进一步的纵向思考，就会有意想不到的收获：电灯开关→声控电灯开关→光控电灯开关→声、光双控电灯开关→声、光、手动三控电灯开关，按这样的思路纵向深度思考，或许你就会发明一种新型的电灯开关。

6. 逻辑思维

逻辑思维（logical thinking），是思维的一种高级形式，是指符合世间事物之间关系（合乎自然规律）的思维方式，我们所说的逻辑思维主要指遵循传统形式逻辑规则的思维方式，常称它为抽象思维（abstract thinking）。逻辑思维是一种确定的，而不是模棱两可的；前后一贯的，而不是自相矛盾的；有条理、有根据的思维；在逻辑思维中，要用到概念、判断、推理等思维形式和比较、分析、综合、抽象、概括等方法，而掌握和运用这些思维形式和方法的程度，也就是逻辑思维的能力。

逻辑思维是人们在认识过程中借助于概念、判断、推理反映现实的过程。它与形象思维不同，是用科学的抽象概念、范畴揭示事物的本质，表达认识现实的结果。逻辑思维要遵循逻辑规律，这主要是形式逻辑的同一律、矛盾律、排中律、辩证逻辑的对立统一、质量互变、否定之否定等规律，违背这些规律，思维就会发生偷换概念，偷换论题、自相矛盾、形而上学等逻辑错误，认识就是混乱和错误的。逻辑思维是人脑的一种理性活动，思维主体把感性认识阶段获得的对于事物认识的信息材料抽象成概念，运用概念进行判断，并按一定逻辑关系进行推理，从而产生新的认识。

7. 非逻辑思维

非逻辑思维（nonlogic thinking），是指不受固定的逻辑规则约束直接根据事物所提供的信息进行综合判断的一种思维方式，主要包括灵感思维（inspirational thinking）和直觉思维（intuitive thinking）两种形式。它们在解决问题的过程中同逻辑思维交互作用，两者同时被称作科学进步的两翼。因此在创造性地解决问题中运用非逻辑思维方法善于捕捉灵感是创造性地解决疑难问题的重要措施。直觉、灵感、顿悟、猜想、幻想等是非逻辑思维的主要表现形式，非逻辑思维执思维创新之“牛耳”。

在人类思维领域，人们一直认为是逻辑思维起主导作用，然而人的思维是以逻辑思维为主导，兼有非逻辑思维的统一体。如今，大脑生理构造、生理机制和心理学的大量实验研究结果。还有对科学史科学创造个案的研究，也表明在人类的思维领域中非逻辑思维的存在，并且发挥着不可替代的作用。只有人类才有灵感、意志、直觉、顿悟等非逻辑思维的因素，因此，我们的研究不能局限于研究人类逻辑性的东西，在科学创造的过程中，非逻辑思维是科学创造的源泉，非逻辑思维比逻辑思维显示出更强的作用。通过对诺贝尔物理学获得者科学创造过程和获奖成果的考察，我们会发现诺贝尔物理学奖的每一项成果，无论是理论创新、技术发明还是科学发现，都能透视出科学家们在科学创造过程中的非逻辑思维的重要性。如阿基米德在浴缸洗澡时突然发现浮力定律；魏纳格在看地图时突然闪现出“大陆漂移”观念，这些都是直觉思维的典型例证。

逻辑思维倾向于解决细节方面的问题，做出严谨而可靠的推断；而非逻辑思维则更倾向于在大的方向，富有跳跃性，往往可以把我们领入全新的领域或全新的角度。真正的创新思维是需要灵活运用逻辑思维和非逻辑思维的。

（四）创新思维的训练方式

学生的创新思维培养不是一蹴而就的，而是需要经常地、反复地训练，才能熟中生巧，才能成为一种习惯。如何在课堂中训练学生的创新思维，显然，对象不同（中小学生、大学生）、课程不同，训练方式也应有差异，但以下几点肯定是相同的。

1. 训练学生的创新思维，关键在教师

训练学生的创新思维，首先是教师必须有创新思维，并熟悉创新思维的训练方法。常言道：“名师出高徒”，没有枯燥无味的知识，只有枯燥无味的教学，创新的时代呼唤高素质的创新型教师，以催生学生内心沉睡的智慧之花。面对充满情感的年轻生命，需要教师去激发、去促进，去为他们的创新思维营造宽松的氛围，使他们的创新思维得到充分的发挥。而教师本人的创新思维如何直接决定着教师对学生的创新思维的开导程度。因而，没有创新型的教师队伍，就难以培养高素质的创新人才。学校必须努力造就一支具有强烈创新意识、勇于探索并善于培养学生创新意识和创新能力的师资队伍。

2. 训练学生的创新思维，主战场在课堂

（1）为学生提供轻松环境，培养学生创新思维。陶行知先生明确指出：创造力最能发挥的条件是民主[①]。因此，培养创新思维就应该营造一个民主和谐的课堂氛围。实行教学民主是给学生提供一个宽松和谐的学习环境，学生在民主和谐的环境中学习，心情舒畅，思维始终处于积极活跃状态，敢想、敢做、敢问、勇于大胆创新，乐于发表意见。课堂上应积极倡导学生交流探讨，发表不同见解，在这样的气氛里，学习活动充分自主，学生全身心地投入学习，充分体会学习的乐趣，学生自主参与意识得到充分发挥，有利于创新思维的培养。

（2）设疑探究，引发学生创新思维。设疑探究是学生创新思维训练的重要手段，教学中若能不断地设置悬念、递进式问题链和引发学生疑问，将使学生思维能力得到有效锻炼，促进创新思维能力的发展。古人云："学起于思，思源与疑"，恰如其分的疑问设计悬念能激起学生强烈的求知欲，促使学生积极思维，揭开悬念，这种迫切的心理状态包含了浓厚的兴趣，有利于激发学生的创新思维。教学中教师要创设悬念疑问，激发学生求知欲，引发学生创新思维。另外，教师可结合教学及时提出一些拓展延伸的递进式问题链，启迪学生的思维向更深更广度发展，激发学生创新思维。

（3）讲究方法。我们只有在课堂教学中训练学生的创新思维，让学生迸发出创新的火花。①巧妙导入，激发学习兴趣，良好的开端是成功的一半。②精心提问，点燃思维火花，教师精心合理的"导"能化平淡为生动，化腐朽为神奇，使课堂教学波澜起伏，引人入胜。如果教师设计的问题少而精，直接切入要点，就能积极引导学生去思维、去争议，促使其主动探索未知领域。③创设情境，营造和谐氛围。创设一定的情境，给学生"移情"的机会，使学生融入角色，设身处地去领会、去感悟、去尝试，让学生创新思维的萌芽在自由、宽松、民主、平等

① 何国华. 陶行知教育学[M]. 广州：广东高等教育出版社，1997:270.

的土壤中生根长叶。④自由发挥、弘扬个性。语言文字所表达的意境美需要去体会、去感悟。只有体会到了才能读出味道。⑤多表扬少批评。当学生用课堂学过的知识解决了疑难问题，老师应及时表扬他们，使他们获得学习上的成功快感，受到极大的鼓舞。同时，亦应允许学生在学习探索中的错误，坚持教育的成功导向和正面鼓励，多表扬少批评，用成功激发学生的兴趣。

3. 开发右脑，训练学生创新思维

人的大脑分为左右两个半球，我们习惯于称它们为左脑和右脑。左脑主要负责人类的理性、语言、文字、分析等，右脑主要负责音乐、形象、经验、直观等认识，因而右脑“感觉”更强，我们常说的“创造性思维”也更多是右脑的产物。科学和经验告诉我们，孩子在 6 岁之前，对事物的思考主要以右脑为中心，也是右脑最活跃的阶段，适当的良好的刺激可以让右脑功能发挥更优秀[①]。调查显示，95%以上的人仅仅使用了大脑的一半，即左脑。为什么会出现这种现象呢?这主要是和人类的生活习惯有关，人类总是习惯于用右手使用工具，而使左脑每天都受到不同程度的刺激，再加上语言中枢、逻辑分析、数字处理、记忆等，都由左脑处理，所以造成左脑满负荷运转。另一方面是由于传统应试教育，使孩子缺少非语言思维能力的教育，许多学校和家庭不重视右脑的开发，不注重逻辑思维能力培养。

苏霍姆林斯基（Cyxomjnhcknn）说：“儿童的智力发展表现在手指尖上。”[②]他将双手比喻为大脑的“老师”。现在许多父母让孩子联系弹琴，实际上就是很好的指尖运动。随着双手的准确运动就会把大脑皮层中相应的活力激发出来，尤其是左右手并弹的钢琴、电子琴。

在体育活动中，有意识地让左手、右手多重复几个动作，以刺激右脑。右脑在运动中随之而来的鲜明形象和细胞激发比静止时来得快，由于右脑的活动，左半球的活动受到某种抑制，人的思想或多或少地摆脱了现成的逻辑思维方法，灵感经常会脱颖而出。

心理学家发现：音乐可以开发右脑，所以父母应该让孩子学习音乐。此时，

---

① 右脑开发. 百度百科：http://baike.baidu.com/view/749816.htm.

② 苏霍姆林斯基.《给教师的建议》，第 77 页.

还可以在孩子从事其他活动时，创造一个音乐背景。音乐由右脑感知，左脑并不因此受到影响，仍可独立工作，使孩子在不知不觉中得到了右脑的锻炼。

四、完善学生的创新人格

创新人格是世界观、方法论和毅力等众多非智力因素的有机结合，往往表现为责任感、使命感、事业心、执著的爱、顽强的意志、毅力、能经受挫折、失败的良好心态等。创新人格是创新人才培养的根基。

（一）创新人格概述

1. 人格概念及特征

人格一词有多义，有时与品格或道德品质同义，一般人在常识上所了解的人格一词即系指品格而言，其所云人格高尚或人格卑下，即系指品格之高尚或卑下而言，此乃常识义之人格涵义。在心理学上，人格指个人之特质（性格、特征、态度或习惯的有机结合），人格之研究在教育心理学上与教育学上尤其重要。人格的特征主要有五个，它们分别是人格的独特性、稳定性、整体性、功能性、可塑性。

（1）独特性。一个人的人格是在遗传、环境、教育等因素的交互作用下形成的。不同的遗传、生存及教育环境，形成了各自独特的心理点。人与人没有完全一样的人格特点。所谓“人心不同，各有其面”，这就是人格的独特性。但是，人格的独特性并不意味着人与人之间的个性毫无相同之处。在人格形成与发展中，既有生物因素的制约作用，也有社会因素的作用。人格作为一个人的整体特质，既包括每个人与其他人不同的心理特点，也包括人与人之间在心理、面貌上相同的方面，如每个民族、阶级和集团的人都有其共同的心理特点。人格是共同性与差别性的统一，是生物性与社会性的统一。

（2）整体性。人格是由多种成分构成的一个有机整体，具有内在统一的一致性，受自我意识的调控。人格整体性是心理健康的重要指标。当一个人的人格结构在各方面彼此和谐统一时，他的人格就是健康的。否则，可能会出现适应困难，甚至出现人格分裂。

（3）功能性。人格支撑着人的行为，人格决定一个人的生活方式，甚至决定一个人的命运，因而是人生成败的根源之一。当面对挫折与失败时，坚强者能发愤拼搏，懦弱者会一蹶不振，这就是人格功能的表现。

（4）稳定性。人格是由多种性格特征所组成的，其结构是相对稳定的。人格的这种稳定性是可以表现在不同的时间和地域上的。个体在行为中偶然表现出来的心理倾向和心理特征并不能表征他的人格。俗话说，“江山易改，秉性难移”，这里的“秉性”就是指人格。

（5）可塑性。强调人格的稳定性并不意味着它在人的一生中是一成不变的，随着生理的成熟和环境的变化，人格也有可能产生或多或少的变化，这是人格可塑性的一面，正因为人格具有可塑性，才能培养和发展人格。人格是稳定性与可塑性的统一。

人格是伴随着人的一生不断成长的心理品质。人格的成熟意味着个体心理的成熟，人格的魅力展示着个体心灵的完善。人格是一个丰富而复杂的心理成分，它凝聚着文化、社会、家庭、教育与先天遗传的个体风貌。“人有千面，各有不同”。人格有着鲜明的个性特征，人格的差异铸就了个体千差万别、千姿百态的心理面貌。

2. 创新人格

所谓创新人格，也称为创造性人格，是指主体在后天学习活动中逐步养成，在创造活动中表现和发展起来，对促进人的成才和促进创造成果的产生起导向和决定作用的优良的理想、信念、道德、意志、情感、情绪等非智力素质的总和。创新人格是一种积极的人格、健康的人格，创新人格也具有独特性、稳定性、整体性、功能性、可塑性五个特征。

具有创新人格的人，创新已成为人的一种特质，必然视创新为人生的第一快乐，创新将成为人的积极的自觉行动。因此，创新人格是一个人能够长期持久地、坚忍不拔地从事创造性工作的内在动力。因为，具有创造人格的人，通常具有远大的理想、坚定的信念、高尚的道德、坚强的意志、丰富的情感、稳定的情绪、献身的精神。

在科学和艺术史上，有一类重大成果，需要创造者数十年的奋斗才能够获得。在这一类长时间的创造过程中，持之以恒、坚持到底的创造性人格，对于创造活动起到了促使它最终成功的作用。

综上所述，完善学生的创新人格是创新教育的重要内容之一。

（二）学生创新人格的特点

美国心理学家吉尔福特（Guilford）在研究认知特性时，发现发散思维中的流畅性、独特性、变通性与创造性行为有高相关，也发现认知因素与非认知因素之间有高相关，从而概括出创造性人格的八条特点[①]：①有高度的自觉性和独立性；②有旺盛的求知欲；③有强烈的好奇心，对事物的运动动机有深究的动机；④知识面广，善于观察；⑤工作中讲求条理性、准确性、严格性；⑥有丰富的想象力，敏锐的直觉，喜好抽象思维，对智力活动与游戏有广泛兴趣；⑦富有幽默感，有文艺天赋；⑧意志品质出众，能排除外界的干扰，长时间地专注于某个感兴趣的问题中。

著名心理学家克尼洛（Kneller）研究是在对已有关于创造性人格的元分析基础上提出的，他认为创造性人格特征包括 12 个项目[②]：①智力属中上等；②观察力；③流畅性；④变通性；⑤独创性；⑥精致性；⑦怀疑；⑧持久性；⑨智力的游戏性；⑩幽默感；⑪独立性；⑫自信心。美国心理学家韦克斯勒（Wechsler）曾收集了众多诺贝尔奖获得者青少年时代的智商资料，结果发现，这些诺贝尔奖获得者大多数不是高智商，而中等或中上等智商。

美国心理学家斯腾伯格（Sternberg）提出创造力的三维模型理论，第三维是人格特征，有七个因素组成[③]：①对含糊的容忍；②愿意克服障碍；③愿意让自己的观点不断的发展；④活动受内在动机的驱动；⑤有适度的冒险精神；⑥期望被别人认可；⑦愿意为争取再次被认可而努力。

总之，具有创新人格的学生常表现为以下的特征：①兴趣广泛，对创造有强烈的好奇心；②目标专一，有毅力。这主要表现在坚持不懈地努力，百折不挠，不达目的不罢休，顽强地克服困难，敢于冒犯错误的风险而标新立异；③独立性强。创造型的学生往往喜欢独立行事，很少依附众议，热爱生活，有抱负，有强烈的独立性要求。④自信心强，深信自己的所作所为是值得的，即使受到别人的

① 创造性人格的特征：http://blog.sina.com.cn/s/blog_6c4eaf730100u1fb.html.
② 同上.
③ 同上.

嘲讽，也不改变信念。⑤情感丰富。创造型学生办事热心，对创造充满热情，有高度责任感，感情易冲动，有时比较调皮，甚至放荡不羁，似乎精力过盛；⑥一丝不苟，总是用严峻的眼光审视周围，不会人云亦云，而是勤奋好学，孜孜不倦，锲而不舍地探索世界；⑦想象力丰富，耽于幻想；⑧喜欢提问，不随大流。

（三）杰出人物的人格特点

根据对古今中外的100多位杰出创造性人物典型案例的研究，概括出杰出创造性人物的12种人格特点。

1. 远大理想和坚定信念

科技史和大量传记材料证明，那些做出重大发明创造的创造者，往往从青少年时代起就树立了造福人类、追求真理、攀登科学高峰的远大理想和坚定信念，成为他们个人成才的指路明灯，是他们创造活动成功的内在动力。

马克思（Marx）在中学时代就立志要选择“最能为人类服务的职业”，为人类谋福利的远大理想一直是他从事理论创造的动力。有一个时期，他把全部时间和精力用于创作《资本论》，没有了稿费收入，致使他处于极其贫困的境地。由于为人类造福的理想一直鼓舞着他，所以他一直没有放弃《资本论》的写作，直至他精疲力竭，坐在安乐椅上平静地与世长辞。

科学巨匠牛顿（Newton），18岁考上剑桥大学特里尼蒂学院，当他站在这所英国名牌大学美丽壮观的校门口，仰望那用茶色砖砌成的庄严肃穆的校舍时，心情激动万分，立下誓言：要把毕生精力献给科学事业。这一高尚志向，鼓舞着牛顿摘取了一个又一个世界一流的创造成果。

2. 赤诚的爱心

对祖国、人民、亲友的仁爱之心，是个人成才或创造者获得创造成果的内在动力之一，也是中华民族的传统美德之一。

周恩来总理之所以成为当代中国伟大的政治家、军事家、外交家，其重要原因之一，是他对祖国、对人民充满着赤诚的爱心，所以他对祖国、人民的解放事业和建设事业真正是呕心沥血，做到了鞠躬尽瘁，死而后已。他是亘古以来给了人民最多的爱，也获得人民最多的爱的一位伟人。周总理不幸逝世后，十里长街百万人自发为他的灵车送行的感人一幕，充分表达了人民对他深深的爱。

3. 团队合作的精神

随着科学技术的发展，科学创造的课题日趋复杂化、大型化；随着社会的进步，科学创造的组织方式从个体走向群体，从群体走向国家建制的方式，从国家建制走向国际联合建制，这就特别需要创造者培养合作精神。换句话说，在当代，团队合作精神已成为个人成才和获得创造成果最重要的创造性人格之一。

杰出物理学家玻尔（Bohr），他领导的哥本哈根物理研究所创造了世界科学史上一个惊人的奇观，在1920～1930年的十年中，来自17个国家的60多名学者云集该所，其中有10多位学者曾获得诺贝尔奖。由此，科学界把这种交流互补、友爱合作的精神称颂为哥本哈根精神。

4. 批判继承、综合创新

创造过程既是对旧理论、旧观点的扬弃过程，又是对多种经批判、鉴别、选择后的观点、材料进行综合创新的过程。所以创造者，特别是堪称大师的创造者最擅长树立善于批判继承、综合创新的精神。

古希腊的伟大哲学家亚里士多德（Aristotle），善于批判继承他的老师柏拉图（Plato）的理论，综合了当时哲学、自然科学和人文科学方面的观点和材料，进行理论创新，写出了哲学、逻辑学、物理学、动物学、心理学、伦理学、政治学、美学等学科的专著，或对这些学科提出了新的见解，成为古希腊哲学、自然科学和人文科学的集大成者，成为影响西方学术界两千多年的大思想家。

5. 探索精神

创造过程实质上是以质疑和发现问题为起点，通过辩证综合创立新理论、新方法、新设计，并在实践中加以检验或制作，获得新成果的过程。既然质疑和发现问题是创造的起点，那么，善于质疑、发现问题的探索精神对于创造者就是十分重要的创造性人格。

爱因斯坦（Einstein）之所以能创建狭义相对论和广义相对论，被称为最有创造性的伟大科学家，其重要原因之一，就是他具有勇于质疑和发现问题的精神。而且，他还特别论述过提出问题的重要，他认为提出一个问题往往比解决一个问题更重要，因为解决问题也许仅是一个数学上或实验上的技能而已，而提出新的问题、新的可能性，从新的角度去看旧问题，却需要有创造性的想象力，而且标志着科学的真正进步。

6. 冒险勇气

创造活动，特别是重大的发明创造活动，是破旧立新的过程，要破除旧理论，就可能遭到维护旧理论的社会势力的打击。要立新，就要探索未知的领域，就可能遇到各种意外的风险和失败。因此，创造者必须具有不怕风险、不旧失败的大无畏勇气。

瑞典著名化学家和发明家诺贝尔（Nobel）就是具有大无畏勇气的典型代表。1864 年，诺贝尔的父亲的实验室发生大爆炸，这一危难并没有吓倒诺贝尔，他冒着生命危险继续进行各种炸药的试验研究，陆续发明了雷管、黄色炸药、胶质炸药、无烟炸药，获得一系列发明专利，给他带来了大财富。他逝世时留下遗嘱，用他的巨额资产创立了诺贝尔奖金。

7. 求实精神

任何创造活动的过程都必须重视科学实验的验证阶段，不论证实一个理论，还是证伪一个理论，都必须通过科学实验。对于科学发现活动来说，它的根本目的就是求实，包括探求新事实，探求事实背后的新规律。所以，重实验、重实效的求实精神是科学精神的重要内容，也是创造性人格最重要的素质之一。

意大利杰出的物理学家伽利略（Galileo）就是首倡实验方法的科学家。他以实验推翻了亚里士多德流传两千多年的关于下落物体的速度与重量成正比的定律，提出了自由落体定律。他被认为是第一位创造通过实验检验理论推导的科学研究方法的科学家。

8. 抗压精神

这种创造性人格是许多遭遇失败或身处逆境的创造者，能够战胜千难万险、排除重重障碍、承受多次失败的压力，最终达到成功或获得创造成果的决定性因素。

中国伟大的民主主义革命家孙中山先生的革命生涯，充分体现了这种百折不挠、能承受失败和委屈的压力、持之以恒的精神。1895 年他领导革命者举行广州起义，失败后逃往国外，在欧洲考察；1900 年他再次发动惠州起义，又遭失败；此后，孙中山又领导革命党人在广东、广西、云南等地先后发动了近 10 次武装起义，均遭失败。他承受了失败的巨大压力，经受着同盟会内部某些不坚定分子的诬蔑和攻击，持之以恒地继续到国外筹集起义经费和武器，在国内筹备更大规模的起义，终于在1911年10月10日的武昌起义中推翻了清朝的封建帝制，建立了共和制民国。

9. 勤俭、艰苦精神

有一类创造者——开拓型企业家，要在企业的经营创造活动中使企业从无到有，从小到大，乃至成为第一流的企业，特别需要养成勤俭节约、艰苦创业的创造性人格。

中国当代著名企业家李嘉诚就是勤俭节约、艰苦创业的典型代表。他11岁时全家南迁香港，14岁时父亲因病去世，他只好辍学当玩具推销员以赚钱养家，经过两年艰苦奋斗，他终于开办了一间小型塑胶花厂，并取名长江，由于他一直保持艰苦创业的精神，又善于经营，促使他的企业由小变大，逐步成长壮大为今天香港一流的长江实业及和记黄浦有限公司，成为香港首富。更可贵的是，他成为亿万富豪后，仍然保持勤俭节约、艰苦创业的精神，却以大手笔赞助祖国的教育事业，仅捐款创办汕头大学一项，总数就达6亿元。

10. 开拓精神

这种开拓精神是许多科学家、发明家、改革家、企业家之所以有所发现，有所发明，有所创新的重要原因。

改革开放的总设计师邓小平之所以成为举世公认的伟大改革家，重要原因之一就是他以敢为人先的开拓精神，领导设计了马列本本上没有、外国历史上没有、中国历史上前所未有的，如此广泛、深刻、富有成效的改革开放创造活动，在马克思主义发展史上第一次提出了社会主义本质论、科学技术是第一生产力论、社会主义市场经济论、一国两制论，并最终创立了当代中国的马克思主义——邓小平理论。

11. 敬业精神

对于个人对说，在不具备条件从事绝对创新之时，也要争取从事相对创新，热爱本职工作，有敬业精神，在自己的岗位上创造出周围同行做不到的第一流的工作业绩。

杰出物理学家玛丽·居里（Marie Curie）就是敬业精神的典型代表。当她和丈夫居里于1903年荣获诺贝尔物理学奖时，她誉满全球，祝贺的电报、书信，采访的记者，宴会的请柬，人们各式各样的请求，像潮水般涌来。此时此刻，她没有在荣誉面前陶醉，而是拼命谢绝了邀请，拒不回答、甚至不阅读那些祝贺的信件，继续把精力和时间集中在科研上。两年后，她丈夫居里不幸被马车撞倒而逝世，这一巨大悲痛并没有动摇她对科研事业的一片痴心，她继续专心致志从事科研，又取得一系列重大成果，于1911年荣获诺贝尔化学奖。

12. 自强不息精神

创造活动是前无古人的事业，必将碰到千难万险，只有树立知难而进的创造性人格，创造者才可能在创造的崎岖小道上不断攀登；面对艰难险阻，只有树立自信自强的创造性人格，创造者才能在探索未知的曲折征途中产生用之不竭的动力。

美国著名盲人女作家海伦·凯勒（Helen Keller）就是一位知难而进、自信自强的女性。当她出生19个月的时候，不幸得了重病，丧失了视、听和说话能力。然而，在此后的成长历程中，在盲文女教师沙利文的终身陪伴和精心教育下，她表现出一种超常的、知难而进、自信、自强的精神，创造了许多常人难以做到的奇迹。她读完了女子中学，读完雷德克利佛学院，她博览群书，终生从事写作，完成了《我的一生》、《儿童故事集》、《信札》、《老师》、《我的宗教》等有影响的作品，而且能用八个国家的语言，著书立说，硕果累累。

（四）如何完善学生的创新人格

所谓创新人格，是指对促进创新起导向和决定作用的优良的理想、信念、道德、意志、情感、情绪等非智力素质的总和，它伴随着人的一生不断发展完善。创新人格人人有之，只是由于人们所面临的发展环境和发展条件不同，因而创新人格的发展完善程度是不同的。根据人格可塑性特征，完善学生的创新人格，是创新教育的重要内容之一。

1. 完善学生创新人格的原则

人格是一个丰富而复杂的心理成分，它凝聚着文化、社会、家庭、教育与先天遗传的个体风貌。创新人格的完善应遵循以下三个原则：

（1）早期教育的原则。发展心理学的许多研究表明，早期的智力开发、情感培养和意志训练等将对人格的形成和发展产生潜移默化的深刻影响。如果忽视或耽误了早期教育，将会给人格的发展带来难以弥补的损失，也会影响到创新人格的形成。

（2）协同教育的原则。大量的研究材料表明，教师、家长、亲友以及社会人物的人格水平都会影响一代人的成长。另外，除了现实社会之外，历史上所记载的人和事、媒体、文学艺术作品等也会给创新人格的培养带来影响。创新人格的培养必须把学校教育、家庭教育、社会教育协同起来。

（3）自我、终生教育原则。人格教育特别强调培养受教育者自尊、自爱、自重和自我完善的精神和积极乐观的生活态度。因为只有这样，受教育者才会根据人类社会的进步发展，生存系统中要素的改变，进行观念更新、知识更新、态度更新这些心理的自我调节与控制。因此，创新人格的完善也必须坚持自我教育和终生教育的原则。

2. 完善学生创新人格的途径

学生创新人格的完善可以通过以下四种途径来完成：

（1）成人榜样的熏陶。学生创新人格的完善，它是一个渐进的累积过程。在创新人格的雏形阶段，成人榜样的熏陶是极为重要的，尤其是父母、教师对学生创新人格的影响是多方面的。如在日常教学活动，教师本人的人格力量，教师对学生行为的评价与奖惩，教师对学生的期望等。社会心理学的研究者们，曾与一些在二次世界大战中从纳粹手中救过犹太人的人进行交谈，发现他们中几乎所有的人都至少有一个道德水准高的父亲或母亲。

（2）认知教育与实践。创新人格既然是在具有社会意义的个性特征和品质的系统中繁衍出的一种人格类型，那么它的形成就与个体社会化的成熟密不可分，而个体社会化的过程中，认知教育又是一个基础。学校教育必然为学生的认知实践提供着许多操练的机会。在班级中，实践着个人对自我的认知；在班级与班级、小组与小组、同学与同学之间，又实践着个人对团体以及对他人的认知。由此，个体逐渐形成竞争意识与关心他人倾向。当然，这一切都有赖于教师的指导。

（3）同龄伙伴间的人际互动。非成人干预下的儿童同龄间的互动，是创新人格形成的一条重要的途径，尤其是在当今独生子女占主导地位、城市居住单元化的现实中，人际互动更是一条不可缺少的途径。观察中发现：独生子女常渴望与同龄伙伴交往，而云集一起时又常常有矛盾和争吵出现，但正是这种矛盾和争吵，常使不善言词的孩子学会据理力争，而任性、霸道的孩子也懂得了收敛。总之，同龄间的人际互动，更易使儿童掌握互惠的原则，懂得社会规范的道理，增强自信与自我表达能力，从而促进其创新人格的形成和完善。

（4）自我意识与自我教育。创新人格的形成，学生的自我反省与主动修炼也是不可或缺的。由于自我意识是自我教育的基础，因此，学会正确的自我分析与自我对待就显得尤为重要。自我估计过高常导致人格扩张，而自我估计过低又易导致人格的萎缩。为了防止这两种病态的人格出现，学生必须学会把自我放在与社会、他人及自身前后的对比中来认识和评价，在获得清晰而客观的自我知觉以后，自我教育才是行之有效的。同时，自我教育的能力，既是形成创新人格的内在途径，也是学生创新人格的重要标志。因此，学生创新人格的完善，从根本上讲还要归结到学生的自我完善。

3. 中小学生的创新人格完善

少年时期是人生的“起步”阶段，其思想意识、人格素养正处于形成的过程中。他们思想单纯，思维敏捷，好奇好胜好探索，这些特点为他们创新人格的培养提供了良好条件。但由于年龄和阅历的限制，他们身上也存在着情绪易于波动，意志较为脆弱，认知易于“扭曲”，内心常存冲突，思想易于消沉等人格弱点。重视青少年创新人格培养，实质上是一项具有战略意义的新的“希望工程”。中小学生人格培养包括基本人格和创新人格两个方面，基本人格培养的内容应具体表现为以下七个方面：

（1）学会感激：感激是每一个弱小的个体生命由于他人关爱而自然萌发的最早的情感体现，在生命的成长过程中应该自觉地不断地巩固扩大。

（2）学会同情：人是讲感情的自然的人、群体的人、社会的人，社会、自然，我们全部的生存环境，因此而让人留恋。

（3）学会尊重：尊重别人就是尊重自己，对别人的贬损永远无助于自身成长。

（4）学会坚强：人生总有不如意，总有坎坷、困难，面对挫折，坚韧才能强大。好比长跑，最难受的时候一定要坚持，挺过去就有坦途顺境。

（5）学会节制：人的物质欲望一旦任由膨胀是无法满足的，人的各种活动一旦任其泛滥只能适得其反，包括嬉戏游乐都必须有节制，你得对自己、对他人、对家庭、对社会都负责任。

（6）学会大度：宽厚善让的人最受欢迎，幽默乐观的人最受喜爱，不要鼠肚鸡肠，心胸狭隘的人只会自寻烦恼，做什么事成功率、满足感都差。

（7）学会审美：注意外表美、服饰美是无可厚非的，但更重要的是气质美、风度美、品格美，要明白美是有层次、有品位的。

中小学生创新性型人格的内容应具体表现为以下八个方面：

1）坚持力：包括完成任务的坚强毅力和不屈不挠的精神；对自己的信念坚定不移；愿意尝试困难工作。

2）自信：不胆怯，不自卑，不过分地自我批评，对自己的信念坚定不移。

3）独立性：爱自行学习，在学习和社会环境中寻求个人独立性，不盲从。

4）好奇心：对新奇事物特别感兴趣，并能积极思考与探究。

5）批判精神：不盲从，敢于怀疑自己认为是错误的东西，不迷信权威。

6）追求独特：不从众，敢于、乐于与众不同，有自己独特的见解。

7）勤奋主动：有主体意识，做任何事有一定的主动性，自觉、勤奋。

8）富于想象：能在已有形象的基础上，在头脑中创造出新形象。

4. 大学生的创新人格完善

创新人格是科学的世界观、正确的方法论和坚忍不拔的毅力等众多非智力因素的有机结合，是创新人才表现出的整体精神面貌。没有创新人格，人的创新潜能很难充分发挥。因此，培养创新型人才，不能只注重知识、能力，同时还要注重创新人格的养成。培养大学生的创新人格，应从以下几个方面入手：

（1）培养大学主服务社会的创新责任感。崇尚科学、热爱真理、追求进步的品质是创新的根本动力，是创新人格的核心要素，是创新人才成长的动力、目标与价值导向。学校要教育、引导大学生把服务于民族的进步、国家的发展，服务于人类社会的整体利益作为创新活动的出发点和根本归宿。只有这样，才能最大限度地挖掘学生的创新潜能，最大程度地激发大学生追求真理、献身科学的持久热情。

（2）培养大学生关注前沿的学术品格。学习与研究要站在科学的前沿，体验实践的呼唤，感知时代的脉搏，在丰富多彩的社会实践中发现问题，寻找有价值、有意义的课题与项目。这就需要我们努力培养有问题意识和综合素质的大学生。有问题意识就是善于发现问题和提出问题；有综合素质是指既有科学精神，又有人文素养，能够从科学与人文两个角度观察问题、解决问题。

（3）培养大学生坚忍不拔的创新毅力。广泛的兴趣和强烈的求知欲、坚忍不拔的毅力和信心对于创新型人才的成长具有重要意义。一些人的成功往往不是因为他们有高于常人的天分，而是他们具有坚强的意志品质，具有明确的目的性、果断性、自制力、独立性。创新是一种探索，面临失败的可能性很大，这就要求我们培养的大学生具备不怕挫折、不惧失败的心理承受能力，即使在最困难的时候也能够坚持探索。

（4）培养大学生敢为人先的创新勇气。缺乏独立思考，只知道人云亦云，就不可能见他人之所未见。缺乏“敢为天下先”的勇气，不敢超越常规，不敢坚持自己的独特见解，就不可能发他人之所未发。要创新，就必须不唯上，不唯书，不唯权威，不唯潮流。大学在培养创新型人才的过程中，要注重培养大学生独立思考的能力，鼓励大学生对现有知识进行科学的怀疑和理性的批判，并勇于提出自己的见解。

（5）培养大学生善于合作的创新禀赋。随着时代的进步和科技的发展，知识量在成倍地增加，个人不可能知晓一切。只有正确处理继承与创新的关系，善于学习，积极吸纳今人、前人、国人、洋人以及不同学派、流派的知识成果，在实践中善于同他人团结协作，才能避免因个人知识和能力的不足所造成的局限性。兼收并蓄，集思广益，才能有所突破，有所创新。

五、提升学生的创新能力

对创新人才的培养，归根结底就是对人才的创新能力的培养。创新能力是一种由各种能力组成的综合性能力，学校很难培养出各种能力都很强的创新全才，学校只能提升学生的创新能力，为学生走向社会打下基础，使学生毕业后能够在工作岗位上，首先具有一定的创新自己本职工作的能力，即产生新的思路、方法、措施，产生新的工作效益。个人创新能力的形成主要在自身的工作实践之中，通过学习、实践、再学习、再实践，不断改进工作，逐步产生新的工作感悟，形成创新能力。

（一）创新能力概述

1. 什么是能力

能力（Ability）是一个多义词。经查证，对“能力”概念的解释有三种：①能力是指一个人胜任某项工作所能够发挥的力量；②能力是使活动任务顺利完成的个性心理特征；③能力是个体顺利有效地完成某种活动所必需的主观条件。

由上述可知，将“能”理解为“能够”，是绝对没有错的。能力总是与完成某项活动（胜任某项工作）联系在一起，能够完成某种活动（胜任某项工作），则就有能力；不能够完成某种活动（胜任某项工作），则就没有能力。“力”字面上含义是“力量”，但可把它理解为：本领、本事、心理特征、主观条件等。

例如，要胜任外交工作，就要具有灵活而敏捷的思维、较好的语言表达、较强的记忆等能力；要胜任管理工作，就要具备一定的组织、交流、宣传说服等能力；要胜任教师工作，就要具备一定的语言表达能力。只有在能力上足以胜任工作，才能取得良好的工作绩效。否则，工作就不能顺利进行。

2. 影响能力形成的因素

能力的形成与发展受多种因素的影响，既包括先天素质，也包括后天因素（环境、教育、实践等）。实际上，能力就是这些因素交织在一起相互作用的结果。

（1）先天素质的影响。先天素质是人们与生俱来的解剖生理特点，它包括感觉器官、运动器官以及神经系统和脑的特点。它是能力形成和发展的自然前提和物质基础。没有这个基础，任何能力都无从产生，也不可能发展。如：听觉或视觉生来就失灵者，无法形成与发展音乐才能，也不能成为画家；又如：个子矮的人不利于排球场上拦网。当然，先天素质并不等于能力本身，良好的先天素质由于没有受到良好的培养和训练，能力也不可能得到应有的发展。

（2）环境、教育的影响。一是产前环境及营养状况的影响，胎儿生活在母体的环境中，这种环境对胎儿的生长发育及出生后智力的发展，都有重要的影响。

二是早期环境的作用，在儿童成长的整个过程中，智力的发展速度是不均衡的，往往是先快后慢。美国著名的心理学家布卢姆（Bloom）对近千人进行追踪研究后，提出这样的假说，即五岁前是儿童智力发展最为迅速的时期。三是教育条件的影响，一个人能朝什么方向发展，发展水平的高低、速度的快慢，主要取决于后天的教育条件。

（3）实践活动的影响。实践活动是人与客观现实相互作用的过程，是人所特有的积极主动的运动形式。前面提到的素质和环境、教育是能力形成的重要因素，但这些因素只有在实践活动中才能影响能力的形成与发展，因此可以说，实践活动是能力形成与发展的必要条件。我国汉代唯物主义哲学家王充就曾提出过“施用累能”和“科用累能”的思想，前者是说能力是在使用中积累的，后者指从事不同职业活动可以积累不同的能力。人的自学能力是在学习活动中形成与发展的；人的创新能力也是在创新实践中形成的。人的各种能力，脱离了具体的实践活动是无从提高和发展的。

（4）个体的主观能动性。在具备了基本素质和良好的外部条件后，要成才还需要个人的主观努力。环境、教育是能力形成与发展的外部条件，外因必须通过内因起作用。一个人要想发展能力，除必须积极地投入到实践中去之外，还要充分发挥自身的主观能动性——积极的个性心理特征，即理想、兴趣、勤奋和不怕困难的意志力。

3. 创新能力及特点

（1）什么是创新能力。目前国内学者对创新能力的理解各不相同，本人认为，创新能力是运用知识和理论，在经济、社会、科学、艺术、技术和各种实践活动领域中不断提供具有经济价值、社会价值、认知价值、文化价值、生态价值的新思想、新理论、新方法和新发明的能力。对创新能力概念的解释也可以有以下三种：①创新能力是指一个人胜任某项创新工作所能够发挥的力量；②创新能力是使创新活动任务顺利完成的个性心理特征；③创新能力是个体顺利有效地完成某种创新活动所必需的主观条件。

（2）创新能力的综合性。人的能力是多种多样的，创新能力的主要特点是综合性，以下这些能力都将影响到某一项创新活动能否顺利进行直至成功，如：组织能力、沟通能力、领导能力、管理能力、学习能力、思维能力、决策能力、生产能力、认知能力、实践能力、计算机应用能力、……。如果一个人以上这些能力都具备，则这个人一定创新能力很强，但实际上是做不到的，否则就是一个全才。因此，学校培养学生的创新能力，不是什么能力都培养，实际上也做不到。学校培养学生的创新能力，应有根据学校自身特点及条件，有选择地重点培养，本人认为主要是培养学生的创新思维能力、创新学习能力、创新团队能力、创新实践能力。

思维能力是创新能力的核心，因为思维决定行动。由于创新思维前面已专门讨论，本节主要探讨创新学习能力、创新团队能力和创新实践能力。

（二）创新性学习能力提升

创新是不断追求反映客观规律的真理，而学习的核心在于追求反映真理的客观规律，创新性学习正是追求这二者之间的统一。从本质上看，不难发现，学习过程和创新过程，在思维形式和科学方法上，是高度一致和密切相关的，在科学研究和创新中需要的观察能力、分析能力、思维能力、判断能力、想象能力、实验能力等，不仅要在学习中培养，而且是提高学习质量的必需。因此，提升学生的创新性学习能力，是学校创新教育的主要任务之一，也是教师的神圣职责。

1. 创新性学习的渊源

在国际心理学界，一般认为创新性学习（innovative learning）是西方两种心理学理论的产物，一是美国心理学家布鲁纳（Bruner）的发现学习；二是美国心理学家吉尔福特（Guilford）的创造性思维。这两种理论都产生于50年代末的美国。原因是50年代苏联卫星上天，使美国意识到国力竞争的关键是人才培养，为了改变当时美国的科学技术状态，其途径就是大力培养创造性人才，而创造性人才培养的前提是创造性的理论和实验的研究。创新性学习的概念最早出现在牛津、纽约等6家出版社于1979年出版的《学无止境》一书中，它是针对全球存在的环境问题、能源危机等而提出来的。

1990年，美国管理大师彼得·圣吉（Peter Senge）《第五项修炼》出版，这是一本开拓性地倡导学习型组织管理思想的巨作。彼得·圣吉在总结以往理论的基础上，通过对 4000 多家企业的调研，创立了一种具有巨大创新意义的理论。《第五项修炼》一书出版后，连续三年荣登全美最畅销书榜榜首，在世界各地掀起了一阵阵学习管理的热潮，由于其创新价值，并由于其已在无数美国企业中得到了成功的应用，引起理论界及企业的浓厚兴趣，在短短几年中，被译成二三十种文字风行全世界，它不仅带动了美国经济近十年的高速发展，并在全世界范围内引发了一场创建学习型组织的管理浪潮。

已经颁发的诺贝尔奖项共 802 项，犹太人占 162 项；人类最有影响力的百人中，犹太人占 7%，如马克思、爱因斯坦是犹太人；占美国人口不足 3%的犹太人操纵着全美 70%以上的财产。犹太人为什么聪明？其原因是犹太人爱学习，“人均的读书 57 本”，这是 2014 年 4 月 10 日以色列总统佩雷斯访华接受微访谈时列举的数字。终身学习、自由思考，是犹太人创新的源泉。

创新与学习密不可分，创新过程本质是一个复杂的学习过程。学习型社会的建设是创新型国家的根本任务，学习型组织的建设是创新型企业的根本任务。学习不是简单地被动吸收知识的过程，而是一个主动的创造过程。创新的本质是“创”，既不坐等其成，也不坐享其成，而是充分发挥人的聪明才智和主观能动性，创造性地不断学习与实践。把学习不断伸向未知、未来，把实践不断向深度和广度拓展。创新性学习能力是创新人才最需要、最重要的能力，培养学生的创新性学习能力是学校创新教育的主要任务。

2. 创新性学习及内涵

知识经济时代的到来，要求我们必须适应时代的要求，实施创新教育。而实施创新教育的关键，就是要培养学生的创新性学习能力。创新性学习的最终目标是学会学习，可以这样说，因为学会学习意味着学会创新。创新性学习是指学习过程中以独立思考、自己探索为基本学习方法，对学习中遇到的问题勇于提出自己的见解，勇于寻求新的理论，不轻易放弃自己的看法，不人云亦云；创新性学习是一种自主学习、高效学习、探索性学习。

教师必读书《回答未来的挑战》（美国 J.W.博特金等著，林均译，上海人民出版社，1984）将学习分为维持性（适应性）学习和创新性学习两种类型，表 4-1 通过创新性学习与维持性学习的比较，可深刻理解创新性学习的内涵。

表 4-1 创新性学习与维持性学习的比较

	维持性学习	创新性学习
学习目的	继承前人知识，承袭前人成果。注重知识的接受、理解、记忆、运用，讲究“衣钵相传”，追求“得道真传”	在继承前人知识的基础上发展、开拓、创新，了解知识的过去、现在，展望未来，追求“青出于蓝而胜于蓝”
学习目标	以完善掌握前人知识为终点，注重知识的系统性、完整性，讲究“根底深厚”、“熟能生巧”	以掌握前人知识为起点，注重知识的相对真理性、发展性，讲究“温故知新”、“推陈出新”
学习标准	以掌握知识的深度、广度和应用能力的强弱为标准，考试成绩被视为学习成果唯一的衡量标准	注重获取新知的方法，注重实践能力，把学习能力、实践能力、创新能力视为衡量学习成果同等重要的标准
学习内容	以“天衣无缝”的教科书理论体系为主，很少看到知识发展的历史踪迹，无法获得开拓创新的灵感	在结论性知识基础上，追求知识产生发展过程和获得新知的方法，既要知识的“金子”，也要“点石成金”的手指
学习态度	囿于前人知识窠臼，缺乏开拓创新的视界和眼光，满足于知识财富的获得，视前人知识为万古不变的教条	以发展、批判的眼光审视一切知识，以追求真理的精神不断探究反映客观规律的真理，不盲目崇拜前人、权威
学习思维	偏爱形式逻辑思维、收敛思维，分析问题依赖刻板的逻辑规则，解决问题依赖单纯的逻辑推理	不满足于形式逻辑思维，同时十分注重辩证逻辑思维、发散思维、创新思维，重视前人创新知识的思维路径
学习方法	以认知方法为主，推崇师承学习，注重博闻强记，主张掌握知识过程是“一讲、二练、三考”	提倡用探索和研究的方法进行学习，认为探究式学习既有利于对前人知识的深刻掌握，更利于培养创新和创造能力
师生关系	强调以教师为中心，师道尊严被推崇到神圣不可侵犯的地位，学生处于被动接受的不平等地位	提倡“学为主体，教为主导”，师生之间是一种共同探究的合作平等关系。教师的任务在引导、帮助学生学习
学习规格	侧重统一的规格要求，甚至走向千人一面的模式化极端	主张在必需的基本规格的基础上，侧重打造人才多样化、个性化的发展环境，积极推行学分制、双学位制

创新性学习绝非要求学生在基础学习阶段就从事创新活动、获得创新成果（研究生和极少数优异学生除外），而是要把主要精力集中在“追求反映真理的客观规律”上，也就是说，要着力提高学习能力、实践能力和创新能力。关键是这种要

求必须通过创新性学习才能真正达到。

从表 4-1 的比较中可以看出：维持性学习和创新性学习不是彼此对立、互不联系的两种学习理念。维持性学习是创新性学习的基础；创新性学习是维持性学习的发展和提升。不能否定维持性学习，它有着历史性作用和现实性作用，但又不能停留于维持性学习，不能漠视单纯维持性学习的弊病，特别不能忽视其对创新能力培养的抑制影响。必须努力在维持性学习基础上向创新性学习发展。创新性学习不是维持性学习的简单提升，而必须对维持性学习有所扬弃，即某些方面要发展、提高，某些方面要舍弃、改变，要看到二者之间在学习理念上的本质区别。

3. 如何提升学生的创新性学习能力

提升学生的创新性学习能力，关键是教师的设计、组织与指导，首先是开发出适合于学生创新性学习的课程，其次是组织好以学生创新性学习为主的课堂教学，并对学生进行指导。

（1）开发适合于学生创新性学习的课程。什么样的课程适合于学生创新性学习？应有四个特征：课程开放性；便于学生自主、合作、探究性学习；理论与实践一体化；采用创新教育导向的教学方法。①课程的开放性。开放性课程要求教学要走出课本、走出课堂、走出学校；开放式课程要求贴近生活、贴近自然、贴近生产、贴近高科技，贴近企业行业。②便于学生自主。教师主要工作是给学生布置学习任务（项目），所以课程应该是任务型（项目）课程，教师还要为学生提供便于自主学习的环境，并组织好、引导好学生的自主学习。③便于学生合作学习。在知识经济时代，团队合作能力是创新型人才必具能力之一，课程内容有综合性、开放性的学习任务（项目），必须通过小组合作学习才能完成。④便于学生探索性学习。在课程内容上，既有单一、简单、传统、经典、本学科的课程内容，也有综合、复杂、现代、前沿、跨学科、需要学生探究的课程内容，教师为学生创设探究情境，提出探究性问题，教师要引导学生在课程教学活动中不断地探究，得出科学的结论，让学生养成勇于探究的精神。⑤理论与实践一体化。即充分利用现代教育技术，将理论与实践教学内容一体化设置；讲授与操作等教学形式一体化实施；教室、实验室一体化配置；知识、技能与素质一体化训练。

（2）组织好以学生创新性学习为主的课堂教学。课堂教学方法很多，但不管采用何种教学方法，都应遵循学思结合、理实一体、因材施教等教学原则。①学思结合原则。贯彻学思结合，教师要激发学生的好奇心，培养学生的兴趣爱好，营造独立思考、自由探索、勇于创新的课堂环境。在实际的教学中，教师要鼓励学生大胆质疑，善于逆向思维、发散思维、纵向思维。②理实一体原则。就是指理论教学与实践教学交替进行，使形象和抽象交错出现，学生才能学得好、学得快。③因材施教原则。就是指教师要从学生的实际出发，使教学的深度、广度、进度适合学生的知识水平和接受能力，同时考虑学生的个性特点和个性差异，使每个人的才能品行获得最佳的发展。④采用合适的教学方法。教学方法很多，但能有效地培养学生创新素质的教学方法主要有：启发式教学、探索式教学、讨论式教学、参与式教学及行动导向教学等。

（3）培养学生搜集和处理信息的能力。21 世纪人类社会步入了信息社会，在信息社会中，一方面，信息资源不断更新，不断扩容，另一方面，冗杂信息也随之增多，日益泛滥。因此，学习的过程也就是搜集和处理信息的过程，提高学生的搜集和处理信息的能力，使学生能够更好地驾驭信息、利用信息就显得尤其重要。具体方法有：①指导学生写文献综合报告，促使学生通过查阅图书、期刊、文献资料，或利用网络、电视等多媒体，培养学生搜集处理信息的能力。②教师提供多余信息，让学生对繁杂多余的信息材料进行分析、处理，抓住所需信息、摒弃多余信息，从而解决问题。③在教学过程中，多进行一些信息不足的练习，让学生自己去补充、收集，也是非常必要的。

（三）创新团队能力提升

1. 创新团队概述

个人搞点小发明、小创造并不难，难的是建立一个创新型的团队。爱迪生时代他一生搞了 1000 多项发明，现在随着人的知识更新速度的加快，一项创新，一项成果，很多时候已经不是一个人的力量可以完成的了，而是一个团队搞出来的。中国的海尔从 1984 年开始创业，20 年后已成为中国企业的一面旗帜，成功原因是什么呢？是因为它有一个创新的企业文化和一个创新的团队。中国最近的“嫦娥”奔月、“蛟龙”入海，都是创新大团队的杰作。学生毕业后，团队能力的大小决定事业的大小。

一个优秀的团队，并不是说每一份子各方面能力都特别棒，而是能够很好地借物使力，取团队其他成员的长处来补自己的短处，也把自己的长处优点分享给大家，互相学习交流，共同进步。

要想激发团队的合作精神，前提条件是要先组织一个好的团队。好的团队决不是随随便便地将成员组合到一起，而是为实现一个共同的目标，确定团队成员的特性，组织一个好的团队，乃是激发团队合作精神的关键和起点。好的团队就是要挖掘出团队成员潜能，激发每位成员的潜能。潜能它是一种爆发力，是一种来自内部，也有来自外部的一切可以调用的资源。其中要以精神潜能最为重要，即一个人的意志、态度、性格。意志力来源于欲望，欲望越大，意志力就越大，因而潜能就越大。通过相互的沟通，找到每个人的正确方向和树立真实的理想，来激发员工的激情和斗志。同时，我们必须还要打破人性的弱点。每一个人都有消极、安逸、犹豫、懒惰、各自为政、容易满足，这些人性的弱点，我们就要做到坚决的克制。

一个优秀的团队，他所有成员之间要必须相互信任，彼此之间要开诚布公，互相交心，做到心心相印，毫无保留。只有团队的每一个成员彼此之间的紧密合作，才能真正做到整个团体的紧密合作。真正的团队合作必须以别人“心甘情愿与你合作”作为基础，而你也应该表现出你的合作诚意。团队合作是一种永无止境的过程，因为合作的成败取决于各成员的态度，所以，维系成员之间的合作关系也是每个人责无旁贷的工作。

作为一个团队负责人，如何管理好创新团队？一是善于用人，成功的企业家无不讲究爱才、惜才、选才、用才之道。二是将团体目标和个人目标统一起来，让团队成员充分体验到团体目标中包含着个人的利益。三是高度信任，勇于把重担子交给团队成员，从而使其鼓足干工作的勇气和干劲，在实践中得到更多的锻炼和提高。四是诚心尊重，在自己分管的工作方面，在实施决策之前，要主动、认真地听取团队成员的意见，并对团队成员的工作不轻易干预。五是主动关心，要关心团队成员的学习、思想及家庭生活。六是用其所长，多看团队成员的长处，注意用其所长，就会使其感到有用武之地，在本职岗位上能施展自己的才华。七是热情帮助，对成员的缺点要善意地批评，对成员的批评帮助时要注意场合，对成员工作上的失误要主动弥补，对成员的过错要主动承担责任。

2. 如何培养学生的团队能力

21世纪是个合作致胜的时代，单枪匹马的英雄已不复存在，想要赢得成功，就必须选择与自己志同道合的伙伴组成团队。团队水平如何将直接关系到学生个人成才及整个民族的未来。学校应当重视学生创新团队能力培养的理论研究，不断增强学生团队能力培养的针对性。

（1）倡导团队精神。所谓团队精神，是个人在实现自身理想的过程中，认识到自身与组织成员的统一性和不可缺性，自觉以组织利益和目标为重，并不断完善和发展自我，自愿主动与组织成员积极协作，使奉献精神和协作精神得到有机的统一。团队精神的核心是协同合作，最高境界是全体成员的向心力、凝聚力，反映的是个体利益和整体利益的统一，并进而保证组织的高效率运转。其精神内涵就是"学会做人、学会做事"。

（2）通过合作学习培养团队能力。合作学习是指学生为了完成共同的任务，有明确的责任分工的互助性学习。合作学习鼓励学生为团队利益和个人利益而一起工作，在完成共同任务的过程中实现自己的理想。2001年《国务院关于基础教育改革与发展的决定》中专门提及合作学习，指出："鼓励合作学习，促进学生之间的相互交流、共同发展，促进师生教学相长。"①由此可见国家决策部门对合作学习的重视。

（3）加强班级集体主义教育。无可置疑，班集体是强化学生团体意识的重要手段。一个具有良好班风的班集体往往具有共同的目的、共同的荣誉感和为达到共同目标而组织的相同活动，具有正确的舆论和优良的作风，有严格的制度和纪律，有团结友爱、相互帮助、平等互利的人际关系和团队精神。而如果一个班经常不开或者很少开班会，这个班就会纪律涣散，班集体名存实亡，更无从谈培养学生的团队精神了。加强班级建设，增强班级凝聚力，使班级成员之间人际关系融洽，每个成员都能获得归属感、荣誉感、受到他人尊重、获取自信，最终凝聚

① 国务院关于基础教育改革与发展的决定. 国发[2001]21号文件第23条.

成有力的团队。

（4）让学生在社团活动接受锻炼。学生社团活动是实施素质教育的重要途径和有效载体，在强化学生的团队意识、合作能力、促进学生成长成才等方面发挥着重要的作用。学生社团活动包含学术类、科普类、发明创造类、文艺类、志愿服务类等，这些社团的组建、成长需要的是一些有相同爱好、有较强组织协调能力、乐于奉献精神、良好团队精神、较强的自律性的学生来发展起来的。

（四）创新实践能力提升

1999年，中共中央、国务院在关于深化教育改革全面推进素质教育的决定中明确指出："实施素质教育，以培养学生的创新精神和实践能力为重点"[①]。实践能力是个体在生活和工作中解决实际问题所显现的综合性能力，是个体生活、工作所必不可少的，它不是由书本传授而得到的，而是由生活经验和实践活动磨练习得的。实践出真知，脱离了具体的实践活动，人的各种能力是无法提高和发展的。实践能力培养对于大学生、中小学生都是十分重要的，本节主要探讨大学生的专业实践能力和创新实践能力的培养。

1. 大学生专业实践能力培养

创新实践能力是一种综合性的实践能力。在大学里，学生是分专业进行学习的，每个专业的学生都必须掌握多种实践能力，概括起来，这些实践能力包括一般实践能力、专业实践能力和综合实践能力。在校园内，主要是培养学生的专业实践能力，关键是将实践能力培养落实到课程中，落实到课堂上，具体建议如下：

（1）创设多样化的专业实践环境。实践环境是指大学生进行实践活动所需要的一系列外部条件的组合。大学生实践能力的培养离不开多样化的实践环境。根据国内外大学培养学生实践能力的经验，结合我国大学的实情，可以创设四种环境：真实环境、模拟环境、课堂教学环境、课外活动环境。真实环境通常采用校企合作模式和学校引进（创办）企业模式；模拟环境通常的做法是在校内建立实验、实训中心，如香港理工大学创办了工业中心，旨在为学生的工业训练提供一个接近真实的工业环境（也称为模拟工厂）；课堂教学环境通常在实践教学环节中，

---

① 《中共中央、国务院关于深化教育改革全面推进素质教育的决定》中发[1999]9号文件第1条.

不但要落实验实训场地、设备，还创设一定的企业、职业氛围；课外活动环境要求全天候开放的实验实训室，或设置全天候开放的创新实训室，以确保学生课外实践活动的开展。

（2）采用理论实践一体化的教学模式。要积极创造条件，每一单元的教学，均为理论与实践的有机结合。要充分利用现代教育技术，将理论与实践教学内容一体化设置；讲授与操作等教学形式一体化实施；教室、实验室与实训场地等教学条件一体化配置；知识、技能与素质一体化训练；理论和实践交替进行，形象和抽象交错出现，由此形成融知识传授、实践能力培养、素质教育于一体的教学模式。

（3）创建多元的实践共同体①。国内外的实践证明，仅仅依靠课堂教学是难以培养学生的实践能力的，创建多元的以小组合作为基本形式的实践共同体，是提高大学生的实践能力和创新能力的有效途径。在美国，加州大学非常重视学生的实际能力训练，开设了一系列的实践教育项目，如本科生科研计划、合作教育计划、证书计划等。麻省理工学院将实践教育思想渗透到了学生的全部培养过程中，建立了完整的实践能力培养体系，这个体系包括本科生科研计划、独立活动期活动、本科生讨论课、丰富的课外实践活动、跨学科研究与学习计划、实习与实验等。在国内，许多大学中已创建了多元的实践共同体，比较有代表性的有：与企业联合开展实践教学，建立顶岗实习实践共同体；实施学生科研计划、创新实验计划、学科竞赛与创新计划等，构建师生共同参与科研的实践共同体；以学生社团为主体，开展丰富的课外实践活动，形成学生自治活动实践共同体。

（4）吸收大学生参加科研。吸收大学生参加科研是培养创新实践能力的好方法。哈佛大学十分注重学生的科研能力，本科生既可以跟随老师，加入教师的研究小组，担任教师的助理，又可以自己提出项目方案或独自承担校方提供出学生的科研项目。加州理工学院仅有 2100 多名学生，但平均每一千个毕业学生中就有一个诺贝尔奖得主，比例为世界大学之冠，这主要得益于加州理工学院特别重视学生的科研能力，提倡包括本科层次在内的所有层次从事创新的研究。我国高校

---

① 何万国，漆新贵. 大学生实践能力的形成及其培养机制[J]. 高等教育研究，2010(10).

本科生参加科研活动的形势并不乐观，主要是高校扩招后，有的学校师生比高达1:40，使本科生参加科研的机会很少。我国高校应继续坚持科研工作与人才培养相结合的原则，加强对本科生科研创新能力的培育，增设对本科生科研创新能力的培育工作有指导意义的课程，基础课、专业课和实验课引入科研思维和科研启发，重视本科生的课外科技创新和大学生素质拓展计划的完成和落实，确保本科生科研数量和质量的大幅度提升，使本科生科研的总体效果有一个明显的提高。

2. 大学生社会实践能力培养

大学生要走出校门，接触社会，了解社会，增强大学生服务社会意识，促进大学生健康成长。大学生通过社会实践活动，力求将在校期间所学理论知识运用到实习实践中，不断积累宝贵的经验，为自己将来的就业做好准备。

（1）社会实践有利于大学生创新思维的培养。在社会实践活动中，大学生面对许多既尖锐又艰巨、既复杂又实际的问题，在解决问题的一系列过程中，从问题的提出到制定出正确解决问题的方案，再到采取正确的措施解决问题，都需要敏锐的观察力、创造性的想象力、独特的知识结构以及活跃的思维，而这一过程正是对大学生创新思维开发和培养的过程。

（2）社会实践有利于激发大学生创新的积极性。大学生的活动范围主要是家庭和学校，其创新能力、实践能力相对较低。社会实践给了大学生充分展示自我的发展空间，给了大学生充分发挥其主观能动性和创造性的平台，有利于激发他们的创新意识和创新能力。同时，社会实践可以弥补第一课堂枯燥与乏味的不足，将理论教学与实践教学融为一体，将传授知识与培养能力融为一体，为大学生完善自身的知识结构和创新素质教育构建了一个实践平台，成为大学生创新能力培养的重要途径。

（3）社会实践有利于增强大学生理论知识的转化和拓展。大学生通过多年的系统教育，已经具备了一定的认知水平和理论知识。然而，他们在课堂上所获得的知识基本是间接的、系统的理论知识，这些理论知识都不等同于实际技能，往往难以直接运用于现实生活之中，而且，实际生活中的许多问题需要考虑诸多因素，综合运用多方面的知识和技能才能解决。因此，社会实践为学生综合运用知识能力的培养提供了机会，使大学生接近社会和自然并从中获得大量的感性认识和有价值的新知识，使他们能够把自己所学的理论知识与实际问题进行对照、比较，逐渐把理论知识转化为认识和解决实际问题的能力，并在实践中拓展新的理论和知识。

（4）社会实践有利于提高大学生解决问题的实践能力。在社会实践中，大学生广泛接触、了解社会，在实践中不断动手、动脑、动嘴，在培养和锻炼自身实际工作能力的同时可以有效发现自身存在的不足并及时改进提高，以适应社会的需要。同时，社会实践没有固定的模式，也没有固定的场所和对象，面对的是一个比较开放的环境以及不断变化的对象，在这种环境下，大学生也成为一个主动的参与者，他们要自行组织活动，独立面对各种问题，并学会灵活运用所学知识来解决这些问题，这都非常有利于大学生实践能力的提高。

第五章 创新教育导向课程开发

创新教育是20世纪末开始兴起的一种教育思潮，创新教育理念的提出，是人们对传统教育过分强调知识传授的反思和对初见端倪的知识经济的展望。创新教育一出现便引起人们的广泛关注，几乎人人知道创新教育的重要性，创新教育呼声很高，但创新教育实践的发展较为迟缓，这固然与传统教育观念、现实教育环境和教育资源制约等因素有关，但主要原因是学校没有将创新教育落实到课程上，创新教育导向课程的开发研究没有起步。

一、创新教育导向课程概述

（一）课程概念

任何一种教育，离开课程都将一事无成。在很多国家，都没有那么明确、那么细分的专业，但却绝对不能没有课程，课程的组合就是专业；在大多数发达国家，都没有全国统一、没有明确指定的教材，但却绝对不能没有课程。所以，课程的核心地位，是毋容置疑的。视课程改革为提高教学质量的关键，是教育界的共识。

1. 课程的定义

关于“课程”的概念，也是仁者见仁、智者见智。宋代朱熹在《朱子全书·论学》中多次提及课程，如“宽着期限，紧着课程”、“小立课程，大作工夫”等。虽然他对这里的课程没有明确界定，但含义是很清楚的，即指功课及其进程。在西方英语世界里，课程(curriculum)一词最早出现在英国教育家斯宾塞(H.Spencer)《什么知识最有价值？》（1859）一文中。它是从拉丁语“currere”一词派生出来的，意为“跑道”（race-course）转义为“学习之道”（course of study），其原意主要是指对学科内容学习的进程。然而，这一具有简单的起源和明确内涵的教育术语在其历史发展进程中却发生了多种变化，使其成为教育领域里最复杂的现象之一。尤其是在现当代的学校教育中，课程被赋予了多种多样的、难以理解甚至玄奥的内涵，使课程的本质内涵呈现出了模糊性和不确定性的特征。目前还没有一个被广泛接受的课程概念，课程研究领域中学派林立、异说纷呈，如儿童中心论课程观、学科中心论课程观、社会中心论课程观等。

当前，对课程的界定有“狭义”与“广义”之争，狭义的课程主要指教学内容即教材；广义课程是指由课程标准、教材、其他学习材料、教师和学生、教育环境等构成的一个生态系统。

总之，课程是一个发展的概念，课程是一个学习领域，它是为实现各类各级学校的教育目标而规定的教学科目及它的目的、内容、范围、分量和进程的总和，包括为学生个性的全面发展而营造的学校环境的全部内容。

2. 当代课程的基本形式

当代课程的有三种基本形式：学科课程、活动课程及隐形课程[①]。

（1）学科课程。学科课程（subject curriculum）也称分科课程，是学校课程的基本形式，这是一种主张以学科为中心来编定（制定课程标准、编写教科书、规定教学顺序与学时等）的课程。学科课程的特点在于：它是依据知识的门类分科设置的，它是将人类活动经验加以抽象、概括、分类整理的结果，它往往是相对独立的、自成体系的，它通常按特定知识领域内在的逻辑体系来加以组织。逻辑性、系统性和简约性是学科课程最大的特点。学科课程的优点在于：

有助于人类文化遗产的完整保存与传递，有助于学习者获得系统连贯的文化科学知识，有助于教学的组织、评价以及教学效率的提高等。当代科技发展对学科课程提出挑战，当代科技既分化又综合，科技发展的综合化显示出不同学科相融、互补、渗透性特点，交叉科学、边缘科学不断涌现，使得人类思维也在发生着开放的、发散的、文理交叉的变革，而学科课程加深学科分离、限制学科交叉的弱点明显，可能成为课程现代化的障碍，不利于创新人才的培养。

（2）活动课程。活动课程（activity curriculum）包括阳光体育、大型活动、兴趣小组、学生会、团委等学生团体组织的自主活动、综合实践活动。这种课程

① 袁振国. 当代教育学（第4版）[M]. 北京:教育科学出版社，2010:131-133.

的主要代表人物是杜威。杜威认为“课程最大流弊是与儿童生活不相沟通，学科科目相互联系的中心点不是科学，而是儿童本身的社会活动”。通过研究成人的活动，识别各种社会需要，把它们转化成课程目标，再进一步把这些目标转化成学生的学习活动。这种取向的重点是放在学生做些什么上，而不是放在教材体现的学科体系上。以活动为取向的课程，注意课程与社会生活的联系，强调学生在学习中的主动性。活动课程则可以在一定程度上补救学科课程这一缺失，但同时，由于活动课程自身往往依学生兴趣、需要而定，缺乏严格的计划，不易使学生系统掌握科学知识。

（3）隐形课程。隐形课程（hidden curriculum）也称潜在课程，是美国教育家杰克逊（Jackson）1968年提出。隐形课程是广义学校课程的组成部分，与通过正常教学进行的显性课程相对应。隐形课程通常体现在学校的情境中，包括物质情境（如学校建筑、设备）、文化情境（如教室布置、校园文化、各种仪式活动）、人际情境（如师生关系、同学关系、学风、班风、校风）。指学生在学校情景中无意识地获得经验、价值观、理想等意识形态内容和文化影响。也可以说是学校情境中以间接的内隐的方式呈现的课程，具有非学术性、非计划性、非预期性、潜在性、多样性、不易觉察性的特点。正是由于隐形课程的特点，要求在隐形课程的实施过程中，首先应优化学校的的整体育人环境，其次要特别重视学习过程，最后通过隐形课程的实施，塑造与完善学生的人格结构。

（二）创新教育导向课程概述

1. 创新教育导向课程的概念

创新教育是培养创新人才为基本价值取向的教育，属于素质教育的范畴，重在使学生在牢固、系统地掌握现代科学文化知识的过程中，通过启发、诱导、激发、训练等方法，唤醒学生的创新意识，训练学生的创新思维，完善学生的创新人格，提升学生的创新能力。课程在教育教学中处于核心地位，它是实现教育目标的主要途径，是教育教学的重要依据，是教育思想和教育价值的载体。因此，学校实施创新教育，必须将对学生的创新素质培养落实到课程中。

什么是创新教育导向课程？“导向”即引导的方向，如企业的“顾客导向”，就是指站在顾客的角度评价企业，以顾客满意为基本价值取向及企业经营的出发点。又如职业教育的“就业导向”，就是站在就业的角度评价职业教育，以学生掌握职业技能及顺利就业为基本价值取向。课程的“创新教育导向”就是站在创新教育的角度评价课程，以学生的创新素质提升为课程的基本价值取向，创新素质包括创新意识、创新思维、创新人格及创新能力。

基于创新教育对人的发展有着极其重要的意义，在当前国家将创新驱动作为发展战略的背景下，提出创新教育导向课程的概念，就是要将学生的创新素质培养落实到课程中，实施在课堂上，这是各级各类学校提升教育质量、走内涵式发展道路的关键。

2. 创新教育导向课程的意义

（1）使学生的创新素质进一步提升。学生的创新素质培养不是一蹴而就的事情，而是日积月累、潜默移化的过程。因此，创新素质培养不是单独依靠某一门课程就能实现或完成的，创新素质培养是一项系统工程，需要在学前教育、义务教育、高中阶段教育、高等教育或职业教育阶段的众多课程的教学中去实现，假如不同教育阶段的每一门课程都能使学生的创新素质有一个微小的提升，日积月累，学生的创新素质一定会有一个较大的提升。

（2）使创新教育面向全体学生。许多人认为创新是人的高级智力，是优秀学生的事，非一般学生所能拥有。所以教学工作者通常对普通学生的创新教育缺乏热情和信心，对面向全体学生的创新教育不很重视。有许多学校，创新教育就是开展一些只有少数尖子生能参加的业余科技竞赛，或搞一些小制作、小发明、小创造，而在面向全体学生的课程教学中，由于没有明确课程的创新教育导向要求，教师也没有这方面的培训，仍然是教师一言堂、满堂灌的教学，学生的创新潜力受压抑。只有明确课程的创新教育导向，才能使创新教育面向全体学生。

（3）使课程成为创新教育的主渠道。在我国中、小学校中，学校教育教学的实施以课程为基本单位；在任何一所高校中，若干课程的组合就是一个专业。因此，课程在教育教学中处于核心地位，课程是学校人才培养的主渠道，这是毋容置疑的。视课程改革为提高教学质量的关键，是教育界的共识。创新教育是以培养创新人才为基本价值取向的教育，如果没有将创新教育落实到课程中，也就没有将创新人才培养落实到教育的主渠道上，则创新教育就是一句空话，创新教育就不是真教育。

（三）创新教育导向课程的理论基础

创新教育导向课程的理论基础当然是教育学、教育心理学，还要增加多元智力理论、建构主义学习理论、人本主义学习理论等。

1. 多元智力理论

美国哈佛大学的发展心理学家加德纳（Gardner）于1983年在《智力的结构》一书中提出了多元智力（multiple intelligences）理论[①]。多元智力理论认为，人的智力是由言语－语言智力、逻辑－数理智力、视觉－空间关系智力、音乐－节奏智力、身体－运动智力、人际交往智力、自我反省智力、自然观察智力等多种智力构成。多元智力理论提示教师在安排教学活动时要同时兼顾八种智力领域的学习内容，综合运用多样化的教学方法，同时提供有利于八种智力发展的学习情境，教师的教学方法与手段，要针对每个学生的不同智力特点“对症下药”地进行，以促进每个学生全面充分发展。

多元智力理论认为每个学生都有自己的优势智力领域，学校中不存在差生，全体学生都是具有自己的智力特点、学习类型和发展方向的可造就人才，教育工作者应该做的，就是为具有不同智力潜能的学生提供适合于他们发展的不同的教育，把他们培养为不同类型的人才。多元智力理论认为，应该抛弃以标准的智力测验和学生学科成绩考核为重点的评价观，建立多种多样的评价观。教师应该从多方面观察学生的优点和弱点，加强考核内容与学生生活经验、社会实际的联系，重在考核学生分析问题、解决问题有能力等。

2. 建构主义学习理论

建构主义（constructivism）学习理论最早是由瑞士心理学家皮亚杰（J.Piaget）提出[②]，后经多位教育心理学家进一步研究，使其理论得到丰富和完善，并完全应用于教学过程。建构主义学习理论对于培养自主学习者，培养适应21世纪的善于学习的终身学习者具有重要指导意义。建构主义对学习的理解是：学习是获取知

① （美）Howand Gardner. Frame of Mind:The Theory of Multiple Intelligences[M]. New Yoek:Basic Books, 1983.

② （瑞士）Jean Piaget. 皮亚杰教育论著选[M]. 卢濬选译. 北京：人民教育出版社，1990.

识的过程，但知识不是通过教师传授得到，而是学习者在一定的情境即社会文化背景下，借助其他人（包括教师和学习伙伴）的帮助，利用必要的学习资料、通过意义建构的方式而获得。

按建构主义学习理论，应打破以教师为中心，教师讲、学生听为特点的教学模式，这种教学模式既不能保证教学的质量，又不利于培养学生的发散性思维、批判性思维和创造性思维，不利于培养学生的创新精神和实践能力。为改变这种状况，多年来国内外许多教育工作者从理论与实践两个方面作了大量的研究与探索，建构主义理论正是这种努力所取得的主要理论研究成果。

教师的角色应从传统的传递知识的权威转变为学生学习的辅导者，成为学生学习的高级伙伴或合作者。教师应该给学生提供复杂的真实问题。他们不仅必须开发或发现这些问题，而且必须认识到复杂问题有多种答案，激励学生对问题解决的多重观点，这显然是与创造性的教学活动宗旨紧密相吻合的。教师必须创设一种良好的学习环境，学生在这种环境中可以通过实验、独立探究、合作学习等方式来展开他们的学习。

教师要成为学生建构知识的积极帮助者和引导者，应当激发学生的学习兴趣，引发和保持学生的学习动机。通过创设符合教学内容要求的情景和提示新旧知识之间联系的线索，帮助学生建构当前所学知识的意义。为使学生的意义建构更为有效，教师应尽可能组织协作学习，展开讨论和交流，并对协作学习过程进行引导，使之朝有利于意义建构的方向发展。

3. 人本主义学习理论

人本主义（humanism）学习理论是建立在人本主义心理学的基础之上的。对人本主义学习理论产生深远影响的有两个著名的心理学家，分别是是美国心理学家马斯洛（Maslow）和罗杰斯（Rogers）[①]。

人本主义主张，心理学应当把人作为一个整体来研究，而不是将人的心理肢解为不完整的几个部分，应该研究正常的人，而且更应该关注人的高级心理活动，如热情、信念、生命、尊严等内容。人本主义的学习理论从全人教育的视角阐释

① 刘宣文. 人本主义学习理论述评[J]. 浙江师范大学学报（社科版），2002（1）.

了学习者整个人的成长历程，以发展人性，注重启发学习者的经验和创造潜能，引导其结合认知和经验，肯定自我，进而自我实现。人本主义学习理论重点研究如何为学习者创造一个良好的环境，让其从自己的角度感知世界，发展出对世界的理解，达到自我实现的最高境界。

人本主义认为，个人的学习是一个心理过程，学习是一种自发的、有目的、有选择的学习过程；强调学习方法的学习和掌握，强调在学习过程中获得知识和经验，强调做中学。最好的学习是学会如何进行学习，学习的内容应该是学习者认为是有价值、有意义的知识或经验，学生具有学习潜能并具备“自我实现”的学习动机，教学要以学生为中心。

人本主义学习理论虽然片面强调学生的天赋潜能作用，过分强调学生的中心地位，易走极端个人主义。然而，人本主义学习理论所强调的重视对学生人格的培养，充分发挥学生主动性和创造力，主张教学要以学生为中心，构建良好的师生关系，鼓励学生的自我评价，使学生身心健康地成长以适应时代的变化和社会的要求。这些对于我国目前的创新型人才的培养是具有启发意义的，是值得借鉴的。

（四）创新教育导向课程的特征

创新教育导向课程应具有五个特征：一是以学生的创新素质提升为基本价值取向，二是课程的开放性，三是课程结构有利于学生自主、合作、探索性学习，四是采用创新教育导向的教学方法，五是教师善于从事创新教育。

1. 以学生的创新素质提升为基本价值取向

培养学生的创新素质，可以单独开设一门“创新学”课程，但更重要的是将学生的创新素质培养渗透在各门科学文化课程中，因为学生的创新素质培养是一个潜默移化的过程，是一个日积月累的过程。所以，创新教育导向课程的第一个特征是以创新素质提升为基本价值取向。

联合国教科文组织《学会生存——教育世界的今天和明天》指出：“教育既有培养创造精神的力量，也有压抑创造精神的力量。”[①]所以，课程既有提升学生创

① 联合国教科文组织教育丛书. 学会生存[M]. 北京：教育科学出版社，1996:188.

新素质的正能量，也有降低学生创新素质的负能量。如果课程的创新素质培养目标明确，课程内容是继承与创新有机结合，课程结构有利于学生自主、合作、探索学习，课程的教学以启发、讨论、探索为主，课程评价突出学生创新素质提升，则课程就成为提升学生创新素质的正能量。如果课程的创新素质培养目标不明确，课程内容陈旧，课程结构不利于学生自主、合作、探索学习，课程的教学以传授、灌输为主，课程评价与创新素质提升无关，则课程就可能沦为降低学生创新素质的负能量。

2. 课程的开放性

创新教育导向课程应具有开放性特征，开放性的内涵是丰富多彩的，有课程理论开放，课程师资开放，课程内容开放，课程教学场所开放、课程资源开放。

（1）课程理论开放。要博采众家之长，开放性地面对国内外一切最新的课程理论和经验。只有掌握国内外先进的课程理论和成功的课程经验，用先进的理论和成功的经验开阔我们的视野，解放我们的思想，并大胆地把理论运用到创新教育导向的课程实践中去，使我们的课程充满活力，使我们的课程跟上时代的步伐。

（2）课程师资开放。创新教育导向课程的师资队伍应该是开放的，应大力聘请校外优秀、杰出专家来校兼职。香港科技大学成立于 1991 年，短短 20 多年时间，一跃成为世界著名大学，堪称世界高等教育史上的奇迹。香港科技大学的成功得益于想方设法聘请世界一流人才来校任教，组建了一支高水平的教师队伍。

（3）课程内容开放。课程内容不仅仅是教材中的本学科内容，也可能是教材外的跨学科内容。美国斯坦福大学的授课内容与方式是很开放的，很多课程主要不是靠教师讲授，而是学生自己阅读大量的学术刊物，学习本学科及跨学科知识，上课时由一位学生做专门发言，教师不断提问，以促使学生的潜能得以充分发挥。

（4）课程教学场所开放。创新教育导向课程的教学场所不能局限于教室、实验室，应走出课堂，走出校门，让学生贴近生活、贴近生产、贴近社会、贴近大自然、贴近高科技，开展丰富多彩的创造性活动，让学生自行设计、亲自体验、自我评价。

（5）课程资源开放。学校的课程资源总是有限的，可以充分利用企业、研究所、社会上的教育资源。如在职业教育界，“引厂入校”或“进厂建室”等校企共建实训实验室的模式已相当普遍。另外，课程资源不仅课内向学生开放，课外也向学生开放。

3. 课程结构有利于学生自主、合作、探索性学习

（1）自主学习。学会自主学习，具备终身学习的能力，是现代创新人才不可缺少的基本素质。联合国教科文组织《学会生存》一书中提出的命题："未来的文盲不再是不识字的人，而是没有学会怎样学习的人。"[①]"教会学生学习"已成为当今世界流行的口号。又因为创新活动过程就是一个复杂的学习过程，不会学习也就不会创新。因此，创新教育导向课程必须培养学生自主学习的能力。首先，教师要给学生布置学习任务（项目），所以课程应该是任务型（项目）课程。其次，教师应为学生提供便于自主学习的环境，如场地、实验设备、教材、课件、录像、案例等，以便于学生在这个学习环境中自主学习。再次，教师要组织好、引导好学生的自主学习。

（2）合作学习。在知识经济时代，一项创新成果，很多时候已经不是一个人的力量可以完成的，而是一个创新团队。因此，团队合作能力是创新人才必具能力之一，这需要从课程改革着手。这样才能使学生合作学习呢？首先，课程内容有综合性、开放性的学习任务（项目），学生一个人难以完成，必须通过小组合作学习才能完成。其次，教师应根据各门课程特点设计相应的合作学习方式，如问题式合作学习、讨论式合作学习、论文式合作学习、任务式合作学习、项目式合作学习。再次，教师要组织好、引导好学生的合作学习。

（3）探究学习。教育专家周玉仁说："作为教师，应在学生力所能及的范围内，让他们自己跳起来"摘果子"，凡是学生自己能探索得出来的，决不替代；凡是学生能独立发现的决不暗示。"[②]创新教育导向课程应具有探索性特征，首先，在课程内容上，既有单一、简单、传统、经典、本学科的课程内容，也有综合、复杂、现代、前沿、跨学科、需要学生探究的课程内容。其次，在课程教学上，要贯彻学生探究精神，教师为学生创设探究情境，提出探究性问题，教师要引导学生在课程教学活动中不断地探究，得出科学的结论，让学生养成勇于探究的精神。

---

① 转引自候怀银，赵苗苗.《学会生存》在中国的引进及其影响[J]. 山西大学学报，2010（3）.

② 教育大师对教师的点拨. http://sq.k12.com.cn/discuz/thread-363890-1-1.html.

4. 采用创新教育导向的课堂教学方法

学校的教学改革，“改到深处是教学，改到真处是教学，改到难处是教学”[①]。没有课堂教学，学校就不复存在，课堂教学工作搞不好的学校就不是好学校。因此，创新教育导向课程的最终落脚点是课堂教学，关键是采用创新教育导向的教学方法。

教学方法是指在教学过程中教师与学生为完成一定的教学任务而使用的一切方法的总和，既包括教师的教法，也包括学生的学法，是教法与学法的统一。目前我国学校课堂教学最主要的问题是，单纯注重教师的讲授，学生被动的接受，教学方法单一。传统的教学模式以教师为中心，以课堂为中心，以教材为中心。在这种模式下，学生在教学中处于被动地位，缺乏面对面的不同观点之间的争论，压抑学生的个性，实践机会很少，缺乏发展独立判断能力的条件和机会，不能提供创新素质培养所需要的环境，不利于培养学生的创新素质。

创新教育导向的课堂教学是指：将知识传授、技能训练与创新素质培养结合起来的课堂教学，即教师在知识传授、技能训练的同时，还能培养学生的创新意识、创新思维、创新人格及创新能力。创新教育导向的教学方法通常是启发式、探究式、讨论式、参与式等教学方法，是学思结合、理实一体、因材施教的教学方法，是便于学生自主学习、合作学习、探究学习的教学方法。

5. 教师善于从事创新教育

广义课程是指由课程标准、教材、其他学习材料、教师、学生、教育环境等构成的一个生态系统。所以，课程要素包括教师，课程建设包括师资队伍建设，而且是最重要的建设。在课程开发中，课程标准的撰写、教材的编写、实验实训设备的配置等工作，都需要教师去完成，课程的实施（课堂教学）更需要教师去完成。因此，教师善于从事创新教育，是创新教育导向课程最重要的特征。善于从事创新教育的教师，应具有下列创新教育导向的观念：

（1）创新教育导向的课程观。课程观包括以下内涵：学生是课程的主体；“生活世界”是课程内容的范围；课程是学生通过反思性、创造性实践而建构人生意

① 浩歌. 改到深处是教学[M]. 中国高等教育，2009(1):1.

义的活动；课程的学习活动方式以理解、体验、反思、探究和创造为根本；教师和学生不是课程的简单执行者，而是课程的创生者；课程教学目标为知识与技能、过程与方法、情感态度价值观的三维目标。

（2）创新教育导向的学生观。学生观包括以下内涵：学生的身心发展是有规律的，教师必须依据学生身心发展的规律和特点开展教育教学活动；学生具有巨大的发展潜能，坚信每个学生都是可以积极成长的，是有培养前途的；学生是有着丰富个性的完整的人，还学生完整的生活世界，丰富学生的精神生活，给予学生全面展现个性力量的时间和空间；学生具有自身的独特性，独特性也意味着差异性，要尊重学生的差异；每个学生都是独立的、不依教师的意志为转移的客观存在，教师不但不能把自己的意志强加给学生，而且连自己的知识也是不能强加给学生的，教师只能让学生自己读书，自己感受、观察、分析、思考，从而使自己明白道理。

（3）创新教育导向的学习观。学习观包括以下内涵：倡导学生自主、合作、探究的学习方法；学习者不是被动的旁观者，而是自主的参与者；学习不是简单复制和印入信息，而是主动解释信息，建构知识的意义；学习者的学习是第二次创造，自主理解就是创造；知识是在自己先前经验的基础上建构起来的，是学习者在特定情境下建构起来的；知识来源于生活情境和实践，具有一定的感性经验或生活中的"对应物"；学习的结果不仅在于知，而且在于信，在于课内知识与生活经验的统一。

（4）创新教育导向的教师观。教师观包括以下内涵：教师的角色是学习者、研究者、组织者及引导者；教师应转变知识传授者的角色，由重传递向重发展转变，由统一规格教育向差异性教育转变，由重教师的"教"向重学生的"学"的转变，由重结果向重过程转变，由单向信息交流向师生互动交流转变，由居高临下向平等融洽转变，由教学模式化向教学个性化转变。

（5）创新教育导向的课堂观。课堂观包括以下内涵：课堂是对话、沟通、交往、合作、探究、展示的平台；课堂是新认识的生长点，新激情的鼓动器；学生带着疑问进课堂，带着更多的疑问出课堂；教师要营造人人参与的课堂氛围，激发学生的灵气，注重人人参与的过程，张扬学生的个性，给予人人参与的评价，促进学生的发展。

（五）创新教育导向课程开发

课程目标、课程内容、课程结构、课程评价是课程的四个基本要素，创新教育导向课程开发，就是要将学生的创新素质培养体现在课程的四个基本要素中，否则，“创新教育导向”就成为一句空话。

1. 各个教育阶段的课程目标定位

创新教育具有层次性，是一项系统工程，必须从学前教育开始，对学前教育、义务教育、高中阶段教育、高等教育及职业教育阶段的创新教育进行系统规划。过高或过低的课程目标定位，都是不适宜的，可能会起到适得其反的效果。各个教育阶段的课程目标定位，应以《国家中长期教育改革和发展规划纲要（2010～2020年）》等教育政策法规为依据。

（1）学前教育定位。课程主要通过游戏、体育活动、课堂教学、劳动、娱乐活动和日常生活等教育手段来完成，让儿童通过自然经验、社会交往和游戏等方式自发地、自主地去学习。学前教育的创新教育导向课程目标定位是：儿童习惯（学习习惯、生活习惯、品行习惯、劳动习惯）养成；儿童智力（注意力、思维力、记忆力、创造力、想象力、判断力）开发；儿童身心健康。

（2）义务教育定位。义务教育是国家依法统一实施、所有适龄儿童少年必须接受的教育，具有强制性、免费性和普及性特点，是教育工作的重中之重。《中华人民共和国义务教育法》第三条指出：义务教育必须贯彻国家的教育方针，实施素质教育，提高教育质量，使适龄儿童、少年在品德、智力、体质等方面全面发展，为培养有理想、有道德、有文化、有纪律的社会主义建设者和接班人奠定基础。注重培养学生独立思考能力、创新能力和实践能力，促进学生全面发展，是义务教育的创新教育导向课程定位。

（3）高中阶段定位。学生高中毕业后，主要是升大学，有关教育法规指出：高中阶段教育应克服“应试教育”倾向，注重培养学生自主学习、自强自立和适应社会的能力。在保证学生全面完成国家规定的文理等各门课程的学习外，创造条件开设丰富多彩的选修课，提高课程的选择性，促进学生全面而有个性的发展。要积极开展研究性学习、社区服务和社会实践。所以，自主学习、研究性学习，社会实践是高中阶段的创新教育导向课程定位。

（4）大学教育定位。大学生是社会新技术、新思想的前沿群体，代表着最先进的文化知识潮流。国家对大学教育寄予厚望，希望大学能培养出高素质专门人才和拔尖创新人才。因此，创新教育导向课程目标定位是：着力培养信念执著、品德优良、知识丰富、本领过硬的高素质专门人才和拔尖创新人才。其中高素质主要是指创新素质（创新意识、创新思维、创新精神、创新能力），学生毕业生后，工作创新能力强，不安于现状，善于总结工作中的经验和教训，用新思路、新方法、新措施不断解决工作中的问题。拔尖创新人才主要通过研究生教育培养。

（5）职业教育定位。职业教育以服务为宗旨，以就业为导向，职业教育的创新教育导向课程目标定位：职业道德高尚、实践能力强、高技能、就业创业能力强。其中高技能是指高超的动手能力，包含了技能创新，如工艺革新、技术改良、流程改革及发明创造等。根据创新之父熊彼特的理论“企业家就是创新者”[①]。因此，创业能力包含了创新能力，因为创新是创业的基础、本质和手段。

2. 课程目标的描述

在课程开发中，确定课程目标非常重要，它是教材编写、教学、评估和考试命题的依据。创新教育导向的课程目标应该是“知识与技能”、“过程与方法”、“情感态度与价值观”三维目标，要将对学生的创新素质（创新意识、创新思维、创新人格、创新能力）培养目标的渗透到三维课程目标中，否则，学生创新素质的培养没有依据。但在制定课程标准时，如何描述创新素质课程目标，并不是一件容易的事。如果仅仅采用“增强学生的创新意识”、“训练学生的创新思维”、“完善学生的创新人格”、“提高学生的创新能力”来描述课程目标，则不够具体，容易使创新素质培养停留在“减口号”阶段。因此，对创新素质课程目标的描述尽量具体化。

（1）创新意识的课程目标描述。创新意识就是在一定价值观的指导下所表现出来的创新愿望、企图与动机，是人们进行创新活动的出发点和内在动力。没有创新意识，就不会有创新活动。创新意识是一种与时俱进、勇于探索、开拓进取

① （美）约瑟夫·熊彼特. 经济发展理论[M]. 邹建平译. 北京：中国画报出版社，2012:4.

的思想状态和精神风貌，创新意识包括创新动机、问题意识、创新兴趣和超越意识等。由于创新过程的本质就是一个复杂的学习过程，所以学习与创新是几乎划等号的。课程目标可这样描述：通过学习，激发学生的学习动机（或启迪学生的问题意识、使学生的学习兴趣更浓等）。

（2）创新思维的课程目标描述。学生的创新思维培养主要是通过课程的课堂教学来实现的，教师要设计一些训练学生创新思维的问题。逆向思维、发散思维、收敛思维、横向思维、纵向思维、直觉思维等，都是创新思维的表现形式。当然，一门课程不可能培养所有思维，教师应根据各课程特点，有针对性地、重点地培养，如重点培养学生发散思维，重点培养学生的直觉思维。目标确定以后，就要将目标落实到课程的教学内容、教学方法及课程考核中。

（3）创新人格的课程目标描述。具有创新人格的人，创新已成为人的一种特质，必然视创新为人生的第一快乐，创新将成为人的积极的自觉行动。具有创造人格的人，通常具有远大的理想、坚定的信念、高尚的道德、坚强的意志、顽强的毅力、丰富的情感、稳定的情绪、献身的精神。但学生创新人格的完善，它是一个渐进的累积过程，通过一门课程的学习一蹴而就地形成学生的创新人格，这是不现实的，但是，理想、信念、道德、意志、情感、情绪教育应该渗透到每一门课程中去，在课程目标描述应有所体现。思政类课程可着重于理想、信念、责任感、使命感、事业心教育，人文类课程着重于道德、情感、情绪培养，理工类课程可着重于意志、毅力、探索精神培养。

（4）创新能力的课程目标描述。创新能力是一种综合能力，创新的过程就是学习的过程，所以，学习能力是最主要的创新能力。通过一门课程的学习，若学生的自主学习、合作学习、探究学习能力提高了，我认为学生的创新能力就间接地提高了。观察力、注意力、想象力、创造力都是创新能力的表现形式，教师应根据各课程特点，有选择地培养，如重点培养学生观察力。对于高等教育，还应该描述在专业技术应用方面学生应达到的创新能力，可采用“设计”、“改造”、“改进”、“移植”、“提高”等创新性动词进行描述。

通过一门课程的学习，不可能使学生的创新素质全面提高，只要在某一方面有一个微小的提高即可，因为各门课程累积起来，就是一个大提高。所以，创新素质培养目标的描述不可以面面俱到，在创新意识、创新思维、创新人格、创新能力四维素质中，突出重点即可，多维更好。关键是在课程实施中将学生的创新素质培养落实到位。

3. 课程内容

课程内容一般指特定形态课程中学生需要学习的事实、概念、原理、技能、策略、方法、态度及价值观念等。学科中的课程内容往往以课程标准的形式规定下来，具有法定的地位，因而是相对稳定、不能轻易改变的。创新教育导向的课程内容应该是开放性内容，通常具有下列特征：经典与前沿结合；理论与实践结合；简单与复杂结合；本学科与跨学科结合；传统与现代结合；经典与探索结合；自然与人文结合。

（1）理论与实践结合。国外做过这样的实验，给学生一篇教材，学生仅经过阅读，能记住所学知识的 10%；由教师认真讲解，学生能记住 20%；让学生看一遍教材，再口述内容，学生能记住 30%；如果让学生边看边讲解原理，学生能记住 50%；若教师能组织学生讨论教材内容并由学生将心得向大家展示，学生能记住 70%；若由学生看过教材，再动手做一做，最后将劳动成果向大家展示，则学生能记住 90%。此实验说明理论与实践紧密联系的重要性。

（2）简单与复杂结合。简单和复杂是对立统一的矛盾体，相辅相成，缺一不可。简单是复杂的基础，复杂是简单的发展。作为一名教师，既要“复杂问题简单化”，又要“简单问题复杂化”，这是一个需要智慧的思考过程，前者是善于总结、归纳和分类，将深奥、抽象、难懂的理论简单化，将一团乱麻知识理得顺顺当当；后者是善于发散思考、深入思考。如能从苹果掉到地上这简单的事儿中琢磨出万有引力来。

（3）本学科与跨学科结合。跨学科研究是近来科学方法讨论的热点之一，近年来一大批使用跨学科方法或从事跨学科研究与合作的科学家陆续获得诺贝尔奖，科学在 20 世纪以来的一个重要发展趋势是与技术的融合以及科学、技术与社会的相互渗透，这使科学更加变成了一项社会综合事业和工程，乃至不通过跨学科研究的方式，就不会有真正的科学突破。

（4）历史与现代结合。人类的智慧从哪里来？从历史中来。人类之所以区别于其他的动物成为地球的主宰，在于人类知道自己的历史，善于在历史中学习知识，善于归纳历史的规律，善于在历史中积淀，善于利用历史。2008 年北京奥运会的开幕式表演，就是历史与现代结合的典范，给人的印象非常地深刻、鲜明。

（5）经典与探索结合。经典知识是指具有典范性、权威性、经久不衰的已知知识。一位英籍华人博士在清华大学听一位教授用两节课讲了一个很重要的概念章节，听课后，博士说：老师讲得十分清楚，十分细致，但是在英国我们只用 20 分钟就讲完了，讲得这么详细，学生课后怎么思考？将经典知识与探索联系起来，就是要构建“知识空缺”，保持“问题”状态，让学生带着问题走进课堂，带着更多问题走出课堂。

（6）科学与哲学结合。将科学知识与哲学思辨联系起来，有助于培养学生敏锐的观察力和深刻的理解力，有助于培养学生的抽象思维、创新思维的能力。纵观人类文明史，哲学与科学有着特殊密切的关系，科学产生知识，哲学产生思想。爱因斯坦说过：哲学可以被认为是全部科学研究之母。

（7）自然与人文结合。现代社会发展所提出的课题，都是综合性的，要求把自然科学技术、社会人文当成一个完整系统来加以研究，以解决诸如人口、能源、环境、经济等庞大复杂的问题。社会科学“自然化”、自然科学“社会化”正以不同的速度发展着，迈开了联合的步伐，出现了相互渗透的一体化趋势。

4. 课程结构

创新教育导向课程的结构，应该是便于学生自主学生、合作学习及探索性学习。为了便于学生自主学习，教师要给学生布置学习任务(项目)，课程结构应该由若干个学习任务(项目)组成。为了便于学生合作学习，课程内容又必须是综合性、开放性的学习任务(项目)，学生一个人难以完成，必须通过小组合作学习才能完成。为了便于学生探索性学习，课程内容既有单一、简单、传统、经典、本学科的课程内容，也有综合、复杂、现代、前沿、跨学科、需要学生探究的课程内容。

综上所述，创新教育导向的课程结构如图 5-1 所示。即课程由若干个教学任务(项目)组成，每个教学任务（项目）为理论与实践的有机结合，各个教学任务

（项目）的难度逐渐增加，即由单一到综合，由简单到复杂、由传统到现代、由经典到前沿，由本学科到跨学科进行设计。

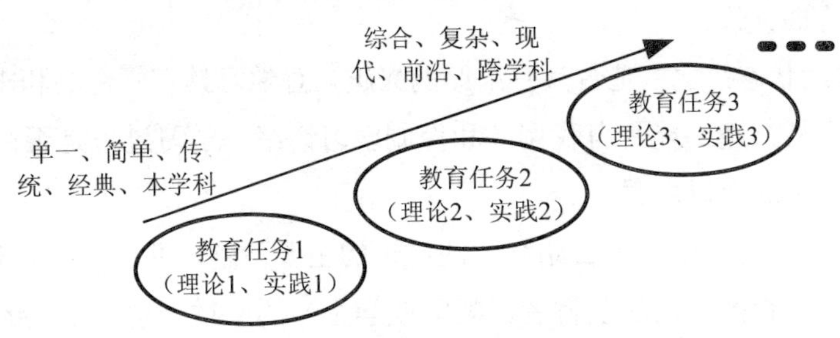

图 5-1 创新教育导向的课程结构

项目课程是最具创新教育导向的课程之一。项目课程虽然起源于职业教育，却早已不是职业教育的专利，而成为一种有着深厚理论基础的课程模式，并被广泛地应用到了各种类型的教育中，如职业教育、幼儿教育、高等教育。项目课程由若干个学习项目组成，有单项项目和综合项目、封闭性项目和开放性项目、模拟项目和真实项目。项目课程适合于学生自主学习、合作学习及探究学习。在项目课程教学中，从完成项目工作的实战出发，教师既是项目经理又是是客户。说教师是项目经理，是因为教师是扮演项目监管角色，学生是员工，学生在教师的引导下完成工作项目，从而将被动学习变为主动学习；说教师是客户，是因为在商界，客户就是上帝，学生对于教师（客户）给定的项目及提出来的要求，必须无条件接受，并努力去完成，没有讨价还价的余地。项目课程已获得了教育行政部门与职业院校的普遍认可，也获得许多本科院校的认可，项目课程具有学生主体性、探索性、开放性、民主性、实践性等创新教育导向课程特征。

5. 课程评价

创新教育导向课程的评价应注重以下两点：

（1）“以学评教”的课堂教学质量评价。传统的课堂教学质量评价主要是评价教师的“教”，即教师教学基本功好不好？教师讲课条理是否清楚？重点是否突出？难点是否分解？至于学生学得如何没有评价。创新教育导向课程的课堂教学要真正体现以学生为主体，以学生发展为本，就必须对传统的课堂教学质量评价进行改革，体现以学生的“学”来评价教师“教”的“以学评教”的评价思想，强调以学生在课堂教学中呈现的状态为参照来评价课堂教学质量。提倡“以学评教”，主要从学生的情绪状态、注意状态、参与状态、交往状态、思维状态、生成状态六个方面评价。

1）情绪状态：学生是否具有浓厚的兴趣，对学习具有好奇心和求知欲；是否能长时间保持兴趣，能否自我调节和控制学习情绪；学习过程是否愉悦，学习愿望是否可以不断得以增强。

2）注意状态：学生是否始终关注讨论的主要问题，并能保持较长的注意力；学生的目光是否始终追随发言者（教师或学生）的一举一动；学生的倾听是否全神贯注，回答是否具有针对性。

3）参与状态：学生是否全员参与学习活动；是否积极主动地投入思考并踊跃发言，兴致勃勃地参与讨论和发言，是否自觉地进行练习。

4）交往状态：看整个课堂气氛是否民主、和谐、活跃；学生在学习过程中是否友好分工与合作；是否能虚心地听取他人的意见，尊重他人的发言。遇到困难时，学生能否主动与他人交流、合作，共同解决问题。

5）思维状态：学生是否围绕讨论的问题积极思考、踊跃发言，学生回答问题的语言是否流畅、有条理，是否善于用自己的语言阐述自己的观点；学生是否敢于质疑，提出有价值的问题并展开讨论；学生的回答或见解是否有自己的思考或创意。

6）生成状态：学生是否掌握应学的知识，是否全面完成了学习目标，学生的学习能力、实践能力和创新能力是否得到增强，是否有满足、成功和喜悦等积极的心理体验，是否对未来的学习充满了信心。

（2）对学生学习成绩的评价要突出过程。传统的对学生学习成绩的评价，往往更多的是对学生学习结果的评价，对学习过程的评价甚少，这往往会造成学生平时学习不认真，期末靠死记硬背突击复习应付考试，考后全忘记，这不利于培养学生的创新素质，不利于促进学生发展。学生学习情况过程性评价，是以促进评价对象发展为根本目的的学习评价。过程评价克服评价过于强调甄别与选拔功能的倾向，关注学生促进其不断进步，实现自身价值，关注人的发展，强调评价的民主化和人性化的发展，重视被评价者的主体性与评价对个体发展的建构作用。

重视知识以外的综合素质的发展，尤其是创新、探究、合作与实践等能力的发展，以适应人才发展多样化的需求。

二、创新教育导向的项目课程

项目课程虽然起源于职业教育，却早已不是职业教育的专利，而成为一种有着深厚理论基础的课程模式，并被广泛地应用到了各种类型的教育中，如职业教育、幼儿教育、高等教育。

项目课程是最具创新教育导向的课程之一，它彻底打破了以学科课程为主体的三段式课程模式，建立起富有职业特色，能有效地培养学生综合职业能力及创新能力的课程模式，已获得了教育行政部门与职业院校的普遍认可，也获得许多本科院校的认可，课程开发与实施已如火如荼地展开。项目课程适合于学生自主学习、合作学习及探究学习，具有学生主体性、探索性、开放性、民主性、实践性等创新教育导向课程特征。

（一）项目课程概述

在不同类型教育中，项目的具体体现是不一样的，在职业教育中体现为产品制作或服务提供，在幼儿教育中体现为主题活动，在高等教育中体现为课题研究。

1. 什么是项目

项目与任务，这是最容易混淆的两个概念。在职业教育中，项目是指具体产品、服务或决策。要制作一样产品或提供一项服务或决策，需要经历一个完整的工作过程，而任务是指工作过程的一个工作环节。从不同角度可把项目划分为封闭性项目与开放性项目、单项项目与综合项目、模拟项目与真实项目。

（1）封闭性项目。指有明确的目标，按照严格的操作程序与要求进行操作，需要相对确定知识的项目。职业教育面向的是具体职业，这些职业的工作过程往往比较确定，且有比较明确的要求，因此职业教育的项目多数属于封闭性项目。学习这些项目，获得确定的职业能力，是个体顺利进入相应岗位的基本前提。

（2）开放性项目。指需要学生自己确定目标，通过查阅资料或小组讨论，自己设计工作过程的项目。随着技术发展、社会转型与企业组织模式的变化，现代职业的工作过程的自由度越来越大，所需要的知识的可迁移度越来越高，现代职业教育不仅要求培养能完成既定工作任务的人，更要求培养能改进和提高工作过程，能主动地、弹性地、负责任地完成工作任务的人。因此项目课程还应当开发开放性项目。

（3）单项项目。指围绕着局部工作任务所设计的项目，其功能是使学生掌握该专业的基本知识与技能，并发展单项职业能力。在学习的初始阶段，围绕着局部工作任务设计单项项目，有利于学生牢固地掌握工作过程中的各个环节，为发展整体职业能力奠定基础。

（4）综合项目。指围绕着完整工作过程所设计的项目，其功能是培养学生综合职业能力，并学习提升的专业知识与技能。在学习的后期阶段，当学生基本掌握了各个工作环节后，就有必要围绕整个工作过程设计若干个综合项目，使学生能把握完整的工作过程，获得整体职业能力。

（5）模拟项目。指为了满足特定课程内容学习的需要，模拟实际项目所设计的学习项目。模拟项目可以对应于实际项目，也可综合多个实际项目。模拟项目虽然缺乏真实感，但它来源于真实项目却又高于真实限度，能充分满足课程实施的需要，因而在项目课程设计中是非常必需的。

（6）真实项目。指直接来源于消费对象的实际加工或服务项目。真实项目有利于学生获得对企业产品技术标准的体验，对工作压力的体验等，这些是模拟项目所无法具备的功能。因此项目课程改革必须大量开发来自企业的真实项目，这是项目课程开发难度比较大，却非常有活力和充满特色的方面。

一门项目课程由若干个项目组成，在项目课程开发过程中，项目大小应合适。如项目过小，则不利于学生的综合职业能力培养；如项目若过大，必然需要大量的知识和技能，项目课程可能成为综合实训或毕业设计。通常项目课程在实施过程中，可遵循先封闭后开放，先单一后综合，先模拟后真实的教学原则。

2. 什么是项目课程

职业教育项目课程定义为“以工作任务为课程设置与内容选择的参照点，以项目为单位组织内容并以项目活动为主要学习方式的课程模式。”[①]对这个定义有

① 徐国庆. 职业教育课程论[M]. 上海：华东师范大学出版社，2009:176.

以下两点解释：

（1）以工作任务为设置课程与内容选择的参照点。认清一种课程的本质，首先要看其设置的参照点。比如学科课程，是以知识为参照点设置的，课程以学科边界进行划分，课程内容是学科内容；而项目课程是以工作任务为参照点设置的，课程以任务边界进行划分，课程内容是工作任务内容。这是某一课程能否成为项目课程的前提，在这一点上，项目课程与任务引领型课程无异。

例如：在电子制造业，有电子产品设计、电子产品制作与调试、电子产品工艺管理、电子产品测试、电子产品营销、电子产品维修等综合性工作任务，则面向电子制造业的应用电子技术专业课程的设置就可以以这些工作任务为边界。

（2）以项目为单位组织课程内容。尽管项目课程是以工作任务为核心选择课程内容，但其课程内容组织并非围绕着一个个工作任务来进行，而是围绕着一个个精心选择的典型产品或服务的活动来进行。活动是项目课程的基本构成单位，而每一个活动是由若干工作任务构成的。这是项目课程明显不同于任务本位课程之处，也是它对任务本位课程发展的关键之处。

例如：电子电路故障检修课程，电子电路故障检修工作过程通常由故障现象分析、故障诊断、损坏元器件更换、修复后调试等工作任务组成，我们不能以工作任务为单位来组织课程内容，而应该以精心设计的项目为单位来组织课程内容，如放大电路故障检修、电源电路故障检修、振荡电路故障检修等。

由此可见，工作任务分析与项目设计是项目课程开发的两个非常核心的环节。没有工作任务分析，项目课程开发就不能准确把握工作岗位要求，课程内容选择也就缺乏依据；没有项目设计，这种课程就只是任务引领型课程，也即能力本位课程，而不具备项目课程的特征。只有在工作任务分析基础上，围绕着工作任务学习的需要进一步进行项目设计，并在项目与工作任务之间形成某种对应关系，才能得到项目课程。

（二）确定项目课程体系

职业教育项目课程改革，不仅仅是要获得几门单独的项目课程，更重要的是要建立以项目课程为主体的课程体系。任何一类或一级教育的课程模式都必然是多元的，这是由功能的多元化所决定的。对职业教育而言，针对需要通过反复训练才能非常娴熟的技能，需要开设单独的技能训练课程；针对需要系统学习的理论知识，也需要开设单独的学科课程。但是，项目课程应当成为职业教育课程体系的主体。

1. 定位专业面向的岗位

岗位定位是确定人才培养目标的基本方法，是职业教育课程其他定位的基本依据。岗位定位这一步骤的成果是获得“人才需求与专业改革调研报告”。主要目的是调查某专业所对应产业的发展趋势、人才结构与需求状况，以及高职该专业的教学现状，以便寻找到其间的差距，从而为该专业的课程改革提供原则建议。

岗位定位可按以下方法进行：

1）通过对企业专家观点的汇总，清楚、明确地列出本专业可能面向的岗位。可以请十多位企业专家按职业教育性质与层次提出各自认可的可能岗位，然后根据所列岗位在各位企业专家中出现的频率确定本专业面向的岗位。

2）统计该专业毕业生在这些岗位的就业频率分布来确定专业面向的岗位。如应用电子技术专业高职生在电子制造业的就业岗位有：采购员、设计员、管理员、检验员、营销员、维修员等。

2. 分析岗位的工作任务

根据项目课程定义，工作任务分析是项目课程开发的一个非常核心的环节。没有工作任务分析，项目课程开发就不能准确把握工作岗位要求，课程内容选择也就缺乏依据。

分析岗位工作任务采用会议研讨法，就是在分析专家的主持下，若干位企业专家对岗位中的工作任务进行会议形式的讨论，制定出工作任务分析表。

工作任务分析是对某一职业或职业群中需要完成的任务进行分解的过程，目的在于掌握其具体的工作内容，以及完成该任务需要的知识、技能。

对工作任务分析现场布置要求很高，由一位分析专家主持会议，聘请11～12位企业专家参加，教师是会议旁听者。

（1）分析专家的主要任务。分析专家的主要任务如下：

1）使企业专家明白工作任务分析会的工作目标与方式，快速使企业专家进入分析会所需要的工作方式。

2）按程序引导企业专家进行工作任务与职业能力分析，并对企业专家书写的材料进行梳理。

3）快速判断企业专家的分析内容合乎要求的程度，确定内容的取舍和分析的进程。

4）高效地现场调动人力、物力，确保分析会取得成功。

5）控制工作任务分析会进行的时间。

（2）对分析专家的要求。对分析专家的会议主持水平要求很高，有下列要求：

1）能深刻理解工作任务分析的目的、质量要求，能预期后续的课程框架。

2）熟悉工作任务分析的基本操作，能深刻理解这些操作的设计意图。

3）能以尊重而具主导性的方式与企业专家沟通，必要时能采取“强主导”但能被企业专家接受的方式。

4）能快速发现企业专家中的优秀个体。

5）能理解工作任务分析的逻辑路径，清晰地整理出企业专家的分析材料。

（3）对企业专家的要求。对参与工作任务分析的企业专家应精心挑选，有下列要求：

1）企业专家指在生产一线直接从事生产操作和管理的专家，一般聘请 12 位企业专家。

2）企业专家均要求是一线技术骨干，班组长、车间主任层面为宜，不要聘请老总、人力资源部人员、行业协会人员。

3）要有技师以上职业资格证书。

4）善于思考、表达与合作。

5）专家要覆盖本专业所面向的工作岗位，企业类型要有代表性。

（4）工作任务分析步骤。工作任务分析就是对专业定位的各职业岗位进行工作任务分析，可在分析专家的主持下按下列步骤进行：

1）介绍工作任务分析会的目标、方式及要求。

2）发给各企业专家工作任务分析表，如表 5-1 所示。请企业专家写出自己已经历过的职业岗位的若干工作任务。

表 5-1 工作任务分析表文本格式

职业岗位 A	
工作任务 A-1	
工作任务 A-2	
工作任务 A-3	
…	…
工作任务 A-N	
专家签名： 年　　月　　日	

3）对各位企业专家填写的工作任务分析表进行汇总，讨论、归类、合并，得到各职业岗位的工作任务分析。

在工作任务分析的过程中，需要 1 名会议记录人员，并需要投影仪、笔记本电脑等设备。

3. 分析岗位的职业能力

职业能力是确定课程内容的基本依据。职业能力分析与工作任务分析同时进行，工作任务分析结束后即进行职业能力分析。对职业能力的描述不能过于笼统，应该具体化一些。

职业能力分析表的文本格式如表 5-2 所示，此表由企业专家填写，然后进行讨论与汇总。

从岗位、任务和能力三个维度对职业教育课程进行定位后，可得到工作领域、工作任务、职业能力分析表。这是项目课程开发的基础。

以浙江工商职业技术学院的模具设计与制造专业为例，其工作领域、工作任务、职业能力分析表如表 5-3 所示。表中的工作领域是岗位的细化，是一组具有相对独立性的工作任务，它可能与工作岗位相对应，也可能不对应，这取决于不同职业的劳动组织方式（如饭店前厅管理）；工作任务是指工作过程中需要完成的单件任务；职业能力是指完成工作任务所需要的知识、技能和态度。在表 5-3 中，完整地展现了模具设计与制造的产品成型工艺、模具设计、模具制造、模具调试、模具项目管理五个工作领域，并展现了各个工作领域的具体工作任务及职业有力要求，它是模具设计与制造专业的后续项目课程开发的依据。

表 5-2　职业能力分析文本格式

职业岗位	工作任务	职业能力
职业岗位 A	工作任务 A-1	
	工作任务 A-2	
	…	…
	工作任务 A-N	

专家签名：
年　月　日

表 5-3　工作领域、工作任务、职业能力分析表（模具设计与制造专业）

工作领域	工作任务	职业能力（岗位核心职业能力用*标注）
产品成型工艺	产品结构分析	能读懂图纸； 具备绘图能力*； 熟悉国家相关标准； 能正确选择公差配合； 会使用量具； 能够分析模具所成型产品结构工艺性能的优良；并能提出相应改进措施； 熟悉常用塑料的性能； 熟悉金属材料的性能。
	选择成型设备	熟悉成型设备工作原理； 能够正确选择成型设备。
	编制成型工艺	会编制制品的成型工艺**。
模具设计（设计员）	模具成型分析与工艺设计	会确定最佳型腔数量、进行型腔模的浇注系统设计； 能够合理设计冲压成形排样图。

续表

<table>
<tr><th>工作领域</th><th>工作任务</th><th>职业能力（岗位核心职业能力用*标注）</th></tr>
<tr><td rowspan="3">模具设计
（设计员）</td><td>模具的结构设计</td><td>熟练掌握二维及三维 CAD 绘图软件，进行模具分型*；
能较熟练测绘机械零件；
会设计各类机械结构；
具备机械结构的基本设计和计算能力；
掌握模具典型零部件的设计要点；
会分析模具结构的合理性；
会设计典型的模具结构；
熟悉液压与气动的工作原理。</td></tr>
<tr><td>模具材料的选用</td><td>会合理选用常用模具的材料；
会标注热处理工艺条件。</td></tr>
<tr><td>技术文件编制</td><td>掌握加工工艺编制的标准化格式；
具备良好的语言组织归纳能力；
能够进行表单绘制；
了解设备加工；
具备良好的语言组织及图文编辑能力。</td></tr>
<tr><td rowspan="8">模具制造
（操作工）</td><td>模具加工工艺流程</td><td>会编制模具加工工艺*。</td></tr>
<tr><td>数控加工</td><td>会模具零件的加工程序编制*。</td></tr>
<tr><td>普通机加工</td><td>会车、铣、刨、磨、钻加工等基本技能**。</td></tr>
<tr><td>电加工</td><td>会操作线切割机床；
熟悉线借个机床的工作原理*；
会操作电火花成型机床；
熟悉电火花机床的工作原理*。</td></tr>
<tr><td>材料及热处理</td><td>正确选用热处理工艺。</td></tr>
<tr><td>工装夹具制作</td><td>会设计制作简单的专用夹具*。</td></tr>
<tr><td>模具装配</td><td>具备模具钳工基本技能*；
具备钻、铰、研技能；
掌握模具各部件的装配技术；
具有正确装配各类模具的初步能力；
具备修复一般复杂的模具。</td></tr>
<tr><td>表面处理</td><td>能够选用常用表面处理方法（氧化喷砂皮纹等）；会抛光。</td></tr>
<tr><td>模具调试
（调试员、检验员）</td><td>模具调试</td><td>能够正确进行上机调试和操作；
会分析通用成型设备故障并提出修复意见；
会正确安装各类模具（冲压、塑料、压铸）；
会调试各类模具（冲压、塑料、压铸）。</td></tr>
</table>

续表

工作领域	工作任务	职业能力（岗位核心职业能力用*标注）
模具项目管理（车间技术员、车间工艺员、现场管理员）	模具质量管理	能对简单零件精心测绘； 能够对成型过程中所有问题进行现场处理（划痕、拉伤、毛刺、流痕、飞边等）； 会使用常用的检测设备； 会编制产品检验卡片； 掌握模具质量控制方法和记录表设计； 具有质量管理的基本能力； 会编制质量管理文件； 会模具装配后的总检并能够评定检测结果。
	模具生产管理	会编制模具的生产作业计划； 具备安全作业管理能力； 会进行模具经济技术分析； 具备一定的生产组织协调能力； 具有阅读相关英文资料基础； 会控制模具上单进度； 有协调生产与制造模具的能力； 具备人员和设备的协调能力； 具有良好的职业道德，具有较好文字表达能力。

当获得了工作任务、职业能力分析表后，也就获得了职业教育项目课程开发的基础。但是，要把这个基础变为适合学生能力循序渐进过程的可实施课程，还必须经过更加复杂的课程设计过程，教师的智慧将在这一过程中发挥非常重要的作用。

4. 确定项目课程体系

项目课程体系不仅仅指项目课程，而是指以项目课程为主体（专业主干课程）的课程体系。它包括需要反复训练而开设的技能训练课程，包括需要系统学习而开设的学科课程，广义地可以将普通文化课程也纳入其中。本文主要讨论项目课程体系的主体（专业主干课程）。

项目课程体系的主体由若干门项目课程组成，这若干门项目课程是如何确定的？前面已经提到，以工作任务设置课程，这个工作任务是工作领域任务。

（1）逐个对工作任务进行讨论，确定项目课程体系。一般地说，可依据工作领域来设置课程，因为单件工作任务往往过细、过小，不足以构成课程。通常一个工作领域可以设置为一门课程；如可以将表 5-3 中的“模具项目管理”工作领域单独设置为一门课程，将“模具设计”工作领域设置一门“模具 CAD/CAE/CAM”课程。若工作领域较宽泛，也可将一个工作领域拆分为几门课程。如表 5-3 中的模具制造工作领域非常宽泛，可以设置为“塑料模具制造”、“模具数控加工”等项目课程。也可以将 2 个工作任务相近的工作领域合并，组成一门课程。如表 5-3 中的产品成型工艺、模具设计两个工作领域，其相关性较强，可以考虑设置“冲压成型工艺与模具设计”、“塑料成形工艺与模具设计”两门项目课程。

（2）确定项目课程的支撑平台课程。在培养学生完成工作任务的过程中，单纯的项目课程难以适应教学要求，需要有相对系统的理论知识和熟练的单项技能支撑。另外，项目课程体系不仅仅指项目课程，它包括需要反复训练而开设的技能训练课程，包括需要系统学习而开设的学科课程，这些统称为支撑平台课程。如针对表 5-3 中模具设计与制造专业，可设置“机械制造基础”、“机械设计基础”、“公差与技术测量”等基础理论课程，并可设置“金工实训”、“电加工实训”单项技能课程等。

（3）命名项目课程的课程名称。为突出项目课程的任务特色，项目课程的名称应该用“名词+动词”的任务表述方式。如“电子产品设计”、“电子产品测试”、“模具数控加工”、“期货客户开发”、“餐饮服务与管理”等。要尽是避免“……基础”、“……学”、“……技术”、“……概论”等传统的学科课程名称的表述方式，也要尽量避免“……实践”、“……操作”等教学方法型的表述方式。课程名称的改变体现了课程思想的根本性改变。

（三）项目设计

项目课程开发是一个技术性非常强的复杂过程，其中最为关键的技术有两个，即工作任务分析和项目设计。对于工作任务分析前面已经阐述，以下就项目设计问题做些探索。

1. 项目设计原则

前面已经指出：在职业教育中，项目是指具体产品、服务或决策，要制作一样产品或提供一项服务或决策，需要经历一个完整的工作过程，而工作任务只是工作过程中的一个环节。设计项目时应充分考虑以下原则：

（1）项目能覆盖课程的所有工作任务。项目是手段，掌握工作任务才是目的。因此所设计的项目应考虑是否完全覆盖了该门课程的所有工作任务。比如餐饮服务与管理课程，可以设计若干个宴会作为项目，通过若干个宴会项目使学生完成餐饮服务与管理中所有工作任务，如果该门课程的工作任务包含“宴会预订”，那么所设计的项目就应当包含这个工作任务。又如电子产品设计课程，通常有电原理图设计、PCB 设计、电路装配、调试与测试共四个工作任务。因而，要求课程所选择的项目能覆盖这些工作任务。

（2）项目能实现理实一体化学习。在所选择的每一个项目中，理论学习与实践学习的比重最好是 1:1，并能将理论学习与实践学习有机地结合起来。全理论知识的项目或全实践操作的项目均不是好项目。一个项目中如果容纳的理论知识或技能操作过多，尤其是知识、技能的类型过多，会使得其教学过程无法组织，师生在教学过程中会无所使从，最终反而降低教学质量。对于需要集中学习的理论知识或实践操作技能，不如把它们设置为独立的理论课程和技能课程进行学习，其效果可能更好。

（3）项目类型选择合理。前面所述，项目类型主要有：封闭性项目与开放性项目；单项项目与综合项目；模拟项目与真实项目。学生学习是一个从简单到复杂、从局部到整体、从具体到抽象的过程。所以，在学习的初始阶段，可选择封闭性项目、单项项目、模拟项目，这有利于学生牢固地掌握工作过程的各个环节，为发展综合职业能力奠定基础。到了学习后期，当学生基本掌握了各个工作环节后，应选择开放性项目、综合项目、真实项目，使学生能把握完整的工作过程，获得综合整体职业能力。

（4）项目能合理地分配理论知识。项目课程彻底解构了理论知识本身的逻辑，代之以工作任务逻辑，如不科学设计，知识可能可能出现混乱、不均衡等情况。如在项目课程设计中，第一个项目可能就负载了课程的大部分理论知识，需要耗用大量课时而最终陷入到传统的知识教学模式中去。项目课程要求把理论知识均匀地分配到各个项目中去。

（5）项目课程学时的分配合理。项目或模块的学时分配要以工作任务模块的重要性和难度为依据，而不能以知识的难易程度为依据。每个项目的设置不宜过大，以免支撑的理论知识太多，导致教学组织困难。对于较大的项目可以分解成若干模块来进行教学，一般每个模块为 2～4 个学时，以使学生在学习时经常有成就感。有些项目课程任务模块最大达 25 学时，最小为 0.5 课时，这都是不适宜的。

（6）项目之间有一定的逻辑关系。学科课程并非课程的唯一模式，但是在打破一个体系的同时，必须建立另一个体系，否则将导致学生认知结构的混乱。项目课程打破了按照知识本身逻辑组织课程的传统模式，转向围绕着项目来组织课程，那么就必须在项目之间形成某种逻辑关系。项目逻辑关系的构建必须紧紧依据相应职业领域的工作逻辑，这样才能有效地培养学生职业能力。比如机械加工技术，工人的主要任务是加工各类零件，因此以典型零件为逻辑主线设计项目体系是合适的。

（7）项目具有地方经济特色。即使同一行业，不同地区的具体产品或服务很可能是不一样的，比如餐饮，上海和四川的习惯就差别非常大。项目设计应充分体现地方经济特点，这样既有利于培养更加适合地方需要的实用人才，也有利于课程资源的开发与利用。因此，项目设计应建立在对企业的深入调研基础上，应当开发具有“企业真实性”的项目。为了提高职业能力的迁移范围，所选择的项目应当是典型的。

（8）项目在教学中可操作性强。无论多么巧妙，多么有学习价值的项目，如果在教学中无法执行，比如学校无法购买所需要的设备，也无法从企业获得相应支持，那么这种项目都是无效的。应当尽可能设计易于操作、可能操作的项目。

（9）项目能有效地激发学生的学习兴趣。一般真实项目、有实用价值的项目更能激发学生的学习兴趣。如电子技术专业课程，若选择报警器、电子钟、收音机等实用产品的设计与制作作为项目，学生的兴趣则更大。

2. 项目与任务的匹配模式

每门项目课程由若干个项目组成，而每一个项目又由若干个工作任务组成。选好项目与工作任务的匹配模式也是项目设计的重要环节之一，常见模式有以下三种[①]。

（1）循环式。这种模式的核心特征是，课程内容以从简单到复杂的系列典型产品或服务为主线展开，每个项目都包括该门课程全部任务所构成的完整工作过程，且其工作过程是基本一致的。如某门课程需要让学生学会完成四个工作任务，可从简单到复杂设计若干项目，每个项目都重复这学习这四个工作任务，见图 5-2。这种模式尽管工作过程是重复的，但由于项目不同，具体内容是不会重复的。随着项目的推进，学生的职业能力得以不断提升。这种模式在机械、电子类等专业中应用广泛。

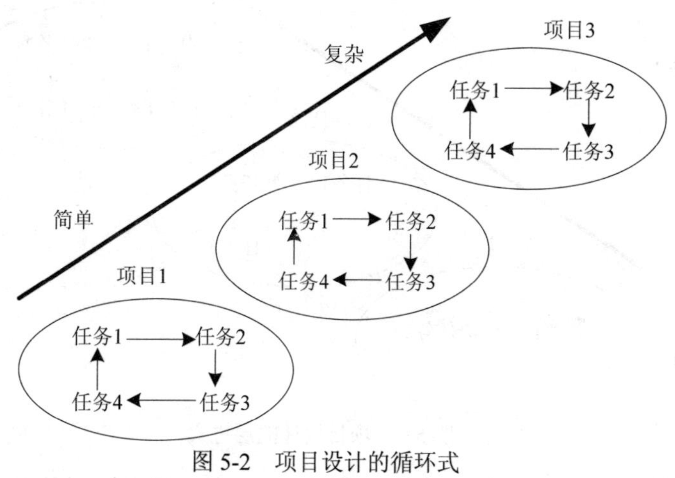

图 5-2　项目设计的循环式

如电子类专业的“电子产品设计”课程，可由简单到复杂地选择低频信号发生器的设计与制作、多路温度测量仪的设计与制作、超声波测距仪的设计制作等作为项目，每一个项目均按照电原理图设计、PCB 设计、电路装配、调试与测试四个步骤组织教学，这四个步骤就是四个任务。

又如市场营销专业的“销售报表统计”课程，选择不同种类的报表作为项目，每个项目均包含制定统计报表、统计报表数据、分析报表数据等工作任务，这些工作任务则构成了完成某个报表的具体过程。

① 徐国庆. 职业教育项目课程开发指南[M]. 上海：华东师范大学出版社，2009:128-131.

（2）层进式。这种模式的核心特征是，一门课程只选择一个大型的、完整的综合项目，它涵盖了该门课程需要学习的所有工作任务；根据工作任务界线，把这个项目划分成若干部分（小项目），学生按照工作顺序逐步完成各小项目，最终完成整个项目。如图 5-3 所示，某门课程需要让学生学会四个任务，为学习这四个任务，选择了一个综合项目，这个项目被划分成了 3 个小项目，进行任务 1、2 可完成项目 1，再进行任务 3 可完成项目 2，依次进行直至整个项目完成。小项目划分要注意其相对完整性。这种模式在计算机应用、国际商务等专业中应用广泛。

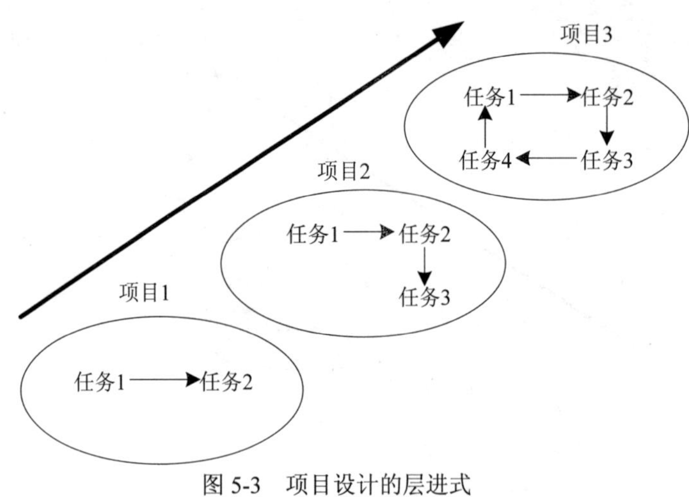

图 5-3　项目设计的层进式

如“园林规划设计”课程选择了公园案例分析及园林小品设计、公园植物配置与造景项目、主题性公园设计、综合性公园规划设计四个项目，这是一种层进式项目。

（3）对应式。对应式的核心特征是，即围绕一个个工作任务进行项目设计，项目与工作任务之间是对应的，围绕一个工作任务也可设计成几个项目，如图 5-4 所示。有些课程，其工作任务完成的难度与产品或服务等具体内容基本无关，也不存在紧密的内在联系，如任务 2 的完成并不依赖任务 1 的完成。这种课程应采取对应式设计模式，对应式模式在物流、财会、酒店服务与管理等专业中应用广泛。

如财务会计课程，其工作任务包括：应收及预付款项核算、存货核算、无形资产核算、流动负债核算、长期负债核算等，由于这些工作任务之间并不存在明显的相互依赖关系，因此，应选择项目设计的对应式。

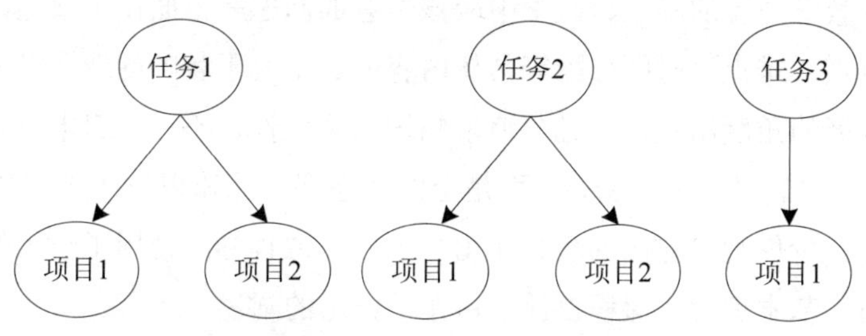

图 5-4 项目设计的对应式

在以上三种模式中，第一种模式的项目色彩最浓，甚至可以说只有依据这种模式设计的课程才是真正的项目课程，因为它是工作过程重复而工作内容不重复，只有工作过程重复才能形成熟中生巧的职业技能，因此，在项目课程设计中，要尽可能地采用这一模式。当然，其他两种模式也有一定的适用性，因为有些课程的项目设计是无法采用第一种模式的。采取何种模式，取决于具体职业的性质。需要注意的是，具体设计中，这几种模式可能会同时交叉使用。

（四）项目课程标准

当项目设计完成后，可接着编写项目课程标准，项目课程标准相当于教学大纲。

1. 课程标准的涵义

课程标准是规定某一课程的课程性质、课程目标、课程内容、课程实施建议的教学指导性文件，是教材编写、教学、评估和考试命题的依据。一门课程可以有许多版本的教材供选择，但课程标准只有一份。

细心的人也许早就发现，在最近课程改革中，沿用了几十年的教学大纲悄然隐退了，取而代之的是课程标准。课程标准与教学大纲相比，主要区别是什么？教学大纲的立足点是教学过程，而教学过程仅仅是课程的主体部分；课程标准的立足点是课程本身，课程标准比教学大纲更为宏观，范围也更广，在课程的性质与定位、设计思路、课程目标、课程实施建议等几部分阐述得更详细、更明确，特别是提出了面向全体学生的学习基本要求。为提高教师的课程意识，建议使用课程标准更为合适。

课程标准主要特点如下：

（1）详尽阐述课程性质、理念及设计思路。现行大纲从教学的角度出发，对教学目的、教学内容的确定、教学中应该注意的问题等方面作了叙述，尤其是规定了教学重点、难点、时间分配等具体内容，这不利于教师创造地发挥。课程标准从学生发展的角度出发，不过分追求知识的系统性，不过分追求概念、规律表述的准确性、逻辑关系的严密性，而是全面考虑课程在知识与技能、过程与方法、情感、态度、价值观等方面的教育作用。因此，课程标准使用了较大的篇幅，对课程的性质、基本理念、课程设计思路作了详尽的阐述。

（2）强调过程和方法的学习。在教学方式方面，现行大纲关注教师教学，重视知识的传承，重视较多的是科学的结论，而对得出结论的过程和方法，或重视不够，或根本忽略，导致死记硬背、题海训练经常发生，没有强调科学的学习过程和方法。课程标准关注的是学生学习过程，不仅强调知识的学习，特别强调学习的过程，把“过程和方法”作为课程目标之一，强调科学探究在课程中的作用，将学习重心从知识的传承积累向知识的探究积累过程转化。

（3）强调情感态度与价值观。与现行大纲相比，课程标准最显著的变化是课程目标发生了根本改变。过去，课程目标侧重于学生的认知发展水平，如今，课程的功能由过去单纯强调知识和技能转向同时关注学生学习的过程和方法、情感、态度、价值观。这是一个根本性的变化，对培养新时期具有良好素质和竞争力的新一代具有重要意义。

（4）采用行为动词来描述课程目标。课程标准用尽可能清晰的行为动词从知识与技能、过程与方法、情感态度与价值观三方面对学生的学习结果进行描述，具体分为结果性目标和体验性目标。

结果性目标分为知识目标和技能目标。知识目标要求“了解”、“理解”、“应用”，对“了解”的具体描述为说出、背诵、辨认、列举、复述等；对“理解”的具体描述为理解、说明、归纳、概述、整理等；对“应用”的具体描述为设计、辩护、撰写、检验、计划、推广等。技能目标要求“模仿”、“独立操作”、“迁移”，对“模仿”的具体描述是模拟、再现、例证、临摹、扩（缩）写等；对“独立操作”的具体描述是完成、制定、解决、绘制、尝试等；对“迁移”的具体描述为联系、转换、灵活运用、举一反三等。

确立体验性目标，是课程标准与教学大纲的显著不同，体验性目标分为经历（感受）、反映（认同）、领悟（内化），对“经历”的具体描述是参与、寻找、交流、分享、访问、考察等；对“反映”的具体描述是遵守、接受、欣赏、关注、拒绝、摈弃等；对“领悟”的具体描述是形成、具有、树立、热爱、坚持、追求等。通过体验性目标，引导学生主动参与、亲身实践、独立思考、合作探究，发展学生搜集处理信息的能力、获取新知识的能力、分析和解决问题的能力，以及交流与合作的能力，形成良好的情感、态度、价值观。

（5）强调过程评价与自我评价。课程标准普遍淡化了终结性评价，强化了过程评价和学生自我评价。在过程评价和自我评价的方式方法上有许多新颖、活泼、可操作的创新之处。比如，成长记录、测验与考试、答辩、作业（长周期作业、短周期作业）及集体评议等。还有通过学习档案促进学生自我评价，评价不仅考察学生对知识的掌握，而且重视学习过程和体验。

2. 编写项目课程标准

项目课程的课程标准有前言（课程性质、设计思路）、课程目标、课程内容与要求、实施建议 4 个大条目组成，其标准体例如表 5-4 所示。

表 5-4 项目课程的课程标准体例

课程名称：XXXXXX 适用专业：XXXXXX
1.前言：XXXXXX （说明课程的重要性） 1.1 课程的性质：XXXXXX （说明课程性质、先修课程、职业资格证书考核要求等） 1.2 设计思路：XXXXXX （设计思路包括 6 部分内容：课程设置依据、课程目标定位、课程内容选择标准、项目设计思路、学习程度用语说明、课程学时和学分） 2.课程目标：XXXXXX （课程目标的主体是学生。课程目标分两段，第一段主要是知识目标，从后文表格中的知识要求部分进行提炼；第二段为职业能力培养目标，从技能要求部分进行提炼）

续表

3.课程内容和要求（以电子产品故障检修为例）

序号	工作任务名称（名词+动词）	知识要求（使用“了解”、“熟悉”等用语）	技能要求（使用“会”、“能”等用语，尽量细化）	参考学时
1	元器件级故障检测	XXXXXX	XXXXXX	
2	电路级故障检修	XXXXXX	XXXXXX	
3	小产品级维修	XXXXXX	XXXXXX	
4	大产品级维修	XXXXXX	XXXXXX	
4	高档级产品维修	XXXXXX	XXXXXX	

4.实施建议

4.1 教材编写：XXXXXX

4.2 教学方法：XXXXXX

4.3 教学评价：XXXXXX

4.4 课程资源的开发与利用：XXXXXX

（五）项目课程教学方案

如果说专业标准是专业教学计划，课程标准是教学大纲，则项目教学方案相当于授课计划。在项目教学方案中，要对各项目、各任务模块作下列说明：

（1）教学目标。教学目标分为最终目标和促成目标，最终目标通常就是某项目或任务的完成；促成目标通常包括知识目标与技能目标，并采用行为动词来描述。

（2）工作任务。项目课程教学属于任务驱动型教学，每一次教学活动都以完成某工作任务而进行。

（3）活动设计。通常指实践性教学活动的设计，应写得具体一些。如活动地点、学生自主形式、所需工具材料等。

（4）相关理论知识。列出完成项目或工作任务所需的相关理论知识。

（5）相关实践知识。列出完成项目或工作任务所需的相关实践知识。

（6）拓展知识。拓展知识通常不讲解，在项目教学方案中可有可无，视实际情况而定。

（7）思考与训练。供学生课后巩固知识与技能。

以浙江工商品职业技术学院的“市场营销”课程为例，项目教学方案实例如表 5-5 所示。

表 5-5 “市场营销”项目教学方案

“市场营销”课程项目设计方案

（总 98 学时）

课程项目	课程模块	学时
项目一： 分析市场机会	模块 1 市场规模测算 模块 2 外部环境分析 模块 3 竞争对手分析 模块 4 消费者分析 模块 5 企业（产品）分析	2 4 2 4 2
项目二： 营销战略选择	模块 1 目标市场确定 模块 2 定位战略确定	6 6
项目三： 营销策略制定	模块 1 产品策略制定 模块 2 价格策略制定 模块 3 渠道策略制定 模块 4 促销（营业推广）方案制定 模块 5 广告传播方案制订 模块 6 营销新手段的运用	6 4 4 4 6 4
项目四： 营销综合应用训练	模块 1 综合营销方案制定 模块 2 市场营销仿真模拟	20 24
合计		98

项目一 分析市场机会（12 学时）

一、教学目标

最终目标：能对企业所面临的市场有较全面的认识，提交完整的 SWOT 分析报告。

促成目标：

1．了解宏观营销环境中的经济环境、人口环境、物质环境、技术环境、政治法律文化环境分析的主要内容；

2．熟悉行业竞争对手的生产、销售情况及其营销战略；

3．掌握消费者购买产品的行为特征；

4．能够对产品特性等进行比对分析。

二、工作任务

1．能收集指定产品所在行业的宏观环境的有关资料；

2．能收集指定产品各类竞争对手的相关资料；

续表

3．能收集和调查指定产品消费者购买特征和消费规律；

4．熟悉产品的工艺流程、原材料、功能、性能、价格等在行业中所处的地位，努力挖掘产品优点。

三、活动设计

1．收集影响市场的环境、竞争者、消费者等资料，撰写各部分分析报告；

2．结合背景企业和产品实际，进行 SWOT 分析；

3．利用课余时间组织学生兼职参加促销员、导购员的企业实践；

4．利用中国日用消费品博览会、宁波银泰百货、必胜客运营部顶岗的机会，调查并分析某一行业的竞争状况。

模块 1　市场规模测算（2 学时）

一、教学目标

最终目标：能匡算、估算、测算一产品的市场潜量。

促成目标：

1．熟悉市场容量（或潜量）的测算方法；

2．熟悉市场各要素的常用信息收集方法和途径；

3．熟练操作网络信息的收集。

二、工作任务

1．测算现实市场容量；

2．估算潜在市场容量。

三、活动设计

1．从校园超市角度，测算全校学生有关食品、日用品、文具的消费支出；

2．选择一种消费品，估算该消费品的全国需求总量或地区需求总量。

四、相关理论知识

1．需求测量相关概念；

2．市场容量测算基本方法；

3．预测未来需求的基本方法。

五、相关实践知识

1．统计年鉴或统计公报等公开信息的查阅；

2．网络信息的收集的常用方法。

六、思考与练习

1．如何估算目前网民数量？

2．选择另一种电子电器产品，估算该消费品的全国需求总量或地区需求总量。

……

项目二　　营销战略选择（12 学时）

……

（六）项目课程实施

当项目课程标准、项目课程教学方案完成后，接着便是实施项目课程教学方案。项目课程实施中教师角色的准确定位、项目课程教学场所的设计、项目化教材的开发、教学过程的组织、教学方法的采用、学生的评价等，都是关系到项目课程实施是否成功的重要问题。

1. 项目课程的教师角色定位

在项目课程教学过程中，教师角色的准确定位十分重要，应该从完成项目工作的实战出发，教师既是项目经理又是是客户。

（1）项目经理角色。说教师是项目经理，是因为教师是扮演项目监管角色，学生是员工。所以，在项目课程教学中，教师首先是给学生分配项目工作任务，然后对学生的工作进行监管、督促、指导。也就是说，项目课程以教师引导为主，学生在教师的引导下完成工作任务，这样才能将被动学习变为主动学习。

（2）客户角色。说教师是客户，是因为在商界，客户就是上帝，学生对于教师（客户）给定的项目及提出来的要求，必须无条件接受，并努力去完成，没有讨价还价的余地。

当前，由于教师由于没有接受项目课程开发培训，对项目课程的内涵理解不透彻，对项目课程的开发与实施把握不准确，导致课堂教学仍以教师讲解为主，教师没有扮演好项目经理和客户双重角色。课程开发应包括师资队伍的开发，做到教师发展与学生成长的统一。没有一支适应于项目课程教学的师资队伍，不但开发不出优秀的项目课程，就是开发出来也实施不好。因此，对教师进行项目课程培训，并进行考核，考核合格后发给项目课程开发上岗证。只有教师水平高，项目课程实施才能成功。

2. 项目课程的教学场所设计

项目课程对教学场所要求很高，普通的教室难以完成项目课程的教学。对项目课程教学场所的设计有下列六方面的要求[①]：

（1）教师讲解功能。理实一体化课程仍需要教师讲解，所以教学场所应配置

---

① 李雄杰. 职业教育理实一体化课程研究[M]. 北京：北京师范大学出版社，2011:31.

教师讲解所需要的教学设备，如投影仪、书写板等。

（2）小组讨论功能。在理实一体化课程的实施过程中，通常采用行动导向教学方法，行动导向教学是一种以小组形式进行的学习，一个班级学生将被分为若干个小组。因此，要求教学场所面积大一些，以适合小组学习形式。

（3）实验实训功能。实验实训功能是理实一体化教学场所最主要的功能，要求实验实训有足够的工位，若工位不够，为确保实验实训质量，可分批进行实验实训。

（4）资料查询功能。理实一体化课程在实施过程，有时候需要学生网上查资料。如果在教学场所配置若干台电脑，使教学所场具备资料查询功能，则将方便于学生的教学。

（5）作品展示功能。将学生自己的学习作品展示于教学场所，使学生产生一种学习成就感；将历届学生的优秀学习作品展示于学习场所，这对学生的学习有激励作用。

（6）企业氛围浓。使学生学习仿佛置身于生产企业中，耳濡目染，经常实践，使学生“零距离”地走向工作岗位。

例：电子技术基础项目课程教室如图 5-5 所示。主要特点是将理论教学区与实践教学区设计在同一个房间里。该教室的课桌由实验台改造而成，课桌与实验台合为一体，在课桌的抽屉和底柜内放置常用维修工具和小型测量元件，如万用表、电铬铁、焊锡丝等，供学生随时在听讲的过程中取用。在教室南侧摆放 2 台电脑，用于资料查询，如查询半导体元器件的参数。教室南侧还有学生作品展示区，将学生电子设计竞赛成果在此展示，给低年级学生提供了想象的空间，使他们明确目标，敞开思路，养成良好的学习习惯，增强自主学习的能力，激励低年级有新的成果诞生。在教室两侧摆放着 8 张电子技术实训台，在教学过程中，学生可对教师讲解的理论知识及时进行验证，也可以在实训台中对学生自己装配的电路进行调试。

电工技术基础课程一体化教室如图 5-6 所示。理论区与实践区虽然在同一房间里，但左侧为理论教学区，右侧为实践教学区，中间用屏障相隔，实际属于相邻设计方案。教师在教学区给学生讲解理论知识，讲完后接着到实践区进行具体操作。这种安排的优点是：理论区与实践区独立设计，相互影响小；理论区面积大小按理论讲解要求进行设计，学生座位紧凑，教师讲课效果好。

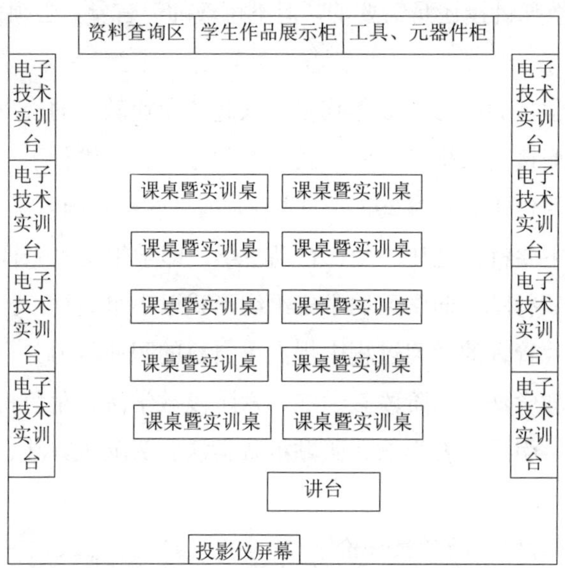

图 5-5　电子技术基础项目课程教室设计

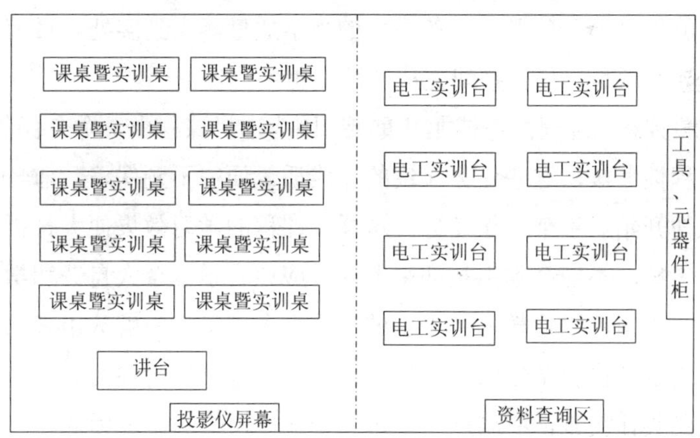

图 5-6　电工技术基础课程一体化教室设计

3. 项目课程的教学方法采用

传统的课堂教学方法是教师讲、学生听为主的灌输式教学方法，项目课程教学如果也这样，哪么项目课程就变味了。项目课程的课堂教学方法，应该以学生为主体，采用强调学生自主学习、合作学习、探究学习的教学方法；教师要善于创设项目中问题情境，引发学生对实践过程的反思，以及激发他们进一步学习理论知识的愿望；教师讲授还是需要的，但不可教师一言堂，必须采用启发式讲解，师生互动好。

行动导向教学是20世纪80年代以来兴起的职业教育的一种新理念与方法，在德国已经被普遍接受与推广，并在我国的部分学校也进行了试行。目前，行动导向教学已成为现代职业教育、培训的主流，项目课程实施可采用行动导向教法。行动导向教学的主要特征是让学生在行动中学，即学生是“先行后知、做中学”，教师是“做中教”。行动导向学习的学生组织形式以小组进行，学生在主动、交流、合作、创新及自我管理的学习过程中提高了自己的职业能力。行动导向有多种教学方法，如谈话教学法、四阶段教学法、六阶段教学法、角色扮演法、模拟教学法、项目教学法、引导文教学法、张贴板教学法、头脑风暴法、思维导图法、案例法等。

4. 项目课程对学生的考核评价

传统课程考核仍以目标考核为主。项目课程应以过程考核为主，目标考核为辅，这样才能将每一个项目、任务模块的教学质量落实到实处。目前由于过程性考核不够，导致项目、任务模块完成的质量得不到保证。

对于项目课程，过程性考核尤其重要。因为项目课程由一个个任务模块组成，如果没有过程性考核，这些任务模块的完成质量便得不到保障，前一个工作任务没完成好，便开始后一个工作任务，这样，课程的学习效果便大打折扣。项目课程的过程性考核，不应全部由教师来考核，应该有学生个人自评和学习小组互评等形式，这一方面可以让教师从繁重的过程性考核工作中解放出来，另一方面也让学生学会自我评价，学生的综合职业能力应该包括评价能力。另外，为了方便过程性考核的具体实施，应制定完成每一个任务模块的评价标准。

5. 项目课程教学资源开发

确定职业岗位，分析岗位工作任务与职业能力，确定项目课程体系，撰写项目课程标准及项目教学设计方案，这仅仅是项目课程的宏观开发。项目课程还有非常重要的微观开发，这就是项目课程的教学资源开发。

（1）项目课程教材编写。目前项目课程教学资源匮乏，首先是大部分项目课程没有配套教材，从而影响项目课程实施质量。传统教材是学科课程的教材，以学科的系统性组织教材内容。而项目课程教材以项目为单位组织教材内容，项目教材编写应充分考虑以下原则：

1）教材各项目内容能覆盖课程的所有工作任务。

2）教材各项目能实现理实一体化学习。

3）教材各项目类型选择合理，有封闭性项目、开放性项目、单项项目、综合项目等。

4）教材各项目内容能合理地分配理论知识。

5）教材各项目学时分配合理。

6）教材各项目之间有一定的逻辑关系。

7）教材各项目具有地方经济特色。

8）教材各项目在教学中可操作性强。

9）教材各项目能有效地激发学生的学习兴趣。

（2）项目课程教学资源开发。项目课程的教学资源可划分为：用于呈现教学内容的教学资源，如教材、课件、录像与图片等；用于支持教学内容呈现的教学资源，如案例、动画、历届学生优秀作品、企业资料等。用于引导教学过程进行的教学资源，如教学过程设计与考核方案、项目任务书等。用于学生操作的教学资源，如项目操作手册与载体、仿真软件与设备等。

6. 项目课程的教学组织管理

项目课程强调学生自主学习，但如果学习没有学习兴趣，则自主学习可能成为一句空话。因此，要避免自主学习成为放任自流，加强教学管理是必须的。教师要负起项目经理的责任，一方面给学生以学习压力，一方面要加强对学习过程考核。

项目课程强调学生合作学习，在项目课程实施过程中，通常综合性项目以小组为单位组织学习，这可锻炼了学生的团队合作能力。但有部分学生在小组中处于被动学习地位，不能主动参与到小组的项目实施中来，这就导致了学生在小组内也出现了两极分化。所以，如何科学地划分学习小组也是很重要的，可按学生学号顺序划分、教师划分（男女生搭配、优差生搭配）及学生自行组成学习小组等。

对于一些大型项目、综合性项目，封闭性项目，在项目实施过程中，加班是必须的。因为在一个企业中，若工作任务完不成，加班加点是家常便饭。项目课程教学实施也要企业化管理，课内完不成的工作任务，必须在课外通过加班加点按时完成。

三、学习领域课程

学习领域是在面向 21 世纪的德国“双元制”职业教育改革中诞生的一种新的课程方案。学习领域是两个德文单词 Lernen（学习）与 Feld（田地、场地，常转译为领域）的组合词 Lernfeld 的中文意译。

在创新教育导向的课程开发中，教师的工作是什么？教师的主要工作是开发一个与课程名称相对应的学习领域（教材、课件、录像、图片、案例、动画、作品、资料、教学过程设计、考核方案、项目任务书、操作手册、仿真软件、教学场地、教学设备等），以方便于学生在这个学习领域中自主学习、合作学习、探究学习。在课程每一单元的教学中，教师的任务是什么？教师的主要任务是为学生营造一个学习情境（自主学习情境、合作学习情境、探索学习情境、实物演示情境、音乐渲染情境、学习成果展示情境等），以便于寓教学内容于具体形象的情境之中，使学生在潜移默化中接受教学。毫无疑问，将“课程”定义为“学习领域”，将课程单元定义为“学习情境”，这是一种课程观念上的力度空前的转变，创新教育需要这种转变。

学习领域课程诞生于德国职业教育，进入 21 世纪以来，学习领域课程被引入到中国，掀起一股基于工作过程的学习领域课程开发热潮，涌现出不少国家级精品课程。但学习领域课程在中国的全面推广，阻力仍很大，主要原因是：一是观念太新太抽象，教师普遍排斥，并受到不少学科课程专家的质疑；二是课程太理想化，造成课程开发难度很大。实际上学习领域课程不但适用于职业教育，也适用于基础教育和高等教育，因为开发“学习领域”及创设“学习情境”，永远是创新教育导向课程开发的最佳意境。

学习领域课程的宏观开发方法称为 BAG 法（德文“典型职业工作任务”

Berufliche Arbeitsaufgaben 的缩写），通过实践专家研讨会确定典型工作任务（行动领域），每一个典型工作任务描述了职业教育课程中的一个学习领域课程。同时，按照职业成长规律，将这些典型工作任务分为四个难度等级，然后确定教学顺序，再通过适合教学的“学习情境”使之具体化。这一课程开发过程的本质可简述为“行动领域——学习领域——学习情境”。

（一）学习领域课程概述

学习领域课程模式的出台，要追溯到20世纪90年代在全德进行的一场大辩论。面对新世纪知识社会的挑战，针对“双元制”职业教育存在的问题，教育专家各抒已见，要使企业职业教育现代化的进程加快，企业中与工作一体化的学习态势增强，职业学校的教育怎么办？正是在这一背景下，1996年5月9日，德国各州文教部长联席会议颁布了新的课程“编制指南”，拉开了新世纪德国职业学校课程改革的序幕。

1996年至今，德国各州文教部长联席会议一直在修订并逐步在各州实施“职业学校专业教学框架教学计划编制指南”。这是对职业学校的课程模式进行的一次重大的改革尝试。改革的核心，是用所谓“学习领域”的课程方案取代沿用多年的以分科课程为基础的综合课程模式。

1. 德国各州文教部长联席会议对学习领域的定义

德国各州文教部长联席会议对学习领域的定义是：学习领域是一个由学习目标表述的主题学习单元。一个学习领域课程由能力描述的学习目标、任务陈述的学习内容和总量给定的学习时间（基准学时）三部分组成①。

解读如下：

（1）学习领域是一个主题学习单元，可以将这个主题学习单元称之为课程。

（2）学习领域课程与学科课程的主要区别之一是：学习目标是以职业能力来描述的。

（3）学习领域课程与学科课程的主要区别之二是：学习内容是以工作任务来陈述的。

---

① 姜大源主编. 当代德国职业教学主流思想研究[M]. 北京：清华大学出版社，2007:141.

（4）学习领域课程必须给出时间安排。

2. 职教专家赵志群对学习领域的表述

职教专家赵志群对学习领域的中国化表述为：现代职业教育的一种课程模式，是培养综合职业能力的“内容载体”，学习领域是一个以职业的典型工作任务为基础的专业教学单元，它由具体的“工作领域”转化而来，常表现为理论与实践一体化的综合性学习任务。①

解读如下：

（1）学习领域既是一种课程模式，又是一个专业教学单元，可以将这个主题学习单元称之为课程。

（2）学习领域来源于工作领域中的典型工作任务，通常一个典型工作任务就是职业院校中的一个学习领域课程。因此，学习领域课程就是工学结合一体化课程。

（3）学习领域课程也是一个理实一体化的课程。

当前在德国职教界所进行的学习领域改革是一项积极的、有益的改革，它对职业教育界长期以来的悬而未决的若干理论问题提出了新的基本看法，并初步提供了具有可操作性的改革方案。德国职业教育学习领域的改革尚在进行之中，有支持者与盲目乐观者，也有怀疑者与批评者，改革的成果尚需进一步得到评估。我国职教界人士了解其情况，借鉴其改革的经验和教训，将学习领域课程方案引入到中国，无疑可起到开拓思路、取长补短的作用，可进一步促进我国职业教育课程的理实一体化改革。

（二）学习领域课程的基本特征

通过一个学习领域的学习，学生可以完成某一职业的一个典型的工作任务。通过若干个相互关联的所有的学习领域的学习，学生可以获得某一职业的从业能力和资格。一般来说，每个培训职业由 10～20 个学习领域所构成，这主要是根据该职业的工作任务和活动特点来决定，没有硬性的数量限制。与传统职业教育课程方案相比，学习领域课程方案具有下列基本特征：

---

① 赵志群. 职业教育工学结合一体化课程开发指南[M]. 北京：清华大学出版社，2009:30.

1. 遵循“设计导向”的现代职业教育思想

1988年，德国不来梅大学技术与教育研究所（ITB）所长劳耐尔（F.Rauner）领导的，由职业教育家、工程学家、社会学家和工业心理学家组成的欧洲多国科研小组，发表了项目研究报告《对技术和工作的社会设计：以人为中心的计算机集成制造》，引起学界的轰动。报告提出的“职业教育的目标是培养人参与设计工作和技术的能力”，即“设计导向”（“设计”的德文为Gestaltung，亦有构建和创新的意思）的职业教育思想，由于迎合了以人为本的社会大讨论，对社会学、职业教育、工程技术以及西欧社会政治产生了巨大影响。

“设计导向”主要包括两方面内容：一是对“工作和技术的设计”；二是在教学过程中促进学生“设计能力”的发展。设计导向的教学目的是满足企业日益提高的对产品质量和员工创新能力的要求，其学习内容一般是职业实践中开放性的没有固定答案的学习任务。因此，学生不但要独立设计解决问题的策略并尝试解决问题，而且要确定评估标准并进行评估。

学习领域课程开发方法是遵循“设计导向”的现化职业教育思想，强调职业教育培养的人才不仅要有技术适应能力，更重要的是要有能力“本着对社会、经济和环境负责的态度，参与设计和创造未来的技术和劳动世界”。

近20多年来，设计导向的职业教育思想不断完善和发展，不但被德国议会作为面向新世纪职业教育发展的指导思想，而且成为欧洲各国和联合国教科文组织职业教育改革的主流指导思想，对当代西方职业教育理论的发展和实践起到了重要的推动作用。

与设计导向的职业教育思想相比，今天的中国有很大的相似之处，如以促进人的发展为本的教育思想和创新能力正在受到普遍的关注，这为设计导向职业教育思想在中国的认同提供了可能性。

2. 以培养学生的综合职业能力为目标

学习领域课程的基本特征之二是以培养综合职业能力为目标。具体形式是分组学习的行动导向教学。

综合职业能力是在真实工作情境中完成整体化工作任务的能力，是人们从事一门职业所必备的本领。从能力的组成元素上讲，综合职业能力包括有关的知识、技能、行为态度和职业经验成分等；从能力所涉及的内容范围上讲，综合职业能力可分为专业能力、方法能力和社会能力三部分。

（1）专业能力。具备从事职业活动所需要的技能与其相应的知识，包括单项的技能与知识，综合的技能与知识。专业能力是基本生存能力，它是劳动者胜任职业工作、赖以生存的核心本领，对专业能力的要求是合理的知能结构，强调专业的应用性、针对性。

（2）方法能力。具备从事职业活动所需要的工作方法和学习方法，包括制定工作计划的步骤、解决实际问题的思路、独立学习新技术的方法、评估工作结果的方式等。方法能力是基本发展能力，它是劳动者在职业生涯中不断获取新的技能与知识、掌握新方法的重要手段，对方法能力的要求是科学的思维模式，强调方法的逻辑性、合理性。

（3）社会能力。具备从事职业活动所需要的行为能力，包括人际交往、公共关系、职业道德、环境意识。社会能力既是基本生存能力，又是基本发展能力，它是劳动者在职业活动中，特别是在一个开放的社会生活中必须具备的基本素质，对社会能力的要求是积极的人生态度，强调对社会的适应性、行为的规范性。

综合职业能力的培养有利于学生学会从业、有利于学生学会创新、有利于学生学会生存。当职业发生变更，学生不会对新的职业不知所措，而是能够在变化了的环境中重新获得新的职业技能知识。

3. 通过典型工作任务分析确定课程门类

学习领域课程的基本特征之三是通过典型工作任务分析确定课程门类。

职业的典型工作任务（professional tasks）是一个职业的具体工作领域，又称职业行动领域，它是工作过程结构完整的综合性任务，包括计划、实施以及工作结果的检查和评价等步骤。典型工作任务来源于企业实践，一个职业通常包含10～20个典型工作任务。一般情况下，一个典型工作任务就是一门学习领域课程。一般情况下，确定典型工作任务的方法是“工人专家访谈会”和“典型工作任务分析”。

学习领域课程开发方法不仅打破了传统的学科系统化的束缚，将职业分析、工作分析、企业生产过程分析、个人发展目标与教学设计结合起来进行整体化设计，找出具有职业特征的典型工作任务，构建“工作过程完整”而不是“学科完整”的理实一体化的学习领域课程，而且重视设计能力（创新能力）在职业能力构成要素中的重要作用。

4. 依据职业成长规律确定课程难度范围

美国衣阿华州立大学学者胡波特（L.Hubert）和德莱夫斯（S.E.Drefus）研究了不同职业和工种中职业能力发展的过程，发现它们都有同样的规律，即在职业学习中，可迁移的经验具有重要的意义。

他们认为：普通教育的学习过程基本上是一个“从不知道到知道”的过程。而在职业教育中，学习者已经自觉或可不自觉地从生活、学校或工作活动中接受了或多或少、正确甚至错误的知识、技能与态度。职业学习（即人的职业成长）不再是一个不知道到知道的过程，而是“从初学者到专家”的发展过程。在此基础上，他们发展起来了“从初学者到专家”的五阶段职业能力发展模式，如图 5-7 所示。

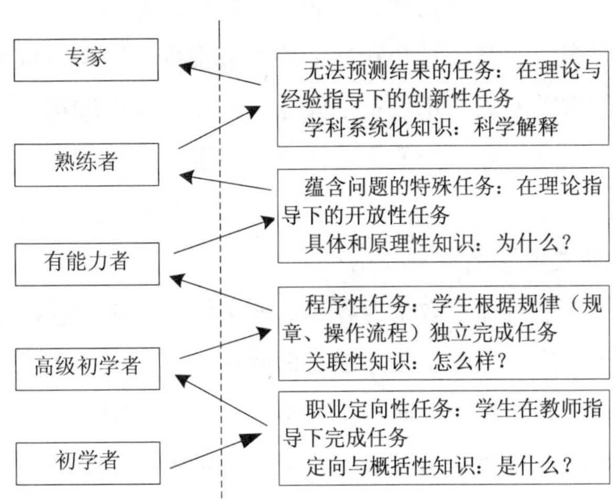

图 5-7　从初学者到专家的职业成长规律

人的职业能力的发展，共经历五个阶段，即初学者、高级初学者、有能力者、熟练者和专家。职业教育的任务，是把处于初级阶段的人通过合适的方法带入更高级阶段。每一阶段职业能力提升所需要的知识形态分别是：定向与概括性知识、关联性知识、具体和原理性知识、学科系统化知识。为此，学习领域课程用 4 个逐次提高的学习难度范围来确定教育教学内容的顺序。

5. 以工作过程知识为课程的主要内容

学习领域课程方案是以培养学生综合职业能力为目标，而这是以理解企业的整体工作过程或经营过程为前提的，因此工作过程知识自然成为学习领域课程方案的主要内容。

已有研究结果表明：在生产过程中，工作过程知识不同于工程师的设计和计划知识，它也超越了受过培训的人员的单纯的服务知识，它不是关于某一单一工作的知识，而是关于各个单一工作在企业的整体运行之中的相互协调的知识。所以，工作过程知识并不是由学科系统化知识经过教学简化的间接知识，它有自己独立的质量。

工作过程知识不是从理论知识中引导出来的，它与反映的工作经验相适应，并指导实际的职业劳动。工作过程知识是隐含在实际工作中的知识，不仅包括显现的指导行为的知识，也包括相联系的隐性知识，即那些物化在工作过程中及产品和服务中的诀窍、手艺、技巧和技能等是最宝贵的工作过程知识。它们对工作过程的进程是非常重要的，不仅是个人在实践和工作中取得成功的重要因素，而且也成为现代企业核心竞争力的重要基础和源泉。正因如此，学习领域的课程方案的核心便是把工作过程知识置于职业教育课程的核心内容。

6. 行动导向是教学的实施原则

学习领域的教学目标及教学内容要求教学的实施必须以行动为导向，因为只有在行动中，在工作过程中学生才能有效地获取工作过程知识，获得建构或参与建构工作世界的能力。行动导向教学并不是一种具体的教学方法，而是以行动或工作任务为导向的一种教学指导思想与策略，是由一系列的以学生为主体的教学方式和方法所构成。以行动为导向的教学不仅重视教学的目的，而且更加重视教学的过程，它所要达到的教学目标是培养学生的职业行动能力。

行动导向教学不仅仅指在行动中进行教学，更重要的是在一种完整的、综合的行动中进行思考与学习，也就是说要按照“信息、计划、决策、实施、检查、评估”这样完整的行动方式来进行教学，并要求尽可能由学生自己独立获取信息、独立制定计划、独立实施、独立检查和独立评估。

行动导向教学追求的不仅是知识的积累，更重要的是职业能力的提高。职业能力是一种综合能力，它的形成不仅仅是靠教师的教，而更重要的是在职业实践中形成的，这就需要为学生创设真实的职业情景，通过以工作任务为依托的教学使学生置身于真实的或模拟的工作世界中，从而促进学生对职业实践的整体性把握。

行动导向教学的主要缺点是费时，完成某一项任务的教学通常不是 2 学时，而是半天或一天。

（三）实践专家研讨会

学习领域课程开发方法简述为：典型工作任务分析法（BAG 法）。BGA 课程开发方法是德国不来梅大学技术与教育研究所（ITB）在一个由大众汽车公司全部德国工厂的典型试验中开发出来的，用这种方法开发的机电一体化汽车维修工课程，后来发展成为欧盟第一个统一课程标准的基础。

典型工作任务是一个职业的具体工作领域，又称职业行动领域，它具有下列特征：

（1）是工作过程结构完整的综合性任务，包括计划、实施以及工作结果的检查和评价等步骤。

（2）能呈现出该职业的典型的工作内容和形式。

（3）在整个企业的生产（或经营）大环境里具有重要的功能和意义。

（4）完成任务的方式和结果具有较大的开放性。

学习领域课程是根据典型工作任务开发出来的，而典型工作任务来源于企业实践，产生于实践专家研讨会。一个职业通常包含 10～20 个典型工作任务。一般情况下，一个典型工作任务就是一门学习领域课程。

根据人才需求与专业设置调研报告，当专业面向的职业岗位及专业培养目标确定之后，就可以按 BAG 法开发学习领域课程体系。BGA 课程开发的核心是“实践专家研讨会”与“典型工作任务分析”。召开实践专家研讨会的目的是：在实际工作任务集合中找出典型工作任务集合，并对典型工作任务按难度进行归类。实践专家研讨会的召开采用一种标准的程序化的方法[①]。

1. 会议代表的挑选

实践专家研讨会由专门的课程开发主持人主持，主要参加者为实践专家和参与课程开发的专业教师，其中实践专家约10～15人左右。主持人的专业知识与方法能力，合适的会议代表是实践专家研讨会成功的关键。研讨会对职业分析的广度与深度，取决于会议代表的知识与经验。实践专家的挑选标准如下：

（1）实践专家以具有丰富工作经验的一线工作人员为主，如优秀技术工人、技师、班组长、工段长、车间主任及基层部门负责人，可以有极少数的高级技师、工程师或部门工作主管。

（2）当前从事的工作与被分析的职业相符，有10年以上工作经验。

（3）接受过与所开发课程教育层次一致的职业教育，从事工作与所学专业对口，并且经常参加专业进修。

（4）所服务的企业工作组织灵活，所在工作岗位属于技术先进之列，承担整体化和综合化的工作任务，完成任务的方式有较大的设计空间。

（5）所服务的企业包括不同所有制（国有、民营和外资企业等）和发展阶段（知名企业与一般企业）。

（6）不选择人事管理部门人员，不选择多次参加学校专业咨询或兼职教学的企业专家，会议代表之间没有上下级关系。

2. 简述个人职业历程及工作任务

实践专家研讨会开始后，主持人致辞欢迎并介绍自己，简单介绍实践专家研讨会的背景、目的、基本指导思想及会议代表人选的产生。最后会议代表依次自我介绍，介绍内容包括姓名、工作岗位、所受职业教育情况和职业历程简述。

接着请各实践专家简述个人职业历程。首先，主持人必须向会议代表解释清楚两个基本概念，即“典型工作任务”和“职业发展阶段”。然后由主持人引导与会实践专家回忆个人职业历程（最多5个）及有代表性的工作任务实例，个人职业历程叙述内容包括从接受职业教育直到成为实践专家的职业发展过程中的最重

① 欧盟Asia-Link项目“关于课程开发的课程设计”课题组. 职业教育与培训学习领域课程开发手册[M]. 北京：高等教育出版社，2007:33-47.

要的阶段。可以将表格发给与会代表，代表只需将职业发展阶段和相应工作任务填入表格即可，表格内容可设计为：

（1）请列举出在您成为实践专家的职业发展过程最重要的阶段（最多5个），如绘图员、技术员、技术负责人、项目经理等。

（2）请为每一个阶段列举出3～4个您实际从事过的具有代表性的工作任务。如施工图绘制、客厅效果图制作、地面施工指导、别墅设计与施工等。

（3）请把这些阶段和任务实例写在投影片上。

（4）在您提到的工作任务中，哪些在您的职业实践中特别有挑战性并提高了您的工作能力？请在投影片上做出记号。

（5）请准备5分钟的陈述。

3. 工作任务的汇总

当各实践专家填写好个人所经历的职业历程及工作任务的表格后，接着进行工作任务的汇总。汇总工作任务时分小组进行，每组3～4人。分别确定：

（1）所有组员都从事过的工作任务。

（2）只有部分组员从事过，但对职业有普遍意义的工作任务。

（3）所有组员都未从事过，但对职业有代表性或许在不久的将来可能对职业产生重要影响的工作任务。

（4）把每个工作任务写在卡片上，包括编号，如A组：A1、A2等。

4. 形成典型工作任务表

当工作任务汇总结束后，接着进行汇报和讨论小组工作成果，并形成一张共同的典型工作任务表。汇报过程可按以下步骤进行：

（1）各小组轮流汇报，每小组每次介绍一个工作任务。

（2）当某小组介绍完一个工作任务时，其他小组针对被介绍的工作任务提问，其他小组如有类似的工作任务，就把它归类在一起。

（3）重复上述介绍、讨论与归类，直到所有工作任务被审察完。

（4）全面检查一遍工作任务的归类，如有错误予以更正。

（5）给同类工作任务起一个统一的标题，这个标题就是典型工任务的名称。

通过以上工作顺序，小组工作成果转化为一个统一的典型工作任务表。从各职业发展阶段有代表性的工作任务到典型工作任务的过程如图 5-8 所示。

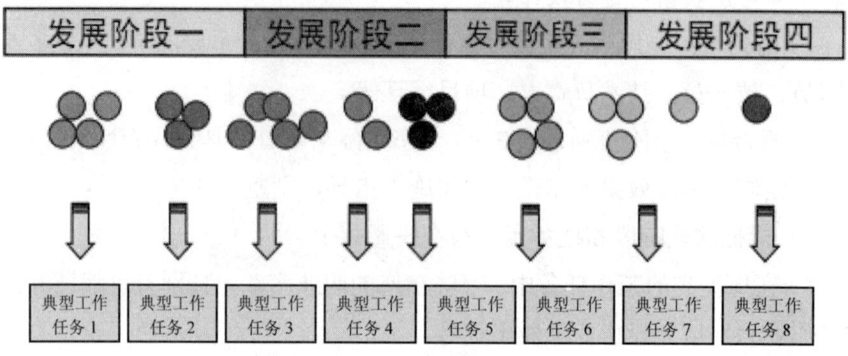

图 5-8 从工作任务到“典型工作任务”示意图

5. 确定典型工作任务的难度范围

在现代职业教育课程开发中，需要遵循另外一种系统化原则，能够保证学生的能力按照从该专业的初学者到专家的职业成长规律。这个职业发展的系统化过程的理论基础，是 4 个与职业相关的学习难度范围。这些学习难度范围具有特定的含义。只有清楚地了解这些难度范围的含义，才能真正开发出符合职业成长规律的课程。

4 个与职业相关的学习难度范围如表 5-6 所示。可以将实践专家研讨会确定的典型工作任务归入到 4 个不同的学习难度范围里，即确定学习内容的顺序。

表 5-6 4 个与职业相关的学习难度范围

学习难度范围	知识特点		任务特点	完成任务特点
I	入门与概念性知识	企业和工作基本情况是什么？即职业技术的意义与目标	职业定向的工作任务。如：设备维护保养	学生在教师指导下完成封闭性的任务
II	关联性知识	为什么是怎样？工艺技术知识及其原因	程序性的工作任务。如：设备调整	学生根据现有的规律（操作流程）独立完成封闭性的任务

续表

学习难度范围	知识特点		任务特点	完成任务特点
Ⅲ	具体与原理性知识	怎样才能这样？功能描述与专业解释	蕴含问题的特殊工作任务。如：设备常见故障诊断	学生在理论指导下完成开放性的任务
Ⅳ	基于经验的学科系统化知识	职业发展的极限是什么？科学的解释	无法预测的工作任务。如：设备疑难故障诊断	学生在理论及经验的指导下完成创新性的任务

表中提到封闭性的任务是指答案唯一的任务；开放性的任务是指答案多个的任务；创新性的任务是指答案不定的任务，也称为设计导向性的任务。

表 5-7 是苏州工业园区职业技术学院微电子技术专业的典型工作任务及难度范围。

表 5-7 微电子技术专业典型工作任务及难度范围表

学习难度范围		典型工作任务
学习难度范围Ⅰ	职业定向的工作任务	组装工程生产 芯片生产组装品质控制 Lab testing 半导体成品功能测试 PC 结构与维护
学习难度范围Ⅱ	系统性的工作任务	FOL 设备维护 芯片封装设备维护 测试工程设备维护 C 语言编程 PCB 设计与制造 芯片版图的布局与布线 SMT 生产过程优化
学习难度范围Ⅲ	蕴含问题的特殊工作任务	EDA support 数字电路集成与产品开发 执行部件的电子控制与驱动 IC 生产过程的监控与测试
学习难度范围Ⅳ	无法预测的工作任务	电子产品故障分析与维修

（四）典型工作任务分析

在得到典型工作任务的框架和大致内容后，课程开发人员要对每一个典型工作任务进行详细分析。建议成立一个由 3～4 人组成的分析小组，其中包括一位实践专家、一位职业学校教师和一位来自企业的实训教师。工作小组成员的共同点是他们具有相同的职业。

被分析的典型工作任务可能存在于不同的岗位，因此分析应在能体现该工作任务的多个岗位上进行。对这些工作岗位的基本要求是：具有相对完整的工作过程；涉及不同规模、不同类型的企业。企业差别越大，其结果也越具代表性，课程开发普遍意义也越大。

1. 典型工作任务分析方法

为了对典型工作任务进行详细描述，需要深入被选择的企业工作岗位进行现场调研，具体方法有：现场观察、专家访谈、职位问卷分析、资料收集、工作日写实等。

（1）现场观察。观察企业的工作流程、工作环境，了解职业活动和工作过程，如了解岗位设置、岗位任务和工作要求等。

（2）专家访谈。通过与企业实践专家进行引导性访谈，获取对工作分析有帮助的直接和间接信息，如工作计划、组织形式、与服务对象的关系、关键环节和技能要领等。

（3）职位问卷分析。利用事先设计好的标准化问卷对工作职位进行分析。问卷内容包括决策活动、技能活动、设备操作活动及信息加工活动。

（4）资料收集。经企业允许，收集被调查岗位的工作职责、工作规范、质量标准、计划书（任务书）、工作过程记录表等文字资料。拍摄反映企业的设施设备、工作流程、产品和成果等照片或录像。

（5）工作日写实。指对员工工作日按时间顺序进行观察、记录和分析。有一般工作日写实、小组工作日写实、设备管理工作日写实和特殊工作日写实。其中一般工作日写实最为重要。

2. 典型工作任务分析要点

典型工作任务分析主要针对 7 个要点进行，它们是：工作过程、工作岗位、工作对象、工具与器材、工作方法、劳动组织、对工作的要求及区分点。各要点分析内容如下：

（1）工作过程。该任务的工作过程如何？生产什么产品或提供什么服务？怎样获得原材料？怎样获得合同？产品如何得到加工？顾客是谁？

（2）工作岗位。被分析的岗位地点（部门、车间等）在哪里？照明条件如何？环境条件（温度、辐射、通风、灰尘等）如何？员工在完成任务时采用怎样的姿势？

（3）工作对象。工作任务的内容是什么（如技术产品和技术过程、服务、文献、控制程序等）？在工作过程中的角色如何（操作或维修设备）？

（4）工具/器材。完成任务需要用到哪些工具（如万用表、示波器等）？如何使用这些工具？

（5）工作方法。在完成工作任务时有哪些做法（如查找故障、加工、装配等）？

（6）劳动组织。工作是如何安排的（如独立工作、小组工作）？哪些级别对工作有影响？与其他职业或部门有哪些合作？员工哪些能力可共同发挥？

（7）对工作的要求。完成任务必须满足企业哪些要求？顾客有哪些要求？社会有哪些要求？要注意哪些法律法规及质量标准？

（8）与其他典型工作任务有哪些联系？与其他的任务分析有何不同？与其他岗位的相同任务有何共同点？本岗位培训有可能性吗？

3. 典型工作任务分析记录表

典型工作任务分析的最终成果是得到一张典型工作任务分析记录表，这一过程由分析小组全体成员参加。河北工业职业技术学院软件技术专业的“数据库开发”典型工作任务分析记录表如表5-8所示。

表5-8 “数据库开发”典型工作任务分析记录表

典型工作任务名称：数据库开发
1. 工作岗位 软件公司，被分析的岗位位于公司的开发部，在该部门工作的各类技术人员共有8名。工位主要是计算机操作台，每一个计算机操作台都有玻璃进行阻隔，便于个人操作，避免影响他人。室内温度适宜。 2. 工作过程

续表

数据库开发的主要任务是根据数据库设计的结果进行开发，开发出代码设计阶段所必需的数据表、视图和存储过程。该任务是软件开发的重要部分，也是代码的编写和调试的前提，它分布在开发软件的详细计划阶段。随着数据库设计的完成，整个项目的后台数据支持就建立起来了，这样使得每一个程序员所操纵的数据类型、长度、名称等都相同，为以后的模块合并提供了便利条件。

完成该任务的步骤如下：

第一步：数据设计师仔细阅读设计说明书、项目代码编写规范，前期与客户进行沟通后得出的需求分析说明书。

第二步：数据库设计师根据要求编写代码设计阶段所必需的数据库与数据表。

第三步：把某些通用的功能进行独立，设计一些存储过程，以方便程序员编写代码的时候直接调用。

第四步：程序员对已经设计好的数据库提出意见后，数据库设计师继续修改，直到满足客户和程序员们的要求。

第五步：数据库设计师提交完整的数据库、数据库说明书及使用说明书。

3．工作任务的对象

（1）数据库设计图：数据库设计图是进行具体数据库设计的基础，通过它能够了解本数据库中的实体，实体中包括哪些属性，实体之间的关系如何，实体之间是否有数据依赖关系。

（2）数据库：数据库包含着很多的数据表、视图、触发器中存储过程，通过建立数据表，确定表与表之间的主从关系，代码人员才能根据客户需求对数据表时行浏览、查询、插入、更新和修改等操作。为了系统的安全需要，不同权限的人登录进入系统后，应该看到不同的系统数据，这就需要引入视图，对不同的数据表进行操作时，会有一些重复性的动作，如果这些重复动作都要进行编写代码，这无疑增加了代码编写人员的工作量，同时也浪费时间，所以数据库设计师在设计时要封装一些存储过程，当代码编写人员需要时，直接调用即可。

（3）日志：数据库设计师在一天工作完成之后，一定要对一天的工作进行总结，项目负责人通过检查日志能够了解项目完成情况，也能对项目进度进行及时地监督。本人通过每天的日志，也能对自己的工作进行记录。

（4）数据库设计规范：数据库设计规范是进行数据库设计的规则手册，在进行数据库设计时要遵守该规范，至少要满足第一范式和第二范式，至于第三范式，要看客户对系统的要求。

4．工具、方法与工作的组织

（1）工具：数据库开发所要求的工具是数据库开发软件和操作系统。数据库开发软件要适合本项目的要求，不同大小和类型的项目对数据库的要求是不同的，有的数据库开发软件只适用单机版项目，有的适合网络操作，有的适合做大型项目后台，有的适合中小型项目的后台。

（2）方法：开发过程中一般采用原型分析法，首先开发出一个基本能够满足客户要求的数据库，然后根据客户的意见进行下一阶段的开发和继续完善，如此反复，最后直到客户满意为止。

续表

（3）组织：数据库开发是开发小组要完成的一项基本的任务，在每一个项目组里都有一位数据库设计师来专们完成，但是他必须很清楚客户需求和系统的详细设计说明书。 5．对工作和技术的要求 使用各种数据库设计软件是数据库设计师必备的能力。不同的项目要求不同的数据库设计软件，每一种软件都有独特的地方，必须掌握各种软件的使用环境、应用范围和使用方法。 熟悉数据库设计规范是进行数据库开发的要求，数据库设计规范是进行数据库开发的手册，但是不能教条地必须按数据库设计规范进行开发，要结合客户和系统的要求，尽力平衡系统效率和操作复杂度以及数据库冗余度。 6．区分点 数据库开发是整个项目的一个不可缺少的步骤，为代码的设计和调试提供数据支持。这一工作的完成，明确了数据表之间的关系，为程序设计员进行表之间的数据传输提供了便利条件。

采用 BGA 法获得的典型工作任务分析记录，在紧随其后的学习领域课程设计中具有重要的用途，它是学习领域课程开发的基础性文件。

（五）确定学习领域课程体系

当典型工作任务分析完成后，便可以确定一个专业的学习领域课程体系。一个专业通常包含 10～20 个典型工作任务，一般情况下，一个典型工作任务就是一门学习领域课程，特别大的典型工作任务可转化多个学习领域课程。

下面举例介绍三个专业的学习领域课程体系，它们均接受教育部高职高专电子信息类教学指导委员会的指导，遵循基于工作过程的学习领域课程开发规范，通过行业企业市场调查，确定专业的职业和职业岗位，召开实践专家研讨会，确定典型工作任务，然后转化为学习领域课程体系。

1. 微电子技术专业学习领域课程体系

苏州工业园区职业技术学院的微电子专业学习领域课程体系如表 5-9 所示，它由 17 门学习领域课程组成。

2. 信息安全技术专业学习领域课程体系

北京信息职业技术学院的信息安全技术专业学习领域课程体系如表 5-10 所示，它由 11 门学习领域课程组成。

表 5-9 微电子技术专业学习领域课程体系

课程编号	学习领域课程名称	难度	参考课时			
			小计	第一学年	第二学年	第三学年
1	FOL 设备维护	Ⅱ	72		72	
2	芯片封装设备维护	Ⅱ	72		72	
3	测试工程设备维护	Ⅱ	72			72
4	组装工程生产	Ⅰ	36	36		
5	芯片生产组装品质控制	Ⅰ	36	36		
6	EDA support	Ⅲ	72		72	
7	Lab testing	Ⅰ	36	36		
8	数字电路集成与产品开发	Ⅲ	108		36	72
9	执行部件的电子控制与驱动	Ⅲ	108	36	72	
10	C 语言编程	Ⅱ	72		72	
11	IC 生产过程的监控与测试	Ⅲ	54			54
12	PCB 设计与制造	Ⅱ	72		72	
13	芯片版图的布局与布线	Ⅱ	72		72	
14	SMT 生产过程优化	Ⅱ	54		54	
15	电子产品故障分析与维修	Ⅳ	108	36	36	36
16	半导体成品功能测试	Ⅰ	36	36		
17	PC 结构与维护	Ⅰ	36	36		
合计课时			1116	262	630	234

表 5-10 信息安全技术专业学习领域课程体系

课程编号	学习领域课程名称	难度	参考课时			
			小计	第一学年	第二学年	第三学年
1	网络组建与维护	Ⅰ	64		64	
2	操作系统安全配置	Ⅰ	64		64	
3	数据库安全维护	Ⅰ	64		64	
4	网络安全产品配置维护	Ⅱ	128		128	
5	应用系统安全维护	Ⅱ	64		64	
6	安全产品测试	Ⅱ	64		64	

续表

<table>
<tr><th rowspan="2">课程编号</th><th rowspan="2">学习领域课程名称</th><th rowspan="2">难度</th><th colspan="4">参考课时</th></tr>
<tr><th>小计</th><th>第一学年</th><th>第二学年</th><th>第三学年</th></tr>
<tr><td>7</td><td>网络安全产品销售</td><td>Ⅱ</td><td>32</td><td></td><td></td><td>32</td></tr>
<tr><td>8</td><td>安全事件处理</td><td>Ⅲ</td><td>96</td><td></td><td>96</td><td></td></tr>
<tr><td>9</td><td>安全方案分析设计</td><td>Ⅲ</td><td>64</td><td></td><td></td><td>64</td></tr>
<tr><td>10</td><td>信息安全管理</td><td>Ⅲ</td><td>64</td><td></td><td>64</td><td></td></tr>
<tr><td>11</td><td>项目管理</td><td>Ⅳ</td><td>32</td><td></td><td></td><td>32</td></tr>
<tr><td colspan="3">合计课时</td><td>736</td><td></td><td>608</td><td>128</td></tr>
</table>

3. 电子商务专业学习领域课程体系

北京信息职业技术学院的电子商务专业学习领域课程体系如表 5-11 所示，它由 11 门学习领域课程组成。

表 5-11 电子商务专业学习领域课程体系

<table>
<tr><th rowspan="2">课程编号</th><th rowspan="2" colspan="2">学习领域课程名称</th><th rowspan="2">难度</th><th colspan="4">参考课时</th></tr>
<tr><th>小计</th><th>第一学年</th><th>第二学年</th><th>第三学年</th></tr>
<tr><td>1</td><td colspan="2">页面制作</td><td>Ⅰ</td><td>72</td><td>72</td><td></td><td></td></tr>
<tr><td>2</td><td colspan="2">电子商务网站调研与分析</td><td>Ⅰ</td><td>72</td><td>72</td><td></td><td></td></tr>
<tr><td>3</td><td colspan="2">数据库应用</td><td>Ⅰ</td><td>72</td><td>72</td><td></td><td></td></tr>
<tr><td>4</td><td colspan="2">电子商务运维与管理</td><td>Ⅱ</td><td>72</td><td></td><td>72</td><td></td></tr>
<tr><td>5</td><td colspan="2">系统部署与产品运维</td><td>Ⅱ</td><td>36</td><td></td><td>36</td><td></td></tr>
<tr><td>6</td><td colspan="2">简单项目开发</td><td>Ⅱ</td><td>72</td><td></td><td>72</td><td></td></tr>
<tr><td>7</td><td colspan="2">数据库设计与开发</td><td>Ⅱ</td><td>72</td><td></td><td>72</td><td></td></tr>
<tr><td>8</td><td colspan="2">软件框架应用</td><td>Ⅲ</td><td>108</td><td></td><td>108</td><td></td></tr>
<tr><td>9</td><td colspan="2">基于企业网站的网络营销</td><td>Ⅲ</td><td>108</td><td></td><td>108</td><td></td></tr>
<tr><td>10</td><td colspan="2">需求分析</td><td>Ⅲ</td><td>72</td><td></td><td>72</td><td></td></tr>
<tr><td>11</td><td>电子商务网站设计与开发</td><td rowspan="2">2 选 1</td><td rowspan="2">Ⅳ</td><td>12 周</td><td></td><td></td><td>12 周</td></tr>
<tr><td>12</td><td>网络营销运营</td><td>12 周</td><td></td><td></td><td>12 周</td></tr>
<tr><td colspan="4">合计课时</td><td></td><td></td><td></td><td></td></tr>
</table>

（六）学习领域课程标准

学习领域课程标准的编写以前述的典型工作任务分析记录表为基础，其文本格式如表 5-12 所示。由于学习领域课程由能力来描述学习目标、由任务来陈述学习内容，所以其课程标准的文本格式与项目课程完全不同，其特点是学习目标、学习内容描述不再划分为知识部分与技能部分，而是强调在完成若干个工作任务中培养学生的职业能力。

表 5-12 学习领域课程标准的文本格式

<table>
<tr><td colspan="3">学习领域名称：XXXXXX</td></tr>
<tr><td colspan="3">教学时间安排：XXXXXX</td></tr>
<tr><td colspan="3">典型工作任务（职业行动领域）描述：XXXXXX</td></tr>
<tr><td colspan="3">学习目标：XXXXXX</td></tr>
<tr><td colspan="3">工作与学习内容</td></tr>
<tr><td>工作对象：
XXXXXX</td><td>工具：XXXXXX
工作方法：XXXXXX
劳动组织形式：XXXXXX</td><td>工作要求：
XXXXXX</td></tr>
<tr><td colspan="3">学习情境：XXXXXX</td></tr>
<tr><td colspan="3">学习组织形式与方法：XXXXXX</td></tr>
<tr><td colspan="3">学习评价：XXXXXX</td></tr>
</table>

1. 确定学习领域的名称

学习领域名称与典型工作任务的名称基本一致，它强调学习领域中的学习与企业工作领域中的工作之间的对应，与工作对象有直接关系。要遵循的原则是：学习领域名称能够让人们容易了解和把握典型工作任务的基本内涵。学习领域应按下面的方式来命名：

工作对象+动作+补充或拓展（必要时）

学习领域名称应表明一个综合性的工作任务及其所包含的完整工作过程，学习领域名称实例如下：

◆电子产品设计

◆汽车发动机故障检修

◆混凝土工程施工

◆自动生产线调试与维护

◆楼宇控制系统编程与调试

应避免使用下列的学科化等命名方式：

◆计算机基础（学科化）

◆电子电路分析（学科化）

◆单片机技术（学科化）

◆市场营销学（学科化）

◆更换汽车轮胎（太简单、部分任务）

◆职业入门（通用、基本能力）

◆最优化策略（口号式命名）

2. 典型工作任务描述

典型工作任务的简单描述，为学习领域课程设计提供简洁、基本而又重要的信息。典型工作任务描述中隐藏着该职业重要的“隐性知识”与技能，它与下文的学习目标确定有直接的关系。只有了解典型工作任务的内涵及其工作过程后，才可能确定课程目标与课程内容。

描述典型工作任务必须回答以下两个问题：

（1）通过典型工作任务完成了什么工作？

（2）完成典型工作任务的工作过程是怎样的？

对第一个问题的答案是指出专业工作对象，对第二个问题的解释则涉及专业工作的工具、方法以及劳动组织形式。

表 5-13 是东营职业学院学习领域课程“网页设计与制作”的典型工作任务描述，这一小段文字清楚地描述了“网页设计与制作”的工作内容、工作地点、工作流程、劳动组织形式、工作规范、软硬件工具等内容。

3. 确定学习目标

在课程设计中，清楚地表述课程学习目标具有重要的意义，它可以帮助选择合适的学习内容及学习方法，让学生和教师都明确自己的努力方向，并可以作为学习的评价标准。

表 5-13　典型工作任务描述

学习领域名称：网页设计与制作
教学时间安排：学校 52 课时，企业 2 周
典型工作任务（职业行动领域）描述 网页设计与制作员根据网页设计任务书，在电脑办公工位，在规定时间内以经济的方式按照专业要求完成网页维护、修改、改版或新网站建设的静态网页设计与制作工作。网页维护和修改工作，以个人独立工作；网页改版或中小型新网站建设的静态网页设计工作以小组形式或独立工作；大中型新网站建设一般以小组形式工作。使用电脑和 Dreamweaver 工具软件，对文字、图像和 Flash 等多媒体素材进行编辑、设计与制作，并符合 W3C 规范，对已完成的工作进行记录存档。

注：W3C 是 World Wide Web Consortium（万维网联盟）的缩写。

根据德国各州文教部长联席会议对学习领域的定义，学习领域是一个由能力描述的学习目标、任务陈述的学习内容和总量给定的学习时间（基准学时）三部分组成，因而，学习领域课程的学习目标表述具有下列特点：

（1）非学习领域课程的学习目标通常分为知识目标与技能目标，这是一种将理论与实践割裂的学习目标。学习领域课程的学习目标是由能力来描述的，这是一种理实一体化的学习目标，即知识与技能统一于能力之中。

（2）学习目标表述是一个完整的句子，它与典型工作任务的核心内容的联系非常清晰。

（3）学习目标表述不采用列表的形式，因为在列表表示的学习目标中，很难体现出各项目标之间的内在联系。

（4）由于学习领域课程的培养目标是综合职业能力，因此不完全采用传统的行为主义学习目标表述方式，如“安装机械卡具”等。

（5）在学习目标表述中，通常用一段文字说明课程的综合要求，之后附之一具体的显性行为。

东营职业学院“网页设计与制作”的学习目标描述如表 5-14 所示。

4. 选择工作与学习内容

对于学习领域课程，“学习内容”的含义始终是“工作与学习内容”，要避免学科系统化的工作和学习内容的确定方式，要将工作过程作为核心。确定工作与学习内容是从典型工作任务和学习目标两个方向逐渐靠近的结果，表述必须与实际工作过程相联系，工作与学习内容包括 3 个维度，即：专业工作对象；专业工作的工具、方法和组织；对专业工作的要求。

表 5-14 学习目标描述

<table>
<tr><td colspan="2">学习领域名称：网页设计与制作</td></tr>
<tr><td colspan="2">教学时间安排：学校 52 课时，企业 2 周</td></tr>
<tr><td colspan="2">职业行动领域描述（略）</td></tr>
<tr><td colspan="2">学习目标描述</td></tr>
<tr><td>学校
能够根据网站设计任务书要求，熟练使用电脑及网页设计运用软件，对文字、图形、图像、动画等网页素材进行加工、处理。掌握站设计任务书的撰写方法，能够合理安排网页制作时间，熟练掌握对文字、图形、图像、动画等网页素材处理技术，符合 W3C 规范，掌握网站测试、上传、维护方法，掌握网站设计与制作技术文件的整理与记录方法。</td><td>企业
受训者能完成网站建设需求分析，完成网站设计方案、网站实施方案，实施网站素材的收集、整理、加工，网站的设计开发、上传、发布，Web 服务器的管理与维护，网站的测试与验收，网站的宣传推广，网站设计与网页制作技术文件的整理与记录。</td></tr>
</table>

（1）工作对象。工作对象是工作过程的一个重要要素。对工作对象的描述，不仅要描述工作对象所确定的事物本身（如电视机），而且应描述其在工作过程中的具体功能（如电视机的装配或电视机的维修）。

如电视机装配与电视机维修的工作对象虽然都是电视机，但电视机装配工对电视机工作原理及元件用无须太多了解，只要根据装配技术文件进行操作即可；相反，电视机维修工则必须熟悉电视机工作原理及各元器件的作用，否则难以诊断出电视机已损坏的元器件。因此，仅描述工作对象是“电视机”是不够的，应描述工作对象是“电视机装配”还是“电视机维修”。

由此可见，对工作对象的描述应反映其具体的工作过程，一般按照工作过程的顺序进行。下例是较好的工作对象描述：

如“电视机装配”学习领域课程的工作对象应该是：电原理图的阅读、装配技术文件阅读、电视机套件领取及清点、装配计划的制定、元器件焊接、光栅调整、图像调整、伴音调整、技术指标测试等。

又如“电视机维修”学习领域课程的工作对象应该是：维修工单的阅读、电视机故障观察、与客户的沟通、维修技术资料的查找、电视机故障分析、维修工具准备、电视机故障检测、损坏元器件更换、修复后的调整与试机、维修报告的填写等。

（2）工具材料。工具是指能够方便人们完成工作的器具，它可以是机械性的，也可以是智能性的。如“电子电路制作”的工具除万用表、电铬铁、示波器、电子元器件等外，还应包括说明书、技术文件、图纸、手册、安全操作规程等。材料是人类用于制造物品、器件、构件、机器或其他产品的那些物质。如“电子电路制作”的材料是电子元器件等。

（3）工作方法。学习领域课程由典型工作任务转换而来，典型工作任务是一个具有结构完整的工作过程，这个完整的工作过程一般包括资讯（明确任务/获取信息）、计划（制定工作计划）、决策（做出决定）、实施（实施计划）、检查（检查控制）、评估（评定反馈）等步骤。因此，工作方法应该是工作过程中的工作方法。如采用什么方法来获取信息？如何制定工作计划？如何实施具体的操作？如“电子产品故障检修”的工作方法有：维修单的阅读、故障现象观察、故障原因分析、检修方案讨论、简单故障检修法（电压法、电流法、电阻法）、特殊故障检修法（短路法、开路法、冷却法）、疑难故障检修法（理论分析法、经验分析法）等。

另外，工作方法应该有一个难度等级，学生首先了解简单工作方法，以后逐渐掌握难度大一些的工作方法。如“电子产品生产工艺与管理”的工作方法分为全插件、简单全贴片、简单混装及复杂混装 4 个难度等级。也可以根据职业成长规律要求，将工作方法分为四个难度等级：

1）学生在教师指导下完成封闭性任务的工作方法。

2）学生根据现有的操作流程独立完成封闭性任务的工作方法。

3）学生在理论指导下完成开放性任务的工作方法。

4）学生在理论及经验的指导下完成创新性任务的工作方法。

学习领域课程是工学结合的理实一体化课程，学习的内容是工作，通过工作实现学习。因此，为突出工学结合，方法选择主要是工作方法选择，而不是学习方法选择，更不是教学方法选择。

（4）劳动组织。企业劳动组织指在劳动过程中，按照生产的过程或工艺流程科学地组织劳动者的分工与协作，使之成为协调统一的整体，合理地进行劳动，正确处理劳动者之间以及劳动者与劳动工具、劳动对象之间的关系，不断地调整和改善劳动组织的形式，创造良好的劳动条件与环境，以发挥劳动者的技能与积极性，充分利用新的科学技术成就和先进经验，不断提高劳动效率。

企业进行生产劳动组织管理时，主要开展的工作有：

1）劳动机构：根据合理的分工与协作，精简、统一、效能和节约的原则，设置企业、车间、工段、生产班组等组织机构。

2）劳动定员：制定计量与考核班组与个人劳动的劳动定额，部门和岗位合理定员，做到用人有标准，节约使用和配备劳动力。

3）劳动时间：本着有利于发展生产，提高劳动（工作）效率，增进职工身体健康的原则，合排工作时间，组织轮班。

4）劳动环境：使劳动者、劳动工具和劳动对象三者达到最优结合。合理布置工作场地，保持良好的工作和秩序，并组织好供应和服务工作。

5）劳动纪律：制定职工在组织生产、技术和工作时间方面遵守的准则，加强劳动纪律的教育和管理，赏罚分明，以保证集体劳动有秩序的进行。

6）劳动竞赛：为了发挥劳动组织的作用，调动职工的劳动积极性和主动性，还要开展各形式的社会主义劳动竞赛。

学习领域课程分学校学习、企业学习两部分，要求在课程实施过程中，尽量按照企业要求，在劳动机构、劳动定员、劳动时间、劳动环境、劳动竞赛、劳动纪律等方面做好劳动组织的选择工作。

（5）工作要求。工作要求一般按工作对象的顺序提出，不仅有企业的、还有社会和个人的，即从不同侧面和角度对工作过程和工作对象提出要求。工作要求应包括企业要求、法律法规对工作的要求、顾客要求、从业者利益要求及技术标准要求。

1）企业要求：企业要求是最主要的，有技能要求、质量要求、进度要求等。如：能熟练调试机床、能陈述设备工作原理、能绘制检查流程图、能保证进度与质量等。

2）法律法规要求：指法律法规对工作提出的要求。如符合安全操作规范、履行事故防护规程等。

3）顾客要求：如能与顾客沟通、降低检修成本、满足用户需求等。

4）从业者利益要求：主要指工作环境、健康保护与事故防范措施等。如符合人体工程学要求的工作岗位设计等。

5）技术标准要求：如符合合同文件、符合 W3C 网页制作规范。

另外，也可以提一些工作纪律、团队合作、无私奉献等方面的要求。

（6）工作与学习内容选择实例。东营职业学院“网页设计与制作”学习领域课程的工作与学习内容选择如表 5-15 所示。此表内容虽不完美，但仍是较好的。

表 5-15 工作与学习内容选择

<table>
<tr><td colspan="3">学习领域名称：网页设计与制作</td></tr>
<tr><td colspan="3">教学时间安排：学校 52 课时，企业 2 周</td></tr>
<tr><td colspan="3">职业行动领域描述（略）</td></tr>
<tr><td colspan="3">学习目标（略）</td></tr>
<tr><td colspan="3">工作与学习内容</td></tr>
<tr><td>工作对象
◆网站设计任务书
◆合同谈判与合同文件
◆Web 服务器
◆网站开发软件
◆网站测试及测试报告
◆产品使用说明书
◆建设方
◆施工方
◆监理方</td><td>工具材料
◆网站设计任务书
◆网站开发工具
◆网站性能测试和故障检修工具
◆网站安全软件
◆计算机
工作方法
◆网站建设项目需求分析
◆网站规划、设计与网站开发项目招投标
◆网站建设项目实施方案的制定
◆网站项目实施阶段
◆网站系统集成及测试
◆网站开发技术文档的编制
◆网站建设项目验收
◆网站的管理与维护</td><td>工作要求
◆符合企业和实际要求的技术文件
◆按照企业网站建设方案实施
◆按照计划要求实施
◆网站服务运行状态评测
◆网络服务器运行状态的评测
◆网站运行整体性能的评测
◆网站运行的安全性
◆符合人体工程学要求的工作岗位设计
◆履行劳动保护，劳动安全和环境保护规章
◆符合 W3C 网页制作规范
◆完善规范的技术文档</td></tr>
</table>

续表

	劳动组织方式 ◆施工方项目组（项目经理、材料管理小组、技术支持小组、安装调试小组、培训小组） ◆建设方项目组 ◆监理方项目组	

（七）学习情境设计

学习情境（learning situation）是在典型工作任务基础上，由教师设计用于学习的“情形”与“环境”，是对典型工作任务进行教学化处理的结果。如果说学习领域描述是课程标准，那么学习情境是实现学习领域能力目标的具体的课程方案，是学习领域框架内的用学习任务（全称：学习的工作任务）来表示的小型主题学习单元。也可以将学习情境又称为“子学习领域”。一个学习领域由若干个学习情境组成，如何确定学习情境？学习情境多大合适？本节将讨论这些问题。

1. 确定学习情境的基本原则

学习情境由教师来设计，专业不同，学习情境的确定方法也不同。学习情境确定基本原则是：

（1）在专业上具有一定的典型性，而且具有一定的教育教学价值。

（2）能够真实地反映职业的工作情境。

（3）具有清晰的任务轮廓和明确的工作成果。

（4）完成任务需经历结构完整的工作过程。

（5）能将理论与实践结合在一起。

（6）能重构原有适度够用的理论知识体系。

2. 学习情境载体的确定

（1）学习情境载体必须为同一个范畴。若按载体的形式选取，对于专业课程，载体可以是项目、案例和模块等；对于基础课程，载体可以是活动、问题、试验等；若按载体的内涵选取，对于专业课程，载体可以是设备、部件、零件、现象、产品、场地等；对于基础课程，载体可以是观点、概念、原理、公式等。

（2）载体设计要求。载体设计必须做到可迁移性、可替代性和可操作性。可迁移性是指载体不是以多取胜，而应具有范例性，范例意味着举一反三，触类旁通，是质量而非数量。可替代性指载体虽然不同，但目的与效果是一样的，载体选择具有开放性，伴随着技术进步而改进，开放意味着殊途同归、与时俱进。可操作性是指载体的设计在教学上可操作，在成本上可操作，具有鲜明的实用性。

3. 学习情境的数量与大小

学习情境的数量与教学时间、教学条件、学生学习能力和教师教学经验有关。通常来说，学习情境越大，则综合性与开放性程度越高，对学生的职业能力发展促进作用也越大，但是要求教师教学的控制能力和教学资源条件也越好，还需要学生有较好的学习能力。若学习情境越小，则综合性与开放性程度越低，难以实现较高层次的教学目标，如设计创新等，但教学组织容易实现，对教师与学生的要求也低。

学习情境的数量与大小的设计原则是：对于低年级课程，学习情境的数量可多一些，每个学习情境应小一些（几学时），这以便于组织教学。对于高年级课程，学习情境的数量可少一些，每个学习情境设计可大一些（10～20 学时），即设计少量需要教学时数较多的综合性、开放性程度较高的学习情境，以培养学生解决复杂的综合性问题的能力，但课程必须由三个以上的学习情境（三生万物哲学思想）组成。同理，对于每一门学习领域课程，课程的前期，学习情境可设计成小一些；在课程的后期，学习情境可设计得大一些，综合性、开放性程度高一些。

4. 学习情境之间的关系

各个情境之间的关系通常有三种①：平行关系、递进关系及包容关系。

（1）平行关系。各情境是独立的，同一个范畴的情境在难度上是平行的。

（2）递进关系。情境 3 难度大于情境 2 难度，情境 2 难度大于情境 1 难度。

（3）包容关系。情境 3 包容情境 1 情境 2，1 和 2 做完了才能做 3。

5. 学习情境的难度范围

确定了若干个学习情境之后，还要对这些学习情境做一个时间上的排序。在传统的学科课程中，是按知识逻辑排序。在学习领域课程中，为了将学生从初学

① 姜大源. 论高等职业教育课程的系统化设计——关于工作过程系统化课程开发的解读[J]. 中国高教研究，2009(4).

者培养到高级初学者、有能力者、熟练者及专家，应将若干个学习情境按 4 个难度等级进行设计并作教学中的排序。

（1）职业定向性的工作任务（难度 1）。职业定向性的工作任务围绕着“本职业主要涉及内容是什么？”问题展开，目的是帮助学生对职业领域内的工作范围有一个定向性认识，尽快了解职业的本质并掌握入门和概念性知识，以便在职业中从初学者迅速成长为高级初学者。职业定向性工作任务及完成有以下特点：

1）定向性任务是一个封闭性任务，即任务由教师设计且不可更改，任务处于一个学生能理解的概括而整体的工作关系中，任务的范围对学生来说是可以看到的，完成任务存在可遵循的规则与标准。

2）对应的知识特点：入门和概念性知识。如企业和工作的基本情况、职业技术的意义与目标、标准性工具、典型的工作方法和过程等。

3）完成任务的特点：学生完成任务是在教师指导下进行。学生完成工作任务的时间或期限压力没有或很少。

学习难度范围 1 中的职业定向性任务有：日常性工作、长期性工作、装配工作、简单维护等。

（2）程序性的工作任务（难度 2）。程序性工作任务又称系统性工作任务，它围绕着“为什么是这样而不是那样相互关联的”的问题展开，高级初学者要成为有能力者，须从事程序性的工作任务以掌握职业关联性知识。程序性工作任务的主要特征有：

1）程序性工作任务仍然属于封闭性任务，学习者在完成工作任务时要考虑工作对象、工具、方法及劳动组织之间的前后关联，任务含有一些较小的专业难题，任务可以利用规律系统化地完成，学生能够针对部分任务的工作环节独立制定工作计划。

2）对应的知识特点：关联性知识。关联性又称相关性，人类认识的基础，就是世界的关联性。如在机电一体化系统中，液压、气动、机械、电工和电子组件的相互作用，并作为一个整体组件运行，这就要求对工作对象、工具、方法及劳动组织之间的相互关系进行关联性思考。

3）完成任务的特点：学生根据现有的规律（操作流程）独立完成封闭性的任

务。任务必须在一定时间内完成，但要给学生足够的自由度。学生完成任务时必须选择工具、方法和工艺，必要时还要使用专们工具。

学习难度范围 2 的程序性任务有：零件、组件和仪表的制造、改动和修复，设备和调整与更新等。

（3）蕴含问题的特殊工作任务（难度 3）。蕴含问题的特殊工作任务围绕“为什么具体工作是这样”的问题展开，有能力者要成为熟练者，须从事蕴含问题的特殊工作任务以掌握具体的原理性知识。蕴含问题的特殊工作任务的主要特征有：

1）蕴含问题的特殊工作任务属于开放性工作任务，它有多个答案，强调方法的多样化，展现的是一个广阔的求知空间。为解决伴有问题的特殊工作任务，仅仅依靠已有的工作程序是不够的，因为伴随的问题往往不符合常规，往往都包含一些新问题。学习者必须首先分析工作任务，找出问题的症结，并能够设计出解决方案。

2）对应的知识特点：具体的原理性知识。一方面指的是功能原理的系统化知识，另一方面还指某些设备及其部件中的特殊知识。

3）完成任务的特点：学生在理论指导下完成开放性任务，且在很大程度上是独立的。另外，学生按小组确定工作材料、工作时间和工作分工，并关注产品成本。

学习难度范围 3 中蕴含问题的特殊工作任务有：综合性服务、功能分析、故障诊断、复杂产品生产等。

（4）无法预测的工作任务（难度 4）。无法预测的工作任务围绕“如何科学解释并解决实际问题”展开，这是职业发展“后劲”的体现。熟练者要成为专家，须从事无法预测的工作任务以掌握学科系统化知识。无法预测工作任务的主要特征有：

1）无法预测的工作任务属于设计导向（创新性）的工作任务，它的答案不定。不可预见的工作任务往往比较复杂，任务表述一般在技术文献中没有记录，任务没有样板解决方案，简单按照原有的工作程序可能会失败。因此，学生只有在原有具备相当的解决问题的经验，并利用学科系统化知识对其进行完整深入地分析，才能完成任务。

2）对应的知识特点：基于经验的学科系统化知识。

3）完成任务的特点：学生在理论及经验的指导下完成创新性的任务。为完成这些任务，学生必须设计、发展和优化自己的工作方式方法。

学习难度范围 4 中无法预测的工作任务有：复杂故障诊断、技术系统薄弱环节分析、技术系统优化等。通常学生只有通过学校特长生培养及企业顶岗的双重学习，才可能完成无法预测的工作任务。

6. 学习情境设计举例

前面已经指出，学习情境载体选择是学习情境设计的关键，学习情境载体必须为同一个范畴，对于专业课程，载体可以是设备、部件、零件、现象、产品、环境等。

（1）以产品种类为载体进行设计。如湖南铁道职业技术学院的“数控车工艺编程”学习领域课程的学习情境设计，5 个学习情境对应 5 个产品，数控车工艺编程难度逐渐增大，如图 5-9 所示。

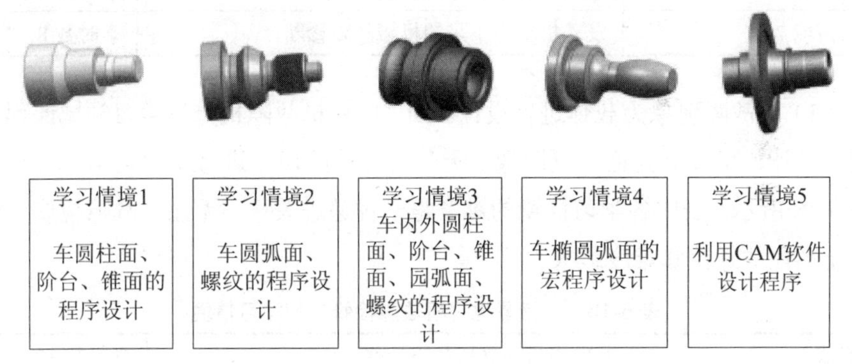

图 5-9 “数控车工艺编程”的学习情境

又如“电子产品设计”学习领域课程的学习情境设计，可以将难度逐渐增加的 6 个电子产品作为学习情境的载体，如表 5-16 所示。

（2）以设备或系统的结构为载体进行设计。如“汽车发动机机械维修”学习领域课程的学习情境设计，可将汽车发动机的机械结构作为学习情境的载体，各学习情境之间是一种平行的关系。如表 5-17 所示。

表 5-16 “电子产品设计”的学习情境

学习情境 1	低频信号发生器设计与制作	学时数 10
学习情境 2	多路温度测量仪设计与制作	学时数 14
学习情境 3	大功率 LED 电源设计与制作	学时数 13
学习情境 4	超声波测距仪设计与制作	学时数 14
学习情境 5	数控电源设计与制作	学时数 18
学习情境 6	无线调频接收机设计与制作	学时数 16

表 5-17 “汽车发动机机械维修”的学习情境

学习情境 1	发动机配气机构的检修	学时数 16
学习情境 2	发动机汽缸与汽缸体的检修	学时数 10
学习情境 3	发动机曲柄连杆机构的检测	学时数 14
学习情境 4	发动机冷却系统的检修	学时数 8
学习情境 5	发动机润滑系统的检修	学时数 6
学习情境 6	发动机总成的更换	学时数 12
学习情境 7	发动机动力不足的机械故障诊断	学时数 8

（3）以故障现象为载体进行设计。如“电视机故障检修”学习领域课程的学习情境设计，可按无光栅、无图像、无伴音等故障现象进行学习情境载体设计，如表 5-18 所示。表中各学习情境的难度是一种递进关系，无光栅故障检修难度最小，无彩色故障检修难度最大。

表 5-18 “液晶电视机故障检修”的学习情境

学习情境 1	电视机无光栅故障检修	学时数 12
学习情境 2	电视机无伴音故障检修	学时数 12
学习情境 3	电视机无图像故障检修	学时数 16
学习情境 4	电视机无彩色故障检修	学时数 20

（4）以环境为载体进行设计。如“网络组建与管理”学习领域课程的学习情境设计如表 5-19 所示，网络组建的环境各别是家庭、企业及服务园区，这三个学习情境的难度呈现出递进、包容关系。

表 5-19 “网络组建与管理”的学习情境

学习情境 1	家庭网络组建与管理	学时数 15
学习情境 2	企业办公型网络组建与管理	学时数 20
学习情境 3	基于服务园区网络组建与管理	学时数 25

（5）以工作流程为载体进行设计。有些学习领域课程就是一个大项目，可以工作流程为载体进行学习情境设计。如“电子商务网站开发”的工作流程是：网站需求分析、网站总体设计、网站详细设计等，其学习领域课程的学习情境设计如表 5-20 所示。

表 5-20 “电子商务网站开发”的学习情境

学习情境 1	电子商务网站需求分析	学时数 8
学习情境 2	电子商务网站总体设计	学时数 4
学习情境 3	电子商务网站详细设计	学时数 8
学习情境 4	电子商务网站数据库设计	学时数 8
学习情境 5	电子商务网站网页设计	学时数 5
学习情境 6	电子商务网站编码与单元测试	学时数 24
学习情境 7	系统测试与文档件编写	学时数 2
学习情境 8	电子商务网站发布	学时数 2

又如“电子政务系统制作”学习领域课程的学习情境设计如表 5-21 所示。

表 5-21 “电子政务系统制作”的学习情境

学习情境 1	电子政务系统立项	学时数 1 周
学习情境 2	电子政务系统需求分析与设计	学时数 2 周
学习情境 3	电子政务系统实施与测试	学时数 7 周
学习情境 4	电子政务系统试运行	学时数 1 周
学习情境 5	电子政务系统项目提交	学时数 1 周

7. 学习情境描述

学习情境，即用于学习的“情形”与“环境”，学习情境设计除不同难度的学习任务设计外，还要为学生能够顺利完成这些学习任务设计一个良好的“情形”

与“环境”，使学生能够“身临其境”地学习。因此，学习情境所描述的内容有：学习目标、学习内容（工作对象、工具、方法、劳动组织、工作要求）、学习条件、学习流程及学习评价等。与学习领域描述相比较，学习情境描述更具体，更可操作性。学习情境描述格式如表 5-22 所示。

表 5-22 学习情境描述的文本格式

<table>
<tr><td colspan="2">情境编号</td><td colspan="2"></td></tr>
<tr><td colspan="2">学习目标</td><td colspan="2"></td></tr>
<tr><td colspan="2">学习内容</td><td colspan="2">工作对象：
工具：
方法：
劳动组织：
工作要求：</td></tr>
<tr><td rowspan="3">学习条件</td><td>教师知识与能力要求</td><td colspan="2"></td></tr>
<tr><td>学生知识与能力准备</td><td colspan="2"></td></tr>
<tr><td>学习材料准备</td><td colspan="2"></td></tr>
<tr><td colspan="3">学习流程</td><td>学时</td></tr>
<tr><td colspan="3"></td><td></td></tr>
</table>

（1）学习目标。与学科课程不同，学习领域课程的学习目标是以能力描述的，因而学习目标描述一般由三部分组成，即“行为”、“条件”和“标准”。其中，“行为”部分是必需的，即学习目标描述中至少要有一个能够测量的行为动词，而不是过去模糊的方式，如“掌握”、“熟悉”等。学习目标描述有三种方式：

1）二段式：行为+结果，例如“学生应能制作一个功率放大电路”。

2）三段式：行为+标准+结果，例如“学生应能根据引导课文的要求制作一个功率放大电路”。

3）四段式：行为+条件+标准+结果，例如“学生应能在没有教师指导下根据引导课文的要求制作一个功率放大电路”。

学习目标的分层和常用行为动词如表 5-23 所示。

表 5-23　学习目标的分层和常用行为动词

学习目标分层	行为动词举例
了解	说出、背诵、辨认、列举、复述等
理解	理解、说明、归纳、概述、整理、分析等
应用	设计、辨护、撰写、检验、计划、推广等
模仿	模拟、再现、例证、临摹、扩（缩）写等
独立操作	完成、制定、解决、绘制、尝试等
迁移	转换、灵活运用、举一反三等

（2）学习内容。与学科课程不同，学习领域课程中的学习内容是以工作任务陈述的。与学习领域课程内容的陈述一样，学习情境的内容陈述也应采用工作任务陈述法，包括工作对象、工具材料、工作方法、劳动组织方式和工作要求。这里既包括知识、技能成分，也包括态度和价值观成分。学习内容与学习目标有一定对应关系，每一个学习目标应当有相应的学习内容支撑。

（3）学习流程。学习过程就是工作过程，将工作过程设计成流程形式，可方便学习情境的具体实施。由于学习情境中的工作任务通常是一个结构完整的工作任务，即完成工作任务一般要经过“资讯、计划、决策、实施、检查、评估”6 个步骤或“资讯、计划与决策、实施、检查与评估”4 个步骤。因此，学习流程也应记该按这些步骤进行设计。

当然，学习情境不同，完成工作任务的步骤也可能不同。

如“企业网络实施方案的初步设计”学习情境的工作步骤是：项目调查、方案决策、计划制定、文档提交。

又如“交通控制系统设计”学习情境的工作步骤是：方案论证、总体设计、硬件构建、软件设计、样机联调、产品定型。

又如“印刷板电路设计与制作”学习情境的工作步骤是：需求分析、任务受理、设计过程、设计评审、制作过程、文档编写。

在学习流程设计中，要对“资讯、计划、决策、实施、检查、评估”每一个工作步骤进行具体设计，如采用什么方法？采用什么组织形式？课时数多少？

（4）学习情境描述举例。“电视机无彩色故障检修”学习情境描述如表 5-24

所示。

表 5-24 “电视机无彩色故障检修”学习情境描述

<table>
<tr><td>情境编号</td><td colspan="2">学习情境 4-3：电视机无彩色故障检修</td></tr>
<tr><td>学习目标</td><td colspan="2">1）叙述电视机解码电路组成框图；
2）说明 TA7698AP 解码电路各元件的作用；
3）分析 TA7698AP 无彩色常见故障原因；
4）在教师指导下，能画出对 TA7698AP 无彩色故障进行检修的流程图；
5）能根据检修流程图，完成对 TA7698AP 无彩色故障的检修。</td></tr>
<tr><td>学习内容</td><td colspan="2">对象：TA7698AP 芯片电路的无彩色故障。
工具：电铬铁、500 型万用表、DF4320 型双踪示波器、电视机图纸。
工作方法：教师案例讲解、小组讨论、无彩色故障检修方法（打开消色门法、电压法、电阻法）。
劳动组织：讨论与画流程图采用小组形式，检修操作采用个人独立方式。
工作要求：能分析故障原因、能画检修流程图、会诊断故障、遵守劳动纪律。</td></tr>
<tr><td>教师知识与能力要求</td><td colspan="2">具有一年以上电子产品维修经历，熟悉电视机无彩色故障现象，有丰富的电视机无彩色故障经验，具有娴熟的教学组织与管理能力。</td></tr>
<tr><td>学生知识与能力准备</td><td colspan="2">维修工具基本使用能力、电原理图识读能力、基本电子电路分析能力、收集资料能力、英文阅读能力、PPT 文档制能力。</td></tr>
<tr><td>学习材料</td><td colspan="2">PPT、学习情境授课计划、教材、实训项目单、检查单、评价表</td></tr>
<tr><td colspan="2">学习流程</td><td>学时</td></tr>
<tr><td>1．资讯</td><td>1）下发实训项目单（任务书），描述项目学习目标，交代学习任务，发放相关学习资料。
2）教师讲解：TA7698AP 解码基本工作原理；TA7698AP 无彩色故障检修案例。</td><td>4</td></tr>
<tr><td>2．计划与决策</td><td>学生个人制定故障检修方案（画出检修流程图）；
小组讨论检修流程图；
组间交流检修流程图（张贴板教学法）；
教师检查检修流程图的可行性。</td><td>2</td></tr>
<tr><td>3．实施</td><td>每个学生独立在 TA 两片机中进行无彩色故障检修训练，更换已损坏的元器件后再试机。</td><td>3</td></tr>
<tr><td>4．检查与评估</td><td>填写项目检查单（检修报告），学生分组对测试结果进行汇报，教师对学生工作结果进行总结。
根据项目评价标准：自评+互评+教师评价。</td><td>1</td></tr>
</table>

（八）学习领域课程支撑平台建设

教育部高职高专电子信息类专业教学指导委员会主任高林认为：在培养学生完成工作任务的过程中，单纯的学习领域课程体系难以适应教学要求，需要相对系统的理论知识和熟练的单项技术、技能支撑。因而提出了“工作过程—支撑平台系统化课程”，[①]从而创新了中国高等职业教育的专业课程体系。支撑平台包括：职业领域公共课程平台、职业资格证书和职业拓展课程平台、专业（职业）基础课程平台和职业基本技术技能训练平台，有非关联型、关联型、链路型三种结构。

1. 非关联型支撑平台

（1）非关联型支撑平台结构。专业课程体系的非关联型支撑平台结构如图 5-10 所示，其特点是：学习领域课程虽然建立支撑平台课程之上，但其自成体系，与支撑平台课程在教学时间和学科内容上没有强烈的关联。非关联型支撑平台适合于学习领域课程与支撑平台课程之间没有密切相关的专业。

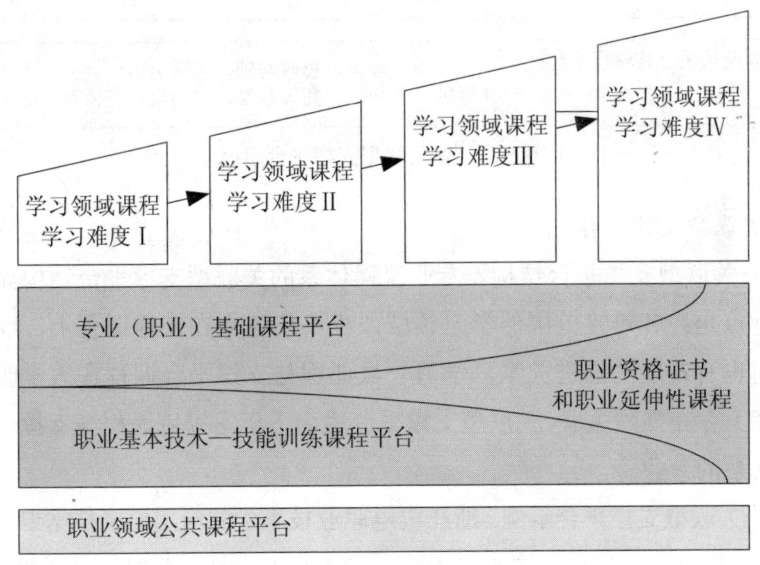

图 5-10 非关联型支撑平台结构

① 高林，鲍结. 高等职业教育专业课程体系改革与创新[M]. 北京：人民邮电出版社，2009: 13-16.

（2）非关联型支撑平台示例。金华职业技术学院应用电子技术专业的学习领域课程非关联型支撑平台如图 5-11 所示，该专业共有 8 门学习领域课程，分为四个难度等级，学习领域课程与支撑平台课程关联性不强。

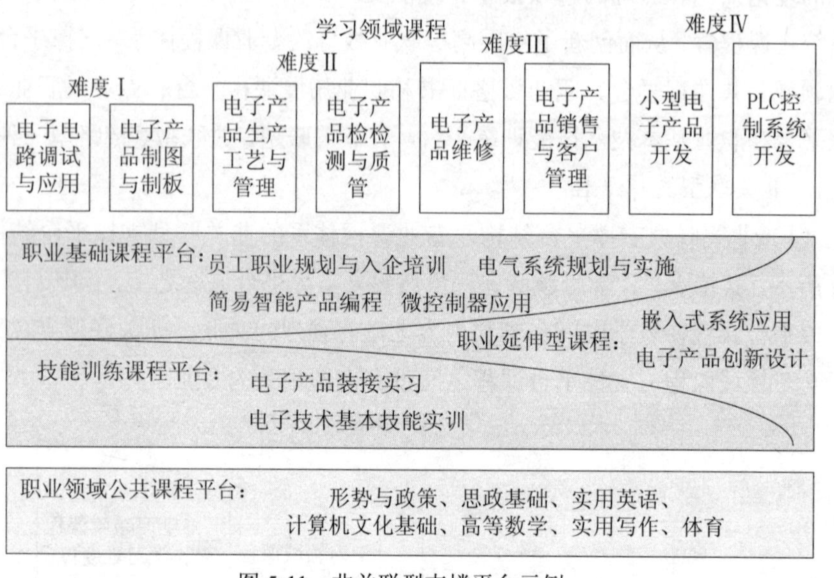

图 5-11　非关联型支撑平台示例

2. 关联型支撑平台

（1）关联型支撑平台结构。专业课程体系的关联型支撑平台结构如图 5-12 示，其特点是：各难度范围的学习领域课程不仅建立在支撑课程上，而且支撑课程之间也有难度的递进关系，学习领域课程与支撑平台课程在教学时间点和学科内容上存在强烈关联。关联型支撑平台适合于学习领域课程与支撑平台课程有密切联系的专业。

（2）关联型支撑平台示例。浙江机电职业技术学院应用电子技术专业的学习领域课程关联型支撑平台如图 5-13 所示，该专业共有 8 门学习领域课程，分为四个难度等级。基础与技能支撑平台有 6 门课程，这些课程与学习领域课程关联性较强。

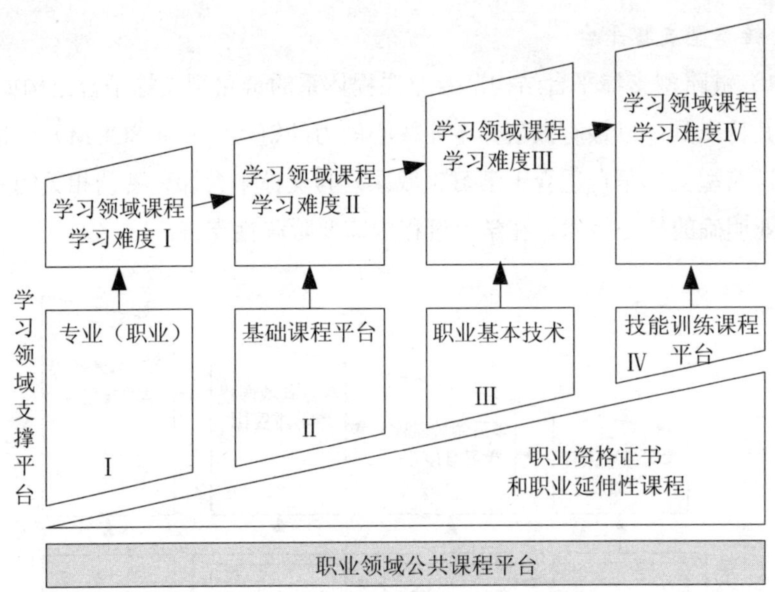

图 5-12 关联型支撑平台结构

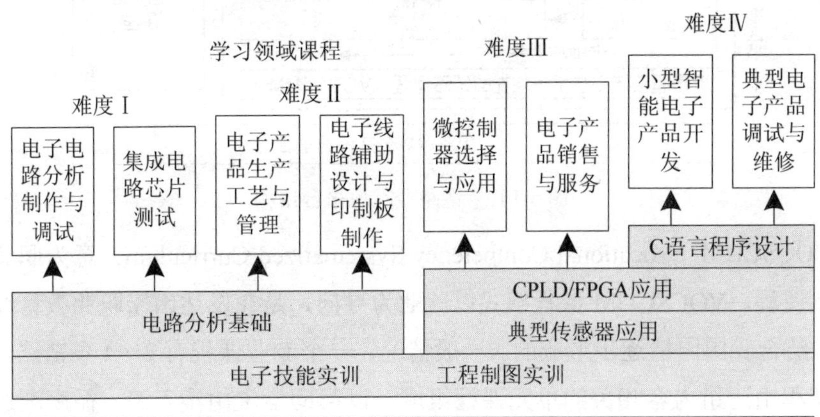

图 5-13 关联型支撑平台示例

3. 链路型支撑平台

（1）链路型支撑平台结构。专业课程体系的链路型支撑平台结构如图 5-14 所示，其特点是：以最有效培养专业核心能力的链路（VOCSCUM）课程为支撑课程。链路型支撑平台适合于学习领域课程与支撑平台课程密切相关的专业，而且该专业明确的核心技术，在学习过程中需要阶段性支持。

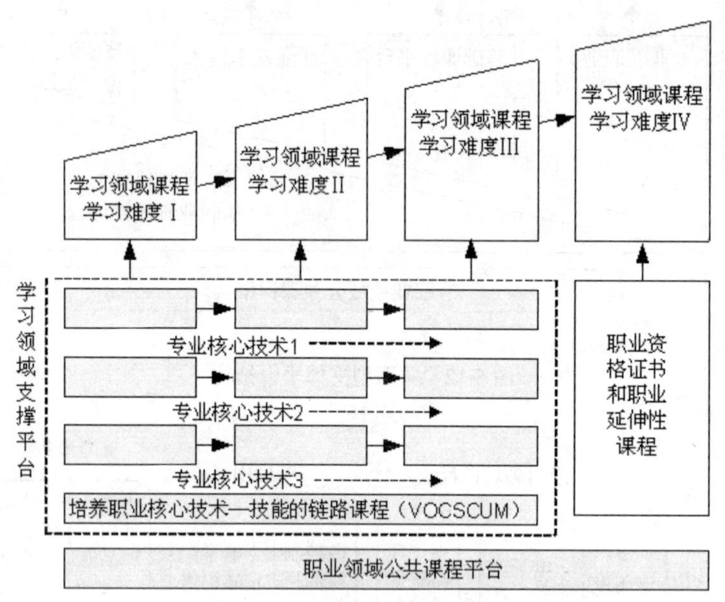

图 5-14　链路型支撑平台结构

VOCSCUM（Vocational Competency Systematized Curriculum）意为职业能力系统化课程，VOCSCUM 课程模式以就业为导向，是在发达国家职业教育经验基础上，结合我国国情逐步形成的。一般情况，一个专业课程有 2～4 条链路，每条链路课程由一组内容相关的单元课程组成，以帮助学生由浅入深、循序渐进地完成学习和训练。如电子技术专业的电子产品制作链路、电子产品维护链路、电子技术设计链路。

（2）关联型支撑平台示例。北京联合大学应用科技学院计算机信息管理专业的学习领域链路型支撑平台如图 5-15 所示。该专业共有 13 门学习领域课程，分为四个难度等级。支撑平台采用 VOCSCUM 课程改革思想，依据知识与技术难度等级及学生学习规律，构建程序设计技术、数据库技术、信息处理技术 3 个课程学习链路，分为入门、基础、熟练三个阶段。

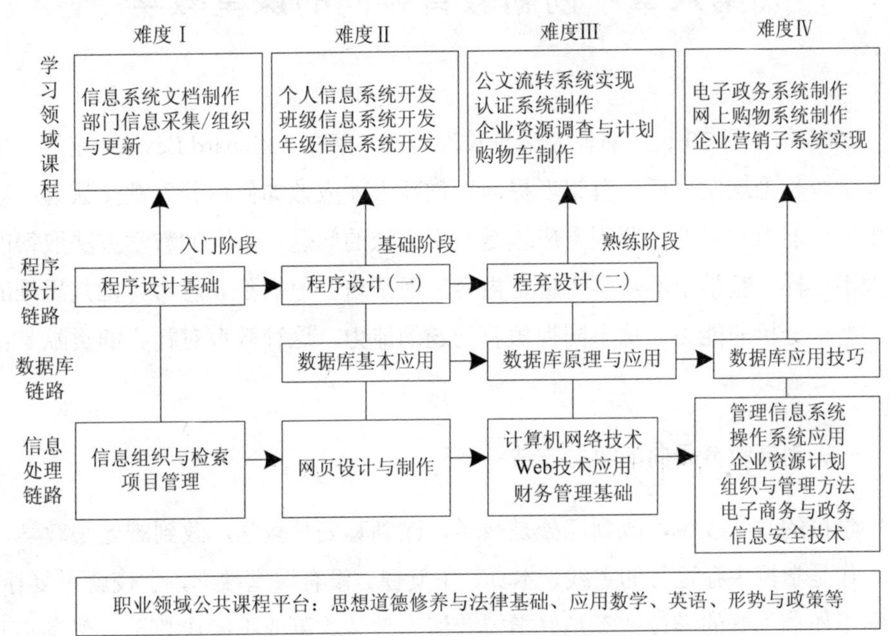

图 5-15　链路型支撑平台示例

“工作过程—支撑平台系统化课程”从中国的国情出发，以基于工作过程的学习领域课程开发为核心，以支持学习领域课程的平台课程为支撑，这已在许多高职院校的专业课程体系的推广中取得了良好的效果。

第六章　创新教育导向的课堂教学

2006 年 7 月 20 日，耶鲁大学校长理查德·莱文（Richard Levin）在第三届中外大学校长论坛发言后，有记者提问，创新人才应该如何培养？莱文认为：制约学生创新能力发展的主要因素应该是教学方法的问题，不同的教学方法取得的效果大不一样。教学中不给学生特定内容，而是培养他们独立思考、批判思维的能力，严密分析的能力，从不同视角看问题的能力，这种教育对社会的贡献是最大的①。

一、创新教育导向的教学方法

学校的教学改革，改到深处是教学，改到真处是教学，改到难处是教学。教学工作是学校生存运行的主线、本真、主旋律。没有课堂教学，学校就不复存在。教学工作搞不好的学校就不是好学校。淡忘教学改革或不能让教学改革有实质性突破，即使别的改革再热火朝天，也谈不上落实了实处。因此，创新教育的最终落脚点是课堂教学，关键是创新教育导向的教学方法。

（一）课堂教学概述

1. 创新教育导向的课堂教学方法

教学是学校最重要的一项职能。中国大百科全书将教学界定为："教学，教师的教和学生的学的共同活动。学生在教师有目的有计划的指导下，积极、主动地掌握系统的文化科学基础知识和基本技能、发展能力、增强体质，并形成一定的思想道德。"②教学在学校工作中居于十分重要的地位，是学校的中心工作。学校要卓有成效地实现培养目标，造就合格人才，就必须以教学为主，并围绕教学这个中心安排其他工作，在大学、中小学教育中均如此。

---

① 转引自姚玉环. 制约大学生创新能力发展的教学因素及改革路径[J].中国高等教育，2008(8).
② 中国大百科全书·教育[M]. 中国大百科全书出版社，1985:150.

教学方法是指在教学过程中教师与学生为完成一定的教学任务而使用的一切方法的总和，既包括教师的教法，也包括学生的学法，是教法与学法的统一。目前我国学校课堂教学最主要的问题是，单纯注重教师的讲授，学生被动的接受，教学方法单一。传统的教学模式以教师为中心，以课堂为中心，以教材为中心。在这种模式下，学生在教学中处于被动地位，缺乏面对面的不同观点之间的争论，压抑学生的个性，实践机会很少，缺乏发展独立判断能力的条件和机会，不能提供创新素质培养所需要的环境，不利于培养学生的创新素质。

创新教育导向的课堂教学是指：将知识传授、技能训练与创新素质培养结合起来的课堂教学，即教师在知识传授、技能训练的同时，还能培养学生的创新意识、创新思维、创新精神及创新能力。创新教育导向的教学方法应该是启发式、探究式、讨论式、参与式等的教学方法，是学思结合、理实一体、因材施教的教学方法，是便于学生自主学习、合作学习、探究学习的教学方法。

2. 创新教育导向的课堂教学原则

创新导向的课堂教学方法很多，但不管采用何种教学方法，都应遵循学思结合、理实一体、因材施教等教学原则。

（1）学思结合原则。要在课堂上培养学生的创新思维，在教学中要注重学思结合。要倡导启发式、探究式、讨论式、参与式教学，帮助学生学会学习。激发学生的好奇心，培养学生的兴趣爱好，营造独立思考、自由探索、勇于创新的课堂环境。在实际的教学中，教师要鼓励学生大胆质疑，善于逆向思维。教师要鼓励学生从不同的角度看问题，善于发散思维。教师要鼓励学生用发展的眼光看问题，善于与时俱进，纵向思维。

（2）理实一体原则。理实一体原则又称行知统一原则。理实一体教学的基本原则是：理论教学与实践教学交替进行。只有理论与实践交替进行，才能使形象和抽象交错出现，学生才能学得好、学得快。对理论与实践交替教学的要求如下：①理论与实践交替的周期尽量短，要求每一次授课都有理论内容与实践内容交替进行；②可以先理论后实践，也可以先实践后理论；③可以是“理论—实践—理论”，前一理论是初浅理论，主要是为实践提供服务，后一理论是实践后的理论；也可以“实践—理论—实践”，前一实践是初浅实践，主要是消除理论讲解中的抽象，后一实践是在理论指导下的实践。

（3）因材施教原则。所谓因材施教，是指教师从学生的实际出发，使教学的深度、广度、进度适合学生的知识水平和接受能力，同时考虑学生的个性特点和个性差异，使每个人的才能品行获得最佳的发展。因材施教不但是我国古代教学经验的结晶，还是现代教学必须坚持的一条重要原则，它具有非常丰富的现代价值。实行因材施教，对培养适应时代需要的创新型人才，具有非常重要的现实意义。

3. 现代教学媒体的应用

在创新教育导向的课堂教学中，要善于运用现代教学媒体，进一步完善学校的计算机网络，加快音像电子图书、多媒体教室、数字图书馆和网络学校的建设，提高师生利用现代教学媒体收集、获取、传播、加工和创新知识的水平。

现代教育媒体中的幻灯机、录音机、视盘机、多媒体计算机技术等日益微型化、自动化、遥控化、综合化、现代化，给教学带来方便。现代教育媒体中的声像教材，采用片、带、盘、课件等多种存储形式，把形、声、色、光，动、情、意融为一体，表达教育教学内容，具有新鲜感，使学生喜闻乐见。现代教育媒体所传输教育信息效率高，若引入课堂教学中，可以加速学生的感知过程，促进认识的深化，加深理解，增强记忆和提高应用能力。

但是，教师若过度依赖现代教学媒体而忽视教学过程设计，可能导致师生关系疏远，教师在教学过程中与学生的情感、心灵交流减少，削弱了对学生的因材施教，产生现代教育媒体的负效应。

（二）启发式教学

1. 什么是启发式教学

启发式教学（elicitation teaching）是指教师在教学过程中根据教学任务和学习的客观规律，从学生的实际出发，采用多种方式，以启发学生的思维为核心，调动学生的学习主动性和积极性，促使他们生动活泼地学习。启发式教学不仅是教学方法，更是一种教学思想，是教学原则。启发式教学原则是任何教学都应贯彻的。在创新教育导向的课堂教学中，对学生创新思维的培养主要通过启发式教学来实现，如逆向思维、发散思维、收敛思维等。

在中国，“启发”一词源于古代教育家孔子的“不愤不启，不悱不发。”[①]就是说在教学前务必先让学生认真思考，已经思考相当长时间但还想不通，然后可以去启发他；虽经思考并已有所领会，但未能以适当的言辞表达出来，此时可以去开导他。孔子以后，《学记》的作者提出“道而弗牵，强而弗抑，开而弗达[②]”，进一步阐发了启发式教学的思想，主张启发学生，引导学生，但不硬牵着他们走；严格要求学生，但不施加压力；指明学习的路径，但不代替他们达成结论。

在欧洲，稍后于孔子的古希腊思想家苏格拉底（Socrates）用“问答法”来启发学生的独立思考以探求真理。17 世纪，捷克教育家夸美纽斯（Comenius）主张凡是没有被悟性彻底领会的事项，都不可用熟记的方法去学习。18 世纪，瑞士教育家裴斯泰洛齐（Pestalozzi）反对注入式，强调教学必须集中地提高智力，而不仅是泛泛地增加概念。德国教育家赫尔巴特（Herbart）倡导启发儿童已有的经验和知识作为学习的出发点，称为启发教学法。

2. 如何运用启发式教学

启发式教学如果“启不得法”便会“启而不发”。只有在教学实践中准确把握并巧妙运用方可收到激发兴趣，启迪思维之功效。在课堂教学中贯彻启发式教学，已成为广大教师的共识，但具体做法是多姿多彩的。

（1）悬念启发。“悬念”指的是在欣赏戏剧、电影、文学作品时对故事发展和人物命运的关切心理。在古黄章回小说里，往往在情节向前推进时，中途打发一个结，记它暂时挂起，给读者产生一个期待的心境，以“且听下回分解”悬念来吸引读者往下看，这是启发式教学的一个重要手段。在语文教学中适当运用悬念启发，可有效激发学生的好奇心理，促使学生积极探究问题。

（2）情感启发。情感是运用语言文字来表达，作者缘情而发，把自己强烈的情感演变为文字。教师在教学过程中的情感运用适当，能够加强学生的认知情感，增添学生学习的兴趣和积极性。同样，学生在学习过程中表现出来的认知情感又是激励教师教学的“兴奋剂”。这样师生情感交融、共鸣，推动教学过程中产生一层又一层的情感“浪潮”，形成融洽的学习氛围，增强学生学习的兴趣性、积极性

---

① 杨伯峻译注. 论语译注[M]. 北京：中华书局，1980:68.
② 殷海华，刘经华主编.《学记》教育智慧品读[M]. 长春：吉林大学出版社，2008：146.

和实效性。

（3）媒体启发。所谓媒体启发，主要是指运用现代化教学手段，多媒体进行启发，如电化教学、电脑、幻灯、录音等现代化教学工具，化抽象为具体，化静为动，化远为近，化复杂为简单，图文并茂，形声结合。试想，在教高尔基散文诗《海燕》时配乐朗诵比一般范读效果更佳。

（4）对比启发。教师在传授新知识时，有时可将两个或两个以上截然不同的问题进行对比，以启示学生找出问题间共性、异性及其本质联系，这就是采用对比启发教学方式。在思想政治课教学、理工科教学中可运用此手法，引导学生对人物、事物乃至时空、场景等进行对比，从而领会教学内容，强化自身的道德认识。例如，在《人生观》一课教学时，通过南宋民族英雄文天祥和大汉奸汪精卫两个历史人物作对比，可启发学生了解“树立正确人生观”的意义。

（5）设疑启发。在教学中。要尽力打破学生头脑中的“平静”，激发学生思维活动的“波澜”，也就是激发学生的疑问，引发他们在生疑—置疑—释疑的循环往复中探求新知，发展智能。设疑的作用不可低估，它使学生在寻疑中产生未知欲望，形成探索和发现知识的动力，使学生学习具有自觉探索性、积极性和创造性。

3. 启发式教学应注意的问题

（1）启发的问题要具有针对性。没有问题，就不存在学员的思考和探究。启发问题要具有针对性和灵活性，就是说教师在设计启发问题时，必须充分考虑学员的学习内容、学习环境、学习材料，以及学员已经具备的知识储备和具有的社会实践经验等因素，由教师或在教师引导下由学员自己提出一个符合学员解题能力的问题，最好是处在学员知识“边缘发展区”的问题，运用已有的知识能够解决大部分，又不能全部解决的问题。

（2）启发的过程要具有发散性。在启发式课堂教学中，要鼓励学员生多种思维方式思考问题、解答问题，并注重对学生进行三个结合、四个突出和五种方法的思维训练：即进行形象思维和抽象思维、集中思维和发散思维、正向思维和逆向思维相结合的思维训练，突出对比思考、分类思考、想象思考，转化思考的思维训练，掌握分析与归纳、演绎与综合、猜想与论证、探索与发现、观察与对比的探知方法，使学生的思考由此及彼、由表及里、由近及远，让学生展开多角度、全方位的思维活动，从而培养学生思维的广阔性和灵活性。

（3）启发的途径要具有多元性。多元性在教学中，就是关注学员的个性、特点，尊重学员的经验在启发教学中的应用。在启发的问题提出后，首先要让学员独立思考，自主探索，充分挖掘每个人的聪明才智，充分发挥学员个人的想象力。其次是合作探讨，可以前后桌四人为一个小组，将问题内容细化，每人承担其中一部分，以提高解决问题的效果，培养学员的合作能力。

（4）问答式并非一定是启发式。目前有许多教师将启发式教学仅仅理解为课堂教学的双边活动，并将之具化为课堂教学的问与答，把是否进行了有问有答的双边活动看作是启发式教学和注入式教学的分水岭，这是对启发式教学的极大曲解。启发式教学可以是问答式，但问答式并非一定是启发式。例如，有些没有思考价值的低层次的问题，多数靠死记硬背的知识就能回答，与启发式教学根本沾不上边。只有那些能够激发学生学习兴趣，促使其积极思考、深入研究的问，与学生思考后跃跃欲试、摩拳擦掌、争先恐后的答，因其使学生的思维得到了充分的训练，当属于名实相符的启发式教学。

（5）非问答式也并非一定不是启发式。有的教学，几乎是教师一言堂，没有多少热闹的问答，但学生全神贯注于教师的讲解，时而颔首会意，时而奋笔疾书，时而凝眉思索，时而面露笑意。显然，学生的思维被充分地调动起来了，内在语言异常活跃，学习的积极性得以充分展现，这时，虽没有表面上的双边活动，但却达到了启发式教学的最佳境界。

运用启发式教学，不是整堂课都是教师问，学生答，要根据教材特点和学生情况，把问答与讲解、讲述配合使用。以讲解解决难题，以讲述带过一般，以讲解、讲述为提问准备条件，再以问题突出重点，启发学生思维积极活动。

（三）探究式教学

1. 什么是探究式教学

探究式教学（inquiry teaching），又称发现法、研究法，是指学生在学习概念和原理时，教师只是给他们一些事例和问题，让学生自己通过阅读、观察、实验、思考、讨论、听讲等途径去独立探究，自行发现并掌握相应的原理和结论的一种方法。它的指导思想是在教师的指导下，以学生为主体，让学生自觉地、主动地探索，掌握认识和解决问题的方法和步骤，研究客观事物的属性，发现事物发展的起因和事物内部的联系，从中找出规律，形成自己的概念。探究式教学相对于传统的讲授式教学而言，是教学方式、学习方式的重大变革。两者比较如表 6-1 所示。

表 6-1 探究式教学与讲授式教学的比较

教学方式	讲授式教学	探究式教学
教师角色	专家、学者	启发者、诱导者
学习资源	教科书	多样化、多媒体、网络
学习重点	关注知识	关注问题
信息来源	现成提供	发现、探索
评价取向	强调结果	强调过程
评价方式	量化评估	量化、定性评估

爱因斯坦指出："科学发现的过程，就是对那些不可思议的想法追根究底。"[①]探究式教学重视开发学生的智力，发展学生的创造性思维，培养自学能力，引导学生学会学习和掌握科学方法，为终身学习和工作奠定基础。探究式教学比较适合于小班教学，在许多大班级实施时难度较大。探究式教学耗时比较长，在课时比较少的课程实施探究式教学时只能够选择性应用。

2. 探究式教学主要环节

探究式教学方法通常包括以下五个教学环节。

（1）创设问题情境，激发自主探究欲望。托尔斯泰说过："成功的教学所需要的不是强制，而是激发学生的欲望。"[②]如果教师不想方设法使学生情绪高昂和智力振奋的内心状态，就急于传播知识，那么这种知识只能使人产生冷漠的态度，而没有欢欣鼓舞的心情，学习就会成为学生的负担。为此，教学中我们要努力营造良好的探究氛围，让学生置身于一种探究问题的情境中，以激发学生的学习欲

① 张文青编译. 爱因斯坦箴言[M]. 北京：北京长安出版社，2010：214.
② 托尔斯泰的名言大全：http://gaokao.juren.com/news/201212/359188.html.

望，使学生乐于学习。在探究式教学中，创设的问题情境要适度，探究的内容既不能过于复杂，不需要太长时间进行探究，也不能太过简单，学生很容易得出结果，失去探究的兴趣。创设的问题情境必须能充分激发学生的内在动机，激起学生的探究乐趣。创设的问题情境可操作性强，学生通过有步骤的探究活动是可以得到答案的。

（2）自主（或小组）探究，训练自主学习能力。探究式教学方法因为采用“自主、探究、合作”的学习方式，所以在教学过程中特别强调学生的自主学习和自主探究，以及在此基础上实施的小组合作学习活动。教师要变“先讲后练”为“先尝试再点拨”，把学习的主动权交给学生，这样有利于学生主动再创造，有利于学生猜测与验证。因此，本环节成为探究式教学中的关键教学环节。在实施过程中要处理好教师、学生、信息技术几者之间的关系。教师起到引导、支持的作用，学生要充分发挥学习的主动性与积极性，信息技术要成为学生探究的认知工具，人文学科可通过让学生上网查找资料，理工学科除上网查找资料外，还可以利用软件、仿真、实验室等。

（3）启发思考，诱导探究的方向。在探究教学中，教师是引导者，基本任务是启发诱导，学生是探究者，其主要任务是通过自己的探究，发现新事物。因此，必须正处理教师的“引”和学生的“探”的关系，做到既不放任自流，让学生漫无边际去探究，也不能过多牵引。当学生在思维的转折处，或在知识的重点、难点处，经过自身的努力，还感到无法解决时，教师要给予适当的启发，拨开学习上的迷雾，使学生看到光明，看到希望。启发的关键是要符合学生的需要，使学生能顺利进行探究。

（4）协作交流。学生在经过了认真的自主探究、积极思考后，才可能进入高质量的协作交流阶段。在课堂上，让学生交流自学成果，使大家思维相互碰撞，努力撞击出创造思维的火花。交流形式可以灵活多样，可以让学生自由发言，也可以让学生先在四人小组交流，然后派代表在全班汇报。让学生对“交流成果”环节中所提出的问题以及普遍存在的模糊认识进行讨论，在合作学习中大胆质疑解疑。讨论的形式可以灵活多样，可以同桌互帮，四人小组研讨，全班辩论等。

（5）总结提高。协作交流结束后，教师要引导学生对探索的问题进行总结，对学习成果进行分析归纳，并可联系实际，对当前知识点进行深化、迁移与提高。

（四）讨论式教学

1. 什么是讨论式教学

讨论式教学（discussion teaching）是指：教师经过精心的设计和组织，学生经过课前预习思考，在教师的指导下，在学生独立思考的基础上，让全班学生或小组成员围绕某一中心问题，各抒己见，发表自己的看法，并通过师生间、学生间的多边交流，互相探讨，以寻求获取真知和全面提高学生自主学习能力的教学方式。

讨论式教学在国内外都相当盛行，在教学法体系中占有重要的地位。利用该法组织教学，教师作为“导演”，对学生的思维加以引导和启发，学生则是在教师指导下进行有意识的思维探索活动。学生的学习始终处于“问题—思考—探索—解答”的积极状态。学生看问题的方法不同，会从各个角度、各个侧面来揭示基本概念的内涵和基本规律的实质，如果就这些不同观点和看法展开讨论，就会形成强烈的外部刺激，引起学生的高度兴趣和注意，从而产生自主性、探索性和协同性的学习。讨论式教学方法体现了“教师为主导，学生为主体”这一教学思想，启发学生主动地、创造性地探究和获取知识，提高自主学习能力和创新素质，起着至关重要的作用。

由于讨论的基础是学生必须有一定的知识积累及生活经验，而且要求学生有一定的批判思维及逻辑推理能力，对于幼儿和小学生就不适合讨论式教学。讨论式教学也受学科内容限制，社会科学中开放性、多维性的问题或情境较多，适宜于讨论式教学。讨论式教学可能占用大量的课堂时间，教师在实施过程中不易把握。

2. 讨论式教学的操作

（1）问题源于学生。这是在个人预习、初步质疑的基础上，先在四人小组内交流问题，组内解决一些简单问题后，把不易解决的难题提向全班，教师则在众多问题中整理、归纳出若干有普遍性的问题推向全班。讨论的问题源于学生，这其实就是成就动机的第一个组成部分——认知内驱力的表现。认知内驱力与学习之间的关系是互惠的，认知内驱力对学习起推动作用，学习又转而增强认知内驱力。讨论的问题源于学生，这样的教学内容更符合学生的认知水平；讨论的问题源于学生，极大地调动了学生学习的积极性，发展了学生思维的品质；讨论的问题提在课前，课上展开讨论，这样更合理高效地利用了课堂教学时间。

（2）探索式讨论。确定了议题后，教师组织学生展开探索研讨，教师则巡视全班，参与学生讨论。在学生对问题初有结论时，教师组织全班交流，逐步深入讨论。对于“提出问题”，学生处于期待情景，教师就要把握好学生的这种学习兴趣，把它转化为学习的动力。一般来说，探索的问题应具有共性，又有一定的难度。探索式讨论是集体学习的一种形式，需要集体的凝聚力；在探索式讨论中，个体在同伴的帮助下，促进其产生有感染力的行为和竞争性的努力；在探索式讨论中，讨论可以集思广益，这样更有助于问题的解决。

（3）辩论式研讨。教师在学生展开辩论时，鼓励学生发表不同意见，甚至是尖锐、激烈的意见，组织学生辩论，在辩论中开阔视野，发展思维，这时创新的亮点也许就闪现在其中。教师在组织学生辩论中，不仅注重学生知识的形成，更关注是辩论的过程，因为学生的思维正是在辩论中得以发展，在实践中获得真知。辩论式讨论的问题，一般来说是属于开放性题目，很难形成标准答案。辩论式研讨，是认识兴趣发展到中级甚至高级的表现。学生借助于辩论，不仅锻炼了口头表达能力，而且在尝试思辩。辩论式研讨可遇不可求，参与辩论的同学往往是班级中较为优秀的学生，他们的表现给其他同学树立榜样。

3. 讨论式教学应注意的问题

教师在运用讨论式教学时，不仅要发挥教师的指导作用，而且要兼顾学生个体差异，寻找适合的议题，合理安排时间，并及时做好总结。只有这样，讨论式教学才能培养学生独立思考、分析问题和解决问题能力，才能真正地发挥讨论的作用。

（1）避免无备讨论。在讨论某一个问题时，学生学习的速度是不同的，所以讨论离不开准备。没有准备的讨论学生往往不得要领，抓不住关键点，影响讨论的效果。例如在讨论“长江三角洲地区产业转移对中西部地区带来的影响”时；由于学生对中国中西部地区的自然、历史、经济基础、社会发展等方面不太了解，如果贸然展开讨论，讨论势必没有深度。因此，先布置讨论提纲，引导学生带着问题去收集资料，写好课堂讨论、发言的要点，讨论才会有深度。这样的讨论全班的学生都既动了脑、动了手，又动了嘴；理解也就会更加深刻，主动参与讨论的欲望更加强烈，发言更加积极，讨论的真正目的才能达到。

（2）避免离题讨论。背离主题或在一些枝节问题上纠缠不清，是课堂讨论中经常遇到的现象。因此，在讨论过程中，要帮助学生从不同角度去思考问题，教会学生用创新思维方法去想问题，使讨论始终围绕问题的中心展开。例如，讨论古代巴比伦文明为什么衰落时，大多数学生会从气候、地形等自然地理环境方向找原因。这时，教师应引导学生主要从人文地理环境角度去分析，让他们紧扣“过度砍伐导致水土流失严重，造成河床抬升明显，最终河流泛滥、失去家园”这一主线，从而顺其自然地得出“不尊重自然规律，就会导致自毁家园”的结论。

（3）把握讨论的难度。教材内容有难易之分，学生的能力有高低之分。课堂讨论的问题也就要有一定的难度，既要促使学生积极思考，培养自学能力，又要使难度适合学生，让学生有“跳一跳，能摘到”的感觉。一个好的议题一般有以下三大特点：①问题是否集中典型地反映了某一现象，具有针对性和较丰富的内涵；②问题是否能紧扣教材内容，有利于突破重难点；③问题是否是学生普遍关注，迫切希望了解的。

（4）把握讨论的时间。充足的讨论时间是保证讨论深入的重要因素。因为讨论深入在时间上有两个方面的作用：一是就问题而言，找出圆满的答案；二是让所有学生都得到锻炼的机会。对于前者，学生对老师提出的问题要经过认真思考、整理，才能用语言表达出来。但是，有时老师为了完成教学进度，不敢让学生独立活动，担心学生的讨论偏离主题太远，于是情急之下帮助学生说出问题的答案，讨论未展开就草草收场。所以说，讨论要保证充足的时间。

（5）注重总结与评价。教师对讨论进行总结与评价，可避免讨论停留于问题的表面。教师的总结与评价可以采用以下方法：①归纳学生发言的基本观点，使学生对讨论的整体情况有一个大致了解，让学生掌握讨论的全貌；②对讨论中反映出来的观点进行评价分析，肯定正确，剖析错误，使学生知其然，又知其所以然；③对讨论中学生忽视的、遗漏的，思路不清的问题要一一指明，使学生一目了然。

（五）参与式教学

1. 什么是参与式教学

参与式教学（participant teaching）是目前国际上普遍倡导的一种教学、培训和研讨的方法。参与式教学过程是指受教育者在明确的教学目标指导下，运用科学的方法，在民主、宽容的课堂环境中，积极主动地、具有创造性地介入教学活动的每一个环节，从而获取知识并发展能力。教师与学生以平等的身份参与到教学活动中，他们共同讨论、共同解决问题，因此，参与式教学是一种师生共同推进教学的教学形式。参与式教学方法归纳为：课堂讨论、头脑风暴、角色扮演、小组活动、游戏、案例分析、讲故事、辩论、艺术、音乐、戏剧、舞蹈活动等。

参与式教学的理论依据主要是心理学的内在、外在激励理论。根据心理学的观点，人的需要可分为外在性需要和内在性需要。外在性需要是当事者本身无法控制，而被外界环境所支配；内在性需要的满足和激励动力则来自当事者所从事的工作和学习本身。内在激励与外在激励的关系是：当外在激励强而内在激励弱时，工作或学习变得枯燥无味，当事者将自己的工作或学习只看作是外在激励的推动；当外在激励弱而内在激励强时，工作或学习变得有趣、有意义和有挑战性；当内在激励和外在激励均弱时，工作或学习变得索然无味，并缺乏具有诱激力的报偿；当内在激励和外在激励均强时，工作或学习变得引人入胜并具有颇富诱激力的外偿。

参与式教学法能够加强学生的内在激励，有利于提高学生的学习自觉性和积极性。由于内在激励来自学习的趣味、意义和挑战性，学生便能克服困难，从学习中获得乐趣和满足。在参与式教学法中，来自教师的表扬和鼓励，也使外在激励加强。在这种内在激励和外在激励都得到加强的情况下，学生的学习效率会得到显著提高。“实践出真知”的俗话和心理学的试验都表明，单靠听讲和阅读，只能吸收和学到很少一部分知识，而参与进来通过各种练习，则能吸收和记住大部分的东西。所以，参与式教学在现今教育理论体系中越来越被重视。

2. 如何实施参与式教学

参与式教学的基本理念是“以学习者为中心，以活动为主，平等参与”。三点基本理念中的其中“以学生为中心”是核心理念。参与式活动是参与式教学的载体，活动形式应灵活多样、生动活泼，可以采用编故事、案例分析、角色扮演、戏剧小品表演、辩论赛等形式。平等参与是指：人格平等、机会平等、权力平等及照顾个体需求。课程不同，参与式教学的具体实施也不同，但通常可采用以下一些手段：

（1）创设氛围，激发学生参与的兴趣。苏霍姆林斯基指出："如果学生对学习没有一种欢快和喜爱，没有付出紧张的精神努力去发现真理，并在真理面前感动、激动和惊奇，那么就谈不上热爱科学、热爱知识。"①要做到这一点，教师要放下师道尊严的架子，走下讲台，用亲切的语言、平等的身份、商议的口气、换位的思想，使学生置身于一个宽松、民主、平等、和谐的教学氛围中，使他们产生想说、敢说、想做的欲望，从而滋生出参与学习的动机，慢慢就会自觉地行动起来了。

（2）利用多媒体、网络辅助，唤起学生参与的兴趣。参与式教学提倡教学中应用现代教学手段辅助教学，将形、声、光为一体的多媒体技术引入课堂，使课堂上静止的图形变为动态的图像，充分调动学生的听觉、视觉器官，大大地激发学生的学习兴趣。互联网的出现也使得参与式教学得到更好地实施，利用因特网的互动功能，可以让学生参与讨论，自由发表自己的意见，让学生用互动式课件在网上答题或者在网上完成自己的设计等。

（3）联系生活，提高参与的兴趣。课堂教学中使学生所学知识生活化、实际化，让学生感受到学的知识有价值，从而产生强烈的责任感和使命感。只有贴近生活才能让学生觉得学的知识有用，也使他们清楚地认识到知识来源于生活，学到的知识又应该用于生活，这样才能他们产生强烈的求知欲，他们才会积极主动地参与。

（4）大胆放手，创设机会，让学生参与。学生是学习的主体，有了参与的欲望，还要有参与的机会。在课堂教学中，教师要善于根据教材的特点，从每位学生的学习基础和个性特征出发，为不同层次的学生提供同等参与学习的机会，培养其主动参与的能力，扩大学生的思考空间和创造空间，以激活学生的思维，使

---

① 苏霍姆林斯基.《给教师的一百条建议》第 54 条.

学生爱学、能学、会学。

（5）赏识学生，鼓励参与。皮亚杰说过：“一切真理都是由学生自己获得的，或由他重新发现的，至少由他重建，而不是简单地传递给他。”[①]这就告诉我们在教学活动中并不是让学生如何接受知识和能力，而是让他们在活动中亲身实践，主动体验，有目的地进行观察，动手操作，口语交流，动脑思考，从而在参与中获取知识，不断发展自我。要想让学生放下包袱，积极参与，爱生是教学成功的关键，近代教育家夏丏尊先生在翻译《爱的教育》一书时说过：“没有爱，就没有教育。”教师对学生的赏识是一种超越血缘、亲情的，是崇高的、理智的、公平的，不论学生的性别、丑俊、贫富，学习优劣。教师对学生的爱是“暗含期待”而不是一锤定音，充满激情地鼓励学生积极参与，乐于探索。

（6）本末到位，让学生当一回“小老师”。根据学生的心理特点，部分同学都想展示自我，都想标榜自己，教师应给他们一个机会，让他们在课堂活动中当一回“小老师”，让他们自行尝试，自行实践，体验成功，培养自信，从而深化他们的求知欲望，使他们在活动中不得不自觉学习，力求学得更好。

教育的意义就在于善于发现人的价值，善于发掘人的潜能，善于发展人的个性。作为一种新型的教育方式，参与式教学在现今教育理论体系及教学实践中越来越被重视。

（六）情境教学法

情境教学法中外教育史上源远流长，被广泛使用。苏霍姆林斯基指出：“用环境、用学生自己创造的周围情景、用丰富集体精神生活和一切东西进行教育，这是教育过程中最微妙的领域之一。”[②]学习情境对于启迪学生的思想，陶冶学生的个性，激励学生的志趣，升华学生的情感的作用是巨大的，是教育过程中其他要素不可替代的。江苏南通师范二附小李吉林老师长期探索情境教学，运用于小学语文教学，有效地克服了“注入式”教学的种种弊端，在教学过程中，激发学生的学习动机，丰富学生的情感，并协调大脑两半球的相互作用，平衡两个信号系统的发展，从根本上提高了教学的科学性和艺术性。在职业教育界，近年来从德

---

① 教育大师对教师的点拨：http://sq.k12.com.cn/discuz/thread-363890-1-1.html.

② 苏霍姆林斯基：帕夫雷什中学[M]. 北京：教育科学出版社，1983:122.

国引入我国的学习领域课程，强调学习情境设计在教学中重要性，是职业教育的情境教学法。

1. 情境教学法及理论依据

情境教学法是指在教学过程中，教师有目的地引入或创设具有一定情绪色彩的、以形象为主体的生动具体的场景，以引起学生一定的态度体验，从而帮助学生理解教材，并使学生的心理机能能得到发展的教学方法[①]。情境教学法的核心在于激发学生的情感。情境教学法的理论依据如下：

（1）情感和认知活动相互作用原理。情绪心理学研究表明：个体的情感对认知活动至少有动力、强化、调节三方面的功能。动力功能是指情感对认知活动的增力或减力的效能，即健康的、积极的情感对认知活动起积极的发动和促进作用，消极的不健康的情感对认知活动起阻碍和抑制作用。情境教学法就是要在教学过程中引起学生积极的、健康的情感体验，直接提高学生对学习的积极性，使学习活动成为学生主动进行的、快乐的事情。情感的调节功能是指情感对认知活动的组织或瓦解作用，即中等强度的、愉快的情感有利于智力操作的组织和进行，而情感过强和过弱以及情感不佳则可能导致思维的混乱和记忆的困难。情境教学法要求创设的情境就是要使学生感到轻松愉快、心平气和、耳目一新，促进学生心理活动的展开和深入进行。

（2）认识的直观原理。直观可以使抽象的知识具体化、形象化，有助于学生感性知识的形成。情境教学法使学生身临其境或如临其境，就是通过给学生展示鲜明具体的形象（包括直接和间接形象），一则使学生从形象的感知达到抽象的理性的顿悟，二则激发学生的学习情绪和学习兴趣，使学习活动成为学生主动的、自觉的活动。应该指出，情境教学法的一个本质特征是激发学生的情感，以此推动学生认知活动的进行。而演示教学法则只限于把实物、教具呈示给学生，或者教师简单地做示范实验，虽然也有直观的作用，但仅有实物直观的效果，只能导致学生冷冰冰的智力操作，而不能引起学生的火热之情，不能发挥情感的作用。

（3）思维科学的相似原理。相似原理反映了事物之间的同一性，是普遍性原

---

① 李吉林. 李吉林文集（卷 1）：情境教学实验与研究[M]. 北京：人民教育出版社，2007.

理，也是情境教学的理论基础。形象是情境的主体，情境教学中的模拟要以范文中的形象和教学需要的形象为对象，情境中的形象也应和学生的知识经验相一致。情境教学法要在教学过程中收入或创设许多生动的场景，也就是为学生提供了更多的感知对象，使学生大脑中的相似块（知识单元）增加，有助于学生灵感的产生，也培养了学生相似性思维的能力。

（4）有意识心理活动与无意识心理活动相统一。众所周知，意识心理活动是主体对客体所意识到的心理活动的总和。但遗憾的是，内容丰富的意识心理活动不能单独完成认识、适应和改造自然的任务。情境教学的最终目的也正在于诱发和利用无意识心理提供的认识潜能。所谓无意识心理，就是人们所未意识到的心理活动的总和，是主体对客体的不自觉的认识与内部体验的统一，是人脑不可缺少的反映形式。研究表明，无意识心理活动的潜能是人的认知过程中不可缺少的能量源泉。情境教学的目的就在于尽可能地调用无意识的这些功能，也就是强调于不知不觉中获得智力因素与非智力因素的统一。

（5）智力因素与非智力因素统一的过程。教学作为一种认知过程，智力因素与非智力因素统一在其中。否则，人们常言的“晓之以理，动之以情”就失去了理论依据。在教学这种特定情境中的人际交往，由教师与学生的双边活动构成，其中师生间存在着两条交织在一起的信息交流回路：知识信息交流回路和情感信息交流回路。二者相互影响，彼此依存，从不同的侧面共同作用于教学过程。知识回路中的信息是教学内容，信息载体是教学形式；情感回路中的信息是师生情绪情感的变化，其载体是师生的表情（包括言语表情、面部表情、动作表情等）。无论哪一条回路发生故障，都必然影响到教学活动的质量，只有当两条回路都畅通无阻时，教学才能取得理想的效果。

2. 创设学习情境的途径

情境教学法的关键是教师如何创设合适的学习情境，创设学习情境应遵循五个原则：意识与无意识统一原则；智力与非智力统一原则；愉悦轻松体验性原则；师生间相互信任和相互尊重原则；学生自主性原则。另外，学习情境应具有以下四个特征：有明确且适当的学习任务；能激发学生的学习动机；有和谐、融恰的课堂氛围；有丰富的、高品质的学习资源。只有这样，才能使情境教学能够陶冶人的情感，净化人的心灵，并为学生提供良好的暗示或启迪，有利于锻炼学生的创造性思维，培养学生的适应能力。

课程不同，创设学习情境的途径也不同。以下是语文课程创设学习情境的六种途径：

（1）生活展现情境。即把学生带入社会，带入大自然，从生活中选取某一典型场景，作为学生观察的客体，并以教师语言的描绘，鲜明地展现在学生眼前。

（2）实物演示情境。即以实物为中心，略设必要背景，构成一个整体，以演示某一特定情境。以实物演示情境时，应考虑到相应的背景，如“大海上的鲸”、“蓝天上的燕子”、“藤上的葫芦”等，都可通过背景激起学生广泛的联想。

（3）图画再现情境。图画是展示形象的主要手段，用图画再现教材情境，实际上就是把教材内容形象化。教材插图、特意绘制的挂图、剪贴画、简笔画等都可以用来再现教材情境。

（4）音乐渲染情境。音乐的语言是微妙的，也是强烈的，给人以丰富的美感，往往使人心驰神往。它以特有的旋律、节奏，塑造出音乐形象，把听者带到特有的意境中。用音乐渲染情境，并不局限于播放现成的乐曲、歌曲，教师自己的弹奏、轻唱以及学生表演唱、哼唱都是行之有效的办法。关键是选取的乐曲与教材的基调上、意境上以及情境的发展上要对应、协调。

（5）表演体会情境。情境教学中的表演有两种，一是进入角色，二是扮演角色。“进入角色”即“假如我是教材中的××”；扮演角色，则是担当课文中的某一角色进行表演。由于学生自己进入、扮演角色，教材中的角色不再是在书本上，而就是自己或自己班集体中的同学，这样，学生对教材中的角色必然产生亲切感，很自然地加深了内心体验。

（6）语言描述情境。以上所述创设情境的五种途径，都是运用了直观手段。情境教学十分讲究直观手段与语言描绘的结合。在情境出现时，教师伴以语言描述，这对学生的认知活动起着一定的导向性作用。语言描述提高了感知的效应，情境会更加鲜明，并且带着感情色彩作用于学生的感官。学生因感官的兴奋，主观感受得到强化。

情景教学法的两个误区：一是人们往往将它等同于“演示教学法”，只限于把实物、教具呈示给学生，简单地做示范实验，难以激发学生的情感，不能发挥情感的作用。二是偏重于它借助形象帮助学生认知抽象，忽视对学生情感的激发。

二、行动导向教学

为了适应信息社会、知识经济对现代人的要求，培养学生的综合职业能力，行动导向教学应运而生。行动导向教学以培养学生的关键能力和职业能力为目标，自 20 世纪 80 年代产生以来，已经成为德国职业教育教学指导思想的主流，并日益为世界各国职业教育界人士接受和推崇，在中国的部分学校也进行了试行。行动导向教学的主要形式有①：角色扮演教学、头脑风暴教学、张贴板教学、思维导图教学、项目教学、引导课文教学、案例教学等。行动导向教学强调学生自主、合作、探索学习，属于创新教育导向的课堂教学方法，行动导向教学虽然起源于职业教育，也可以为本科教学、中小学教学所采用或借鉴。

（一）行动导向教学概述

1. 行动导向教学的内涵

传统的教师灌输式教学法的弊病之一是学生没有学习压力，因为学生在课前预习与否无人问津，在课堂上是否注意听讲无法考量，除非学员在打瞌睡，否则，只要人坐在课堂里，即便是在“溜号”，也拿他没办法。久而久之，灌输式教学实际上培养了学生懒于学习和思考的惰性，尤其是在教师苦口婆心地“灌输”陈旧、过时、空洞理论的时候，更使课堂气氛显得沉闷和压抑，导致学生学而生倦，学而生厌。

行动导向（亦称活动导向、行为导向）教学是一种新型的教与学的方法，是指教师让学生的心、手和所有感官都行动起来，积极地、独立地、自主地设计、完成自己的学习。行动导向教学是一种愉快的教与学的过程，它既是一种教学方法，又是一种教学理念，与传统的教学模式相比，关键在于实现四个转变：由单向灌输向双向合作教学转变；由教师为主体向以学生为主体转变；由学生单一的学习向脑、心、手并用转变；由知识为本位向能力为本位转变。

---

① 张治忠. 行动导向教学实务专题研修班讲义[M]. 中国教育学会教育机制研究分会，2008.

行动导向教学是理论与实践有机结合的教学，遵循“实践在前、理论在后；行动在前、知识在后”的原则，让学生先在做中学，然后在学中做，先知其然，再知其所以然。通过解决接近实际工作过程的案例或项目来引导学生进行自主式、合作式、探究式的学习。教学组织是以学生为中心，教师只起到咨询和辅导作用，一般多以小组学习形式进行，强调学习过程的合作与交流。

行动导向教学包含了三个方面，一是为行动而学习，二是通过行动来学习，三是行动即学习。开展行动导向的教学要遵循“为行动而学习”的原则，行动构成学习的起始点，应尽可能地由学生自我实施并且进行反思；“通过行动来学习”即要求行动必须尽可能地由学生自己独立计划、独立实施、独立检查和独立评价（图 6-1）；行动应该促进学生对职业实践的整体性把握，包括对技术的、安全的、经济的、法律的、生态的、社会的等多种因素的考虑； 行动必须与学生的经验整合并反思其社会效果。

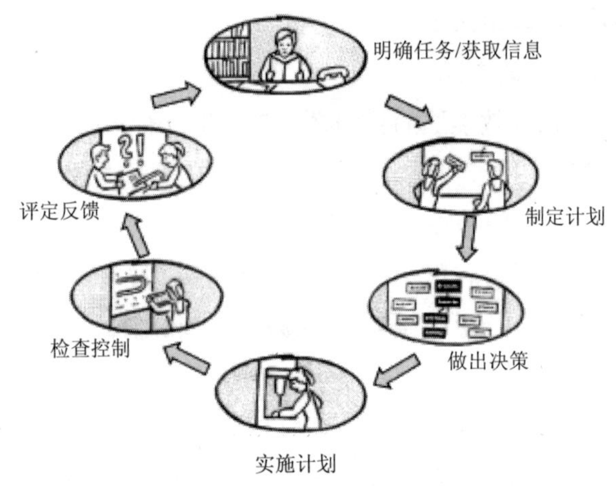

图 6-1 行动导向教学

2. 行动导向教学的特点

（1）教与学的角色转变。行动导向教学是师生互动型教学，教师的角色是活动的导向者、学习的辅导者和主持人。学生作为学习的主体充分发挥了学习的主动性和积极性，变“要我学”为“我要学”。行动导向教学不再是传统意义上的知识传授，即老师只是将书本知识灌输给学生，把学生头脑当作是盛装知识的容器的填鸭式的教学。相反的，行动导向型教学是让学生积极主动地参与学习，是用脑、心、手共同来参与，应当把学生当作一把需要被点燃的火把，使之不断地点燃思维的火花。在教学过程中，教师要围绕教育目标，即学生的能力培养（方法能力、社会能力、专业能力）来引导学生，通过引导文、任务书来引导学生。

（2）充分体现学生学习的主动性。行动导向教学采取以学生为中心的组织形式。教师根据学生的兴趣、爱好和特长进行启发式教学。教学与活动结合起来，让学生在活动中自主学习，在活动中使学生将书本知识与实践活动相结合，以加深对知识的理解和运用。在活动中培养学生的个性，使学生的创新意识和创新能力得到充分的发挥和提高。同时要明确，教师教给学生的，不再只是单纯的知识和方法，而是在此基础上形成的解决职业活动中的问题的一种个人能力。

（3）教学方式的灵活性。行动导向教学不再是传统意义上的封闭式的课程教学，它是以能力为基础的职业活动模式。学生以小组的形式与教师进行互动式学习。学习中老师为学生制定学习任务，提供学习思路，创造良好的教学情景，学生自己寻找资料，研究教学内容，并在小组活动中互相协作，共同完成学习任务。在学生对小组的讨论成果进行展示后，教师应该适时地对各个小组的情况进行总结评价，表扬优秀，指出不足，将问题的正确答案及时讲解，以达到纠错的目的。此时，教师和学生形成一种良好的学习伙伴关系，有利于教学任务的顺利完成。

（4）以培养学生的职业活动能力为中心任务。职业学校学生学习的知识都是与他们将来的职业活动有直接联系的，我们的教育目的就是要使他们能够比较轻松和熟练地将这些理论知识内化为职业能力，以适应将来的工作岗位要求或标准，那么对学生能力的培养就成为教学任务的重中之重。在学习中结合各种具体教学方法的使用，培养学生自主学习能力。让学生充分展示自己的学习成果，并对学生的展示进行鼓励性评价，培养学生的自信心、自尊心和成功感，并学会解决实际问题的关键能力。

3. 行动导向教学的实施条件

（1）对教师的要求。在行动导向教学中，教师在上课前要做大量的准备工作，准备好教学所需的信息材料、各种教学资源，设计好教学法，而且在教学实施过程中，并不是单纯地运用一种教法，因此，教师要具有一定的教学组织和应变能力，能够根据学生的学习情况随时调整教学法。在教学中，教师起到监督、指导、引导的作用，教师要随时观察学生的学习情况，发现问题后可以参与学生的讨论，引导学生重新思考，在行动导向教学过程中，教师要具备良好的参与技术、思维技术和评价技术。

（2）对教学场所的要求。行动导向教学对教学场所要求很高，首先是教学场所是理实一体化场所；其次是教学场所面积要大，能够容纳一个班级学生的分组学习。一般高职院校的常规教室的面积按容纳 50 个学生听课设计，如果 50 个学生分组学习，则面积应增加一倍。

（二）角色扮演教学

角色扮演教学是以能力培养为目标，以互动与创新教学、全真模拟教学为特征的一种教学方式。在该方式中，教师引导学生参与教学活动，让学生扮演各种角色，进入角色情景，去处理多种问题和矛盾，达到加深对专业理论知识的理解的有效方法。

1. 角色扮演教学的由来

角色扮演教学由美国教授 Kelly 于 1995 年提出。在各种教学方法的分类中，角色扮演教学被归类为行动导向教学的一种，角色扮演教学就是一种设定某种情境与题材，以某种任务的完成为主要目标让学生扮演自己原来没有体验过的角色或作旁观者，通过行为模仿或行为替代，使学生注意力专注于活动的进行过程上，让学生在真实的模拟情景中，体验某种行为的具体实践，以感受所扮角色的心态和行为把学到的理论知识运用到实际工作中，达到帮助学生了解自己，改进提高，掌握知识的一种教学方法。

角色扮演理论是以美国社会学家米德（Mead）的角色理论和美国心理学家班杜拉（Bandura）的社会学习理论为基础发展起来的。

（1）角色理论[①]。米德通过对自我的研究发现，自我是通过学习、扮演其他人的角色发展起来的，是他人对自己看法的总和，是各种角色的总和，代表对占有一定社会地位的人所期望的行为。角色扮演是在与他人交往和实际社会生活中，

① 角色扮演理论. SOSO 百科：http://baike.soso.com/h10912165.htm.

一个人所表现出来的一系列特定行为。在不同场合，人们所扮演的角色是不同的，这就要求人们根据社会环境的变化，适当地调整自己所扮演的角色。每个人所扮演的角色是在人际互动中实现的。这就是米德最初的角色扮演理论。

（2）社会学习理论[①]。班杜拉的社会学习理论也是角色扮演用于塑造人的行为的理论基础。社会学习理论认为人的社会行为是通过“观察学习”获得的。在观察学习中，具有决定性影响的是环境，如社会文化关系、榜样等客观条件，只要控制这些条件，就可促使儿童的社会行为向社会预期的方向发展。他在实践中证明，在观察学习中，人们不用什么奖励或强化，甚至也不需参加社会实践，只要通过对榜样的观察，就可学到新的行为。

通常，角色扮演教学适用领导行为培训（管理行为、职位培训、工作绩效培训等），会议成效培训（如何开会，会议讨论、会议主持等），沟通、冲突、合作等。此外，还应用于某些可操作的能力素质教学，如推销员业务培训教学，谈判技巧教学、餐饮服务教学、酒店管理教学、导游服务教学、护理教学等。例如：指定两名学生，一个扮演营业员，另一个扮演顾客。顾客几周前买了一双鞋，质量有问题，要求调换。应当如何处理？

2. 角色扮演教学的原则

（1）情境性原则。情境教学是指运用具体的场境或提供学习资料以激起学生的学习兴趣、提高学习效率的一种教学方法。学生的角色扮演离不开情境支持。

（2）共同性原则。每个学生都有表演的欲望，让学生共同参与的效果好于个别参与。让学生共同参与，体现了教育的公平性。

（3）趣味性原则。角色扮演是为了激起学生的兴趣，变被动学习为主动学习，所以选择的角色应该是学生感兴趣的，并且是学生所向往的职业。

（4）适当介入原则。教师可适当调节活动中出现的问题或适当参与角色表演，有了教师的适当参与，学生的积极性更高，课堂气氛更活跃，拉近了师生的关系。

3. 角色扮演教学案例

以西安航空技术高等专科学校餐饮接待服务教学为例，角色扮演教学案例如

---

① Bandura, A. (1988). Organizational Application of Social Cognitive Theory. 澳大利亚管理学杂志，13(2), 275-302

表 6-2 所示。

表 6-2 角色扮演教学案例

如西式早餐零点接待服务、西餐零点午晚餐接待服务等教学内容。角色扮演法通常分为以下几个阶段： （1）布置课题。餐饮教学中，教师可以根据教学的内容，为学生创设学习餐饮服务的情景，教师向学生布置相关课题，要求学生以表演的形式反映课题内容。 （2）角色分工。由学生自行讨论，构思脚本，布置场景，确定角色分工。如“西式早餐”，由学生分别扮演客人、服务员、传菜员等角色，然后准备相应道具，如菜谱、餐桌、餐椅、托盘、各式餐具，柜台等。在教师的指导下，学生通过各种途径，包括上网查找、图书馆阅读专业类书籍等途径收集情景，并根据教师的作业要求，学生通过小组讨论，结合收集到的资料，自创情景并进行角色扮演，以此来加强对专业理论知识的掌握的一种方法。 （3）排练。充分利用课余时间排练角色，同时不断修改、完善。例如：西餐零点早餐的点菜服务内容，让学生扮演其中的角色，在排练过程中巩固接待服务用语及服务技能、技巧，进而达到运用专业英语接待外宾，学生或许会根据场景的变化而产生兴趣，从而提高学生的外语水平及应变能力。它能够充分地调动学生的学习积极性，提高学生自主学习的能力，同时在排练的过程中，学生能够扩大知识面，也学会了与其他同学合作学习的方式。 （4）表演与评价。由学生扮演情景中的角色，再现情景中的情境，给学生以真实、具体的情境感受，然后引导学生对模拟角色的表现进行评析。在《餐饮服务》西餐零点早餐课程中，笔者先后让学生模拟过预订员、一般客人、常客、VIP、值台员等角色，这种教学为学生提供了一个展示的舞台、表现的机会，更能让学生“动”起来。在角色扮演的时候，学生声色并茂，有利于提高学生的表现能力，为课堂带来了活泼的气氛。

（三）头脑风暴教学

1. 什么是头脑风暴教学

头脑风暴法出自“头脑风暴”一词。所谓头脑风暴（Brain-Storming），最早是精神病理学上的用语，指精神病患者的精神错乱状态而言的。而现在则成为无限制的自由联想和讨论的代名词，其目的在于产生新观念或激发创新设想。头脑风暴法是由美国创造学家奥斯本（Osborn）于 1939 年首次提出，1953 年正式发表的一种激发性思维的方法。

头脑风暴教学是教师引导学生就某一课题自由发表意见，教师不对其正确性进行任何评价的方法。头脑风暴法与俗语中的“诸葛亮会”类似，是一种能够在最短的时间里获得最多的思想和观点的工作方法，是聚合思维训练的一种好办法，已被广泛应用于教学、企业管理和科研工作中。

在职教实践中，可通过头脑风暴法，讨论和收集解决实际问题的意见和建议（总称为建议集合）。通过集体讨论，集思广益，促使学生对某一教学课题产生自己的意见，通过同学之间的相互激励引发连锁反应，从而获得大量的构想，经过组合和改进，达到创造性解决问题的目的。头脑风暴教学的实施原则是：

（1）异想天开原则。学生可以自由地、任意地提出解决问题的设想，不受任何限制。思维越狂放，构想越新奇越好。有时看似荒唐的设想，却是打开创意大门的钥匙。

（2）不许评判原则。学生相互之间不许质询、赞扬、批评和评论。即使是对幼稚的、错误的、荒诞的想法，也不得批评。如果有人不遵守这一条，会受到主持人的警告。

（3）越多越好原则。鼓励人人多谈想法，数量越多越好，而不求质量，数量多了质量自然会高。新设想越多越好，设想越多，可行办法出现的概率就越大。

（4）单一原则。每人每次发言仅提一个设想，只说设想不陈述理由和背景。

（5）优先原则。可以利用他人设想，提出更新、更奇、更妙的构想。凡是因前一个人的发言而激起的新想法，优先发言。

（6）公开原则。与会者的发言必须被小组全体人员都听到，不允许开小会。

2. 头脑风暴教学的实施过程

（1）准备阶段。①教师确定讨论问题，通常是一些探寻设想的问题，问题不宜过大或过小。②教师应提前5～10天将所要讨论的问题发放给学生，让学生有时间酝酿解决问题的设想，最好在材料后附上几个形成设想的实例，以启发学生。③安排记录员、准备物资（如录音笔、幻灯片、张纸、笔等）。

（2）讨论过程阶段。会议一开始，教师可用幻灯片介绍头脑风暴会议的基本原则并补充说明要解决的问题。为使气氛轻松自然，让大家尽快适应规则，教师可提一些极为简单的问题以让大家尽快进入状态。教师应尤其注意首次参加头脑风暴会议的成员，让他们尽快适应环境。在讨论过程中，教师、学生、记录员应分别注意以下实施要点：

1）对教师的要求：教师以主持人的身份出现，最好要求学生按座位次序轮流发言，让每个学生都有机会提出设想。如轮到的人当时无新设想，可以跳到下一个。教师应鼓励大家提出一些从已经提出的设想中派生出来的设想，这种连锁反应很有价值。教师应让那些积极思维的人先发言。若学生一时提不出设想，教师便可以抛出自己的想法来启发大家。

2）对学生的要求：在头脑风暴中学生就是专家，学生应积极思考，尽可能提出设想，不用害怕自己的设想会遭到别人的嘲笑，哪怕是“荒唐”、“怪诞”的设想。无论如何，学生不能照本宣科，如有准备好的设想，应在会议之前交给教师。

3）对记录员的要求：记录员最好坐在教师身旁，并及时记下学生提出的设想和他们的名字。速记却无法做到一字不露，所以记录的内容是设想的基本大意就行。当然也可以采用录音笔录下会议全过程。

（3）总结评价阶段。头脑风暴法的总结评价步骤有：①合并设想的同类项；②对设想进行排序；③组合设想；④评论设想，认证设想的可行性。总结评价阶段，是师生共同总结、分析实施或采纳每一个设想的可能性，并对其进行总结和归纳的阶段。在此阶段，首先由学生在组内完成归纳，寻找任何重复或者相似设想，然后聚集在一起，并剔除明确不合适的设想，在这个时候还要发挥组员们的智慧，在结果中寻求各种设想的组合和改进。其次，让学生分组上台发言，把各组的设想展示出来。最后，教师和学生一起把所有的答案整合，找出最佳答案。

3. 头脑风暴教学的注意要点

（1）头脑风暴法适用场合。头脑风暴法适用于解决没有固定答案或没有参考答案的问题，以及根据现有法规政策不能完全解决的实际问题，如商品营销中的买卖纠纷、导购、广告设计、加工专业的工作程序设计教学等。如英语词汇教学中的头脑风暴教学案例：What qualities do you think a good friend should have? What sports events do you know in the Olympic Games? 如市场营销课程中的头脑风暴教学案例：如何提高销售业绩？

（2）头脑风暴法的最佳持续时间。头脑风暴讨论会的持续时间不宜太长也不宜太短。会议最好是在30～45分钟之内，倘若需要更长的时间，就要把问题分成几个小问题，分别对每个问题进行专门的讨论。如果时间很短，与会者可能只提出一些表面的、肤浅的设想。一般地说，只有会议进行一半时间之后，才能提出一些很有价值的设想。在设想连续形成的过程中，设想提出的速度也会不断加快。

（3）头脑风暴讨论会的地点和环境。头脑风暴讨论会的地点应选在安静不受干扰的场所，同时应切断电话，以免思维受到干扰。讨论时应该像游戏活动那样形成一种竞争的气氛，不允许私下交流。参加头脑风暴的人员可以不是相识的，但是参加头脑风暴的学生最好"学术地位"相同，避免学术地位高的"领导"的威慑力的存在，尽量给学生创造"心理安全"和"心理自由"的心理条件。

（4）头脑风暴讨论会人员的数量及构成。根据已做的几百次试验，每个组最好由 12 名成员组成，其中包括一名主持人和一名设想记录员。对于各个学生的智力水平不存在固定标准，可以全是男同学也可以全是女同学，但最好是兼而有之，因为这样可以增强竞争意识和好胜心。此外，最好有几个活跃的、善于抛砖引玉的人，但是应注意不能让这些"引路人"在其他人提出的建议和设想的时候主导整个会场。

（5）头脑风暴法与专题讨论法的区别。头脑风暴法可以以讨论会的形式进行，但它与专题讨论是截然不同的两种方法。专题讨论法也被经常运用于教学中训练学生的创造性思维，引导学生产生一些创造性设想。从查阅的文献看来，有不少教师误把专题讨论会当成了头脑风暴。事实上，课堂讨论是学生在教师指导下，就教材中的基础理论和疑难问题，在独立钻研的基础上，共同进行讨论、辩论的教学方法。在讨论中，教师起指导作用，教师的权威性没变，讨论时也没做"严禁批判"、"延迟评价"等规定，而头脑风暴能使我们在较短的时间内，提出大量的、有实用价值的想法，这样避免了不是提出设想而是在争论的现象。头脑风暴法与一般讨论最大的区别在于头脑风暴法排斥评论。

必须注意头脑风暴法也有不成功的地方。首先，这种方法实际上只是提出设想的一个步骤，是创造性解决问题的一个阶段，而不是解决问题的完整过程。其次，头脑风暴设想的提出是以个人努力为基础的，是对个人提出设想的补充，但它不能取代个人努力。再次，传统的讨论法不可避免地从实质上或形式上进行判断而致使不能产生丰富的设想，但在教学中头脑风暴法由于其严格的使用原则和复杂性，不宜完全替代传统的讨论法。在需要创造性思维的范围内，传统的讨论法可以通过召开头脑风暴会议作为有益补充，作为教学过程中激发学生创造性思维的辅助形式，在各类教学中推广、应用。

4. 头脑风暴教学案例

以周口师范学院的新闻策划教学为例，头脑风暴教学案例如表6-3所示。

表6-3 头脑风暴教学案例

新闻策划是新闻编辑学课程中的内容，在这以前，学生已经系统学习了诸如新闻价值、新闻标题、新闻改稿等内容，需要在新闻策划这一章中融会贯通。本节针对《周口日报》国庆设计一分节假日策划方案。 （1）准备阶段。提前一周公布策划选题，将学生分为10人一组，每个小组提前选好主持人、记录员。鼓励大家积极查阅资料，准备方案。给大家介绍头脑风暴法的基本流程和“畅所欲言”原则。 （2）讨论阶段。给大家一个小时的时间讨论自己的设想。其中，可以是以往成功案例借鉴，可以是自己的想法，也可以别人发言的一个补充。讨论原则：暂缓批评与评论，也不要自谦，要求每个学生都必须拿出方案，越多越好；鼓励巧妙利用或改进他人的设想。 （3）重新表述阶段。在40钟时及时中止大家讨论。由记录员将讨论内容进行整理，和小组成员一起找出一些可行的、富有创意的策划设想，供下一步讨论参考。 （4）筛选阶段。因为这样的小组讨论也类似于报社的编前会，所以我们选择当堂定论。由小组选出本组最为欣赏的一个设计。 （5）表述阶段。在课堂上随机选择2个小组。请该小组中选的设想提出人，向大家阐述本组策划设计。同时，请他也汇报一下本组的讨论情况，以及如何体现讨论原则的。 （6）总结阶段。要求每个小组结合今天的讨论，团队合作，将自己的设想做成一份幻灯片，并且每个学生都在幻灯片的最后留下一段简短的句子，记录本次讨论的最大感悟。最后是教师做一个简短的活动点评。

（四）张贴板教学

1. 什么是张贴板教学

张贴板是一种特制的大头针随意钉上写有文字的卡片或图表的硬泡沫塑料或软木板，是一种典型的“可由师生共同构建的教学媒体”。张贴板教学法是在张贴板面上，钉上由学生或教师填写的有关讨论或教学内容的卡通纸片，通过添加、移动、拿掉或更换卡通纸片进行讨论、得出结论的研讨班教学方法。张贴板教学法的主要工具有：

（1）张贴板，可用硬泡沫塑料、木板等制作，一般高度为1.5～1.8米，宽度为1～2米，可固定在墙壁上，也可以安装在固定的支架上。

（2）书写大厚纸，即面积与张贴板等大的书写用纸，可书写、画图、制表及张贴。

（3）书写卡片，可采用多种颜色和形状，如长方形、圆形、椭圆形甚至云彩和剪头形状等。

（4）大头针，头比常用要大一些，以便于插上拔下。

（5）其他，如记号笔和剪刀等。

张贴板教学法主要适用于以学生为中心的教学方式中，用于以下教学目标：制定工作计划；收集解决问题的建议（参见“头脑风暴法”）；讨论与做出决定；收集和界定问题；征询意见。

张贴板教学法的主要优点是：可以最大限度地调动所有学生的学习积极性，有效克服传统黑板上文字难以更改、归类和加工整理的缺点，指导学生学会总结、归纳、形成共识，在较短的时间内获得更多的信息。张贴板上的内容既有讨论的过程，又有讨论的结果；既是学生集思广益和系统思维的过程，又是教师教学活动的结果。因此，张贴板法几乎是现代职业教育的各种教学方法（如头脑风暴法）等必须的工具。

2. 张贴板教学的实施

张贴板教学的实施步骤如下：

（1）教师准备。包括本教学单元的题目、教学目标、各个教学过程的阶段划分等。

（2）开题。教师提出要讨论或解决的课题，并将题目写在特殊形状的卡片上，并钉在张贴板上。

（3）收集意见。学生将自己的意见以关键词形式写在卡片上，并由学生自己或教师钉在张贴板上。一般一张卡片只写一种意见，允许学生写多张卡片。

（4）加工整理。师生共同通过添加、移动、取消、分组和归类等方法，将卡片进行整理合并，进行系统处理，得出必要结论。

（5）总结。教师总结讨论，得到所有同学都认同的张贴板上的结果。必要时，可用各种颜色的连线、箭头、边框等符号画在盖纸上。学生记录最终结果。

在张贴板教学法实施过程中，教师应当尽量节制自己的主动行为，而只是通过富有艺术性的提问或介绍，促使学生积极主动去思考、讨论和表达自己的意见。

采用张贴板教学法，可同时利用投影仪等多种媒体教学。

3. 张贴板教学案例

江西省冶金技师学校的冲压模张贴板教学案例如表 6-4 所示。

表 6-4 张贴板教学案例

（1）教学准备。编写教案，准备教具（张贴板、卡片纸、记号笔等）。
（2）导入。认识冲压模各零部件名称，掌握它们的装配关系和工作原理。以预习自学、分组讨论、张贴卡片的形式展开。
（3）分组。每 10～15 人为一组，共 3 组，每组选出 1 位组长。
（4）分配任务。每组发一种类型的冲裁模型，各组成员预习冲裁模零部件结构与工作原理，将本组模具进行拆装研究。教师在张贴板上画出零件归属区域，便于学生张贴相应卡片。
（5）分组讨论。每组围绕着本组的冲裁模型进行拆卸，将拆卸下来的零部件按类型分开放置，集体研究零部件的名称、类型、作用、装配关系、工作原理等。将零部件的名称和作用以关键词的形式写在卡片上，并分类整理。教师在各组之间巡视、指导。
（6）卡片张贴展示，小组代表陈述。每组派出 2 名代表，其中 1 人负责张贴卡片，另 1 人陈述模具的类型、零部件名称、种类，装配关系、工作原理等。在陈述过程中，全班同学必须认真听讲、积极思索、提出问题。教师对每一组的表现发表看法。
（7）小结。各组积极参与，热烈讨论，汇聚集体智慧成功完成冲压模零部件的学习。

（五）思维导图教学

1. 什么是思维导图教学

科学研究已经充分证明：人类的思维特征是呈放射性的，进入大脑的每一条信息、每一种感觉、记忆或思想都可作为一个思维分支表现出来，它呈现出来的就是放射性立体结构。

思维导图的创始人是英国托尼·巴赞（Tony Buzan），思维导图已经在全球范围得到广泛应用，包括大量的 500 强企业。相对于国外的发展来说，国内的思维导图的应用还刚刚起步，目前我国有一些教育界的先行者正在努力将思维导图与教育结合起来。

思维导图则采取一种独特的画图方式，将你的思维重点、思维过程以及不同思路之间的联系清晰地呈现在图中。这种方式在处理复杂的问题时，一方面能够显示出思维的过程，另一方面很容易理清层次，让你掌握住重点，能够启发我们的联想力与创造力。图 6-2 是思维导图的画图方式。

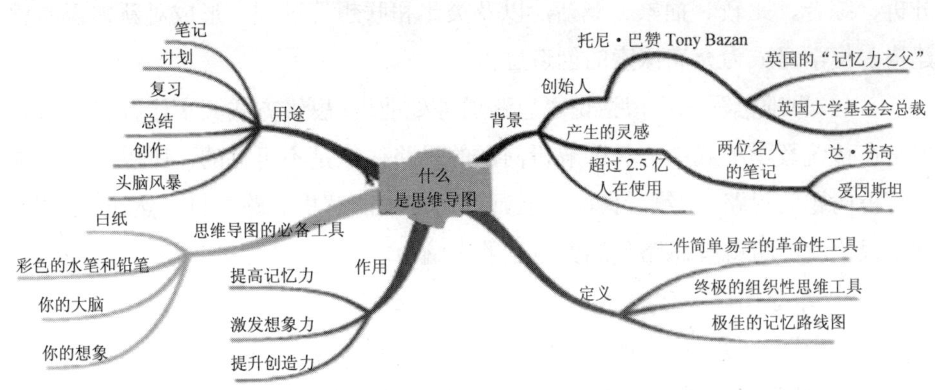

图 6-2　思维导图的画图方式

当前我国高职院校的班级容量较大，采用以学生为中心的学习方式比较困难。一些高职院校采用思维导图与“头脑风暴法”相结合，在教师引导下自主讨论一些复杂议题，取得了很好效果。思维导图法也开始进入到中学教学，辽宁教育出版社 2010 年出版了《高中思维导图高效学习模板》和《初中思维导图高效学习模板》。思维导图教学优势如下：

（1）知识结构化。著名教育家奥苏贝尔（Ausubel）说：“只有将新旧知识链接起来的学习才是真正有效的学习[①]”。学生学得苦、学得累是因为在学习过程中没有将知识结构化，导致知识点孤立零乱，学起来当然困难。思维导图法将学科的知识点梳理得清清楚楚，便于学生将全部知识印在大脑中。如展示教学内容“计算机性能”，可将主频、字长、速度、容量等性能指标以思维导图形式展示，形象而简洁。

（2）记忆图像化。现化脑科学研究证明大脑对图像信息更为钟情，记图效率是记数字、文字等抽象符号效率的 1000 倍，故有“一图胜千字”之说。思维导图将抽象的文字、单词、公式转化为生动的图像联想，化难为易，化枯燥为有趣，使“背东西”变成“又快乐又有成就感”的事。

（3）改进知识的生成方式。绘制思维导图的过程是有意义的学习过程，通过

① 奥苏贝尔：http://baike.baidu.com/view/1576389.htm#4.

分析、综合、比较、抽象、概括，以及类比和联想等过程，形成对新知识的意义建构，使学习成为充满探索的创造过程。

（4）思维可视化。俗话说“思路通处处通”，思维方式其实比答案更重要。但是在传统教学模式中，教师解析问题的思路往往是不可见的，所以学生很难学会解析问题的思路。思维导图法将教师的最精准的解析思路一目了然地呈现出来，学生很快就能将就些思路复制到自己的大脑中。

2. 思维导图法教学程序

思维导图法教学程序如下：

（1）把学生分成若干个学习小组，大班可 4 个一组。

（2）教师宣布用思维导图法讨论一个议题，规定各组讨论时间。

（3）各组将思维结果以关键词形式写在卡片上，并将展示在张贴板上。

（4）教师引导学生共同参与，将卡片归类整理成若干个主要方面观点。

（5）继续发给各组 1～2 张卡片，要求各组就已归类的若干个主要方面观点再进行思考，之后重复第 3 步，继续由学生展示卡片。

（6）此时展示的卡片形成一个图形，其基本特征是：中间为主题（中心议题），往外是若干个主要方面观点的卡片，再往外是次要观点的卡片。

（7）用线条将这些观点连起来，形成思维导图。

3. 思维导图法教学案例

（1）服装经营对策思维导图。教师引导学生，对“服装经营对策”主题进行讨论，将服装经营对策中的六大要素（产品、信息、目标、市场、条件、推销）以思维导图来表示，如图 6-3 所示。

（2）地理课程思维导图。在地理课程中，通过采用思维导图法辅助备课、授课、引导学生讨论，有效地提高的教学效果。教师采用思维导图展示教学主题及内容，清晰而简洁。图 6-4 是采用思维导图展示出“中国区域地理”的主题内容，方便学生记忆。

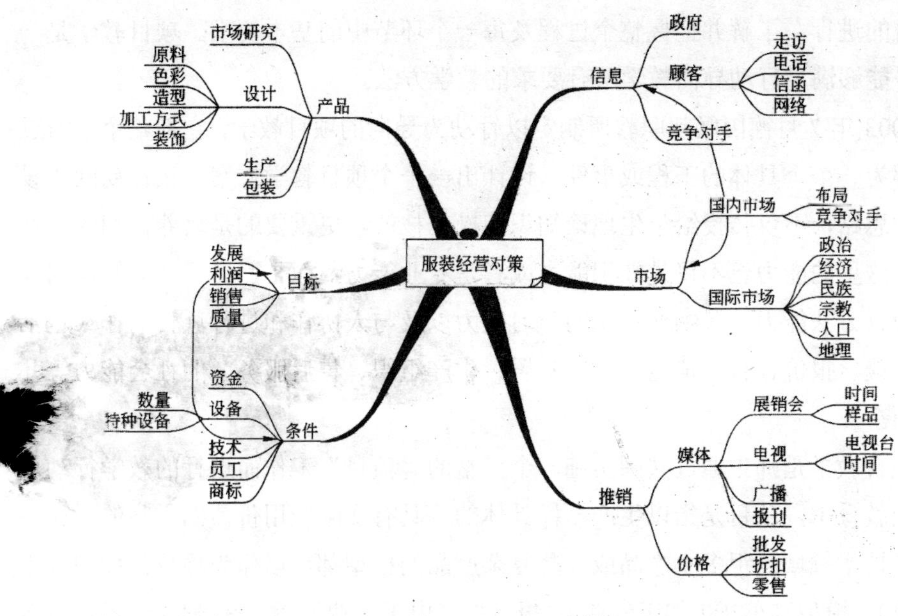

图 6-3　服装经营对策的思维导图

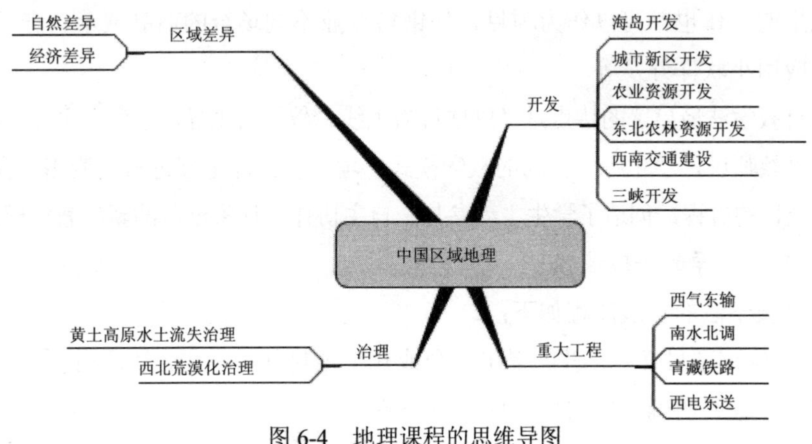

图 6-4　地理课程的思维导图

（六）项目教学

1. 什么是项目教学

项目教学就是在老师的指导下，将一个相对独立的项目交由学生自己处理，信息的收集，方案的设计，项目实施及最终评价，都由学生自己负责，学生通过该项目的进行，了解并把握整个过程及每一个环节中的基本要求。项目教学是一种几乎能够满足行动导向教学所有要求的教学方法。

2003 年 7 月德国联邦职教所制定以行动为导向的项目教学，它把整个学习过程分解为一个个具体的工程或事件，设计出一个个项目教学方案，按行动回路设计教学思路，不仅传授给学生理论知识和操作技能，更重要的是培养他们的职业能力，这里的能力已不仅是知识能力或者是专业能力，而是涵盖了如何解决问题的能力、方法能力、接纳新知识的学习能力以及与人协作和进行项目动作（包括项目洽谈、报价、合同拟定、合同签署、生产组织、售后服务）的社会能力等几个方面。

项目教学是师生通过共同实施一个完整的“项目”工作而进行的教学行动。在职业教育中，项目是指以生产一样具体的、具有实际应用价值的产品的工作任务，在技术领域，很多小产品或一些复杂产品的模型都可以作为项目，如门（木工专业）、模型汽车（机加工专业）、报警器（电子专业）、测量仪器（仪器仪表专业）以及简单的工具制作等；在商业、财会和服务行业，所有具有整体特性并有可见成果的工作也都可以作为项目，如销售专业不同场合的商品展示、产品广告设计、应用小软件开发等。

项目教学法最显著的特点是“以项目为主线、教师为主导、学生为主体”，改变了以往“教师讲，学生听”被动的教学模式。项目教学注重理论与实践相结合，注重完成项目的过程，创造了学生主动参与、自主协作、探索创新的新型教学模式。

2. 项目教学的一般流程

项目教学法的一般流程如下：

（1）确定项目任务。教师提出一个或几个项目任务设想，然后由教师和学生一起讨论，最终明确完成项目的目标和任务。

（2）相关知识学习。教师讲解完成任务所需的相关知识点，学生查找相关资料。

（3）制定工作计划。由学生制定完成任务的工作计划和工作步骤并进行集体讨论，教师或工程技术人员审核、提出修改意见，学生对方案进行修改、完善，修改完善的方案同样要经过教师审核并认可。

（4）实施工作计划。学生确定各自工作小组的分工以及小组成员合作的形式之后，按照正确的工作步骤和程序工作，教师根据各小组的项目运行情况进行指导。

（5）成果检查评估。学生先对自己的产品进行自我检查评估，并将个人或小组的成果进行展示，教师组织全体学生进行参观讨论，师生共同讨论、评判项目工作中出现的问题和学生在工作中解决问题的方法的行为特征，学生归纳总结学习成果。

3. 项目教学案例

以模具设计与制造专业教学为例。模具拆绘实训是很多高职院校模具专业开设的实训项目，一般安排在冲压工艺与模具设计课程之后进行，目的是进一步让学生掌握模具结构及其装配方法，并进一步培养学生的绘图能力。在采用行动导向教学后，不单单能够培养上述能力，而且能够培养学生的自我决策能力、团队协作能力、安全规范的操作能力等一系列适应企业需要的能力。项目教学案例如表 6-5 所示。

表 6-5 项目教学案例

项目教学法实施过程如下：

（1）教师前期准备。确定训练项目，提前做好场地布置，要求学生按学号每 6～7 人组成一个小组。各小组根据自身能力与兴趣自主选择训练子项目。教师确定的训练项目如下：

项目名称：冷冲模具的拆装与测绘（一周）

子项目名称：单工序冲裁模的拆装与测绘
复合冲裁模的拆装与测绘
级进冲裁模的拆装与测绘
……

明确任务：模具的整体结构如何；如何进行拆卸，拆卸的顺序是什么，如何判断其结构中可卸或不可卸部分，拆卸中要用到哪些工具；如何进行测绘，测绘中要用到哪些工具；如何进行组装，组装的顺序是什么，组装中要用到哪些工具；小组内部如何分工。

学生资讯：学生在这期间详细了解教师的要求和任务，并对分到的任务进行初步了解。

（2）学生分析模具的结构与类型。制订工作计划（人员分工计划、拆卸计划与装配计划）和工作标准，分析在拆装过程中所要用到的工量具，提交工量具清单。

（3）学生上交工作计划。师生共同找出方案中的缺陷，教师根据学生小组制定的工作标准，进行汇总与修正，形成完整的工作标准并公示，要求学生严格按照要求执行。工作标准内容包括考勤、着装、工具、操作的规范性四个方面。具体为：准时上下班，无缺勤情况；工作服、工作帽穿戴整齐；工具摆放整齐，使用的正确，能够自觉进行维护与保管；规范执行拆卸流程，组装流程，榔头不直接敲击模具，组装后模具结构正确等。

续表

（4）实施工作计划。学生领取工具后，按计划进行模具拆卸、测绘、组装工作，并互相监督是否按工作标准进行工作。 （5）检查评价。根据工作标准检查工作成果，进行自评与互评以及教师评价，教师指出需改进地方。 在整个行动导向教学过程中，培养学生的独立工作能力是一切教学活动的出发点，即教师的行动局限在准备和收尾阶段，而不是教学过程中；在所有的教学阶段中，学生的行为都是独立的。

（七）引导课文教学

1. 什么是引导课文教学

引导课文教学是借助一种专们教学文件即引导课文，引导学生独立学习的项目教学。它常常以引导问题的形式出现，其任务是建立项目工作和它需要的知识、技能间的关系，让学生清楚完成任务需要什么知识、具备哪些技能等。

引导课文教学是项目教学的发展和完善。引导课文教学实施的 6 个步骤是：获取信息、制定计划、决策、实施、控制和评估，这与项目教学类似。主要区别是：教师要设计一个引导课文，从而引导学生来完成项目教学，所以引导课文教学法是项目教学的发展和完善。

引导课文教学的学习是学生分组自主学习，通过工作计划和自行控制工作过程等手段引导学生自主学习，这有利于培养学生的专业能力、方法能力及社会能力。

引导课文教学可能花费时间较多。学生为了制定好工作计划，需要从大量的技术资料，如专业手册、设备操作使用说明书中独立获取所需的专业信息，因而花费时间较多。

2. 引导课文的设计

引导课文的设计实际上也就是回答两个问题，即：如何使学生能够去独立地学习；如何建立起知识与能力之间的对应关系。运用这两个问题，让学生独立学习解决这些问题所需要的知识，主动地去学习，而不是得到现成的答案。因此引导课文的开发，就是在脑子里模拟学生的整个学习过程，帮助学生建立起知识与技能间的内在联系的过程。

引导课文的形式，决定着教学的组织形式、教学媒体和教材等。不同职业领域、不同专业所采用的引导课文也不尽相同。一般来说，引导课文由以下几部分组成：

（1）任务描述。多数情况下，引导课文中的任务描述，即一个项目或范围相当的工作任务书，可以用文字形式，也可以用图表的形式表达。

（2）引导问题。引导课文常以问题的形式出现。按照这些问题，学生可以做到：想象完成工作任务的全过程；设想出工作的最终成果；安排工作过程；获取工作所需要的信息；制定工作计划。引导问题可以按照“6W”的方式进行撰写。比如在进行接触器联锁正反转控制线路的安装训练时，撰写如下引导问题：What——是什么？电路的组成、作用等；How——是怎样的？电路及其元器件是怎样工作的；Where——什么场合？电路使用在什么场合；When——什么时候？电路中的各元器件分别在什么时候起作用；Who——是谁？在具体工作中应和谁合作；Why——为什么？以上的一切都是为什么。

（3）学习目标描述。学生应能从引导课文中知道他能够学习到什么东西。

（4）学习质量监控单。学习质量监控单的目的使学生避免工作的盲目性，以保证每一步骤的顺利进行。

（5）工作计划（时间与内容）。

（6）工具与材料需求表。

（7）专业信息。专业信息可作为引导课文的组成部分。但是，最好不要提供现成的信息，而仅提供获取信息的渠道。信息包括专业杂志、文献、技术资料、劳动安全规程、操作说明书等。

（8）辅导性说明。即在专业文献中找不到的有关具体的工作过程、质量要求等企业内部的经验说明。

3. 引导课文教学的实施

引导课文教学的教学过程一般由获取信息、制定计划、做出决定、实施计划、控制、评定 6 个步骤组成。下面以机加工专业为例，说明引导课文教学法的实施过程：

（1）获取信息。即解决“应该做什么”的问题。学生从教师那里得到所有有关加工或订货合同的资料，如零件图、总装图、材料清单等。借助引导问题确定下面几方面的信牌子资料：检查资料是否详细完备；了解各个零件的形状、尺寸及功能；确定材料种类以及对零件的特殊要求；确定需要对毛坯所做哪些必要的加工。

（2）制定计划。即解决“应怎样干”的问题。学生借助引导问题制定工作计划，包括：制定分步工作计划；确定所需的设备和工具；确定质量控制指标体系。

（3）做出决定。即确定“加工方法与设备”。以学生制定的工作计划和质量监控单为依据，学生与教师进行讨论并最终做出决定。这时，教师应检查计划的可行性。

（4）实施计划。即“加工零件并装配”。学生按照工作计划独立完成加工与装配工作，也可按小组分工方式进行。

（5）控制。即回答“是否完全满足订货合同要求”。学生根据已制定好的质量监控单，对劳动过程和产品进行质量控制并填入相应的表格。这些措施用以实现以下学习目标：重视和评价产品或劳动过程的质量；对自己的工作成绩进行评估；认识错误及发生错误的根源。

（6）评定。即回答“下一次在哪些方面应该做得更好”。学生将加工好的零件或已装配好的成品连同质量监控单一同交给教师。之后再由教师进行评定结果。当学生与教师的评定结果发生偏差时，应讨论产生偏差的原因，如果学生在某些方面还存在着专业缺陷，教师应针对这些缺陷设计一些练习题，或者在今后的教学工作中加以弥补。

4. 引导课文教学案例

以天津工程师范学院的汽车电控动力转向系统（EPS）检测教学为例，引导文教学案例如表 6-6 所示。

（八）案例教学

1. 什么是案例教学

案例教学是一种以案例为基础的教学（case-based teaching），通过一个个具体案例的思考，去启发学生的创造潜能，他真正重视的是求出答案的过程。教师于教学中扮演着设计者和激励者的角色，鼓励学生积极参与讨论，不像是传统的教学方法，教师是一位很有学问的人，扮演着传授知识者角色。

表 6-6 引导文教学案例

学习任务：EPS 检测；学习时间：4 学时
1. 引导文设计
（1）任务描述
1）任务引入（完成任务的意义）
2）任务分析（完成具体任务及要求）
（2）学习目标
1）专业能力目标：掌握电控动力转向系统（EPS）系统各传感器、执行元件的组成、结构、工作原理及检测方式。
2）方法能力目标：……
3）社会能力目标：……
（3）提供资料。转向系统特性曲线图、转向传动原理图、结构图、维修手册、设备、工具的材料清单。
（4）引导问题
1）汽车动力转向系统分类？
2）EPS 的安装位置、由哪些零部件组成？
……
10）EPS 系统检测过程中有哪些安全注意事项？
11）小组成员如何分工协作？
2. 学习过程
1）教师向学生布置学习任务，提出任务要求。
2）学生仔细阅读引导文，明确学习任务要求。
3）学生自主获取信息、制订计划、做出决策并实施计划。
4）学生对全过程做好记录。
5）教师巡视学生的检测学习情况，给学生必要的指导，并记录学生的学习表现。
6）教师根据学生学习情况决定检测重复次数，训练学生的技能。
7）进行汽车电控动力转向系统检测的技能测试。
8）整理展示，提交学习结果。
3. 展示学习成果
1）展示小组在检测学习中取得的成果，通过填写工作页实现。
2）汇报小组成员检测作业过程、作业时间、自评结果。
3）交流学生体会、收获、经验及解决学习中出现问题的方法。
附件 1：评价表（评价标准）
附件 2：工作页（将引导问题具体化，由一些填空题、简答题组成）

20 世纪初，哈佛大学创造了案例教学法，后来举世闻名。哈佛大学法学院的大量“法院判例”，哈佛大学医学院的大量“临床病例”，哈佛大学商学院的大量“商业实例”以及哈佛大学肯尼迪政府学院的大量“公共决策案例”为哈佛教学改革和创新，即案例教学提供了活生生的素材。让学生接触大量案例，即强迫每个学生充当“法官”、“律师”、“医生”、“企业家”、“政府官员”等角色，设身处地地从自己扮演的角色出发，参与案例分析和讨论。这不仅使课堂气氛变得活跃起来，激发了学生的学习兴趣，而且迫使学生主动地学习。因为学生的成绩是教师根据学生在课堂上对案例的破解能力和速度、毅力，案例辩论技巧，发言次数，提纯原理能力以及案例综合分析过程等因素来确定的。其中，对学生的课堂发言打分分为四等，占该门功课成绩的25%～50%，任何人如果事先不认真阅读案例，不进行分析和思考，在课堂上就会“露馅”的，想蒙混过关是不可能的。学生考进了哈佛，不等于进了保险箱，通常有10%学生得不到“良”以上的成绩，3%的学生被迫退学，有的学科只有10%左右的学生拿到毕业证，从而有效地避免了滥竽充数的现象。

案例教学也可用于职业教学，当然案例的难度要适合于职业教育。

2. 选择合适的案例

研究和编写一个好的案例，至少需要两三个月的时间。同时，编写一个有效的案例需要有技能和经验。因此，案例可能不适合现实情况的需要。这是阻碍案例法推广和普及的一个主要原因。哈佛的教学以案例为主，教学案例的制作主要由教授、相关研究者和学生共同完成，所有的案例在正式列入课程之前，都要进行反复认真的讨论，以保证质量。

案例编写是需要经费的，哈佛案例编写的经费一部分来自企业和赞助方，一部分由学院提供。哈佛大学每个案例的制作费用约在几万美金。哈佛的教授认为，没有必要的经费支持，不可能写出优秀的案例。同时，哈佛大学也非常注重案例版权的保护，每个案例下面都注明版权所有和使用的办法。据了解，如果将哈佛的案例编辑出书，每个案例的版权费是500美金，如果在课堂上使用，每位学生2美金。哈佛的培训费用高昂，主要是案例使用费。

案例的类型有：

1）信息式案例：收集信息的形式。

2）问题式案例：以调查解决问题的能力为主。

3）陈述式案例：叙述一个事件的情境。

4）决策式案例：体现更多地解决问题。

5）条例式案例：把案例涉及的背景、问题、解决方法、评论等排列起来而写出的案例。

6）实录式案例：把实际发生的事件原原本本地记录下来，最后提出一系列供参考、讨论的问题。

合适案例选择应符合下列条件：

1）选择充满内部矛盾、存在相互冲突，看似无法解决的事件。

2）选取的事件必须是以大量的细致的研究为基础的。

3）案例必须倾向于对资料进行归纳分析。

3. 案例编写文本格式

在案例编写过程中，对案例故事的描述要有条件和背景，要说明故事发生的环境和条件，描写研究的脉络和背景资料，此案例的焦点人物或实践，研究的潜在重要性，初步的文献综述，以作为研究可能的概念框架。对故事环节要详细的描述，以叙述形式提供资料。案例编写文本格式可包含案例正文、案例使用说明两大部分。

（1）案例正文的基本结构。

1）标题：以不带暗示性的中性标题为宜。

2）首页注释：编写者、案例适用领域（如企业战略、市场营销、财务管理等）、案例真实性、案例是否已发表及发表刊物或出版社等。

3）中英文摘要及关键词：中文摘要300字以内，关键词2～5个。

4）引言/开头：点明时间、地点、决策者、关键问题等信息。

5）背景介绍：行业、公司、主要人物、事件等相关背景。

6）主题内容：对案例主题内容的描述（大中型案例宜分节，并有节标题）。

7）结尾：待决策或讨论的问题，在此把待决策的问题或讨论的空间从故事的发展中自然引出来。

8）附件：与案例有关的国家法律法规；相关部门和地方政府的政策；新闻媒

体和网上有关报道；有关统计数据、图表。

（2）案例使用说明的基本结构。

1）教学目的与用途：适用的课程、对象、教学目标。

2）启发思考题：提示学员思考方向，2～5 题为宜。

3）分析思路：给出案例分析的逻辑路径。

4）理论依据与分析：分析该案例所需要的相关理论，以及具体分析。

5）背景信息：教师需要掌握的案例进展性、背景性信息。

6）关键要点：案例分析中的关键所在，案例教学中的关键知识点、能力点等。

7）建议课堂计划：案例教学过程中的时间安排。

8）相关附件。

4. 案例教学实施步骤

案例教学实施步骤如下：

（1）学生自行准备。一般在正式开始集中讨论前一到两周，就要把案例材料发给学生，让学生阅读案例材料，查阅指定的资料和读物，搜集必要的信息，并积极地思索，初步形成关于案例中的问题的原因分析和解决方案。教师可以在这个阶段给学生列出一些思考题，让学生有针对性地开展准备工作。

（2）小组讨论准备。教师将学生划分为几个小组，各个学习小组的讨论地点应该彼此分开。小组应以他们自己有效的方式组织活动，教师不应该进行干涉。

（3）小组集中讨论。各个小组派出自己的代表，发表本小组对于案例的分析和处理意见。发言时间一般应该控制在 30 分钟以内，发言完毕之后发言人要接受其他小组成员的讯问并作出解释，此时本小组的其他成员可以代替发言人回答问题。此时教师充当的是组织者和主持人的角色。

（4）总结阶段。在小组集中讨论完成之后，教师应该留出一定的时间让学生自己进行思考和总结。这种总结可以是总结规律和经验，也可以是获取这种知识和经验的方式。教师还可让学生以书面的形式作出总结，这样学生的体会可能更深，对案例以及案例所反映出来各种问题有一个更加深刻的认识。

案例教学决不是由教师在课堂上举例说明，教师传授知识和培养学生能力的目的是借助案例研讨来实现的；案例教学是组织学生们自我学习，锻炼综合能力的一种有效手段；学生的独立活动在案例教学法中占了很大比重，当然这些活动都是在教师指导下进行的，比如从案例的编写、选择、布置、讨论及最后的评价；案例教学耗时较多，一般来说不可能是一堂课，甚至一天都完不成。

三、势科学视域中的创新教学

西安交通大学李德昌教授综合传统文化与自然科学中有关“势”的基本概念，对势概念做出了科学定义，并提出了“势科学”这一全新理论。本节从“势科学”的视角透视了现代教育和创新人才的培养，探讨创新教育导向的课堂教学方法，可能给教育工作者有一个启发。

（一）信息时代与势科学原理

1. 传统文化与现代科学中的势概念

传统文化中有关势的词语比比皆是，诸如：势如破竹、势均力敌、势不可挡、势不两立、势在必行、声势浩大、因势利导、气势磅礴、蓄势待发、人多势众、有钱有势、有权有势、审时度势、造势、乘势、任势、用势、走势、趋势、形势、姿势、态势、架势、优势、劣势、势必、势头、势力等。

老子的论势最著名：“道生之，德蓄之，物形之，势成之”。使人们感到惊奇的是，如果将“势”字分解即得到：势＝执+力，可见，有势才有“执行力”。中国文化的文字结构中早已隐含了管理理论的力学解读。

在现代科学中，化学中有化学势，物理学中有电势、位势、真空势、量子势和超量子势。真空势推动了宇宙暴涨产生了世界万物，是暴涨宇宙学的出发点，量子势和超量子势是“物理世界量子化的唯一缘由”。日常人们最熟习的是位势和电势，所谓位势，一般指引力场空间中两个位置点由于高低差别形成的梯度；所谓电势，一般指电场中某点至无限远点之间的场强之差，在数值上等于把单位正电荷从某点移到电势为零的点时，静电场力所作的功。所以，电势有时也称为电动势，往往与“能”和“功”联系在一起[①]。

无论是传统文化中的势，还是现代科学中的势，都表达着系统发展所具有的

---

① 李德昌. 信息人教育学[M]. 北京：科学出版社，2011:13.

一种共同本质：有一种势，就有一种作功的本领，而且强大的势场将产生“非平衡非线性”作用，为系统造就内在创新分岔的动力机制，成为宇宙、社会、组织及人才成长的共同规律。

2. 势概念的逻辑定义

李德昌认为：在科学的逻辑视角下，“势”是一个“梯度”，梯度＝差别÷距离＝差别×联系（距离与联系成反比），如图 6-5 所示。势 ab 大于势 cd，所以势（梯度）在几何中是斜率，在微积分中是导数，即比例。所以老子说“势成之”，毕达哥拉斯说“万物皆比例”。研究势的产生和运行机制的科学叫做势科学。

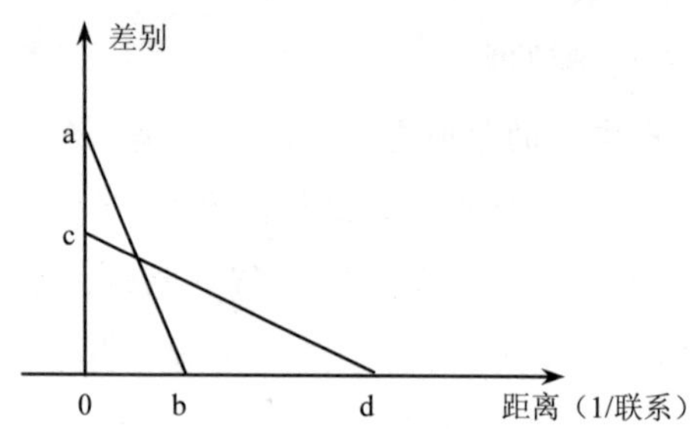

图 6-5　势=梯度＝差别÷距离＝差别×联系

李德昌认为势科学由三个势定律组成：

第一定律。世界万物的演化与发展是由不同层次上的势推动的，势的运行机制是差别促进联系，联系扩大差别是，所以“势趋”不变，宇宙加速膨胀，社会加速发展。

第二定律。势的稳定增长达到某种临界值，系统就发生非平衡相变和非线性分岔，从而衍生出各种素质、创新和风险。

第三定律。势在一定层次上的增长极限产生对称，对称形成数学结构的群，无干扰的物质势作用形成物质群，所以宇宙和谐，无干涉的信息势作用形成素质群、组织群及社会群，才能产生素质和谐、组织和谐和社会和谐。

2. 势科学理论的普适性

重要科学理论的逻辑形式都是与导数联系起来的，势科学理论正具有这样的形式。李德昌认为，势科学理论的普适性表现在以下方面：

（1）科学势。从牛顿定律到麦克斯韦方程，从量子力学的波函数到相对论的引力场，所有的科学定律都是由导数或偏导数构建的势函数，所以自然科学活动是“找势”，将物质世界不同层次上的势结构找到并表达为“势函数”。

（2）管理势。管理是“沟通”，沟通的目标是使差别更大的元素联系得更紧。组织中成员之间的个性化差别越大，联系得越紧，凝聚力越强，组织势就越大，竞争力就越好，管理就越有效。管理是“激励”，激励是使组织成员感受到未来与现在的巨大差别，它可以通过自己的努力联系起来。激励越有效，成员内在信息势就越大，积极性就越高，工作就越努力，管理就越有效。

（3）文学艺术势。好的文学作品或小说总是将生活中最世俗的和最向往的景象紧密地联系起来；将最细腻的和最狂暴的情节紧密联系起来；将最软弱的和最强悍的人物个性紧密地联系起来。小说《水浒》就是一个典型示例。一张具有艺术价值的风景画，其山水和房屋之间总是既具有明显的形像差别，又具有时代背景下人文氛围的紧密联系；一首好的交响乐，其快板和慢板之间总是具有明显的节奏差别，同时又具有紧密的旋律联系，而且在寓意方面，也总是将反叛和顺从、痛苦和幸福紧密地联系起来。交响乐团的演奏声势浩大，在于乐器的配置上比小乐队具有更多的差别很大的元素，如弦乐管乐、铜管木管、小提琴大提琴、短笛长笛、一小号大贝司，所有这些对称性的乐器在指挥的带领下，在同一个音乐主题的统率下紧密地联系起来，营造了信息强势，因而具有震撼力。

（4）情感势。情感势是一种情感梯度。人在认识事物时感受到的事物差别越大、联系越紧，激励的情感梯度就越大，情感势就越大。母亲总是喜欢最优秀的或最弱的孩子，因为在同样的母子联系中，他们与其他孩子的差别更大；对于同样优秀的众多孩子，任何母亲总是喜欢自己的孩子，因为她与自己的孩子联系更紧。学习中，如果在差别很大的问题中找到内在的联系和统一，就会产生强烈的情感梯度（情感势）。学生之所以在学习具有普遍意义的理论时激情澎湃，而在学习琐碎的专业规程时感到贫乏无味，是因为普遍理论表达的是差别很大的事物之间的内在联系，形成了强大的信息势，在信息势的诱导和激励下就产生情感势。而专业规程则是一些知识点，往往就事论事、零散而没有内在联系，无法形成信息梯度，不具有信息势，就无法激励和诱导情感势。

（5）教育文化势。传统教育基本上固植于“演势”，就是将科学找到的宇宙物质系统在不同层次的势结构（势函数）演示给学生。现代教育的复杂性充分体现在“演势”、“找势”、“造势”的复杂叠加中。“演势”是教育的基本传承功能，“找势”是指现代教育必须进行的科学研究，“造势”则是现代教育区别于传统教育最突出的特征，它不再拘泥于知识点的教学，而是在教育过程中将差别巨大的各种教学内容在课堂、教材、课程结构和专业结构中紧密联系起来营造教育信息强势。“演势”注重记忆，“找势”注重发现，“造势”注重创新。教育和管理及科学一样，本质上是一个求导过程。如果科学是对自然求导，沟通是对组织求导，激励是对个人求导，经营是对市场求导，那么教育就是对思维求导。在思维过程中构建巨大的知识“差别”之间的紧密“联系”，使思维产生张力，建立思维过程中的信息强势，推动思维的有序、相变和分岔，产生创新。

（6）信息势。按照信息论的计算，信息表达为负熵，负熵意味着熵减，即意味着有序（熵增是混乱度增加，是无序），有序就构成梯度，梯度就是势。所以，可以简单地说：信息即负熵、即有序、即梯度、即势。信息量与信息势是等价的。需要说明的是：信息势是六维的，即货币信息势、权力信息势、知识信息势、情感信息势、艺术信息势、抽象信息势。

（二）势科学视域下的创新

1. 非线性、混沌、分岔、非平衡相变

（1）非线性。“线性”与“非线性”，常用于区别函数 $y=f(x)$对自变量 x 的依赖关系。线性函数即一次函数，其图形为一条直线。其他函数则为非线性函数，其图形不是直线。在电子系统中，如果放大电路的输出信号不与输入信号成正比，则称产生了非线性失真，即放大电路有新的信号产生。任何电子系统，当输入信号幅度足够大时都是非线性的。客观世界本来就是非线性的，线性只是一种近似，如电子电路有线性和非线性两大类，线性电路均为非线性电路近似，非线性电路非常有用，可产生新的信号，可实现信号的频率变换（变频）。对于一个非线性系统，哪怕有一个微小的扰动，比如初始条件的一个微小变化，都可能造成系统在以后时刻的巨大变化。两个眼睛的视敏度是一个眼睛的几倍？很容易想到的是两倍，可实际是 6～10 倍，这就是非线性，1＋1 不等于 2。激光的生成就是非线性

的，当外加电压较小时，激光器犹如普通电灯，光向四面八方散射；而当外加电压达到某一定值时，会突然出现一种全新现象，受激原子好像听到“向右看齐”的命令，发射出相位和方向都一致的单色光，就是激光。总之，非线性虽然不等于创新，但却是创新之源。

（2）混沌。混沌是自然界及人类社会中的一种普遍现象，是非线性系统最典型的行为，它起源于非线性系统对于初始条件的敏感依赖性。混沌现象早在 20 世纪初被法国学者庞加莱（Poincare）发现，混沌是指：一个确定论系统中出现的一种貌似不规则的、内在的随机性运动，展示了事物的复杂性[①]。混沌实际上并不“混”，既非纯粹的“无序”，又非纯粹的“有序”，是貌似无序中蕴藏着有序，是有序与无序的统一，确定性与随机性的统一，具有内在的规律性的普适性，内部包含着丰富的信息资源及可开发应用的潜能。混沌神秘的足迹和漂亮的面纱已经吸引了成千上万科学工作者四十多年的研究，混沌科学有着广泛的应用，今天的“混沌”实在不混沌。

（3）分岔。对于某些完全确定的非线性系统，当系统的某一参数 μ 连续变化到某个临界值 μc 时，系统的全局性性态（定性性质、拓扑性质等）会发生突然变化。μc 称为参数 μ 的分岔值，这种现象称为分岔现象，是一种有重要意义的非线性现象。分岔的本义是一种力学状态在临界点处发生转变，一分为二。在数学上，分岔就是研究非线性微分方程当某一参数变化时，其条件发生突变的临界点附近的行为。20 世纪 70 年代后期关于混沌现象和奇异吸引子的研究结果表明，连续发生的分岔现象往往是出现混沌现象的先兆。混沌现象是比分岔更为复杂的一类非线性现象，它不是简单的无序和混乱状态，而是没有明显的周期和对称、却具备丰富的内部层次的有序状态。分岔理论对许多实际系统的研究有重要意义。

（4）非平衡相变。同一种物质可以不同的形态存在（如液体、气体、固体），每一种形态称为一种相，物质从一种相变到另外一种相的转变叫相变。平衡态是指在没有外界影响（系统与外界之间不通过作功或传热的方式交换能量）的条件下，系统各部分的宏观性质长时间内不发生变化的状态。由于实际中并不存在完

① 方锦清. 驾驭混沌与发展高新技术[M]. 北京：原子能出版社，2002:30.

全不受外界影响，并且宏观性质绝对保持不变的系统，所以平衡态只是非平衡态的近似。非平衡相变是指：当控制参量 R 达到某一临界值时，系统由一非平衡定态向另一非平衡定态的跃迁过程。在系统尚未达到非平衡相变临界点以前，这种定态是稳定的，其稳定性是由细致平衡、循环平衡和耗散平衡来维持，在系统内部大量的微观元过程和元作用相互弥补和抵消，保证了总的宏观状态呈现出稳定性。当系统达到临界点后，各种细致、循环和耗散平衡被打破，系统将失去稳定性，系统跃迁并进入到一个新的有序稳定态上，从而完成非平衡相变[①]。

2. 势科学视域下的创新定义

在势科学视域下，创新的逻辑定义是："创新是系统信息势达到某个临界值时的非平衡相变和非线性分岔。"[②]当系统信息势不太大的时候，过程是平衡的、线性的，只有当系统信息势超过某个临界值时，非平衡相变和非线性分岔才能发生，创新才能实现。例如，当电压不太大时，电压与电流的作用是平衡的、线性的，而当打雷的高电压发生时，电流的闪光就出现像树枝一样的分岔，如图 6-2 所示。

图 6-2　高电势产生的电流闪光分岔

实际上，由势所推动的这种创新的内在机制，智慧的中华民族早有直觉，传

① 戴陵江，蔡绍洪. 非平衡相变系统相关函数的临界奇异性[J]. 贵州大学学报，1998（3）.
② 李德昌. 信息人教育学[M]. 北京：科学出版社，2011:113.

统文化中有关势的论述，形象地描述了创新发生的逻辑过程，这就是：蓄势待发→势不可挡→势如破竹→创新分岔。“蓄势待发”就是信息的积累和融会贯通过程，即组织或个人的有效学习过程；“势不可挡”就是信息在积累和融会贯通中信息势不断增长达到临界值时的混沌非线性状态，这时组织或个人产生了种种新的发展选择。“势如破竹”则是组织或个人具体实施选择，即创新的过程，这时的创新已经“水到渠成”，新知识“势如破竹”般地涌现，显现出选择创新后的新局面，即“创新分岔”。

在自然科学中，势达到临界值的信息空间实际上是一种混沌态的非线性空间，在非线性空间中，事物间的联系不是线性的、简单的，而是非线性的、复杂的，众多因素非线性地发生作用，并因此导致一个不可预测的结果即创新。

3. 势科学视域下的创新时代特征

传统社会难以创新的根本原因在于传统社会是一个物理阻隔、信息阻隔的社会，是一个自给自足、几乎没有交换而联系松散、差别微小、社会信息势极其微弱的社会，保持着平衡、线性而没有相变和分岔的社会。

信息社会成为一个创新社会的本质在于信息化催生了全球化，全球化的本质是用一种信息将世界不同文化的人们紧密联系起来，以统一的标准和统一的“游戏”规则将差别巨大的区域经济及生产要素紧密地联系起来。紧密的联系产生强烈的作用，全球化营造着双向增强的信息势，将信息社会的各个领域推进到“非平衡、非线性作用”的临界值，各种各样的“非平衡相变”和“非线性分岔”自然而生，创新成了时代主题，推动着世界经济的飞速发展和人类文化的日新月异。

适应全球化浪潮的趋势，中国采取了让一部分人先富起来的政策，在体制内部营造了强大信息势。当大家都一样贫穷的时候，人们之间没有差别，也没有更紧密的联系。当有一部分先富起来时，人们之间产生了贫富差别，差别促进联系，联系扩大差别，信息势越来越强，经济发展越来越快。

21世纪网络的迅猛发展，产生了无所不知的效果，互联网营造了前所未有的信息强势，对年轻一代的吸引力前所未有。实际上，每一种新的交流方式的诞生，都营造新的信息势，提供新的动力机制，从而有力地促进经济社会的发展。网络化和信息化为我们提供了各种各样寻找联系和加强联系的工具，营造了一个人人可以创新的平台，创新不再是学者的专利。在这个信息化平台上，人们只要倾情关注，一如既往，真有可能一不小心就创新。有些人很忙，是因为他的信息势大；有些人很闲，是因为他的信息势小。在信息化时代，占有的信息量大、信息势大、分岔多、相变多、创新也多。所以，信息化时代成了一个创新的时代。

在能不能创新的问题上，人们在不同的领域差别很大，主要在于个人爱好、兴趣特征和知识背景不同，对于不同领域的关注度不同。实际上，从打工仔到博士，人们的创新在不同层次上进行。无论有没有学历，你只要一如既往、持之以恒地倾情关注和分析探索某些事或问题，别人找不到的机制你就可能找到了，别人联系不起来的事物和问题你就可能联系起来了，别人发现不了的规律你就可能发现了，因而别人干不成的事你就可能干成了，这就是创新。

（三）势科学视域下的课堂教学

知识经济的灵魂就是创新，学生的创新素质必须在创新的学习中养成。对于个别天才学生，也许好奇心和未知欲来自天赋；而对于大多数学生，则好奇心和未知欲来自环境的引导和信息势的激励及思想的碰撞。信息社会需要创新性学习，而创新性学习需要创新性教学，高校创新性教学就要求教师在课堂上营造强大的信息势，即要求教师用最少的理论将差别最大的内容联系起来，从而激励学生的情感势。

2. 势科学视域下的课堂教学内容

为营造强大的课堂信息势，课堂教学内容要做到七个联系。

（1）将理论知识与实践知识联系起来。理论与实践差别最大，但在课堂教学中如果能将理论与实践紧密地联系起来，就具有丰富的信息量，则将营造强大的信息势。国外做过这样的实验，给学生一篇教材，学生仅经过阅读，能记住所学知识的 10%；由教师认真讲解，学生能记住 20%；让学生看一遍教材，再口述内容，学生能记住 30%；如果让学生边看边讲解原理，学生能记住 50%；若教师能组织学生讨论教材内容并由学生将心得向大家展示，学生能记住 70%；若由学生看过教材，再动手做一做，最后将劳动成果向大家展示，则学生能记住 90%。此实验说明理论与实践紧密联系的重要性。

（2）将简单知识与复杂知识联系起来。简单和复杂是对立统一的矛盾体，相辅相成，缺一不可。简单是复杂的基础，复杂是简单的发展。作为一名教师，既要“复杂问题简单化”，又要“简单问题复杂化”，是一个需要智慧的思考过程，前者是善于总结、归纳和分类，将深奥、抽象、难懂的理论简单化，将一团乱麻的知识理得顺顺当当；后者是善于发散思考、深入思考，如能从苹果掉到地上这简单的事儿中琢磨出万有引力来。将差别巨大的简单知识与复杂知识联系起来，这是知识纵向方面的向度，具有丰富的信息量，可营造强大的信息势。

（3）将本学科知识与跨学科知识联系起来。跨学科研究是近来科学方法讨论的热点之一，近年来一大批使用跨学科方法或从事跨学科研究与合作的科学家陆续获得诺贝尔奖，科学在20世纪以来的一个重要发展趋势是与技术的融合以及科学、技术与社会的相互渗透，这使科学更加变成了一项社会综合事业和工程，乃至不通过跨学科研究的方式，就不会有真正的科学突破。例如：中西医互渗透与结合，势科学理论就属于跨学科研究的产物。课堂教学若能将差别巨大的本学科知识与跨学科知识联系起来，信息量就越大，营造的信息势就越大。

（4）将历史性知识与现代知识联系起来。人类的智慧从哪里来？从历史中来。人类之所以区别于其他的动物成为地球的主宰，在于人类知道自己的历史，善于在历史中学习知识，善于归纳历史的规律，善于在历史中积淀，善于利用历史。通常历史性的知识往往是典型的就事论事的知识，现代知识往往是高度抽象的知识，差别很大，通过一种普遍规律和原理的教学使二者紧密联系起来，就具有丰富的信息量，将营造强大的信息势。如：2008年北京奥运会的开幕式表演，就是历史与现代结合的典范，即充分展现了中国悠久文明与文化，也展现了中国现代化的一面，信息势超强，给人的印象非常地深刻、鲜明。

（5）将专业知识与基础知识联系起来。专业知识往往是与自己的专业联系较紧密，针对性比较强且具有深度的知识，换句话说也就是普适性较差。基础知识是具有广度的知识。在深度和广度的巨大差别向度上将知识紧密联系起来就具有丰富的信息量，从而营造强大的信息势。例如：在数学课《幂函数举例》教学中，教师既讲解数学方面知识，又在计算机上指导学生运用 Excel 软件，完成幂函数图像，使数学课不再枯燥乏味。

（6）将经典知识与探索联系起来。经典知识是指具有典范性、权威性、经久不衰的已知知识，在已知知识基础上展开丰富的形象直觉和具有逻辑理性的探索，将差别巨大的已知与未知紧密联系起来，就具有丰富的信息量，从而营造强大的信息势。一位英籍华人博士在清华大学听一位教授用两节课讲了一个很重要的概念章节，听课后，博士说：老师讲得十分清楚，十分细致，但是在英国我们只用20分钟就讲完了，讲得这么详细，学生课后怎么思考？将经典知识与探索联系起来，就是要构建“知识空缺”，保持“问题”状态，让学生带着问题走进课堂，带着更多问题走出课堂。

（7）将科学知识与哲学思辩联系起来。将科学知识与哲学思辩联系起来，有助于培养学生敏锐的观察力和深刻的理解力，有助于培养学生的抽象思维、创新思维的能力。例如：“先天下之忧而忧，后天下之乐而乐”，包含了哲学中的对立统一规律，“忧”与“乐”本身是一对矛盾，它们是对立的，可又和谐地统一在古今贤人身上，闪烁着人性美最璀璨的光辉，让我们窥见了古今贤人最广阔的胸襟。将科学知识与哲学思辩联系起来，就是将所讲知识在哲学的高度上进行总结与归纳，就具有丰富的信息量，从而营造强大的信息势。

（8）将自然科学与人文科学联系起来。由于人们的时间精力有限，不得不人为地把科学分门别类，进行专业化的分工研究，而客观上，现代社会发展所提出的课题，都是综合性的，要求把科学技术、社会人文当成一个完整系统来加以研究，以解决诸如人口、能源、环境、经济等庞大复杂的问题。社会科学“自然化”、自然科学“社会化”正以不同的速度发展着，迈开了联合的步伐，出现了相互渗透的一体化趋势。课堂教学也一样，若能将自然科学与人文科学联系起来，就具有丰富的信息量，从而营造强大的信息势。

2. 势科学视域下的课堂教学特征

传统的课堂教育，照搬书本，与学生自己看书并无差别，课堂上不能提供更多的信息，限制了学生的思维，抑制了学生的创新。势科学视域上的高校课堂教学则大相径庭，应具有下列课堂教学特征：

（1）创新的教学是不依赖教材的教学。由于新媒体发展速度远超教材更新速度，一本教材从编写到学生拿到，最快需要3年。现实中3年又发生了很多变化，教材根本跟不上。高校教师运用PPT授课是集合了自己的经验、观点，而教材只是学生需要了解知识的框架结构，更多的学生应该深层次地把握教师PPT课件内容。创新的教学应该是不依赖教材的教学，它从全新的切入点进入教学，这种切入点与学生已有的知识体验直接相连营造教学信息势，从而一开始就能唤醒已有的知识直接参与作用。

（2）创新的教学是从所学知识的某个中间环节突破。传统的课堂教学进程均遵循原有知识的逻辑体系，教学内容从浅到深，从简单到复杂，从单一到综合，从形象到抽象，从封闭到开放。这种教学进程设计虽然遵循顺序渐进原则，便于学生接受知识，但知识之间差别不大，联系不紧，课堂教学信息势弱，不利于学生的创新思维训练。创新的教学应该不固守原有知识的逻辑体系，可以从所学知识的某个中间环节突破，以点性深入，网络式展开，围绕主题，彰显知识差别来营造教学信息势。

（3）创新的教学是注重形象和直觉的教育。形象思维是指以具体的形象或图像为思维内容的思维形态，人一出生就会无师自通地以形象思维方式考虑问题。在科学研究中，科学家除了使用抽象思维以外，也经常使用形象思维。在企业经营中，高度发达的形象思维，是企业家在激烈而又复杂的市场竞争中取胜不可缺少的重要条件。形象思维是文学艺术创作过程中主要的思维方式，对学生进行音乐训练，可发展形象思维。直觉思维是指不受某种固定的逻辑规则约束而直接领悟事物本质的一种思维形式。如：阿基米德发现了著名的“阿基米德定律”凭的是直觉顿悟；男女“一见钟情”凭的是各自的直觉；足球运动员临门一脚，更是毫无思考余地，只能凭直觉。著名物理学家玻恩（Born）说：“实验物理的全部伟大发现，都是来源于一些人的直觉。”①直觉的生成，一要有广博而坚实的基础知识，二要有丰富的生活经验，三要有敏锐的观察力。直觉思维和逻辑思维是科学进步的“两翼”。创新的教学应该是注重形象和直觉的教育，以便从不完全信息中抓住知识的本质而推进，实际上就是在差别巨大的零散知识中通过整合抽象找到联系营造信息势。

（4）创新的教学是恢复知识本来发现过程的教育。美籍数学教育家波利亚

① 直觉思维. 中国百科网：http://www.chinabaike.com/z/jingji/hg/512087.html.

（Polya）认为："学习任何知识的最佳途径都是由自己去发现，因为这种发现，理解最深刻，也最容易掌握其中的内在规律、性质和联系。"[①]教师要努力培养学生独立探索、独立思考、独立钻研的学习态度，培养学生的创造性思维与能力，让学生成为一个知识的"发现者"。创新的教学应该是恢复知识本来发现过程的教育，使学生所学的知识像自己发现的一样，即将理论与生活实践和个人感悟联系起来，营造教学信息势。

（5）创新的教学是在更高层次上抽象的教育。抽象就是将人们对世界万物的感觉，用特定的图像符号表达出来。科学抽象就是人们在实践的基础上，对于丰富的感性材料通过"去粗取精、去伪存真、由此及彼、由表及里"的加工制作，形成概念、判断、推理等思维形式，以反映事物的本质和规律。自然界事物及其规律是多层次的系统，与此相应，科学抽象也是一个多层次的系统。把科学抽象区分为低层抽象和高层抽象，是相对而言的。牛顿的运动定律和万有引力定律相对于开普勒的行星运动三大定律来说，是高层抽象，因为牛顿三大运动定律和万有引力定律的结合，就能从理论上推导出开普勒的行星运动三大定律。如果高层抽象不能演绎出低层抽象，那就表明这种抽象并未真正发现了更普遍的定律和原理。一切普遍性较高的定律和原理，都能演绎出普遍性较低的定律和原理。一切低层的定律和原理都是高层的定律和原理的特例。势科学认为：信息比消息更抽象，知识比信息更抽象，方法比知识更抽象。创新的教学应该是在更高层次上抽象的教育，能使所学知识统一到更普遍的规律中，营造教学信息势。

（6）创新的教学是在多学科中融会贯通的教学。多学科交叉融合是新兴学科的生长点、优势学科的发展点、重大创新的突破点，也是培养创造性拔尖人才的有效途径。当今世界，科学前沿的重大突破，重大原创性科研成果的产生，大多是多学科交叉融合的结果。这一特点在百年来诺贝尔奖的获奖情况中体现得十分明显。多学科交叉融合，也是当今世界一流大学的共识和特征。世界知名大学，如麻省理工学院、斯坦福大学以及哈佛大学、密西根大学等都高度重视推动多学科的交叉融合与发展。创新的教学应该是在多学科中融会贯通的教学，以宇宙、

① 教育大师对教师的点拨：http://sq.k12.com.cn/discuz/thread-363890-1-1.html.

生命和社会演化的统一规律为基础，将学生所有的知识体验综合起来营造教学信息势。

（7）创新的教学是知识信息增殖的教学。势科学理论认为：消息的有序是信息、信息的有序是知识、知识的有序是方法，方法的有序是智慧并产生创新。知识作为是人们在改造世界的实践中所获得的认识和经验的总和，创新过程就是知识增殖的过程，知识创新包括科学知识创新、技术知识特别是高技术创新和科技知识系统集成创新等。创新的教学应该是知识信息增殖的教学，要求教师对教学内容进行"有序"处理，即进行融会贯通的整合，并去粗存精、去伪存真，营造知识信息势，从而积累新知识、追求新发现、探索新规律、创立新学说、创造新方法。

（8）创新的教学是留有发展空间的开放式教学。众所周知，无论做任何事都要留有空间。给学生留有发展空间，就是在课堂上给学生留有思考的空间，只有教师给学生留下一片思考的空间，才能培养他们的思维想象能力和探究精神。开放式教学，可以看成是大课堂学习，即学生不仅在课堂上，也可以通过网上学习；就教学内容而言，也可以来自生活，来自学生；就课堂教学方法而言，强调引导学生自主、合作、探究性地获取知识；就课堂例题或练习而言，开放式教学要体现答案的开放性；就课堂师生关系而言，它要求教师既作为指导者，更作为参与者。总之，开放式教学能给每个学生提供更多参与机会和成功机会，让每个学生在参与中得到发展。创新的教学应该是留有发展空间的开放式教学，它提出的问题与它所解释的问题同样重要，从而能够更加激起学生的思维的求知欲望，用知识信息的"差别大联系紧"的势科学原理来营造教学信息势。

参考文献

著作类

[1] （美）约瑟夫·熊彼特. 经济发展理论[M]. 邹建平译. 北京：中国画报出版社，2012.

[2] （英）弗里曼等著. 工业创新经济学[M]. 华宏勋等译. 北京：北京大学出版社，2004.

[3] 傅家骥. 技术创新学[M]. 北京：清华大学出版社，1998.

[4] 金吾伦. 创新的哲学探索[M]. 上海：东方出版中心，2010.

[5] （德）马克思，恩格斯. 马克思恩格斯选集：第三卷[M]. 北京：人民出版社，1995.

[6] （美）彼得·圣吉. 第五项修练[M]. 郭进隆译. 上海：上海三联书店，1998.

[7] 魏诺. 非线性科学基础与应用[M]. 北京：科学技术出版社，2004.

[8] 江泽民. 江泽民文选：第一卷[M]. 北京：人民出版社，2006.

[9] 江泽民. 江泽民文选：第二卷[M]. 北京：人民出版社，2006.

[10] 江泽民. 江泽民文选：第三卷[M]. 北京：人民出版社，2006.

[11] 胡锦涛. 在中国科学院第十三次院士大会和中国工程院第八次院士大会上的讲话（单行本）[M]. 北京：人民出版社，2006.

[12] 胡锦涛. 坚定不移沿着中国特色社会主义道路前进为全面建成小康社会而奋斗（单行本）[M]. 北京：人民出版社，2012.

[13] 胡锦涛. 在庆祝清华大学建校100周年大会上的讲话中（单行本）[M]. 北京：人民出版社，2011.

[14] 付军龙，温恒福，王守纪. 大学创新教育论[M]. 北京：教学科学出版社，2012.

[15] 唐国庆，周振铎．创新教育与教学实践[M]．长沙：湖南大学出版社，1999.
[16] 杨曼英．创新教育导论[M]．长沙：湖南师范大学出版社，2009.
[17] 毛泽东．毛泽东选集（第三卷）[M]．北京：人民出版社，1991.
[18] 王思铭．美国名校风采[M]．上海：上海外语教育出版社，2000.
[19] 齐伟钧等．英国名校风采[M]．上海：上海外语教育出版社，2003.
[20] 卫茂平等．德国名校风采[M]．上海：上海外语教育出版社，2000.
[21] 曹德明．法国名校风采[M]．上海：上海外语教育出版社，2001.
[22] 陈寅恪集·金明馆丛稿二编[M]．北京：生活·读书·新知三联书店，2001.
[23] 世界银行，联合国教科文组织高等教育与社会特别工作组．发展中国家的高等教育：危机与出路[R]．蒋凯主译．北京：教育科学出版社，2001.
[24] 涂艳国．走向自由一教育与人的全面发展问题研究[M]．武汉：华中师范大学出版社，1999.
[25] A.Bartlett Giamatti.A Free and Ordered Space:the Real World of the University [M]. New York: W.W.Norton&Company, 1988.
[26] （英）约翰·亨利·纽曼．大学的理念[M]．高师宁等译．贵阳：贵州教育出版社，2003.
[27] 蔡元培．蔡元培全集第 3 卷[M]．杭州：浙江教育出版社，1997.
[28] 陶爱珠．世界一流大学研究[M]．上海：上海交通大学出版社，1993.
[29] （英）泰勒．原始文化[M]．上海：上海文艺出版社，1992.
[30] A.L.Kroeber, Clyde Kluckhohn. Culture:a Critical Review of Concepts and Refinitions[M]. University of California: The Museum, 1952.
[31] 王国维著，徐调孚校注．人间词话[M]．北京：中华书局，2012.
[32] 李瑞环．学哲学用哲学（上）[M]．北京：中国人民大学出版社，2005.
[33] 鄂华著．爱因斯坦传[M]．长春：长春出版社，2003.
[34] 马克斯，恩格斯．马克斯恩格斯选集：第 4 卷[M]．北京：人民出版社，1995.
[35] （美）马斯洛．世界经济管理著作精选——人类激励理论．北京：企业管理出版社，1995.

[36] 梁良良．创新思维训练[M]．北京：中央编译出版社，2003．

[37] 袁振国．当代教育学：第 4 版[M]．北京：教育科学出版社，2010．

[38]（美）Howand Gardner.Frame of Mind: The Theory of Multiple Intelligences[M]. New Yoek: Basic Books, 1983.

[39]（瑞士）Jean Piaget．皮亚杰教育论著选[M]．卢濬选译．北京：人民教育出版社，1990．

[40] 徐国庆．职业教育课程论[M]．上海：华东师范大学出版社，2009．

[41] 徐国庆．职业教育项目课程开发指南[M]．上海：华东师范大学出版社，2009．

[42] 李雄杰．职业教育理实一体化课程研究[M]．北京：北京师范大学出版社，2011．

[43] 欧盟 Asia-Link 项目“关于课程开发的课程设计”课题组．职业教育与培训学习领域课程开发手册[M]．北京：高等教育出版社，2007．

[44] 赵志群．职业教育工学结合一体化课程开发指南[M]．北京：清华大学出版社，2009．

[45] 高林，鲍结．高等职业教育专业课程体系改革与创新[M]．北京：人民邮电出版社，2009．

[46]（俄）苏霍姆林斯基．给教师的一百条建议：第二版[M]．北京：北京教育科学出版社，2000．

[47]（俄）苏霍姆林斯基．帕夫雷什中学[M]．北京：教育科学出版社，1983．

[48] 李吉林．李吉林文集（卷 1）：情境教学实验与研究[M]．北京：人民教育出版社，2007．

[49] 张治忠．行动导向教学实务专题研修班讲义[M]．中国教育学会教育机制研究分会，2008．

[50] 李德昌．信息人教育学[M]．北京：科学出版社，2011．

[51] 方锦清．驾驭混沌与发展高新技术[M]．北京：原子能出版社，2002．

[52] 爱因斯坦．爱因斯坦文集：第三卷[M]．北京：商务印书馆，1979．

[53] 张文青编译．爱因斯坦箴言[M]．北京：北京长安出版社，2010．

[54] 杨伯峻译注．论语译注[M]．北京：中华书局，1980．

[55] 中国大百科全书·教育[M]．北京：中国大百科全书出版社，1985．
[56] 殷海华，刘经华．《学记》教育智慧品读[M]．长春：吉林大学出版社，2008．
[57] 姜大源等．当代德国职业教学主流思想研究[M]．北京：清华大学出版社，2007．
[58] （德）玻恩．我的一生和我的观点[M]．李宝恒译．北京：商务印书馆，1979．
[59] 中共中央、国务院关于深化教育改革全面推进素质教育的决定．中发[1999]9号．
[60] 国务院关于基础教育改革与发展的决定．国发[2001]21号．
[61] 国家中长期教育改革和发展规划纲要（2010～2020年）（单行本）[M]．北京：人民出版社，2010．
[62] 中华人民共和国义务教育法（单行本）[M]．北京：中国法制出版社，2006．
[63] 教育部关于大力推进高等学校创新创业教育和大学生自主创业工作的意见．教办[2010]3号．
[64] 全日制普通高级中学课程计划．教基[2002]7号．
[65] 联合国教科文组织教育丛书．学会生存——教育世界的今天与明天[M]．北京：教育科学出版社，1996．
[66] 联合国教科文组织教育丛书－教育－财富蕴藏其中[M]．北京：教育科学出版社，1996．
[67] 路甬祥．创新与未来——面向知识经济时代的国家创新体系[M]．北京：科学出版社，1998．
[68] （战国）孟轲撰，张修方．孟子[M]．北京：北京燕山出版社，2009．
[69] 荀况，蒋南华等注译．荀子全译[M]．贵阳：贵州人民出版社，2009．
[70] （英）贝弗里奇．科学研究的艺术[M]．陈捷译．北京：科学出版社，1984．
[71] （美）詹姆斯·博特金等．回答未来的挑战[M]．林均译．上海人民出版社，1984．

论文类

[1] 彭玉冰，白国红．谈企业技术创新与政府行为[J]．经济问题，1999（7）．
[2] 阎守轩．论创新教育——缘起关键出路[J]．现代中小学教育，2001（1）．

[3] 邬伯辉．日本明治时期教育改革初探[J]．南通师专学报，1994（4）.
[4] 赵圣淦，荆雅珍．布什要当教育总统[J]．世界知识，1989（7）.
[5] 阎立钦．实施创新教育，培养创新人才[J]．教育研究，1999（7）.
[7] 朱永新，杨树兵．创新教育论纲[J]．教育研究，1999（8）.
[8] 张志勇．关于实施创新教育的几个问题[J]．教育研究，2000（3）.
[9] 张治河等．创新学：一个驱动 21 世纪发展的新兴学科[J]．科研管理，2011（12）.
[10] 陈东敏．知识经济与创新[J]．中国科学报，2010.
[11] 刘宝存．哈佛大学办学理念探析[J]．外国教育研究，2003.
[12] 杨叔子．现代高等教育：绿色・科学・人文[J]．高等教育研究，2002（8）.
[13] （美）甘阳．哈钦斯的大学理念与芝大转型[J]．现代教育科学，2006（3）.
[14] 何万国，漆新贵．大学生实践能力的形成及其培养机制[J]．高等教育研究，2010（10）.
[15] 刘宣文．人本主义学习理论述评[J]．浙江师范大学学报（社科版），2002（1）.
[16] 李雄杰．高职理论实践一体化课程规划与设计[J]．高等工程教育研究，2010（2）.
[17] 姜大源．论高等职业教育课程的系统化设计[J]．中国高教研究，2009（4）.
[18] Bandura, A.(1988). Organizational Application of Social Cognitive Theory．澳大利亚管理学杂志，13（2），275-302.
[19] 戴陵江，蔡绍洪．非平衡相变系统相关函数的临界奇异性[J]．贵州大学学报，1998（3）.
[20] 侯怀银，赵苗苗．《学会生存》在中国的引进及其影响[J]．山西大学学报，2010（3）.
[21] 周玉仁．21 世纪我国小学数学教学改革展望[J]．中国教育学刊，1997（6）.
[22] 姚玉环．制约大学生创新能力发展的教学因素及改革路径[J]．中国高等教育，2008（8）.
[23] 班华・素质结构・教育结构．素质教育[J]．教育研究，1998（5）.

[24] 张学礼，马连启. 如何培养学生的学习兴趣[J]. 现代阅读（教学版），2012（14）.

[25] 季羡林. 我的义理[J]. 中国教育报网络版，2001（1）.

[26] 梅贻琦，潘光旦. 大学一解[J]. 清华学报，1941（4）.

[27] 路甬祥. 建设面向知识经济时代的国家创新体系[J]. 光明日报，1998（2）.

后记

1978 年，我走上教师工作岗位，从教已 35 年有余，历任教研组长、教研室主任、系主任等职，已撰写出版专著、编著、教材 18 部，发表教科研论文 30 篇，2012 年被省人民政府授于优秀教师荣誉称号。退休之际，我觉得应该再为我国教育事业做点有益工作，写一部《创新教育探索》读物。虽然学识、水平、经验有限，但如果此书能惠及全国广大师生，能为推进我国素质教育改革提供一些参考，能为我国的创新型人才培养尽一份绵薄之力，是十分有意义的事。

我是一名高校工科教师，长期从事电子技术课程教学，近几年对教育教学研究产生了浓厚兴趣，2011 年出版了我的第 1 部专著《职业教育理实一体化课程研究》，从而为《创新教育探索》的写作积累了经验。创新教育是一个大课题，是教育界的热点和难点，我能写好这本专著吗？我国著名学术大师季羡林先生认为："一个真正的某一方面学问的专家，对他这门学问钻得太深、太透，想问题反而束手束脚，战战兢兢。一个外行人，或者半个外行人，宛如初生的犊子不怕虎，他往往看到真正专家、真正内行所看不到或者说不敢看到的东西。"季羡林先生说得很有道理，我虽然有 35 年教师生涯的积累，但对于创新教育确实是一个外行人，我真的是属于初生犊子不怕虎。我一直觉得，虽然创新教育已成为教育界之共识，教育工作者都知道创新性人才培养的重要性，但教育界始终没有将创新教育实施在课程中、落实到课堂上，教师的创新教育教学能力普遍不强，究其原因是对创新教育的认知没有到位。出于一种强烈的责任感，我应该写一本《创新教育探索》读物，虽然才疏学浅，但也许能在创新教育教学方面为我国教育界提供一点点参考。既然是对创新教育的一种思考与探索，就算是抛砖引玉吧！

从事《创新教育探索》写作，对我来说是一种探索，也是一种创新。"昨夜西风凋碧树，独上高楼，望尽天涯路。"面对知识经济时代创新教育的西风，需要站在民族命运的高度，时代的、历史的高度去放眼世界、古今的创新教育之"天涯"，